세계화와 디지털 문화 시대의 한류

풀하우스, 강남스타일, 그리고 그 이후

이 도서의 국립중앙도서관 출판시도서목록(CIP)은 서지정보유통지원시스템 홈페이지(http://seoji.nl.go.kr)와 국가자료공동목록시스템(http://www.nl.go.kr/kolisnet)에서 이용하실 수 있습니다. (CIP제어번호: CIP2013008626)

방송문화진흥총서 133

Hallyu in Globalization and Digital Culture Era Full House, Gangnam Style, and After

세계화와 디지털 문화 시대의 한류

풀하우스,
강남스타일,
그리고 그 이후

홍석경 지음

한울
아카데미

차례

이 책을 시작하며 _ 9

제1부 세계 속의 한류

제1장 전 세계적 미디어정경의 변화 23
1. 인터넷과 디지털 시대에 대중문화에 대해 논의하기 _ 23
2. 동아시아 정체성 중심의 한류논의에서 벗어나기 _ 30
3. 서구 중심의 프로그램 논의에서 벗어나기 _ 36
4. 북미 중심의 컨버전스 문화산업/연구 논의에서 벗어나기 _ 42

제2장 동아시아의 문화정체성 문제 53
1. 세계의 지역 문화정체성 논의들: 유럽과 남미의 사례 _ 54
2. 지역 문화정체성 논의에서 미디어의 문제 _ 64
3. 할리우드 영화 속 아시아인의 재현 _ 76
4. 한류 스타의 혼종성 _ 105

제3장 동아시아의 컨버전스 문화 127
1. 컨버전스의 문화적 논리 _ 128
2. 초국적 만화문화 _ 149
3. 문화산업의 자산, 아이돌 _ 159

제2부 한류 속의 세계

제4장 세계 속 한류 소통의 하부구조 185
  1. 디지털 혁명과 새로운 문화 역학: 전 지구적 팬문화의 하부구조 _ 185
  2. 아시아 이민과 '환태평양' 효과 _ 191
  3. 문화 간 커뮤니케이션의 현장, 팬서빙 _ 194
  4. 팬문화와 미디어 경제의 모순 _ 199
  5. 프랑스의 한류 팬 연구 _ 204

제5장 문화실천으로서의 한류 211
  1. 문화실천에 대한 이론들: 부르디외 문화사회학의 한계 _ 213
  2. 프랑스의 한류 팬 세대론 _ 218
  3. 베데 세대의 일본만화 수용에서 한국 드라마 팬 형성까지 _ 225
  4. 만화, 드라마, 케이팝: 매체와 팬덤의 특성 _ 233
  5. 미국 드라마와 동아시아 드라마: 위계에서 취향으로 _ 237
  6. 한국 드라마 즐기기 _ 251

제6장 한국 드라마와 동아시아의 현대 267
  1. 드라마와 현대 사회 _ 267
  2. 한국 드라마의 로맨틱 환상 _ 279
  3. 동아시아적 인간관계 _ 283
  4. 동아시아, 꿈의 소비사회 _ 288

제7장 아이돌, 젠더, 디지털 스코포필리어 295

  1. 한류와 한류 팬덤의 여성성 _ 295

  2. 꽃미남 담론과 여성 팬 _ 299

  3. 서구 드라마 팬의 아이돌 담론 수용 _ 308

  4. 디지털 시대의 시각적 쾌락 _ 312

  5. 새로운 아시아 남성성? 또는 네오 오리엔탈리즘? _ 316

  6. 미디어와 젠더 연구의 함의 _ 320

제8장 케이팝의 가능성과 한계 325

  1. 가설들 _ 325

  2. 보이밴드, 아이돌, 청소년 문화 _ 331

  3. 케이팝과 아이돌: 다문화와 혼종성에 대한 갈망 _ 336

  4. 다양성의 문화로: 싸이와 「강남스타일」의 교훈 _ 341

참고문헌 _ 345

찾아보기 _ 352

이 책을 시작하며

동아시아의 문화 연구에서 한류가 화두가 된 지 10여 년이 넘었다. 홍콩과 일본의 대중문화물들처럼 동아시아에 유통되던 공통의 문화물이 없었던 것은 아니건만, 유독 한류가 문화 연구자들의 관심을 끈 몇 가지 이유가 있다.

첫째, 비록 영국의 영토였지만 거대한 중화 문화권 시장에서 경쟁력을 갖춘 홍콩의 매체물이나 엄청난 경제력과 거대한 국내시장이 뒷받침하는 일본 대중문화의 경우와 달리, 한류는 한국어라는 국지어를 사용하고 국제정치 현실 속 하드파워가 미미한 한국이라는 작은 나라의 문화 유통이기 때문이다. 동아시아 이웃 나라들의 한류 열풍에 대한 소식이 들려오던 시기, 수출을 염두에 두지 않고 오직 한국 시청자만을 위해 제작되어 일상에 밀착된 문화적 요소로 가득한 한국 드라마가 외국에서 폭발적인 인기를 얻는다는 소식은, 문화에 대한 경제 논리나 지역정치학적·언어정치학적 접근을 통해서는 이해할 수 없는 복잡한 문화의 논리가 숨어 있는 것으로 보였다. 이러한 문제의식에서 행해진 많은 수용 연구들이 한 가지 결론에 도달한 것은 아니지만, 여러 연구자가 아시아의 시청자들이 한국 드라마를 보면서 아시아의 정체성을 재확인한다는 것을 발견했고, 한류 콘텐츠의 소비를 통해 자국의 이해와 관심을 넘어서는 아시아적 관여의 가능성에 대해 긍정적으로 언급할 수 있게 되었다.

둘째, 동아시아에서 한류가 전파되는 빠른 속도와 폭발성, 동시다발성이 주목을 받았다. 어떤 매개 과정을 통해 한국 미디어의 내용이 아시아 각국에 전파되었는지 국가별 미디어 경제에 대한 분석과 번역·수용 과정에 대한 연구가 이루어졌다. 드라마 〈겨울연가〉와 〈대장금〉의 초국가적 대히트가 한류 경제를 부풀린 2000년대 중반을 넘어서면서, 한류의 시장성은 내리막길에 접어들었다는 전반적인 분석 속에 문화연구 또한 새로운 화두를 찾지 못했고 연구의 열기와 생산성도 줄어드는 듯했다.

그런데 최근 2~3년 동안 한류가 동아시아와 아시아 이민들의 네트워크를 넘어서 세계 속에 팬덤을 형성하고 있다는 소식이 들려오고 있다. 2011년 6월에는 파리의 대형 공연장에서 SM 엔터테인먼트 아이돌 그룹들의 공연이 있었고, 공연의 표가 순식간에 매진되는 바람에 공연 연장을 위해 팬들이 거리에서 플래시몹을 하는 것이 한국 미디어에 대대적으로 보도되어 관심을 끌었다. 그동안 여러 가지 이유로 입성이 어렵다고 여겨지던 유럽, 한 번도 한국 가수들의 음반이 출반된 적 없고 한국 드라마가 방송된 적 없는 서유럽에도 한류가 소통되고 있다는 현상을 한국의 매체는 흥분해 보도했다. 이 사건은 한류가 동아시아를 넘어 세계 속으로 퍼지는 새로운 국면에 들어선 것으로 한국 미디어에 의해 대대적으로 해석·평가되었고, 혹자는 이를 애국주의적인 과장이라고 비판했다. 2012년에도 한국 가수들의 단체 또는 단독 콘서트가 유럽에서 성공적으로 개최되었고,[1] 2012년 7월

---

[1] 유럽에서 있었던 커다란 콘서트들만 해도 KBS 뮤직뱅크(파리, 2012년 2월), 슈퍼주니어 공연(파리, 2012년 4월), JYJ 공연(바르셀로나와 베를린, 2012년 10월), 빅뱅 공연(런던, 2012년 12월)을 들 수 있다.

초에 유튜브에 공개되어 불과 몇 개월 만에 세계에서 가장 많이 보고 들은 음악이 된 싸이의 「강남스타일」은 이 사실에 쐐기를 박는 현장 증거처럼 간주되었다.

한류 콘텐츠가 동아시아라는 '동질성'을 되찾게 된 계기임을 강조하는 동아시아 내부의 담론 세계를 벗어나 우리와 다른 '타자'의 세계인 서구에도 널리 유통되고 있다는 현실은 한국의 학계와 현장에서 서로 다른 평가를 낳았다. 그 평가가 지나친 애국주의의 발로에서든 애국주의와 거리를 두는 객관적 태도에 의한 것이든, 이 사실에 대한 서로 다른 입장의 평가가 존재한다. 그러나 태도의 차이가 낳는 평가의 상이성과 별개로 이 현상을 놀라운 것, 예상외의 일로 간주하는 경향은 동일하다고 보는데, 이러한 반응 자체를 거리를 두고 객관적으로 바라볼 필요가 있을 것이다.

언론이 '동아시아를 넘어 세계 속으로 간 신한류' 또는 '한류2.0' 등 세대를 구분하여 마치 한류를 구성하는 내용에 질적인 차이가 있는 것처럼 다루고 있지만, 이 현상은 사실 동아시아에서 일어났던 1대 한류의 연속선상에 있으며, 디지털 문화 시대에 고유한 문화적 논리의 귀결이라고 좀 더 거시적인 해석을 할 필요가 있을 것이다. 세계화 과정 속에서 자신이 태어나지 않은 곳으로 이주해 살아가는 인류의 수는 점점 더 늘고 있고(2010년 현재 세계 인구의 3% 이상)[2] 정착민일지라도 이주민과의 공동생활 속에서 타 문화를 접촉할 가능성이 높아지고 있다. 이것은 문화 간 마찰을 생산할 수 있는 동시에 타 문화에 대한 호기심과 이국적 취향을 자극하는 상황이기도 하다.

한국이 세계 최고의 디지털 국가군에 속한다는 점도 한국의 문화 콘텐츠를 세계 속으로 유통 가능한 디지털 파일로 공급한 중요한 요인이다. 영국

---

2 http://www.iom.int/cms/fr/sites/iom/home/about-migration/facts-figures-1.html, 2013년 1월 12일 참조.

의 ≪이코노미스트The Economist≫가 발표한 2010년도 통계에 따르면 한국인은 개인당 월 33기가바이트를 사용하는 세계 1위의 데이터 송수신 국가이고, 이것은 2위인 프랑스의 11기가바이트를 3배나 앞서는 수치다.[3] 33기가바이트가 텍스트 송수신으로 도달할 수 있는 수치가 아닌 것은 자명하고, 많은 한국의 시청각물이 방송된 직후 다양한 인터넷 영상 공유 포털에 업로드되어 유통되고 있음이 확인된다. 이 수치는 2015년에 100기가바이트를 넘어설 것으로 추정되고, 이러한 상승률은 한국과의 비율이 유지되는 상태에서 전 세계적으로 진행될 것으로 추정된다. 다시 말해서 디지털 문화의 진전과 세계화 과정을 통해서 한류나 북미, 유럽의 콘텐츠뿐만 아니라 전 세계의 모든 문화 산물이, 제도화된 미디어의 매개가 없더라도 지구상 어느 곳에서든 유통되고 수용자를 만들 수 있는 상황이 형성된 것이다.

필자는 그동안 동아시아의 한류 현상을 관찰했던 사람으로서, 한류 현상을 개별적인 수용 현상의 집합이 아닌 하나의 문화 현상으로서, 세계화와 디지털 문화 맥락을 고려하여 연구하는 방향 전환이 필요하다는 생각에서 이 책을 썼다. 다시 말해, 세계 속의 한국 대중문화 콘텐츠의 유통을 그동안 제도권 미디어의 매개로 이루어진 동아시아 내부의 한류 현상과 구분하여 세계화와 디지털 문화가 가져온 문화변동의 사례로 간주하고, 한류 현상을 통해 디지털 문화가 매개하는 세계화의 문화적 과정에 대한 새로운 이해의 틀을 만들어가야 함을 주장하려고 한다. 한류가 이러한 새로운 틀에서 연구되어야 할 과제로서 고려되어야 하는 이유는, 첫째, 한류가 이러한 새로운 문화 유통 과정의 전형으로 보이기 때문이다. 즉, 한류의 세계 속 유통에 대한 이해는 또 다른 문화 유통 현상을 이해하고 새로 등장할 문화 유통 현상도 설명할 수 있는 훌륭한 사례라고 생각되기 때문이다. 둘째,

---

3 http://www.economist.com/blogs/dailychart/2011/06/conusmer_internet_traffic, 2013년 1월 12일 참조.

한류는 수많은 여러 흐름 중 하나인 동시에 전 세계적으로 좀 더 가시적인 흐름이 되었기에 더욱 이러한 이론적 고찰의 사례로 적합하게 보인다. 이는 기존의 문화 수출 중심이 아닌 새로운 문화 수출의 센터로서, 세계화가 가져오는 문화 간 커뮤니케이션의 문제를 다각도에서 고찰할 수 있게 한다는 장점도 지닌다.

이 책은 필자가 2000년 이후 해외에 거주하는 학자로서 할 수 있었던 담론 및 현실에 대한 관찰에 널리 의지하고 있으며, 특히 지난 3년 동안 프랑스 현장에서 수행한 한국 대중문화 콘텐츠의 유통 및 수용에 대한 현장 데이터 조사와 연구를 널리 참조했다. 따라서 이 책은 세계 속 문화적 영향력에 대한 기존 이론을 동원하여 세계 속 한류 현상을 설명하려는 것이 아니라, 문화 영향력과 한류에 대한 기존 설명들을 재해석하면서 그것의 한계를 지적하고 새로운 시각을 제시하는 방식으로 쓰였다. 한류에 대한 감정적이고 국가주의적인 해석이나 한류를 하나의 사례 연구로 특화시키기보다는, 한류를 세계화와 디지털 문화의 발전 과정에서 벌어진 문화 유통 현상으로 접근하고, 일반화의 위험을 무릅쓰고 가능한 한 거대 담론에 속하는 화두를 뽑아 세계 속 한류에 대한 새로운 이해의 틀로 제기하고자 한다. 따라서 이 책은 때로는 동아시아의 한류 현상에 관심을 가진 연구자와 일반 독자, 학생들에게, 때로는 세계화의 문화적 결과를 연구하는 미디어 인류학자들에게, 때로는 디지털화와 문화실천을 연구하는 문화사회학자와 커뮤니케이션 연구자, 또는 관련 분야의 현장에서 일하는 분들에게 유용할 것이다.

한류는 최근 한국 문화 연구 분야의 중요한 화두로서 그에 관한 많은 선행 연구가 있다. 기존 연구들을 크게 구분해보면 한류 현상을 아시아의 문화정체성 형성의 계기로 고찰하는 연구들, 동아시아 각국의 구체적 맥락 속에서 한류의 수용 논리를 조사한 연구들, 그리고 한류의 경제적 가능성을 판단하려는 정책 연구들로 나눌 수 있다. 그러나 한류가 동아시아를 넘어서서 유통되고 있는 현상에 대한 연구는 현재 많이 진행되지는 않은 것으로 보인다.

인터넷을 통해 이루어지는 빠른 문화 소통과 새로운 문화 현상의 형성 및 변화와, 관찰-분석-이론화-출판이라는 장기적인 학술 사이클 사이의 시간적 격차로 인해 학자들은 항상 문화 현상을 먼 뒤에서 쫓아가는 형국이다. 학술 연구가 현장 조사와 이론적 탐구를 통해 정합성 있는 설명을 내놓을 즈음, 현실은 이미 저만큼 앞서가 있는 셈이다. 필자가 이 책에서 다루려고 하는 세계화와 디지털 문화 속의 한류 또한 마찬가지이다. 이 책은 바로 이러한 이유에서 더 기다리거나 충분한 시간을 가지고 사고를 심화시킨다는 호사를 누리지 못하고, 뜨거운 현장의 관찰을 쏟아놓은 것이다. 이 책의 여러 부분이 유럽과 아시아를 오가는 공항의 대합실과 고속열차 속에서 쓰였고, 두 세계의 문화 연구자들, 그리고 두 세계에서 한류를 사랑하는 팬들과 나눈 서로 다른 도시, 서로 다른 양식의 토론 속에서 심화되었다. 독자들은 문장 사이의 공간에서 이와 같은 두 세계 사이의 대화의 분위기를 느낄 수도 있을 것이다.

그렇다고 해서 이 책이 주관적인 감상기나 관찰된 현실을 보도하는 저널리즘적인 것은 결코 아니다. 특히 제1부를 구성하는 세 개의 장은 '한류'라는 계기를 통해 제기할 수 있는 세계화와 문화 변동에 대한 문제들, 그리고 세계화와 디지털 문화가 만들어낸 미디어정경^{Mediascape}을 바라보는 새로운 이론적 입지점에 대해 논하고 있다. 이것은 기존의 이론을 빌려 한류 현상을 설명한다기보다는 한류 현상을 통해 기존의 이론들을 수정하고 심화하여 정교하게 다듬어야 한다는 주장으로, 이론적인 포부는 더욱 큰 것이라고 하겠다. 이러한 이론적 힘겨루기는 제2부에서도 부분적으로 시도된다. 제6장에서 다루는, 부르디외 문화사회학의 수정을 요구하는 디지털 시대의 문화향유의 문제가 바로 그러하다.

포부가 큰 만큼 위험 부담도 크다. 이 책에서 짊어진 위험 부담을 독자들은 미래의 연구를 위한 문제제기라고 이해해주기를 바란다. 따라서 이 책에서 제기된 견해들은 앞으로 지속적인 이론적 탐구와 다양한 사례 연구를 통해 강화되거나 비판되어야 할 것이다.

이 책이 쓰이고 교정된 2012년 9월부터 2013년 2월까지 6개월의 기간은 저자의 삶에서 의미 깊은 기간이기도 하다. 프랑스 남서부 지방 보르도에서의 13년 교수 생활의 마지막 학기를 보내는 동시에 서울에서 시작할 새로운 대학 생활을 준비하는, 삶의 전환기를 맞은 상태에서 집필이 진행되었다. 특히 그동안 프랑스에서의 연구 활동 중 중요한 주제였던 한류의 세계화에 대한 저작을 프랑스에 있는 동안 마무리한다는 의미가 있었고, 그와 더불어 프랑스에서의 삶도 정리가 되는 듯했다. 이러한 조급하면서도 향수에 젖어 있는 정신 상태는 한국의 동료 연구자들과의 소셜 네트워크를 통한 지속적인 소통을 통해서 질타를 받을 수 있었다. 공간적 거리를 시간차로 환원해버리는 네트워크의 도움으로 한국과 유럽, 미주의 동료들과 소통하면서, 내가 관찰한 내용에 대해 귀한 조언을 얻을 수 있었고, 오랜 외국 생활에서 가질 수 있는 편견이나 균형을 잃은 정보 접촉의 위험에서 상당 부분 벗어날 수 있었다. 2012년 10월에는 한국언론학회에서 동아시아 문화산업에 대한 라운드테이블을 조직하는 행운을 얻어 집필 한가운데에서 현장과 학계의 귀한 견해도 접할 수 있었다. 이 책 곳곳에서 이러한 학회와 페이스북에서의 직접적인 대화의 내용이 인용되었고, 이분들께 심심한 감사를 드리는 바이다.

이 책은 한류가 동아시아라는 문화적 시장을 넘어서서 전 세계적으로 유통되고 있는 현상을 세계화와 디지털 문화와의 관계에서 설명해내려는 시도이다. 이것은 프랑스라는 구체적인 유럽 국가 내부에서의 수용 현상 관찰에 기초한 질적 연구를 토대로 한 이론적 제안이기 때문에, 한류의 세계화를 한류 콘텐츠의 수출과 단발적으로 발현되는 팬 현상, 현지에서의 미디어 보도 현황을 통해 기술하는 것과는 구별되는 질적이고 심층적인 연구이다. 현실 분석에 기초한 이 책은 많은 사례를 담고 있어서 사례 중심으로 어렵지 않게 읽힐 수도 있을 것이다. 특히 컨버전스 미디어 전략과 유럽의 수용자 부분은 케이팝 콘텐츠 현장의 제작자들의 관심도 끌 수 있다고 생각한다. 또한 이 모든 것이 이론적 시도를 동반하기 때문에 대학의 언론정보학과, 사회학과, 콘텐츠 관련학과, 유럽학과, 국제학과 등 세계화와 문화에 관심 있는 대학 수업에 유용하리라 생각된다.

이와 같은 다양한 층의 다양한 목적을 지닌 독자를 고려하여, 이 책은 각 장이 독립적으로 읽힐 수 있도록 쓰인 동시에 제1부와 제2부가 유기적으로 연결되어 있다. 제1부는 이론적인 접근이어서 각 대학의 학부 고학년과 대학원 수업에서 읽힐 수 있겠으나, 이 주제에 관심이 있을 현장 종사자들도 지루함을 느끼지 않고 접근할 수 있도록 가능한 한 인용되는 이론의 설명에 시간을 들이지 않고 바로 사례 연구로 들어갔다. 따라서 언급되는 각 이론의 내용과 학제적 논의를 원하는 분들은 이론적 설명이 부족해 불친절하다고 느낄 수도 있을 것이다. 그러나 이론적 소통에 너무 중점을 두면 이 책을 읽는 데 필요한 노력의 균형이 깨어질 위험이 있어서 이론적 언급은 필요한 내용 외에는 가능한 한 축소했다. 이 책에서 언급된 이론적 부분을 더 알고 싶은 독자들은 각주와 참고문헌을 통해서 해당 참고문헌을 쉽게 찾을 수 있도록 배려했다.

제1부는 동아시아를 넘어서 전파되고 있는 한류 현상을 세계화의 문화적 귀결로 이해하기에 필요한 이론적 도전을 담고 있다. 제1부를 이루는 세 개의 장은 이론적인 성격이 강한데, 완성된 이론을 설명하고 그것을 적용하여 세계 속 한류 현상을 설명하려는 것이 아니라 기존의 이론에 문제를 제기하는 방식으로 쓰였다. 한류에 대한 감정적이고 국가주의적인 해석이나 한류를 하나의 사례 연구로 특화시키려는 움직임에 맞서, 한류를 세계화와 디지털 문화의 발전 과정에서 벌어진 현상으로 접근하여 일반화의 위험을 무릅쓰고 가능한 한 거대 스케일의 이론화를 위해 노력했다. 이것

은 수많은 반대 사례, 비판의 가능성을 열어두는 시도이다. 부분적으로는 이 가설들이 맞지 않는 나라나 지역, 사례도 있을 것이다. 특히 이 책은 프랑스라는 특정 서유럽 국가의 팬 공동체에 대한 관찰을 기본으로 한 것이기 때문에 항상 과잉 일반화의 위험이 있다. 그러나 기술 과정에서 이 위험을 줄이기 위해 가능한 한 사례를 확장했고 해석에 유의했다. 그리고 제1부의 모든 이론화 작업은 제2부의 사례와 긴밀히 연관되어 진행된 것이기에, 글 중간중간에 필요한 경우 '제2부의 O장 참조'라는 참조 고지를 삽입해 본문이 무거워지지 않고 반복을 줄이며 저작의 두 부분이 역동적으로 읽히도록 했다.

구체적으로 제1장은 아파두라이$^{Arjun\ Appadurai}$의 세계화와 미디어정경에 대한 논의에서 시작해, 인터넷과 디지털 문화 시대의 문화 연구가 고려해야 할 매체 환경, 그리고 세계화와 디지털 문화의 결과로서 한류를 이해하기 위해 재고해야 하는 이론적 입지를 논한다. 이 장은 기존의 서구 중심적인 문화산업 논의와 동아시아 중심적인 정체성 담론에서 한류 논의를 자유롭게 하려는 이론적 시도이다.

제2장은 동아시아 내부에서의 정체성 문제를 넘어서서, 전 세계로 시선을 확장시켰을 때 제기되는 지역 문화정체성의 문제를 다룬다. 나와 타자 사이의 변증법적인 정체성 형성의 원리를 전제로 해서, 전 세계에 존재하는 지역 문화 정체성 담론과 미디어의 문제, 그리고 서구가 창조한 동아시아인의 정체성 문제를 다룬다. 이 장은 또한 탈식민주의적인 시각에서 인종주의적인 할리우드의 아시아인 재현을 분석하고 그 시각을 한류 스타의 '화이트페이스' 문제로 발전시킨다.

제3장은 세계 속에 소통되는 한류 현상 이해에 핵심적이라고 생각되는 동아시아의 컨버전스 문화를 집중 분석한다. 이 장은 지금까지 이루어진 북미 중심의 컨버전스 문화 연구를 동아시아로 확장하려는 것이며, 동아시아 컨버전스 문화의 특성인 초국적 만화 문화, 아이돌 현상, 그리고 미디어

믹스 현상 등을 다룬다. 이 장은 그간 서구에서 축적된 문화산업 연구와의 대화, 그리고 아직 필자의 관찰이 못 미친 동아시아 문화산업의 구체적 사례들과 더불어 앞으로 많은 첨삭, 심화, 개정을 통해 발전되어야 할 내용이다.

제2부는 프랑스의 한국 드라마 팬포럼에서의 민족지학적^{Ethnography} 참여관찰 결과를 주축으로 여러 가지 현장 조사를 더한 결과에 대한 분석이다. 이 과정은 당연히 제1부의 이론화와 끊임없이 소통하고 있으며, 이론적 내용이 반드시 제1부에만 몰려 있는 것은 아니다.

제4장은 세계 속 한류 소통의 하부구조인 팬문화, 문화 간 커뮤니케이션의 엘리트인 팬서빙 집단 등, 한류의 세계 소통을 가능케 하는 구체적 고리와 네트워크에 대한 조사 결과이다.

제5장에서는 프랑스 한국 드라마 팬포럼에서의 관찰 결과를 기존 프랑스 문화사회학의 연구 결과에 비추어 재해석한다. 프랑스 내부의 문화실천 지형 속에서의 동아시아 대중문화 팬덤 형성, 그 내부에서의 한류 팬덤 형성 과정을 역사적이고 사회학적으로 관찰하고 분석한다.

제6장은 프랑스 한국 드라마 팬 공동체의 드라마 수용에 대한 전통적인 민족지학적이고 사회학적인 기술이다. 한국 드라마의 로맨틱 환상에 대한 집착과 동아시아적 인간관계 및 물질적 환경에 대한 이해와 그 과정에서 드러나는 문화 간 커뮤니케이션의 문제를 다뤘다.

제7장은 세계 속 한류 유통의 중심 화두 중 하나인 아이돌과 꽃미남 현상을 다룬다. 이들 주변에 생성된 성정체성 담론과 수용, 이 현상에 내재된 시각적 쾌락 등에 대한 기술적이고도 분석적인 장이다. 이 장은 디지털 시대의 시각적 쾌락$^{Digital\ Scopophilia}$ 개념을 통해 기존의 영화 이론에 기초한 시각적 쾌락론에 수정을 제안하고, 디지털 문화 시대의 문화향유 논리에 대한 새로운 시각을 제공한다.

제8장은 드라마 팬덤을 기본 관찰 대상으로 하여 이 연구가 발전시킨 이론적 입지점들을 한류2.0의 견인 역할을 하고 있는 케이팝 현상에 적용한

것이다. 케이팝의 수용이 서구 중산층 청소년 문화와 다문화·혼종성의 문제에 닿아 있다는 것을 사례를 들어 설명했고, 싸이 현상을 통해 드러나는 세계 속 한류의 현주소에 대해 기술했다.

이 책 속에는 필자가 쓴 기존 출판물의 내용이 이용되기도 했는데, 한류 현상의 빠른 발전으로 인해 많은 부분에 수정 및 첨삭을 가하고 다시 쓰다시피 고쳐야 했다. 이 책이 태어나는 데 많은 이의 도움이 필요했다. 먼저 이 책을 쓸 기본 자양분을 준 프랑스의 한류 팬들에게 감사한다. 이 책의 자산이 된 연구인 3년간의 참여관찰 기간 동안 온라인으로 오랜 시간을 함께 보낸 이들, 한국의 배우들과 아이돌 프로필을 사용하는 이 팬들은 한국에서 그 배우들의 얼굴을 대할 때마다 생각날 것이다. 그리고 보르도 대학에서의 인연으로 서울에서 자료 조사를 도와준 이지원, 박사논문을 쓰는 중간에 귀한 시간을 내어 초고를 읽고 수정해준 송현주에게 감사한다. 이 책의 초고 전체를 정성껏 읽고 어눌한 한국어를 고쳐주신 연세대 이윤영 교수님, 남프랑스에서의 안식년 기간을 어지럽게 해드려 죄송하고 감사하다. 또한 늦은 저녁이든 이른 아침이든 페이스북에서 대화에 응해주신 많은 한국의 동료와 친지 분들께도 감사한다. 마지막으로 내가 보르도 대학의 마지막 학기 수업과 원고 집필이란 두 개의 뜨거운 감자를 들고 쩔쩔매는 동안 너그러이 봐주고 따스히 지켜준 가족에게 감사한다.

그리고 이 책의 집필을 재정지원 해준 방송문화진흥회에도 고마움을 전한다.

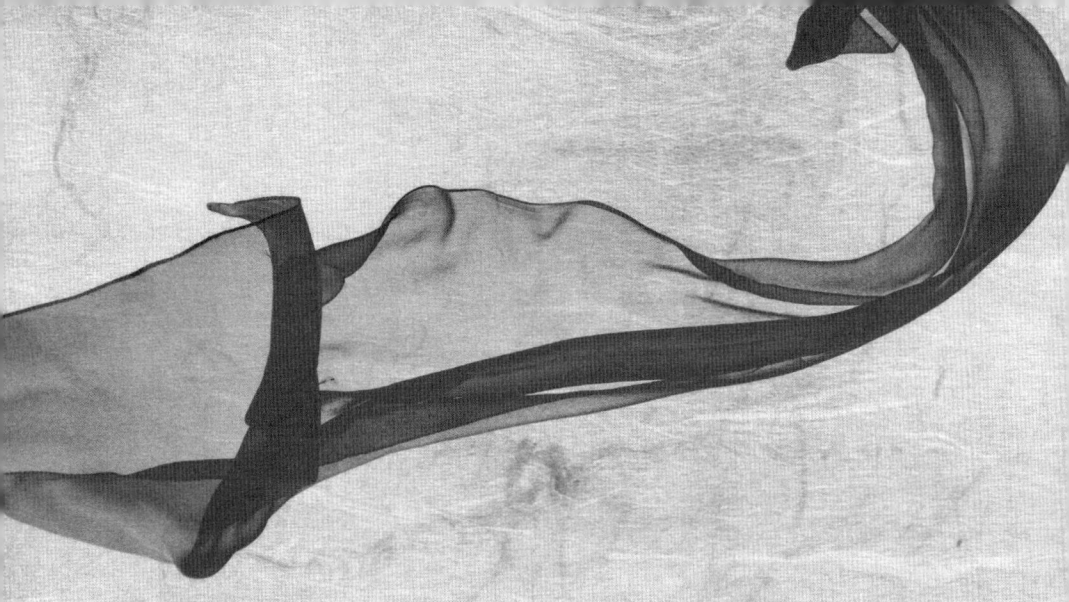

제1부

세계 속의 한류

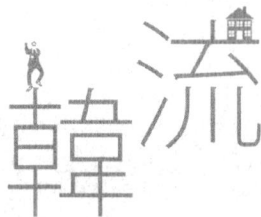
韓流

제1장

전 세계적 미디어정경의 변화*

1. 인터넷과 디지털 시대에 대중문화에 대해 논의하기

세계화의 문화적 결과에 대해 영향력 있는 성찰을 보여줬던 아파두라이의 『고삐 풀린 현대성 Modernity at large: Cultural dimensions of globalization』(1996)이 나온 이후 17년이 흘렀다(아파두라이, 2004). 이 저서는 제1장에서 세계화 현상을 이해하기 위한 관찰의 영역을 다섯 개 흐름의 '정경scapes'으로 분류했다. 인간정경ethno-scapes, 기술정경techno-scapes, 자본정경finance-scapes, 사상정경idea-scapes, 그리고 미디어정경media-scapes 등 이렇게 세계화를 구성하는 힘과 영향력의 흐름을 다섯 개의 정경으로 나눈 것이다. 이 저작에서 사례로 삼고 있는 내용과 관찰이 인도 태생 아파두라이의 궤적인 인도-유럽-미국 중심축에서

---

* 이 장은 서울대학교 언론정보연구소에서 발간하는 ≪언론정보연구≫ 2013년 2월호에 게재한 「세계화 과정 속 디지털 문화 현상으로서의 한류: 프랑스에서 바라본 한류의 세계적 소비에 대한 이론적 고찰」을 수정·보완한 것이다.

크게 벗어나지 않고 있으며, 세계화와 동시에 여전히 진행 중인 권력과 지배의 문제를 소홀히 했다 해도 세계화의 과정을 '중심^{center}'과 '주변^{periphery}' 사이의 힘의 불균형이라는 제국주의 논의 패러다임에서 벗어나 세계화 과정의 문화적 현실을 직시할 수 있는 패러다임을 제시했다는 점에서 매우 중요한 저작이다. 이와 같은 배경 속에서 이 책의 프랑스어 번역서가 "식민주의 이후$^{Après\ colonialisme}$"란 제목을 달고 있는 것도 무리가 아니다. 아파두라이는 "오늘날 지구화가 진행 중인 세계를 특징짓는 것은 서로 다른 흐름의 영역과 서로 다른 방향성들 사이의 불일치"라고 하는데, 특히 주목해야 할 부분은 인간의 이동 영역인 인간정경과 재현 및 콘텐츠의 이동 영역인 미디어정경이다.

세계화 과정은 전례 없는 국경을 넘는 이주를 가져왔다. 선진국일수록 주로 스스로 원해서 이루어지는 경제적(직장을 따라서), 문화적(어느 나라, 어느 문화권이 좋아서) 이주가 많은 데 반해, 가난한 지역일수록 전쟁, 기아, 자연재해, 경제난 등의 어쩔 수 없는 이유로 태어난 나라를 떠나는 경향을 나타낸다. 그로 인해 가난한 국가의 이주민은 상대적으로 비극적이고 고단하며 때로는 다국적인 이주의 경험을 지니게 된다. 유럽의 경우, 영국의 인도와 파키스탄인들, 프랑스의 알제리, 튀니지, 모로코인들, 스페인의 남미 이민자 등 피식민지 국가로부터 과거 식민 본국으로의 이주가 많은 부분을 차지하지만, 시간이 지날수록 집단적 정치 망명(르완다의 후투족과 투시족 사이의 학살을 피한 투시족의 유럽 이민의 경우, 베트남전에서 미국을 도왔던 고산족 몽족의 프랑스 집단 이민 등), 또는 불법 이민 루트를 통한 이주(이주민 정착이 용이하다고 생각되는 영국으로 건너가기 위해 프랑스 쪽 도버해협 근처에 늘어난 불법 이주민에 대한 수용소 사례, 유럽에 거주 인구가 점증하는 연변족과 북한 탈주자들) 등 매우 다양한 형태의 이주가 이루어지고 있다. 환태평양 지대의 아시아권도 20세기에 들어서며 인간의 대량 이주가 나타난 곳이다. 대부분 불행한 역사 속에서 이주를 당하거나 이민을 떠나야 했던 이 동아시아인들은, 복잡한 식민의 역사와 이주를 경험했고, 그 결과 붙박이 인구보다 다국어에 능통하고 자신의 정체성에 민감한 인구라 할 수 있다. 아시아 언어 한두 개와 영어에 능통한 이 인구는 문화 간 커뮤니케이션의 엘리트로서 인터넷 공간에 게시된 수많은 한국산 대중문화 콘텐츠에 팬자막을 달아 그것이 영어권, 나아가 전 세계로 유통될 수 있는 중요한 일차 매개자의 역할을 담당하고 있음이 현장 연구를 통해 밝혀졌다. 이들이 한류의 세계화에서 담당하는 역할은 제2부에서 다룰 예정이다.

이러한 인간정경이 미디어정경과 만나는 지점에서 형성된 연구 문제가 이주자들의 문화정체성 형성과 미디어 이용이다. 영국에 거주하는 인도, 파키스탄 이민 2세대, 3세대가 어떻게 출신국의 영상물을 소비하면서 자신의 문화정체성을 형성해나가는지, 영국의 미디어가 인도와 파키스탄 이민자들을 어떤 식으로 재현하며, 더 나아가 이주민의 문화가 영국 문화에 어떻게 영향을 미치는지에 대한 연구들이 이에 속한다(Mattelart, 2007). 이러한 이주민의 문화 소비와 정체성 형성이 진행되는 미디어 환경이 디지털 문화의 발전과 인터넷의 등장으로 커다란 변화를 맞고 있다. 아파두라이는 『고삐 풀린 현대성』에서 크리켓이라는 영국의 스포츠가 인도에 전해져 식민 본국의 문화 콘텐츠임에도 불구하고 어떻게 거대 인도를 하나로 묶는 국민문화로 자리 잡게 되었는지를 분석하는 등 세계화 과정의 문화 영향의 흐름이 어떻게 지배-종속 관계로만 이해할 수 없는 양면성과 복합성을 띠고 있는지 보여주었다. 모든 미디어 콘텐츠가 디지털화될 수 있고 인터넷을 통해 국경 없이 소통될 수 있는 지금의 환경은 아파두라이가 이 책을 썼던 시점의 관찰에 또 하나의 국면을 가중시켰다고 할 수 있다. 하이픈으로 표현되어 온 미주-한국인$^{Korean-American}$, 영국-인도인$^{British-Indian}$, 독일-터키인$^{German-Turkish}$의 정체성을 가진 인구만이 자신이 거주하고 있는 나라가 아닌 초국가적 문화물 소비를 추구하는 것이 아니라, 이제는 인터넷 접속이 가능한 지구상의 어느 곳에서든 모든 인구가 디지털화되어 온라인상에 유통되는 모든 문화 콘텐츠를 접할 수 있는 매체 정경이 이루어졌다는 사실이다.

이것은 세계 최고의 인터넷 서비스와 속도를 자랑하는 대한민국에서는 너무 당연한 사실처럼 보인다. 그러나 한국이 이 상황에 들어선 것도 1990년대 후반의 일이며, 유럽의 경우 2000년대 중반에야 고속 인터넷 보급이 일반화되었다.[1] 한국 땅을 떠나본 사람들은 대개 유럽과 미주에서 인터넷이 느리거나 접속이 안 되어 답답했던 경험이 있다. 그러니 남반구의 발전도상국가들의 상황은 어떤지 충분히 짐작이 갈 수 있지만, 디지털 문화 발전의 방향이 설정된 지금, 중요한 것은 지구상 어디에서나 언젠가 도달하게 될 속도보다는 접속 가능성인 것으로 보인다. 오늘날 인터넷 접속은 랩톱이나 노트북을 통해 유·무선으로 할 수 있을 뿐만 아니라 3G 이상 이동전화로도 가능하며, 최근 3~4년 동안 시장에 나온 게임 단말기들도 무선 인터넷 접속이 가능하다. 전 세계 모바일 보급률이 2012년 1분기에 87%에 도달했고 전체 모바일 가입자 수는 42억 명(중복 가입자 포함 시 62억 명)에 달한다는 통계 수치가 말해주듯이,[2] 인터넷 접속은 갈수록 고속화되고, 갈수록 이동성이 높아지고 있다. 모바일 인터넷 접속이 더욱 중요한 곳은, 이미 고성능 전화선이나 광섬유, 와이파이 네트워크가 촘촘히 깔린 북반구가 아니라, 유선 네트워크가 취약한 남반구의 국가들에서이다. 모바일 통신은 유선 단계를 뛰어넘어 무선 커뮤니케이션을 채택 중인 아프리카 등 저개발 국가들까지 인터넷 접속을 가능하게 해주기 때문이다. 아프리카 초원의 소치는 청년도, 중앙아시아의 유목민도 이동 안테나를 통한 모바일 사용으로, 위성 수신만을 하던 일방통행 커뮤니케이션으로부터 인터넷에 접속해 원하는 콘텐츠를 고를 수 있는 환경의 변화가 급격히 다가오고 있는 것이다.

---

1 http://www.huffingtonpost.com/2011/09/24/fastest-internet-speed-pando-august-2011_n_975491.html#s368157&title=2_Romania. 2012년 9월 13일 참조.

2 http://mobiad.org/news_mobiad/6509. 2012년 9월 13일 참조.

접속의 속도가 느린 것은 답답한 일이지만 이용 가능한 광활한 콘텐츠의 세계가 열려 있는 한, 문화 소통의 가능성은 무한대로 열린다. 유튜브나 데일리 모션, 각종 프로슈머 지향적인 사이트에 매일 올라오는 막대한 양의 영상 속에서 어떤 것이 가시성을 띠고 유명해지는지를 예측하는 것은 바다에 던져진 병이 다른 대륙의 해변에 닿는 것만큼이나 어려운 일일 것이다. 그런데 그 병의 양이 다른 것들보다 월등히 많고 알록달록해서 눈에 띄는 색이라면? 양적 확대를 통해 질적 현상을 설명하려는 의도는 분명히 아니지만, 한류 콘텐츠가 동아시아를 넘어 세계 속으로 확산되는 현상을 관찰하면 한국의 앞서가는 디지털 문화가 충분조건은 아닐지언정 필요조건이었음을 분명히 알 수 있다. 대략 2000년대 중반 이후라고 할 수 있는, 인터넷을 통한 한류 콘텐츠의 동아시아 외부에서의 소비와 팬 형성은 한국의 우수한 인터넷 속도와 앞서가는 디지털 문화에 의지하고 있다. 한국의 시청자들은 방송 내용과 각종 팬문화의 산물들을 북미의 친지들과 공유하기 위해서든 팬커뮤니티 내부에서 공유하기 위해서든 디지털 콘텐츠로 만들어 업로드했고, 이것은 국경을 넘어 자유로이 이동할 수 있는 방대한 일차 자료를 생산하게 되었다. 급기야 2012년 초에 유튜브에는 'K-Pop'이란 엔트리 단어가 새로 마련되었고, 가시성도 크게 높아지게 되었다. 한류 콘텐츠의 업로드 증가와 다른 시간성을 지니고 진행되었지만 전 세계 소비자들의 인터넷 접속 가능성과 속도 또한 증가했고, 2000년대 중반 이후 한류 콘텐츠가 세계 속으로 유통될 수 있는 조건을 형성한 것으로 보인다.

디지털화된 콘텐츠는 말랑말랑한 진흙을 만지는 것처럼, 수용자가 가지고 놀 수 있는 무엇이 된다. 원하는 시간에 볼 수 있고, 빨리 보다가 건너뛰기도 하고 반복해서 볼 수도 있으며, 좋아하는 장면을 스크린 캡처해서 저장하고, 포토샵으로 변경할 수도, 자막을 붙이거나 다른 대사, 편집, 음악을 덧입힐 수도 있다. 이러한 콘텐츠의 디지털화가 가능케 한 리믹스 행위의 산물들은 또다시 인터넷 공간에 방출되어 자신의 삶을 살아가는 제2의 콘텐츠가 된다. 주어진 콘텐츠의 의미를 고분고분하게 수신하는 소극적 수용자의 개념에서 주어진 것을 넘어서거나 의도적으로 왜곡함으로써 새로운 의미를 창출해나가는 적극적 수용자 개념으로 발전했고, 급기야 수용 과정의 일부로서 2차 콘텐츠를 생산하는 프로슈머$^{pro-summer}$에 도달한 것이다.

이러한 디지털 문화가 가능케 한 리믹스^{Remix}는 창조의 공간이 특정(폐쇄 그룹인 경우) 또는 불특정 다수에 대한 자신의 노출을 가능케 하는 인터넷이 제공하는 가능성과 만나서 새로운 개인정체성의 논리를 생산하고 있다. '외적'과('외적인'을 뜻하는 접두어 'ex-'와) '친밀성' 또는 '내밀성'의 뜻을 가진 '인티머시'^{intimacy}'란 두 단어가 조합되어 만들어진 '외밀성^{extimacy}'이라는 신조어가 바로 그러한 새로운 논리를 지칭하고 있다(Allard, 2005). 인터넷 공간에서의 자아 노출은 아바타를 통하든 자신의 진짜 이름과 모습을 통해서이든, 개인 스스로가 어떤 사람인지를 남에게 과시하고 전달하고 그 과정에서 스스로 되고 싶은 자기를 만들어가는 과정이다. 과거에는 이러한 과정이 자기 자신과 일기장의 관계 또는 독서와 각종 문화 콘텐츠 소비라는 개인적이고 사적인 방식으로 이루어졌다. 그러나 인터넷 공간은 그것이 블로그이든 페이스북이든 트윗의 공간이든, 그리고 그것이 특정 그룹에게만 공개된 것이든 불특정 다수가 볼 수 있는 것이든, 사적인 방법이 아니라 공적이고 대외적인 방법으로 이루어진다. 이것은 개인 홈피나 블로그, 페이스북에 오르는 수많은 사진과 일상의 에피소드들, 상념들, 정치 성향과 미적 취향의 내용들이 말해주듯이 누군가를 위해 공개된 것이고, 그것을 올린 사람에게는 자신이 원하는 자신의 모습의 일부를 만들어가는 '자아 함양$^{culture\ de\ soi}$' 과정이기도 한 것이다(Foucault, 1984b).

이러한 디지털 문화와 인터넷이 가능케 한 전 지구적 소통 가능성, 그리고 시간이 지날수록 중요한 문화의 작동 원리가 되어가는 외밀성의 논리가 우리가 살아가는 미디어스피어를 새로운 단계로 진화시키고 있다.[3] 하이퍼스피어^{Hypersphere}의 시대라고 불릴 만한 이 시대, 혹자는 포스트 텔레비전

시대라고 부르는, 우리가 이제 막 한 발자국을 들여놓은 이 새로운 매체환경은 전 시대, 즉 텔레비전이 구조화의 힘이었던 비디오스피어^{Videosphere}에서 구조화의 중심축이 인터넷과 디지털 문화 쪽으로 옮겨온 형상이다. 한국의 경우에서 볼 수 있듯이 텔레비전은 여전히 중요한 콘텐츠 생산 주체로 남아 있지만, 그것의 전 지구적인 유통을 조절하고 2차 소비 영역을 생산하며 문화 이벤트로 만드는 것은 인터넷이다. 생산과 유통이 프로그램 기획과 그것의 편성 과정에 의존하는 방송의 속도는 수많은 프로슈머들의 리믹스 능력과 바이러스처럼 전파되는 인터넷과 속도의 측면에서 경쟁이 되지 않는다.

이제 방송은 인터넷을 통해 문화 이벤트로 성장한 문화물을 인용함으로써 확대 전파되고 그 이벤트에 문화적 정당성을 부여하는 정당화 절차로 작용하게 되었다. 가장 가까운 사례를 들어보자. 2012년 7월 초에 인터넷에 업로드되어 9월 초에는 미국의 네트워크 방송이 경쟁적으로 방송할 정도로 대중화된 한국의 연예인 싸이의 「강남스타일」의 궤적을 보면 바로 이러한 하이퍼스피어의 문화 소통의 논리를 관찰할 수 있다. 「강남스타일」은 유튜브에 올라온 후 일단 한국 내에서 인기 차트에 올랐고, 그의 비디오에 대한 미국 유명 연예인의 트윗이 증폭제 역할을 해서 전 세계의 수용자들이 동시다발적인 플래시몹, 패러디물, 다양한 커버, 수용자 반응 장면, 리믹스물들을 만들어내면서 하나의 전 지구적인 문화 현상으로 발전해나갔다. 소셜 미디어들을 통해서도 이 사실이 빠르게 확인되고 전파되어갔으며, 급기야 미국의 방송사들, 이어서 세계의 방송사들이 경쟁적으로 「강남스타일」 뮤직비디오를 방송하고 싸이를 초대했다. 방송이 인터넷의 유명

---

3 '미디어스피어^{Médiasphère}'란 프랑스의 정치, 종교 미디어 철학자 레지스 드브레$^{Régis\ Debray}$가 창시한 매개학/미디올로지 속에서 발전시킨 개념으로, 인류의 문화발전 단계에 상응하는 그 시대의 핵심적 매체가 구조결정력을 지닌 미디어환경을 의미한다(Debray, 1991).

콘텐츠를 채용해 문화로 정당화한 사례는 적지 않게 들 수 있지만, 싸이의 경우는 그 속도와 스케일로 인해, 그리고 북미-유럽의 헤게모니 대중문화가 아닌 '로컬'한 내용이었기에 더욱 많은 담론을 생산하게 되었다.[4]

이 책에서 우리가 다루는 주제인 동아시아 밖으로의 한류의 전파 또한 이러한 하이퍼스피어의 환경에서 이루어졌다. 동아시아에서 〈겨울연가〉와 〈대장금〉이 초국가적 대히트를 치면서 한류가 인기 콘텐츠로 부상한 사건은 각국의 방송사들이 중요한 문화 에이전트 역할을 했다. 그러나 동아시아를 넘는 세계 속으로의 한류의 진출은 디지털 문화 시대에 당연해진 문화적 논리의 귀결이라고 좀 더 거시적 해석을 할 수 있게 된다. 다시 말해, 디지털 문화의 진전과 세계화 과정을 통해서 전 세계의 모든 문화 산물이 지구상 어느 곳에서든 팬클럽을 만들 수 있는 상황 속에서, '한류2.0'은 전혀 예상할 수 없었던 놀라운 사건이 아니라 '개연적' 현실임을 알 수 있다. 그러므로 우리가 설명해야 하는 것은 더 이상 '어떻게'가 아니라 '왜'인 것이다. 이러한 질문으로부터 한류2.0에 대한 이해와 연구가 동아시아 중심의 사례 연구에서 벗어나 세계화 과정의 문화현상의 이해를 심화시킬 수 있기 위해 지향해야 할 인식론적 과제들을 하나씩 점검해본다.

2. 동아시아 정체성 중심의 한류논의에서 벗어나기

1990년대 초반 이후 동아시아 전역에 괄목할 만한 초국가적 문화 산물의 교류가 관찰되었고, 이를 설명하기 위해 동아시아의 매체 산업과 초국가적 문화교류에 대한 여러 연구물이 출판되었다(Iwabuchi, 2002; Chua &

---

4 적어도 프랑스의 경우, 필자가 기억하는 한 유럽어가 아닌 언어로 불린 대중가요가 인기 가요가 된 적은 없었다.

Iwabuchi, 2008; Keane, 2006). 홍콩과 일본의 대중문화물들처럼 동아시아에 유통되던 공통의 문화물이 없었던 것은 아니건만, 서론에서 언급한 여러 가지 문화적, 지역정치학적 이유에서, 그리고 현상의 속도와 크기로 인해 한류가 문화 연구자들의 관심을 끌었다. 정치경제학 분야에서는 전 지구적인 자본의 움직임이라는 맥락 속에서 동아시아라는 지역적인 문화 역학의 특수성을 설명하려 했다. 이 설명에 따르면 최근의 동아시아 문화산업의 발전은 새로운 국제적 문화 노동분업의 결과이며, 따라서 미디어 콘텐츠는 불가피하게 도시 중산층과 부유층의 소비 욕구를 반영하는 내용이라는 것이다(Keane, 2006). 한류 연구를 통해 동아시아의 초국가적 문화교류 현상을 좀 더 긍정적인 시각에서 바라보려는 아시아 학자들의 견해는 전통적인 미디어 연구를 재생하는 것이라고 폄하되거나 서구에서 생산된 적극적 수용 연구와 같은 메타 이론을 강화하는 사례 연구들에 불과하다는 비판을 받았다. 반면, 문화 연구에 기반을 둔 연구자들은 공통의 동아시아 대중문화의 가능성에 초점을 맞추어 수많은 초국가적 미디어 소비 현상을 관찰해 왔다. 초국가적 수용 현상 과정에서 배급, 각색, 타협된 수용, 더빙 등 지역화 과정에 대한 연구가 이루어졌고(Iwabuchi, 2004; Kim, 2005), 특정한 젠더, 국가, 계급, 이민 맥락에서 벌어지는 수용 현상에 대한 연구들(린 외, 2004; Shim, 2006; Kwon, 2006), 그리고 콘텐츠의 내러티브 구조와 수용 과정에 대한 비교연구들이 이루어졌다(You et als., 2001; 이경숙, 2004).

이러한 맹렬한 한류 연구 소용돌이에서 생겨난 거대담론이 바로 동아시아의 정체성이란 화두이다. 한국 드라마를 보면서 서구의 어떤 용어로 설명될 수 없는 동아시아적인 '정'을 느낀다거나, 그것은 한국 드라마가 새로 창출하는 무엇이 아니라 이미 존재하던 것을 '확인 recognition'하고 잃어버린 것을 '되찾는' 과정이라고 수용 연구들은 주장했다. 고학력 홍콩 대기업 여사원들에 대한 홍콩 학자들의 연구에 따르면, 결혼 적령기를 넘긴 이 여성 시청자들은 함께 모여 한국의 멜로드라마를 시청하면서, 잘생기고 현대적인 남자 주인공이 애인을 애틋하게, 주변 인물들을 따스하게 배려하는 데 감동하며 '정'이란 감정을 공유할 수 있었다고 말한다(린 외, 2004). 〈겨울연가〉가 일본에서 놀라운 성공을 거둔 것은 40대 이상의 '오바상'들이 주인공 남녀의 청순한 사랑을 통해 포스트모던 일본이 잃어버린 순수성, 나아가 국가 경제에 남편을 바쳐버린 일본 사회 속에서 경험할 수 없었던 원초적 로맨티시즘에 대한 '향수', 즉 경험한 적도 없었던 잃어버린 것에 대한 욕망이라고 해석되었다. 중화문화권 전역에서 대성공을 거둔 〈대장금〉 또한 동아시아 전체가 '확인'할 수 있는 문화적 공통 요소로 가득 차 있는 콘텐츠라는 점에서 이러한 정체성 재확인의 과정에 부합하는 콘텐츠이다(홍석경, 2008b).

요약하자면, 기존의 연구들은 동아시아 여기저기에서 들려오는 한류의 수용 현상 보도에 기대어 동아시아 수용 현장에서의 수용 연구와 내용 분석을 통해 동아시아의 문화정체성 문제를 설명하고자 했다. 그간의 한류 현상에 대한 문화 연구는 대부분 다음과 같은 맥락에서 이루어졌다. ① 한국의 대중문화 콘텐츠를 열광적으로 사랑하는 수용자들이 동아시아 여러 나라에서 관찰되고, 콘텐츠 수출량 등 시장 데이터를 통해 이를 확인할 수 있다. ② 왜 A국가에서 B콘텐츠를 좋아하는지 그 문화적 원인을 맥락을 중시하는 질적 수용 연구를 통해서 알아보거나 내용을 분석한다. ③ 한류 텍스트가 동아시아에 어필하는 여러 문화 요소를 가지고 있다는 사실이 내용 분석상 드러나고, 초국가적 수용자들 또한 한국 콘텐츠 수용 과정에서 스스로를 동아시아인으로 돌아보게 되는 정체성 확인의 과정이 관찰된다. 스스로를 동아시아인으로 느끼는 것은 한국 콘텐츠 속에서 스스로가 잃어버린, 또는 닮고 싶은 가치관을 발견하고, 자기를 닮은 여러 요소의 재확인recognition을 통해 한국과 자국의 문화적 유사성을 인식하게 된다는 것이다.

이러한 동아시아 내부의 한류 현상과 그것의 정체성 화두로의 발전에서 중요한 역할을 한 개념이 바로 '문화할인율Cultural Discount'이다(유세경·이경숙,

2001). 문화경제학에서 온 이 개념은 한류가 동아시아에서는 문화할인율이 낮아 잘 소통된다는 설명이고, "배용준이 일본에서 인기 있는 것은 백인, 흑인 배우보다 문화할인율이 낮아서"라고 설명할 때 쓰인다(양은경, 2006). 쓰임새가 다소 거칠고 단순한 사고에 기초하지만, 적어도 동아시아의 한류 현상의 대부분을 설명하기에는 효과적인 것으로 보였다. 이 논리는 ① 문화소통이 수월한 것은 문화할인이 낮기 때문이다, ② 동아시아에 한류 현상, 즉 활발할 한국 대중문화 콘텐츠의 유통이 관찰된다, ③ 따라서 동아시아 국가들과 한국은 문화할인이 낮다, 즉 문화적으로 근접성이 높다는 삼단논법에 의한 것이다.

그런데 이처럼 동아시아에서의 한류 연구의 주류를 이루는 한류의 추동력을 문화적 근접성론으로 설명하는 이론, 즉 문화적 동질성의 '인식'과 '재확인'의 과정을 통해 동아시아 문화정체성이라는 화두를 구성해간다는 지금까지의 이론은 동아시아를 넘어서는 문화 간 수용 현상을 설명하기에는 여러 가지 맹점을 지닌다. 우선 동아시아 바깥, 즉 문화적으로 근접하다고 평가되지 않는 곳에서 일어나는 수용 현상을 설명할 수 없기 때문이다. 게다가 한·중·일 가족관계에 대한 비교연구를 통해, 한국 드라마가 재현하는 핵심 주제인 가족관계가 동아시아 3국에서 전혀 다르다는 문화근접성 이론을 반박하는 연구도 있다(김수아·강명구·우이지에·차이관, 2007). 또한 문화적 근접성이 초국가적 수용을 설명한다면 동일한 이론으로 홍콩 영화의 성공, 일본 대중문화의 성공 또한 설명할 수 있어야 한다. 그렇다면 저팬매니아 형성의 핵심적인 이유로 일본 문화물의 '무취성'이 거론되는 것은 어떻게 문화근접성 이론 속에서 수용될 수 있을까?

그렇다고 문화적 근접성과 동질성을 통한 문화정체성 확인의 논리가 전혀 설명력이 없는 것은 아니다. 동일 언어권의 문제가 바로 그러하다. 프랑스어 문화권 내부에서 캐나다 산물이 소통되고, 영어 문화권 내부에서 호주 산물이 초국가적 유통에 성공하고 이어서 전 세계에 전파되는 경우가 그러하다. 그러나 동일 언어권이란 문제는 수많은 문화 동일성 중 하나일 뿐 초국가적 문화물 유통의 필수조건도, 충분조건도 되지 못한다. 이것은 방송이 초국가적 문화물 유통을 독점하던 시기에는 어느 정도 설명력이 있었으나,[5] 방송이 인터넷에 유통의 헤게모니를 넘겨주는 하이퍼스피어에서는 더 이상 어떤 필요충분조건이 아닌 하나의 영향력 있는 조건이 되었을 뿐이다.

따라서 동아시아 내부의 문화적 동질성(낮은 문화할인)에 의존하는 문화정체성 담론은 동아시아 외부에서의 한류 현상을 설명하기에 무력할 뿐 아니라, 위에서도 언급했듯이 이론적 맹점을 포함하고 있다. 그렇다면 SM 파리 콘서트장을 메운 유럽의 청소년, 청장년 팬들은 문화적 근접성이라고는 도통 낮은 케이팝에 왜 열광했을까? 앞장에서 설명한 하이퍼스피어론은 필요조건이기는 하지만 전혀 충분조건이 될 수는 없는 것 아닌가?

한류에 스포트라이트를 맞추며 잊으면 안 되는 것은, 세계화 과정이 만드는 새로운 이주 현실을 포함하는 인간정경과 하이퍼스피어가 교차되는 현재, 세계의 문화 소비자들은 잠정적인 문화다식자^{omnivore}들이라는 사실이다. 서구인으로서 동아시아 문화물을 좋아하는 경우, 이들은 한국 콘텐츠뿐만 아니라 일본, 대만, 홍콩, 중국 콘텐츠도 널리 소비하고 있으며, 동아시아를 넘어서 인도의 문화 산물과 남미의 산물들까지 섭렵할 수도 있는 환경을 공유하고 있다. 케이팝 가수들의 파리 공연으로 무대 전면에 드러난 프랑스의 한류 팬들 또한 일본 만화와 애니메이션, 드라마 향유에서 시작해 그 범위를 넓힌 경우가 대부분이며, 드라마 팬인 경우 한국, 일본, 대만 드라마를 구분 없이 감상하지 한국 드라마만을 소비하는 팬은 소수에 불과하다. 케이팝의 팬들 또한 엑스재팬의 공연에도 열광하고 매해 파리에

---

[5] 프랑스어권 프로그램 소통을 원활하게 하려는 프랑코포니^{francophonie} 방송정책들이 대표적인 사례이다.

서 열리는 저팬 엑스포$^{Japan\ EXPO}$에도 빠지지 않는 동아시아 대중문화의 팬들이 대부분이다. 프랑스인의 문화실천과 향유에 대한 사회 조사에 따르면(Donnat, 2009), 부르디외$^{Pierre\ Bourdieu}$가 주장한 계급 관계를 재생산하는 위계적 문화향유가 쇠퇴하고, 갈수록 다식성^{omnivore} 문화향유가 늘고 있으며, 이것은 특히 디지털 문화가 일반화된 40대 이전의 청장년 세대에서 두드러진다. 프랑스의 한류는 예상외의 돌발 현상이 아니라 디지털 문화와 더불어 프랑스에 가속화되는 다식성 문화향유 현상의 일부로 이해해야 할 것이며, 일본 대중문화가 닦아놓은 문화 간 커뮤니케이션의 고속도로를 달리는, 그 길의 속성에 잘 적응된 한국산 자동차로 이해하는 것이 더욱 옳을 것이다(이 부분은 제6장에서 상세히 다룬다). 이 문화 간 고속도로에서 대만산, 중국산, 태국산, 베트남산 자동차가 달리는 것을 보게 되는 것도 전혀 놀라운 일이 아닐 것이다.

이 책의 제2부에서 전개되는 관찰과 분석은, 이러한 하이퍼스피어 시대에 한류가 동아시아 외부에서 유통되는 현상을 설명하려면 문화근접성 이론이 기대고 있는 동일성의 확인과 잃어버린 것에 대한 노스탤지어를 공유하는 과정이라는 문화정체성 이론으로부터 좀 더 넓은 의미의 나와 타자$^{The\ Other}$ 사이의 변증법으로서의 정체성 논의로 나아갈 필요가 있다(Descombes, 1979)고 주장할 것이다. '동일성'만이 아니라 '차이'를 보고, 나와 다른 타자에 비추어 자신을 관찰하고, 타자에게서 자아 정체성 구성의 새로운 재료를 찾는 디지털 문화 시대의 새로운 자기 함양 방식에 대한 이해로 정체성 이해의 틀을 확대할 필요가 있는 것이다.

정체성의 논의로부터 동아시아 내부에서의 동질성 문제를 넘어 세계로 시선을 돌려, 아시아의 타자인 서구와의 동질성과 차이의 문제로 시각을 넓히면 새로운 연구 문제와 방대한 관찰 영역이 드러난다. 우선 홍콩, 일본, 한류를 서로 구분되는 흐름으로서 보는 것이 아니라 이들 사이의 연결점을 주목하고 생산과 소비의 측면에서, 문화산업과 문화실천의 측면에서 이미 존재하는, 그리고 현재 형성되고 있는 동아시아 대중문화의 동질적 특성을 연구할 필요성이 드러난다. 특히 동아시아에서 한국 배우들의 스타화는 동서 간 인종정치학$^{racial\ politics}$ 차원에서 큰 의미가 있는 현상이라고 생각된다. 성형으로 정비된 한류 스타들의 '아름다움'은 서구의 미적 기준에 따르는 일종의 '화이트페이스^{Whiteface}'라고 할 만한 실천이지만, 그 결과가 반드시 화이트성만을 추구하지 않는 것으로 재해석되어 그것이 한국에 고유한 미적 차원인 양 자리 잡은 '혼종적^{hybrid}'인 것이다. 그러나 이처럼 가공된 얼굴일지라도 할리우드 중심의 백인지상주의적 모델에서 벗어나 아시아의 청년들로 하여금 '아시아'의 얼굴을 닮고 싶은 모델로 만들었다는 점에서 이런 욕망이 만들어내는 성형 상업주의의 문제를 넘어서 인문학적으로 유의미한 현상이다. 요약하자면 세계 속 한류 수용의 문제는 동아시아의 문화정체성 문제를 동아시아 내부의 동일성의 문제로 접근하는 것의 한계를 명백히 하고, 이것을 서구와 아시아 사이의 동일성과 차이, 그리고 바바$^{Homi\ K.\ Bhabha}$의 용어를 차용하자면 이들 사이의 제3의 공간인 '하이브리드' 차원에서 접근하도록 유도한다(Bhabha, 2007). 이 주제는 제2장에서 세부적으로 논의할 것이다.

3. 서구 중심의 프로그램 논의에서 벗어나기

한국의 미디어 콘텐츠를 동아시아의 맥락에서 벗어나 바라볼 때 가장 큰 장애가 되는 요인이 바로 프로그램의 '질' 문제이다. 이것은 한국 콘텐츠만이 아니라 일본, 대만, 중국 등 다른 동아시아 국가들, 나아가 서구가 아닌 대부분의 지역에서 생산되는 문화 상품에도 해당되는 문제이지만, 이 책에서는 일단 한류 콘텐츠의 문제로 시선을 좁혀서 한국산 영화, 드라마, 케이팝, 패션, 미용·성형 등 한류 콘텐츠에 초점을 맞추어 사고를 전개하기로 한다.

최근 유럽의 텔레비전계에는 '퀄리티 텔레비전Quality TV' 이데올로기로 무장한 미국산 '양질'의 텔레비전 시리즈의 대량 공급으로 인해 기존 텔레비전 문화의 헤게모니 상태에 커다란 변화가 있었다. 텔레비전이 영화 중심의 고급문화 이데올로기에 지배되고 있는 프랑스의 경우, 2005년 이후 이 이데올로기에 타격을 준 커다란 지각 변동이 있었다. 프랑스 텔레비전에서 프라임 타임을 굳건히 지키고 있던 영화가 수입된 미국 드라마들에 대거 자리를 내줄 수밖에 없는 상태가 되었고, 문화활동에 대한 현장 조사들을 통해 석사 이상의 대학 교육자들과 남성들도 미국산 텔레비전 시리즈물을 열심히 시청한다는 증거가 드러난 것이다. 이것은 고학력일수록 텔레비전 시청 시간이 짧고, 텔레비전 시리즈물이 여성 취향의 저급 콘텐츠라는 기존의 프랑스 내 문화향유 현실에 대한 상식을 크게 벗어나는 조사 결과이다. 1990년대 중반 이후 미국이 전 세계로 수출하는 '네오 시리즈'들은 미국 패권적이고 백인 남성 중심적이란 기존의 지적을 유지하기 어려울 정도로 미국 사회에 대해 자기성찰적이고 비판적이다. 이것은 플롯을 복잡하고 다층적으로 전개하면서 내용에서 백인 지배 수준을 현저히 개선했기에 '양질' 콘텐츠의 대명사가 되어 전 세계로 수출되고 있다.

텔레비전이 '양질'의 시리즈를 대량 공급하고 고급 취향의 시청자 집단이 형성되면서, 미국 시리즈물에 대한 연구와 미디어 보도 또한 급증하게 되었다. 영미 문학 또는 문화 연구 분야의 많은 연구자들도 미국 텔레비전 시리즈들로 연구 대상을 변경했다. 이로 인해 미국 시리즈물은 19세기 소설들에 필적할 만한 사회성, 비판 능력, 미학적 차원을 지니고 있다는 평가가 급상승하게 되었다. 이러한 현상은 프랑스의 대중문화와 문화연구 사이 관계의 특수성을 잘 드러내준다. 일단 '양질'의 내용을 규정하고, '양질'의 콘텐츠를 추구하는 것에 절대 가치를 두는 엘리트주의적 접근이 여전히 팽배해 있음을 말해준다. 이 연구자들은 텔레비전 드라마의 인기popularity 속에서 작동 중인 문화향유의 논리에 대한 호기심에서 텔레비전 시리즈를 연구하는 것이 아니다. 이들은 특정 텔레비전 콘텐츠가 '양질'이 되었기에 거기에 관심을 보이고, 이것이 고학력자 시청자들이 즐기게 된, 즉 사회적으로 정당화된 '문화적' 소비라는 점에서 관심을 쏟게 된 것이라고 볼 수 있다. 스스로 고학력자 시청자이기도 한 이 연구자들은 다음 장들에서 다룰 학자-팬[aca-fan]의 문제 또한 안고 있다. 고급문화 지향적인 이 연구자들은 컨버전스 문화 연구자들처럼 스스로 이 문제를 제기하지도 않는 것으로 보인다. 이러한 연구 태도는 콘텐츠의 질의 문제와 상관없이 콘텐츠의 문화향유 논리에 관심을 둔 1980년대의 수용자 연구의 원전과도 같은 『댈러스 읽기』[6]보다도 후퇴한 것이라고 할 수 있다.

  그런데 이것은 단지 연구자들만의 문제가 아니라 서구 저널리즘의 문제이기도 하다. 이러한 '양질'의 기준을 충족시키는 한국의 작가주의 영화에 열광하는 프랑스 제도권 미디어가, 케이팝은 열광적 팬 현상 때문에 '하는 수 없이' 그 소문을 전하는 수준에서 그치는 현실이 그러하다. 케이팝의 '싸구려'스럽고 '유아적'이며 공장에서 생산된 것 같은 '규격화'된 음질과 표상, 이미지들은 탐미적 접근의 대상이 될 필요도 없다고 보는 듯하다. 따라서 케이팝 음반에 대한 비평이나 가수, 그룹에 대한 평은 'Allkpops'나 'Soompi' 같은 케이팝 관련 포털에서나 볼 수 있지, 문화비평의 전통이 깊은 기존 언론 지면에서는 만날 수 없다. 프랑스의 경우 제도권 미디어 속에서 영화와 케이팝 이해 사이의 거리는 참으로 크기 때문에, 향후 케이팝의 물결이 더욱 거세져서 프랑스의 제도권 미디어가 이것을 수용할 수밖에 없게 되었을 때 어떤 담론으로 이를 해설할 것인가가 주목된다.

  이렇게 수준이 향상된 미국의 텔레비전 시리즈들이 몰고 온 '퀄리티 텔레비전'에 대한 담론에서 제기해야 할 근본적인 질문은, 여기에서 과연 '질'

---

6 Ien Ang, *Watching Dallas*(Methuen, 1985).

의 내용이 무엇이냐는 것이다. 이때 '양질' 담론을 생산한 미디어 비평가와 학자들이 언급하는 것은 한 치 앞을 알 수 없는 복잡한 내러티브, 빠른 스토리 진행, 선악이 불분명한 인물들의 깊이, 여러 명의 주인공들이 엮어나가는 복수 플롯으로 인한 다양한 해석의 가능성, 불편한 현실을 직시하고 비판적으로 접근하는 시각, 텔레비전이라는 대중매체의 한계를 넘어서는 사회 현실을 주제화하기, 좋은 연기와 좋은 연출, 그리고 장르 개선 등의 특성이다. 이것은 하나하나 길게 언급해야 하는 복잡한 기준들이지만, 대부분 문학과 영화의 전통에서 수작을 선정하는 기준과 크게 다르지 않다. 이것은 제작 및 창작 중심적인 기준이고, 학교 문화만으로는 도달하기 어려운 축적된 문화활동을 통해서 얻어지는 향유의 기준이며, 따라서 부르디외의 말을 빌자면 '정당한 문화'를 규정하는 엘리트주의적인 기준이기도 하다. 동아시아의 드라마, 특히 한류의 성공을 가져온 드라마들을 이 고급문화 취향의 잣대를 가지고 저울질한다면, 지나치게 멜로드라마적인 순애보와 시추에이션 코미디 장르 컨벤션이 두드러지는 로맨틱 코미디들은 대부분 지극히 대중적이고 여성 취향적이며, 알 수 없는 역사적 사건과 인물들을 나열하는 사극은 리듬감 없는 역사기술Historiography에 가깝고, 형사물은 서스펜스와 연출력이 부족하다.

그런데 이러한 제작자 중심적이고 고급문화적인 '질'의 이해는 적극적 수용자, 생산적 수용자, 프로슈머의 단계에 진입한 수용자인 팬덤의 존재를 포괄하지 못한다. 앞에서 설명했듯이 디지털 문화 속에서 콘텐츠는 가공 가능한 원재료로 존재하며, 수용자들은 더 이상 편성된 프로그램을 앉아서 기다리고 주어진 대로 해석하는 소비자들이 아니다. 이 책의 제2부에서 다룰 프랑스의 동아시아 드라마 팬들에 대한 관찰에 따르면, 프랑스의 수용자들은 미국산 시리즈들의 '양질'에 대한 고급문화적인 정의에 대해 반발하고 있다는 매우 흥미로운 사실이 관찰된다. 이들의 대다수는 미국 시리즈를 열심히 보던 소비자층이고, 대부분 대학교육 이상의 고학력 직장인이며, 일부는 여전히 미국 시리즈를 보면서 드라마로 취향을 바꾼 것으로 관찰된다. 이들이 보기에 미국산 시리즈는 '너무 완벽해' 흥미가 없다. 또한 수년간 시즌이 계속되면서 시나리오는 지나치게 의도적으로 복잡해졌고, 그러다 보니 논리적인 스토리의 결론조차 만들 수 없게 되었다는 흥미로운 지적도 보인다. 반면 동아시아 드라마가 보여주는 10회(일본 드라마)~20회(한국 드라마) 길이의 '수줍은' 사랑 이야기들은 로맨티시즘이 완전히 사라진 서구의 대중문화 텍스트에 식상한 여성 시청자들에게 어필하며, 잘생긴 동아시아 배우들이 연기하는 현대판 로미오와 줄리엣, 억센 신데렐라 동화, '엽기녀' 현상 등 한국 로맨틱 코미디의 동시대적 컨벤션에 갈채를 보낸다. 다시 말해, 미국산 양질의 드라마가 두뇌 플레이에 의존하는 고급문화적 기준을 그동안 하위문화로 폄하되던 텔레비전에 가져와 각광을 받게 된 것이라면, 동아시아의 드라마는 감성 플레이를 통한 수용자의 사용가치 충족을 통해, 그리고 팬들의 수용 논리에 의존한 컬트 현상을 통해 '질적' 효과를 내고 있다고 보인다. 컬트 드라마 수준에 이른 몇몇 한국 드라마 '작품'들은 수많은 재시청의 대상으로 끊임없이 팬 담화를 생산하고 있다.[7] 동아시아의 드라마가 제도권 미디어에 의해 서구에서 널리 방송되고 있지는 않지만, 이미 대중문화의 세계화 현실을 적극적으로 살아가는 수용자들의 문화향유 속에서는 대안적인 텔레비전 픽션물로서, 전 세계적으로 시청 가능한 다른 픽션물들과 경쟁하고 있는 것이다.

그렇다고 해서 제작의 '질' 문제가 전혀 중요하지 않다고 주장하는 것은 아니다. 다만 '질'의 문제가 텍스트의 구성력만이 아니라 텍스트 생산과 소비 차원에서의 '위계'와 어떻게 관련되는지를 관찰하고 분석할 필요가 있다는 것이다. 앞에서도 말했듯이, 특정 문화물의 '컬트' 현상은 사실, 텍스트

---

[7] 〈풀 하우스〉, 〈미안하다 사랑한다〉, 〈마이걸〉, 〈커피프린스〉, 〈내 이름은 김삼순〉, 〈시티홀〉, 〈궁〉 등.

중심적인 '질' 이해를 넘어선다. 소수의 강렬한 팬덤이 형성되고 세대를 넘어 새로운 팬들을 끌어들이면서 시간적으로 지속되는 특정 문화물의 인기 현상은 꼭 전통적인 기준을 적용해 '양질'인 텍스트 주변에서만 벌어지는 것이 아니기 때문이다. 서구 맥락에서 〈스타워즈$^{Star\ Wars}$〉나 〈닥터 후$^{Doctor\ Who}$〉, 〈X파일$^{X\ file}$〉, 〈프렌즈^{Friends}〉에 대한 팬덤과 컬트화가 연구 가치를 갖는다면, 동아시아의 〈꽃보다 남자〉, 〈내 이름은 김삼순〉, 〈커피프린스 1호점〉의 컬트화와 팬덤도 그만큼의 연구 가치가 있는 것이다. 결국 프로그램의 '질'이 문제가 아니라 프로그램들에 위계를 부여하는 논리와, 위계에 따라 또는 상반되게 자신의 취향을 발전시켜나가는 문화적 실천의 문제에 천착해야 한다. 프랑스의 텔레비전 픽션물을 평가하는 담론 속에는 미국 시리즈가 절대 우위를 차지하지만, 시청자들은 미국 시리즈와 그 밖의 픽션에 대한 질적 차이를 인정하는 정도와 선호도에서 다양한 프리즘을 보여준다. 한국 드라마의 프랑스 팬들의 경우, 미국 시리즈, 일본 드라마, 한국 드라마 사이에 미묘한 위계의 문제가 존재한다. 단적으로 말하면, 미국 시리즈는 형식적으로 우월할지 몰라도 재미가 덜하고, 일본 드라마는 한국 드라마와 같은 종류이고 더 잘 만들어졌지만 한국 드라마보다 매력과 재미가 덜하다는 것이다. 이들의 태도는 "형식미? 그래서?"라는 식이고, 일본 대중문화 애호가라는 전력과 일본 드라마를 통해 한국 드라마를 알게 되었기에 일본 드라마에 대한 향수와 기본적인 애정을 가지고 있다. 그러나 반복해서 보게 되고 다음 회를 기다리며 보게 되는 중독적 드라마는, 매력적 배우들과 이해하기 힘든 모던 및 전통이 한데 엉켜 있는 한국 드라마라고 토로한다. 위계에 반하는 취향과 선호, 바로 이 뒤에서 그러한 문화향유의 논리를 찾는 것이 프로그램 중심적인 문화 콘텐츠 연구의 한계를 넘어서서 세계화 과정에서 벌어지는 새로운 문화실천들을 올바르게 이해하는 방법일 것이다.

4. 북미 중심의 컨버전스 문화산업/연구 논의에서 벗어나기

문화가 산업이 된 후 가장 많이 연구된 것은 아마도 '할리우드'로 대변되는 미국의 영화 및 영상 산업일 것이다. 제2차 세계대전 이후 재건으로 바쁜 전 세계인에게 꿈과 가능성으로 가득 찬 아메리칸 드림, 미국식 생활양식을 전파한 1950년대의 할리우드는 세계적인 아이콘이 되어버린 스타들로 무장한 꿈과 매력이 넘치는 현장이었다. 1960~1970년대를 통해 전후의 상처에서 회복되기 시작한 유럽이 비틀스로 대변되는 새로운 노동자 문화에 기반을 둔 대중문화를 세계로 전파했고, 1980년대 이후에는 마이클 잭슨과 일본의 만화, 애니메이션 등의 반격으로 대중문화의 중심이 다변화되는 듯싶었다. 1970년대 중반 이후 방송 환경의 변화는 전 세계 프로그램 유통에서 미국 문화 산물의 입지를 더욱 공고히 했다. 공영방송 독점 체제가 붕괴되고 사영방송이 등장하는 탈규제가 시작되어 2~3개 공영 채널만 있었던 대부분의 유럽 국가들에서 전국 지상파 채널이 두 배 이상으로 늘어났고, 1980년대와 1990년대를 통해 케이블과 위성 채널의 발전으로 프로그램 수요는 1970년대 초에 비해 수백 %가 증가하게 되었다. 그런데 각국의 프로그램 생산 능력은 아무리 가벼운 프로그램 장르 개발에 박차를 가한다고 해도 증가할 수 있는 한계가 확실한 것이어서, 하루 24시간 방송이라는 양의 경제인 텔레비전이 방송 시간을 줄이거나 중단하지 않으려면 두 가지 방법, 즉 수입과 재방송에 의지해야 했다. 재방송의 한계가 너무 뚜렷한 것이기에 세계 방송 프로그램 시장은 점증하는 수요와 더불어 성장하고 활성화되었다.

이때 여러 가지 이유에서 세계 프로그램 시장에서 수입하기에 가장 그럴듯한 프로그램이 바로 미국산 방송이었다. 미국산 방송 픽션물은 할리우드가 만들어놓은, 전 세계에서 소통 가능한 미국식 대중문화 감각을 담고 있고 영어로 말한다는 이점이 있으며 대형 국내시장에서 이미 손익분기점에

도달한 것들이 대다수라 저가로, 때로는 수입국 사정에 따른 가격 차등을 두어 대규모 시장 공략이 가능했다. 이에 비해 유럽산 프로그램들은 유럽 영화가 그렇듯이 대부분의 수입국에서 문화적 낯섦과 고급문화 취향에서 오는 이질감을 극복해야 했고 가격 경쟁에서도 열세였다. 게다가 미국은 때에 맞춰 한 명의 주인공 영웅을 중심으로 매회 동일한 내러티브 구조가 반복되는 시리즈물을 시장에 내놓았다. 수년간 계속되는 연속극serial들이 떼어 팔기가 불가능한 반면,[8] 주인공을 중심으로 에피소드의 디테일만 바뀌면서 동일한 내러티브 구조가 반복되는 미국의 시리즈물들은 시즌별로, 경우에 따라서는 에피소드별로 분리해 사고팔기가 가능한 포맷이다. 이는 수입국의 입장에서 지나치게 폭력적이거나 선정적인 장면이 담긴 에피소드, 종교적·정치적 이유로 거북한 내용이 담긴 에피소드는 빼고 구입 및 방송할 수도 있는 편리한 포맷인 동시에, 잘 알려진 스타 주인공들이 일정한 시청률도 보장해주는 훌륭한 방송 포맷인 것이다. 이런 이유로 전 세계인은 〈6백만 달러의 사나이The Six Million Dollar Man〉, 〈원더우먼Wonder Woman〉, 〈헐크Hulk〉, 〈맥가이버MacGyver〉 등을 시청하게 되었다.

이러한 문화산업 콘텐츠의 유통과 미국 문화산업의 헤게모니 장악은 모두 북반구에서 벌어진 일이고, 개발도상국들이 몰려 있는 남반구 국가들은 남북 간, 세계의 중심과 주변부 사이의 정보의 불평등한 흐름이 만들어놓

---

8 미국과 유럽의 연속극들은 짧게는 몇 년(미국의 경우 몇 개의 시즌), 길게는 수십 년씩 지속되는 장기 편성물들이다. 이 분야의 최장수 프로그램은 BBC의 일일연속극 〈코로네이션 스트리트Coronation Street〉와 〈이스트엔더스East Enders〉로 각각 1960년과 1985년에 시작되었으며, 지금도 세계 각국에서 방송 중인 미국의 일일연속극 〈영 앤드 레스틀리스Young and Restless〉는 1985년에 시작된 연속극이다. 국내 편성 시 성공 가능성이 불확실한 외국 연속극을 수년씩 또는 무한정(언제 끝날지 모른다는 의미에서) 계약하는 것은 너무 위험이 크기 때문에 이미 검증된 〈트윈픽스〉나 〈댈러스〉 같은 방송물이 아니라면 구입하기 힘든 것이 연속극이다.

은 '문화제국주의' 상황에 대해 저항의 전선을 만들어나가고 있었다.⁹ 여기서 불평등한 흐름의 우선적인 지탄의 대상은 위에서 밝힌 이유로 인해 당연히 미국 콘텐츠였고, 북반구 여러 국가에서도 미국 프로그램의 지나친 지배력에 대해 자국의 문화 시장을 보호하려는 움직임이 가시화되었다. 유럽의 경우, 1985년 이후 각국 텔레비전 편성에서 미국산 프로그램의 비율이 지나치게 높은 것이 관찰되었고, 유럽공동체 구축 과정에서 유럽 문화 정체성 확보에서 중요한 요인으로 간주되고 있던 방송을 좀 더 유럽 지향적인 환경으로 만들어가기 위해 「국경 없는 텔레비전Television Without Frontiers」이란 유럽공동체의 지침이 만들어지기도 했다. 세계 어느 곳에도 없는 유일한 지역방송정책인 이 지침의 핵심 내용은 유럽제작 프로그램들의 방송쿼터를 유지한다는 것이다. 이때 비유럽 방송콘텐츠의 시장 점유는 당연히 수입 프로그램 중 절대다수를 차지하는 미국산 프로그램을 지칭하고 있다.

2012년 현재의 시점에서 바라보면 1990년대는 이러한 수세적 방송문화 정책이 어느 정도 정치적 효율성을 지니던 시대라고 할 수 있다. 영화계에서는 WTO 협상 테이블에서 문화 산물도 동등하게 다루자는 미국의 압력에 반대하여 프랑스가 앞장선 '문화적 예외Cultural Exception'의 전선이 가동 중이었고, 다분히 미국 프로그램을 겨냥하는 텔레비전의 폭력성과 어린이 보호에 대한 전 세계적인 컨센서스가 이루어져 세계 각국에서 프로그램 등급제가 도입되기도 했다.¹⁰ 한국도 스크린 쿼터 사수를 위한 영화인들의 움직

---

9 여기서 '남'과 '북'은 단지 지정학적 위치를 지칭하는 것이 아니라, 선진국과 개발도상국, 부유한 나라와 가난한 제3세계를 지칭하는 상징적 구분이다.
10 프랑스 방송위원회가 등급제 도입을 위한 정책연구로 행한 당시 텔레비전 프로그램 분석을 보면 문제적인 폭력, 다시 말해서 픽션의 내러티브상 개연성이 떨어지는 폭력을 위한 폭력, 총기를 이용한 폭력, 폭력 사용자가 정의의 심판을 받지 않는 폭력(즉, 주인공이 행하는 정당화된 폭력)의 절대다수가 미국산 프로그램에서 발견되었다. 이것은 당연히 위험성이 적은 유럽산 프로그램을 선호하고 수입산을 경계하자는 「국경 없는 텔레비전」의 방

임이 일어나 세계의 눈길을 끌었고, 유럽에서와 같은 반 미국 프로그램적 성격을 띠지는 않았으나 방송 내용의 폭력적·선정적 수위에 대해 경고를 보내는 프로그램 등급제도 도입되었다.[11]

그러나 이러한 보호주의적이고 수세적인 유럽식 방송정책은 그 한계가 빠르게 드러났다. 일정한 시간을 둔 조사와 여론 수렴이 필요한 방송정책 수립의 과정은 항상 기술 개발의 속도에 발을 맞추는 방송현실에 비해 뒤늦기 마련이다. 어렵게 긴 검토 과정을 거쳐 수립된 방송정책이 각국의 실행법으로 적용될 단계에 이르면 새로운 규약은 벌써 방송 현실과 어긋나는 구시대적인 내용이 되는 일이 반복되었고, 방송의 디지털화와 컨버전스 문화의 도래는 기존의 방송정책에 결정적 타격을 가했다. 1989년에 만들어져 1993년부터 각국에 적용되기 시작한「국경 없는 텔레비전」지침은 이미 1995년부터 현장 실용성 여부 조사가 시작되어 1997년에 1차 개정이 이루어졌다. 개정법이 시행되자마자 디지털 방송이 가져온 변화의 물결 속에서 같은 이유로 2003년부터 바로 개정 작업이 시작되어, 2007년에는 오랜 방송 현장 여론 수렴 끝에 새로운 방송 지침인「국경 없는 시청각 매체 서비스 지침directive 'Services de médias audiovisuels sans frontiers': SMA」이 만들어졌고, 2009년부터 시행 중이다. 「국경 없는 텔레비전」지침의 새로운 버전인 이 실행 규칙은 통신과 방송의 내용을 구분하여 인터넷의 방송 서비스 속에서 여전히 적용되어야 할 지침들을 명시하는 것이 주된 목표이고, 1989년에 커다란 포부를 안고 만들어졌던 지침들의 대다수는 급변하는 방송 현장에서 실질적으로 적용이 불가능하게 되었기 때문에 대부분 자율 규제로 완화되었다.

송편성 정책과 같은 방향에 놓인 정책이다.
11 프로그램 등급제가 마련되던 1990년대 후반, 한국은 이미 드라마 왕국으로서 자국 프로그램 이외에는 별 관심도 없고 영화 이외에는 방송 3사의 외국 프로그램 편성률이 매우 낮은 독특한 방송환경을 이루고 있었다.

이러한 지침이나 규제의 완화 경향은 오늘날 방송과 매체 환경 속에서 더 이상 방어적인 문화정책과 이데올로기가 효율적이지 않다는 것을 말해준다. 이와 병행하여 문화정책 또한 '문화적 예외'라는 방어적 개념에서 '문화 다양성Cultural Diversity'이란 긍정적인 동시에 '적극적'이고 가치 지향적인 이념으로 바뀌었다. 유네스코[12]가 앞장서 2001년에 발표한 '문화다양성에 대한 보편 선언Universal Declaration on Cultural Diversity'은 전 세계인의 문화 다양성을 존중하고 보호하기 위해 동등한 매체 접근권(매체를 이용할 권리와 매체에서 다루어질 권리)을 부여해야 한다고 선언한다. 이것은 '무엇을 무엇으로부터 보호하기 위해 무언가를 제한한다'는 수세적 개념이 아니라, 인류 모두가 서로의 차이와 다양성을 인정하면서 공생할 수 있어야 한다는 문화다원주의라는 긍정적인 가치를 주창하고 있다. 이 가치가 '적극적'인 이유는 더 이상 어떤 '위험'으로부터의 방어를 넘어서서[13] 새로운 정책을 생산하고 추진할 수 있는 새로운 에너지를 제공한다는 점에서 그러하다.

이러한 전 세계적인 문화정책의 방향 전환은 사실 디지털 문화의 발전과 세계화 과정을 동반하는 것이다. 유네스코의 선언 속에서도 디지털 문화 발전의 격차Digital divide를 좁히도록 노력해야 한다고 지적했듯이, 현금의 문화소통의 불균형은 전통적인 방송시장을 통한 불균형 위에 디지털 문화의 불균형이 더해지고 있는 형상이다. 1990년대 말과 2000년대를 걸쳐 진행

---

[12] http://portal.unesco.org/en/ev.php-URL_ID=13179&URL_DO=DO_TOPIC&URL_SECTION=201.html(2012년 9월 24일 참조).

[13] 기존 방송법 및 문화정책에서 볼 수 있는 '위험' 담론은 보호할 무엇의 내용을 미리 설정하고 있는 것이기 때문에, '어린이 및 청소년 보호'라는 보편적 목표 이외의 경우 그것이 자국의 국가정체성이든 문화정체성이든 세계화와 디지털 문화가 가져온 변화 속에서 거의 논리적 근거를 유지하기 힘든 상황이다. 프랑스가 사르코지 정부에서 2007년에 '이민과 국가정체성 부'까지 만들어 북아프리카 이민 인구가 지닌 이슬람 문화의 영향력을 겨냥하는 국민 토론 자리를 깔았다가, 국가정체성이란 미리 정해져 있는 것이 아니라는 다원주의적 원칙을 선호하는 여론에 의해 큰 창피를 당했던 적이 있었다.

된, 위에서 자세히 분석한 미국 시리즈물의 세계 방송문화 헤게모니 장악은 이러한 방송정책의 변화와 디지털 문화가 중첩된 현상이다. 1990년대를 거치면서 이루어진 디지털 문화의 발전은 거의 모든 문화 생산의 하부구조를 뒤흔들었고, 모든 콘텐츠가 디지털화된 정보로서 서로 다른 플랫폼과 매체 사이로 자유롭게 유통 가능하게 되었다. 이와 동시에 단일 프로그램 장르가 단일 플랫폼을 통해 유통되는 한계를 넘어서서 다양한 장르가 서로 다른 플랫폼을 통해 거대 내러티브를 구축해나가는 트랜스미디어 스토리텔링 또한 발전하게 되었다. 헨리 젠킨스Henry Jenkins는 『컨버전스 컬처 Convergence Culture: Where old and new media collide』에서, 북미를 중심으로 일어난 구미디어와 뉴미디어의 충돌과 공동의 진화에 대해 분석하면서 트랜스미디어 스토리텔링을 디지털 융합 환경에 대처하는 미국 문화산업의 핵심개념으로 발전시켰다(Jenkins, 2006). 능동적 수용자를 적극적으로 콘텐츠의 스토리 구축에 끌어들이며 멀티 플랫폼을 이용하는 프랜차이즈 콘텐츠 전략을 통해 전체가 개별 플랫폼 버전의 합보다 부가가치를 지니게 한다는 것이다. 젠킨스의 이 저작을 전후로 해서 영미권에서는 수많은 컨버전스 문화에 대한 연구와 다양한 트랜스미디어 전략 사례에 대한 연구들이 쏟아져 나왔다. 최근 2~3년 전부터는 프랑스에서도 트랜스미디어 전략을 새로운 컨버전스 문화 속 콘텐츠 전략으로 이해해 발전시키려는 프로젝트들이 등장하는 중이다. 이러한 트랜스미디어 프로젝트 속에서 영화와 텔레비전 시리즈는 기본 스토리 생산 매체로서 여전히 중요한 역할을 하고, 특히 퀄리티 프로그램으로 각광받는 인기 시리즈들은 텍스트 자체가 미스터리와 복잡성으로 가득해서 트랜스미디어 프랜차이즈에 대한 수용자들의 호기심을 유발하는 중요한 역할을 한다(트랜스미디어에 대해서는 제3장에서 상세히 다룬다).

그런데 기존의 연구들은 영미권 중심 시각에 고정되어 있고, 컨버전스 문화 사례의 측면에서 영미권만큼이나 활발한 동아시아의 현실을 전혀 포괄하지 못하고 있다. 앞에서 누누이 언급했듯이, 세계화의 현 단계는 더 이상 한 지역 중심의 관찰을 보편 진리로 일반화할 수 없이 다양한 영향력 관계가 형성되고 있고, 특히 문화의 경우 영향력의 쌍방성 또는 복합성이 두드러진다. 할리우드의 영향에 대한 연구는 많지만 할리우드에 영향을 미친 동아시아 대중문화에 대한 연구는 매우 일천한 상태이다. 할리우드에 대한 동아시아의 영향은 조지 루카스나 스티븐 스필버그 등 미국 컨버전스 문화의 선봉에 있는 스토리를 생산한 제작자들이 스스로 인정하는 것으로, 현금의 컨버전스 상황에서 이 영향력의 왕래는 단순히 어떤 원작의 리메이크 권을 구입하거나 하는 가시적 거래를 훨씬 넘어서 이루어진다고 보인다. 이러한 맥락에서 적어도 다음 두 가지 현실은, 앞으로 세계 문화산업에 대한 이론적 논의가 추호라도 일말의 '보편성'을 띤 담론이 되려면 북미·유럽 중심에서 벗어나 동아시아의 현실을 포괄해야 함을 말해주는 강력한 증거이다.

첫째, 동아시아의 대중문화 콘텐츠 생산력에 대한 정당한 평가가 필요하고, 이에 걸맞은 중요성을 부여해야 한다. 동아시아는 한·중·일·대만 4국의 인구만도 15억 명이 넘고(2012년 기준), 한·중·일의 문화 콘텐츠의 시장 점유력이 높은 동남아시아를 포괄한다면 21억 명이 넘는 엄청난 시장이다.[14] 한류는 이 시장을 단일 시장으로 묶어서 볼 수 있는 가능성을 제공했고, 동아시아의 대중문화 유통의 역사를 살펴보면 사실 이러한 시장 기반은 훨씬 오랜 시간을 두고 형성되어왔음을 알 수 있다. 또한 제3장에서 자세히 다루겠지만, 동아시아 대중문화 발전의 양상은 미국에서 할리우드 중심의 문화산업 연구가 트랜스미디어 연구로 진화한 것에 해당할 만한 수용자들과 문화산업 사이의 역동적 상호작용과 더불어 이루어져 왔다. 대중문

---

14 2011년, 2012년에 발표된 동남아시아 11개국(버마, 브루나이, 캄보디아, 인도네시아, 라오스, 말레이시아, 필리핀, 싱가포르, 타이, 티모르, 베트남)의 공식 인구 집계를 합산하면 현재 동남아시아의 인구는 6억 명이 넘는다.

화 콘텐츠의 적극적 소비가 독특한 형태로 가시화된 1970년대 일본 여성 만화 독자들의 '야오이やおい' 현상은 거의 동시대에 서구에서 발전한 '슬래시slash' 픽션 현상보다 더욱 앞서간 실천이라고 할 수 있다. '아무런 뜻도 없다'라는 의미의 용어 '야오이'란, 여성 독자들이 기존의 소설, 텔레비전 드라마, 만화, 영화 등 문화 콘텐츠 속의 남자 주인공들을 차용하여 이들 사이에 애정 관계 내러티브를 만들어가는 글쓰기 전체를 이르는 용어이고, 이것은 만화 분야에서 가장 뜨거운 현상으로 드러났다. 여성 만화 팬들이 소년 만화의 남자 주인공들 사이의 사랑 이야기를 그리는 팬픽션 현상이 1970년대 일본에 널리 퍼졌고, 이러한 열기를 출판산업이 포섭하여 여성 작가(이들의 대부분은 팬픽션 그리던 사람들이다)가 여성 독자들을 겨냥해 제작한 남자들 사이의 사랑 이야기(이 때문에 이를 '보이즈 러브' 장르라고 부르기도 한다)를 대량 출판하게 된 것이다. 팬들의 수용 현상이 하나의 새로운 장르를 문화산업에 부과한 것이다. 이러한 일본의 야오이 현상은 구미권의 유사한 '슬래시 현상'15과 거의 동시대적으로 발전했으며, 인터넷을 통한 팬픽션 환경이 더욱 활발한 수용자들의 참여를 가능케 했다. 그 결과 많은 텔레비전 시리즈와 소설, 영화들이 인터넷의 팬픽션, 집단 창작 소설을 원작으로 하게 되었고, 이 현상은 디지털 컨버전스가 앞서 있는 한국에서도 두드러지는 경향이다. 동아시아의 활발한 초국적 크로스미디어 제작 현상도 일본 만화를 원작으로 이루어지는 경우가 많아, 일본의 만화문화가 기저를 이루는 동아시아의 콘텐츠 산업 전체의 특성 중 하나로 드러나고 있다. 이러한 동아시아의 컨버전스 문화 현상들은 문화 연구자들이 북미 중심적인 컨버전스 문

---

15 '슬래시slash'란 용어가 지칭하듯이 그야말로 본래 관계가 없는 두 픽션 인물들을 관계 지어주는 것으로 '톰/제리' 식으로 표현되었다 하여 슬래시란 이름으로 불린다. 팬들은 전혀 또는 아주 약한 관계의 사슬에 있는 남성 A와 남성 B 사이에 사랑 이야기를 만들어가는 A/B를 즐긴다.

화연구의 협소한 시각에서 벗어날 필요성을 제기한다. 북미와 서구의 프랜차이즈 중심의 트랜스미디어 전략과 병행하여 동아시아의 크로스미디어와 미디어믹스 복합체에 대한 연구가 필요하다고 생각되며, 궁극적으로 서로 다른 두 개의 컨버전스 전통이 서로 영향력을 주고받고 소통하는 현황도 연구되어야 할 것이다. 이 책의 제3장은 동아시아의 문화산업을 이러한 컨버전스 문화의 문법을 통해 분석하는 것으로, 동아시아의 동시대적 대중문화를 만화 네트워크와 다양한 트랜스미디어 현상으로 묶인 하나의 구성체로 이해하는 것을 목표로 한다.

둘째, 동아시아의 시장은 규모의 경제 측면에서나 인구학적 측면에서나 세계 최대의 대중문화 시장권역 중 하나이다. 한류가 동아시아에 제기하는 문제의식은 바로 우리가 '동아시아'라는 모호한 용어—과연 어디에서부터 동아시아인가?—로 지칭하는, 여러 가지 문화적 요소를 공유하는 비교적 '동질적'인 초국가적 콘텐츠 유통 시장이 존재한다는 것이다. 동아시아 대중문화의 소비 지역은 사실 동아시아 권역을 훨씬 넘어서는 것으로, 중국인, 한국인, 일본인의 세계 내 이주 경로를 따라서 전 지구적인 동시대적 네트워크가 가동되는 것으로 보인다. 위에서도 한류에 대한 기존 연구를 언급하면서 설명했듯이, '한류' 현상은 이러한 동아시아 대중문화의 가능성과 그것의 정체성에 대해 수많은 질문을 제기했다.

텔레비전 드라마의 전 세계적 유통 현황은 이러한 전 세계의 문화 소비 권역의 존재를 경험적으로 드러내준다. 수십 년 동안 세계 시장을 지배하며 전 세계 수용자의 취향을 개발해온 미국의 시리즈물은 영어권 국가들을 넘어서 유럽과 동아시아, 라틴아메리카에서도 널리 유통된다. 남미의 텔레노벨라^{Telenovela}16는 스페인어권 국가들 사이의 교류를 넘어서도 간혹 방송

---

16 텔레노벨라는 남미에서 생산되는 텔레비전 연속극을 일컫는다. 브라질의 글로보^{Glovo} 텔레비전, 멕시코의 텔레비사^{Televisa} 등이 국제적으로 유통되는 텔레노벨라의 중요한 생산

되기는 하지만, 북미와 유럽 국가들은 〈어글리 베티$^{Ugly\ Betty}$〉의 경우에서처럼 프로그램의 수입 방송이 아니라 원작을 자국어로 각색하여 제작하는 것을 선호한다. 프랑스어를 사용하는 드라마들은 프랑스어 문화권^{Francophonie}에서 우선적으로 소통되고, 그 경계를 넘어서 수출되는 것은 〈태양 아래서$^{Sous\ le\ soleil}$〉처럼 남프랑스의 판타지를 담고 있는 평작에 불과하며 그 양도 미미하다. 그런데 같은 언어를 사용하지 않는 동아시아 3국의 텔레비전 드라마는 자막 과정을 거쳐 직접 유통되거나 번안 각색을 통해 동시장 내부에서 초국적으로 확대 재생산되는 경우가 많다. 동아시아의 초국적 각색 현상은 위에서도 언급했듯이 이 지역에서 공유하는 만화문화 위에서 가능한 것이라고 생각되며, 이 부분 또한 제3장과 제2부의 여러 장에서 다룰 예정이다. 결국 동아시아의 초국가적 문화 유통은 단순히 동일 언어문화권의 논리를 넘어서 벌어지는 현상으로, 이것은 유럽과 같이 역사적 또는 정치적인 견인력을 지닌 움직임과도 구분되는 독특한 현상이다(이 부분은 제2장에서 자세히 다룰 것이다). 다시 말해서, 세계화와 디지털 컨버전스 시대에 문화산업에 대한 이론은 더 이상 북미-유럽 중심으로 이루어져서는 일반론이 될 수 없으며, 문화산업 발전 차원이나 엄청난 인구학적인 디아스포라의 상황을 고려한 동일 시장의 크기 차원에서도 동아시아에 대한 연구가 절대적으로 필요한 단계에 이르렀다. 이 책은 그동안 북미와 유럽을 관찰 대상으로 한 서구학자들의 대중문화와 문화산업 연구가 지닌 한계를 극복하고, 동아시아 대중문화 및 문화산업에 대한 관찰 결과를 기존 연구들과의 대화 속에서 평가하여, 세계화와 컨버전스 문화가 가져온 문화변동의 이해를 어떻게 심화시킬 수 있는지를 고민하는 과정이자 결과이다.

자 역할을 해왔으나, 최근에는 콜롬비아 텔레노벨라 〈나는 못난이 베티$^{Yo\ soy\ Betty,\ la\ fea}$〉가 전 세계적으로 각색되는 것처럼 세계화 과정 속 중요한 텔레비전 픽션 형식으로 자리 잡았다.

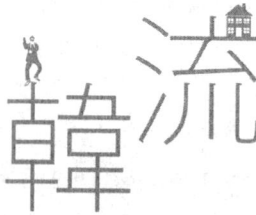

제2장

동아시아의 문화정체성 문제

이 장에서는 제1장에서 제시한 문화정체성의 문제를 미디어 및 미디어 재현의 문제와 연결시켜 사고를 발전시키려 한다. 이 장은, 이 책의 핵심 문제들인 세계화와 디지털 문화의 맥락에서, 정체성과 미디어 재현의 문제를 발전시키는 제3장(동아시아의 컨버전스 문화산업)과 제5장(동아시아와 한류), 그리고 제6장(한국 드라마와 동아시아의 근대성)에 앞서, 정체성 문제를 서로 다른 시각에서 조명해보고자 한다. 먼저 동아시아의 문화정체성 문제를 문화산업과 한류의 차원에서 동아시아 내부로부터의 현상 관찰에 기대어 바라본 현행 연구들의 단기적 시점에서 벗어나기 위해, 기존의 세계 속 지역 문화정체성 논의를 통해 역사적 거리를 두기로 한다(1절). 이어서 각 지역 문화정체성 논의에서 미디어가 차지하는 위치, 미디어 재현이 문화정체성 담론과 어떻게 관련되는지를 정리해봄으로써 동아시아 문화정체성 논의와 한류의 관계를 객관화할 수 있는 근거를 고찰한다(2절). 그리고 후반의 두 개의 절은 미디어와 재현의 문제가 문화정체성과 만나는 지점인 '타자'의 문제를 다룬다. 서구가 '타자'로서 구성해온 아시아인에 대한 인종적 재현의 문제에 접근하기 위해, 우선 할리우드 전통 속에서 아시아 스타에 대한 재현의 역사를 거슬러 오르며 스타 이미지를 통해 집중적으로 드러나는 문화정체성 담론의 메커니즘에 대한 이해를 도모한다(3절). 마지막으로 할리우드의 아시아 스타 재현의 역사에 비춘 '한류 스타' 분석을 통해 아시아의 정체성 문제를 디지털 문화가 매개하는 세계화 과정 속 혼종적$^{hybride/metissage}$ 정체성의 문제로서 제기할 것이다(4절). 이 장의 각 절들은 문화정체성에 대한 이론적 전개를 따라 차례대로, 또는 주제를 따라 각 절들이 개별적으로도 읽힐 수 있도록 쓰였다.

1. 세계의 지역 문화정체성 논의들: 유럽과 남미의 사례

1) 한류: 문화정체성 논의로서의 특성

한류가 새로이 불을 지펴 동아시아의 문화정체성 논의가 가시화된 것은 경제적 협력이 주된 내용인 동남아시아 국가들의 연합인 아세안^{ASEAN}이 만들어진 것(1967년)보다 훨씬 뒤인 최근의 일이다. 좀 더 넓고 구체적인 확인이 필요한 진단이겠으나, 적어도 한국에서는 한류의 등장 이후에야 동아시아의 문화정체성 문제가 인문사회과학의 중요 화두로 등장하게 된 듯하다. 그러나 지역 문화정체성 문제는 지구상 다른 곳에서 서로 다른 방식으로 오래전부터 제기되어왔다. 1957년 유럽연합 건설을 위한 초석이 놓인 유럽과, 스페인과 포르투갈의 식민지로서 유럽문화의 문화적 하부구조가 이식된 남미가 바로 지역 문화정체성 담론이 활발한 지역이다. 그런데 새롭게 지역 문화정체성 담론이 등장하고 있는 동아시아에는 위에서 설명했듯이 현재 초국가적 미디어 콘텐츠 소비 현상이 관찰되기는 하지만 그에 대한 연구 결과와 평가는 여전히 논란의 여지가 있다. 그럼에도 불구하고 동아시아 대중문화의 초국가적 수용 현상에 대한 기존 연구들이 직·간접적으로 인정하고 있는 것은 동아시아에 초국가적인 미디어 소비 커뮤니티가 존재한다는 명백한 사실이다. 그러나 이 지역은 동시에 다음과 같은 구체적인 역사적·정치적·경제적 사안이 복잡하게 얽혀 있는 곳이기도 하다. 20세기에 경험한 일본 지배 식민주의의 과거, 중국과의 역사적이고 이데올로기적인 갈등, 한국의 베트남 전쟁 참여, 패권주의적 중국의 등장, 그리고 이와 더불어 동아시아 문화 콘텐츠 생산 고리에서 중요한 역할을 하는 대만 위상의 불안정성 등과 같은 사안들은 시도 때도 없이 불거져 나와 관계국의 국민감정을 건드리고 이것을 이용하려는 정치인들에게 힘없이 이용당하고 있다.

그렇다면 어떻게 한류 현상에서 관찰되는, 동일한 미디어 소비 커뮤니티의 존재와 동일한 미디어 콘텐츠에 대한 호감이 한 지역의 공동의 미래를 관장하는 현실 정치와 연결될 수 있는 것일까? 동아시아의 지역정체성 논의가 복잡하고 문제적인 이유는 이러한 문화소비 공동체의 존재가 식민주의 과거와 냉전시대의 산물이 존속하는 이 지역의 정치경제학적, 역사적, 국제관계적인 현실과 탈구되어 있다는 점이다. 동아시아 지역에는 한류의 등장 이전에도 1980년대 이후 홍콩의 팝문화와 중국의 무협武俠, wuxia 영화들, 대만의 텔레비전 드라마, 저팬매니아로 불리던 일본 대중문화에 대한 인기 현상이 있었다. 특히 1997년 홍콩의 중국 반환으로 수많은 홍콩의 영화인이 미국 또는 중국으로 건너가 홍콩 영화 제작에 공백이 생겼는데, 이 또한 한국의 문화물이 적극적으로 소통될 수 있는 기반이 되었다고 생각된다. 한국에서 생산된 '팝문화'가 이 지역의 새로운 유행이라는 점이 기존의 초국가적 유행 현상에 하나를 첨가하는 것을 넘어서 유의미한 현상인 이유는, 각국 현장에서의 수용 연구를 통해 드러났듯이 수용자가 한류 콘텐츠를 소비하면서 스스로를 '아시아인'으로 느낀다고 토로한다는 사실이다.

과연 이것을 동아시아의 문화정체성 구축이란 측면에서 이해할 수 있을 것인가? 정체성의 형성은 매우 복잡다단한 문화구성체 형성의 문제와 연결되기 때문에, 초국가적인 미디어 문화 소비 현상이 실재한다고 해서 그로부터 필수적으로 초국가적인 문화와 정체성이 존재한다는 결론이 도출되지는 않는다(Waisbord, 1998: 383). 게다가 남미의 문화학자 마틴-바르베로Samuel Martin-Barbero가 강조했듯이, 세계화의 현 단계에서 주변적인 군소 정체성 문제를 다룬다는 것은 신자본주의 이데올로기가 요구하는 시장의 규제완화와 관련되어 있고, 이 힘이 바로 현금의 세계화의 방향을 정하고 있기 때문에 이러한 접근은 상당히 조심스러운 것도 사실이다. 그에 따르면, 지역적 정체성 논의의 주체들은 문화 간 차이의 논리와 이국 정서, 혼종성 등을 강조해서 이것을 판매 가능한 매력적인 상품으로 만들려고 노력하는 경향이고, 이 과정에서 혼종적 문화의 저항적 특성은 무효화되는 경향을 보인다(Martin-Barbero, 2002: 626).

한류 현상이 한국의 문화산업 발전 전략과 밀접하게 연관되어 있다는 점과 세계화에 따른 새로운 문화산업 발전 논리의 이윤 추구성을 고려할 때, 위와 같은 정치경제학자들의 비판은 동아시아에서도 또한 유효하다. 그러나 이러한 구조 중심적 설명은 한류 콘텐츠 소비자들이 공유하는 '아시아인으로 느껴진다Being Asian'는 경험의 중요성을 약화시키지는 않는다. 이것은 어떤 경제적 논리에 따른 산업화된 문화의 소비를 통한 것일지라도 아시아인의 자기 정체성에 대한 재인식인 동시에 일종의 아시아인의 자존심 강화self-enhancement로 귀결되는 것을 부인할 수 없다. 다시 말해, 한류는 다른 동아시아 문화물들의 초국가적 수용과 더불어 동아시아의 문화정체성에 대한 문제의식을 자극하는 중요한 동인임에 틀림없다.

기존의 지역정체성 논의에서 유의해야 할 또 다른 것은 지구적 또는 지역적 정체성이 국가정체성 또는 국지적인 변별성을 반드시 약화시키는 것은 아니라는 점이다. 정체성은 다차원적이고, 하나의 요소가 그에 상반된다고 생각되는 다른 요소를 밀어낸다기보다는 새로운 조합을 통해 공존한다고 이해하는 것이 더욱 정확할 것이다. 이러한 지역정체성의 문제를 구체적으로 유럽과 남미의 사례를 통해 알아보기로 한다.

2) 유럽의 지역 문화정체성

개인이든 집단이든 국가, 지역, 문화권이든 하나의 안정된 정체성이 형성되고 유지되기 위해서는 다음과 같은 조건이 요구된다. 공통된 문화재원의 사용 가능성retrievability, 공명성resonance, 제도적 지원과 항상성institutional retention and resolution(Schudson, 1989: 153~180). 여기서 재원의 사용 가능성이란 일련의 사고방식과 문화 산물들, 또는 일반적으로 공유하는 일상생활의 품목이나 국가적·문화적 스테레오타입 등 문화적 정체성 형성을 위해 개인이 사용할 수 있는 기본 문화 자료들의 동원 가능성을 의미한다. 개인은 자신이 속한 사회가 문화적으로 공유하는 일차 자료들을 일상생활 속에서 구체적으로 끌어내어 사용함으로써 자신의 정체성을 표현하며 살아가는 것이다. 공명성이란 이러한 일차 자료들을 사용했을 때 그것이 공동체 내에서 주체의 의도대로 이해되는 공유의 정도를 의미한다. 별다른 설명 없이도 본인의 의도를 이해해주는 해석의 공동체가 작동한다는 것이다. 이러한 일차 자료와 그것의 공명성, 향응의 정도가 장기간 항상적일 수 있도록 제도가 그것의 재생산을 보장하고, 결핍이 있는 경우 그 문제를 해결할 수 있도록 지원하는 역할을 한다. 정체성의 주체가 민족 또는 국가인 경우, 매체와 학교 등 국가기구가 이러한 문화정체성의 항상성을 위한 제도라고 할 수 있다.

유럽은 이와 같은 정체성 형성과 유지의 기본 조건을 모두 충족시키는 지역이다. 유럽은 1957년 로마협정에서부터 55년 동안 공동의 정치·경제적 공간을 형성하기 위해 유럽의회(1979), 마스트리히트 조약(1992), 유로화의 도입(1999) 등 체계적이고 장기적인 제도적 기반을 마련해왔다. 유럽 전체에서의 선거를 통한 유럽의회의 구성 과정은 유럽인 개인을 시민으로 구성하는 과정이었고, 시민의 대표가 모인 유럽의회는 전체 유럽인의 미래와 관련된 중요한 경쟁 관련 정책을 결정하는 등 공동의 미래를 만들어가기 위한 가시적 발전을 이루었다. 문화적 차원에서는 서로 다른 나라와 대학들을 돌아다니며 학기, 학년을 이수할 수 있는 유럽공동체 국가 간 대학생 교환 제도인 에라스무스^{Erasmus} 제도가 활발하게 이루어지고 있고, 이 제도가 만들어내는 새로운 유럽인의 정체성을 가진 세대를 다룬 영화들이 전 유럽에서 큰 성공을 거두기도 했다.[1] 1989년에 생긴 이래 현실에 맞게 수차례 개정을 겪으면서도 지속되는 「국경 없는 텔레비전」 지침, 그리고 비록 성공적이지는 못할지언정 좀 더 대중적인 차원의 유로비전^{Eurovision} 콘테스트 같은 행사에 이르기까지 문화적 동질성을 높이고 유럽에 대한 소속감을 높이기 위한 구체적 노력들이 이루어져 왔다.

그런데 이와 같은 장기적인 제도적 준비에도 불구하고 유럽 관련 투표의 경우 평균 투표율이 50%를 밑돌고 있어서, 유럽인들이 유럽 시민으로서의 확실한 정체성을 지니고 있지 못하다는 지적도 있다. 그뿐만 아니라 유럽 국가들은 이민정책에서 다문화주의에 대한 서로 다른 감수성을 보이고 있으며, 최근 몇 년 동안 일어났던 유럽 외부에서 내부로의 이민 문제, 그리고 유럽 내 이슬람의 문제 등 복잡한 인종·종교적 문제 앞에서 국가 간 입장의 차이를 보이고 있다. 터키의 유럽연합 가입 문제를 놓고 드러났듯이 '유럽적인 것^{Europeaness}'이 과연 무엇인가, 이 질문에서 종교와 인종 문제가 차지하는 중요성에 대한 광범위한 질문이 제기되고 있다.

---

[1] 2002년 작 세드릭 클라피치의 프랑스·스페인 공동제작 영화 〈스페인 여인숙$^{L'Auverge\ Espagnol}$〉은 에라스무스 프로젝트의 교환학생으로 바르셀로나에 온 유럽 여러 나라 학생들이 한 아파트에 공동 거주하며 벌어지는 일상의 해프닝을 그리고 있다. 이 영화의 대성공으로 2005년에는 이때의 친구들이 한 친구 동생의 결혼식 때문에 모스크바에 모여서 겪는 이야기를 그리는 〈러시아 인형$^{Russian\ Dolls}$〉이 프랑스·영국 합작으로 파리, 런던, 페테르부르크와 모스크바에서 촬영되었다. 제3편인 〈중국 퍼즐$^{Chinese\ Puzzle}$〉은 2012년 현재 제작 중이다.

유럽 내부에서의 불협화음에 대응하여 유럽의회는 유럽 정체성 발전을 위해 여러 노력을 기울이는 한편, 미디어가 유럽 문제를 다루고 시민들에게 유럽의 문제의식을 일깨우려는 시도가 부족하다고 비판하는 입장을 보이고 있다.[2] 이는 1989년부터 세계 유일의 지역 방송정책인 「국경 없는 텔레비전」이 큰 효과를 거두고 있지 못함을 역설적으로 보여준다고 하겠다. 미디어 학자 부르동 또한 유럽의 집단 정체성을 고양하는 것을 목표로 하는 유럽방송연합European Broadcasting Union: EBU의 활동을 포함한 유럽의 매체정책이 별 효과가 없음을 지적한 바 있다(Bourdon, 2007). 위에서도 설명했듯이, 유럽의 매체정책은 세계무역기구WTO의 자유무역 협상에서 문화상품을 제외해야 한다는 '문화적 예외' 원칙 고수에서 시작되었으나, 수세적인 이 개념보다 적극적으로 다양한 문화 창달을 지원해야 한다는 '문화적 다양성' 철학을 기반으로 하는 정책으로 발전해 나갔다. 유럽공동체 내부에서 유럽산 프로그램의 다수성을 보장하고(방송 프로그램의 50%) 유럽 프로그램들의 생산과 제작을 원활하게 하기 위한 각종 쿼터, 독립제작자가 제작한 프로그램의 편성에 대한 의무화 등이 그러한 정책이다. 사영방송들의 불평과 현실 적용성 차원에서 그 효용성이 문제시되기는 했으나, 「국경 없는 텔레비전」은 방송을 유럽 건설의 중요한 축으로 인정하는 이념적이고 제도적인 버팀목 역할을 해온 것이 사실이다.

1992년에 커다란 문화적 포부를 안고 시작된 프랑스-독일 문화채널 아르테Arte 또한 유럽의 문화적 건설 측면에서 매우 중요한 에이전트로서 창출되었으나, 엘리트주의라는 지속적인 비판의 대상이 되고 있다. 프랑스-독일 문화채널은 모든 프로그램을 프랑스어와 독어로 동시 더빙해 양국에서 같은 내용을 방송하며 기타 유럽 국가에서도 방송된다. 하지만 양국 국민들의 관심사를 동시에 대변하는 뉴스 프로그램 정착에 실패했을 뿐만 아

---

2 http://www.vie-publique.fr/actualité/dossier/citoyen-europeen

니라, 기타 프로그램의 평균 시청률 또한 비밀로 남아 있을 정도로 저조한 편이고 연간 최고 시청률이 4%를 맴도는 현실이다. '유럽방송연합'이 유럽연합이 발족되기 한 해 전인 1956년부터 매회 개최하는 오랜 전통의 유로비전 노래 콘테스트Eurovision Song contest 또한 그리 성공적이라고 할 수는 없다는 평가다. 각국을 대표하는 가수들이 나와 문화 올림픽을 치르듯 공연을 하고 자국민들이 열심히 전화 투표를 해서 우승자를 정하는 포맷이 유럽공동체의 정체성보다는 국가주의가 더욱 발현되는 장소가 되고 있다고 할 수도 있을 것이다. 시청률의 전반적인 저하와 시청자층의 노령화 때문에, 젊은 세대에게 유로비전은 거의 낡은 민속 전통이 되어가고 있다고 볼 수 있다. 유럽의 방송문화에서 가장 유럽적인 순간이라면 아마 유럽 공동제작 영화도 아르테 채널도 유로비전도 아닌 유럽 '챔피언스리그' 축구경기일 것이다. 국가 대표팀 베이스의 유로컵Euro Cup이 아닌 도시 대표팀들 사이의 챔피언스 리그UEFA Champions League는 팀을 구성하는 선수들의 다국적 특성뿐 아니라 팀을 지지하는 팬들도 국가 기반의 국민문화가 아닌 도시의 정체성, 축구팀의 전통과 정체성 주변으로 뭉친 초국적 커뮤니티이기 때문이다.

　이처럼 55년간에 걸친 제도적인 지원과 노력에도 불구하고, 유럽은 지역 공동체로서의 정체성에 호소하는 미디어 콘텐츠도 부족하고 현실 정치 또한 운명 공동체로서의 소속감을 강하게 부여하지 못하는 형편이다. 유럽의 문화적 정체성은 내적 요소를 통해서라기보다는 집단 상상력 속에서 작동하는 '타자'를 통해서 그 영토가 오히려 분명해진다. 내 땅의 한계가 '바깥'의 선을 그으면서 명확해지듯이, 유럽은 두 개의 '타자'의 존재를 통해 그 영역을 그리고 있다고 보인다. 첫 번째 타자는 오리엔탈리즘의 결과인 '동방'으로,[3] 이것은 유럽의 확장 이슈가 드러날 때마다 유럽 내부에서 화끈

---

[3] 유럽의 집단 상상력 속에서 '동방Orient'은 역사적으로 동로마 지역, 과거 콘스탄티노플이 다리를 놓았던 동방의 세계를 칭한다. 그러므로 동시대적으로는 서아시아와 아랍문화 지역

달아오르는 이슈였다. 발칸반도의 국가들을 유럽 내부로 받아들인 이후에도 터키의 유럽 진입 문제는 여전히 뜨거운 감자로, 유럽의 여론을 둘로 가르고 있다(Inthorn, 2006). 헌법상 무종교 국가이기는 하나 이슬람 정당이 집권하는 나라 터키, 알렉산더 대왕의 동방 원정에 가장 큰 장애였던 이곳, 영화 〈300〉에서 볼 수 있듯이 모든 무정형의 '악'의 에너지가 넘치는 듯한 이 '동방'의 문인 터키, 십자군 전쟁의 역사적 기억과 오스만 튀르크의 위협이 기억에서 사라지지 않은 유럽인들이 과연 터키를 유럽으로 받아들일 수 있을 것인가는 앞으로도 뜨거운 이슈로 남을 것이다.

유럽의 문화적 정체성 담론이 기대고 있는 두 번째 타자는 첫 번째 강력한 타자에 비해 연약한 것이지만 미국이라고 할 수 있을 것이다. 이것은 적어도 제도적 측면에서 두드러지는 현상인데, 문화적 예외 원칙을 두고 세계무역기구 협상 테이블에서 미국과 긴장 상태에 놓인 것이나, 미국 프로그램으로부터 유럽 방송프로그램 시장을 보호하기 위한 「국경 없는 텔레비전」의 유럽 방송프로그램 쿼터제도, 그리고 유럽 방송프로그램 제작 지원 등의 정책이 내포하듯이 미국은 '비유럽'을 의미하는 타자의 역할을 수행해왔다. 이것은 미국산 영화, 팝, 패스트푸드, 캐주얼 의복 등에 대한 유럽 대중의 선호와 반대되는 입장인데, 이 경향은 특히 2000년대 이후 미국산 텔레비전 시리즈의 양질화와 엘리트층의 그에 대한 남다른 공명성과 더불어 더욱 복잡한 국면에 돌입한 것으로 보인다.

을 통틀어 지칭하는 것으로, 서구의 정체성을 확립하는 과정에서 '타자'로서 중요한 역할을 했다. 인문사회과학의 중요한 개념이 된 '오리엔탈리즘'은 부정적인 동방에 대한 안티테제로서의 유럽을 건설하는 데 동원된 언어·문화적 자원 전체를 포함하는 담론 구성체를 일컫는 말이다.

3) 라틴아메리카의 지역정체성

라틴아메리카의 지역정체성 문제는 유럽과 또 다른 상황에 처해 있다. 라틴아메리카에는 동원 가능한 공통의 문화재원이 많다. 동일한 언어(스페인어)와 종교(가톨릭), 피식민 지배의 경험, 정치경제사 등이 그 공통의 재원을 구성하고 있다. 이 요소 중 입법주의, 라틴계열 언어, 가톨릭 전통은 모두 유럽의 라틴 전통에 속한 것들이기에(Union Latine, 2004), 라틴아메리카의 문화정체성에 대한 담론은 세계 속 라틴성에 대한 질문으로 확장되어 남미라는 지역정체성에만 관련된 것은 아니다. 문화와 전통, 역사의 공유에도 불구하고 라틴아메리카는 지역 공동체 건설을 위한 공동의 제도적 노력이 없고(이 점에서 특히 유럽과 구분된다), 남미 국가들 사이의 초국가적 정체성에 새로운 콘텐츠를 제공하고 그것을 유지시키려는 노력 또한 없다(Waisbord, 1998). '스페인어권 아메리카'라는 정체성이 '영어권 북아메리카'에 반대되는 개념으로서 19세기를 걸쳐 신문 매체에 의해 창출된 바 있는데(Anderson, 1983), 미디어 정치경제학자 실비오 웨이스보드 Silvio Waisbord는 이 또한 당시 남미의 높은 문맹률을 감안할 때 오직 엘리트층에만 해당되는 일이었다고 지적한다(Waisbord, 1998). 그는 라틴아메리카의 사례를 들어, 지역정체성 형성 과정에서 미디어의 역할을 강조하는 입장을 비판한다. 라틴아메리카에서는 초국가적 텔레노벨라의 교류가 매우 활발하지만 이것이 라틴아메리카의 지역정체성 담론을 고양시키지는 못한다는 지적이다. 남미의 비판적 문화학자 마틴-바르베로 또한 이 지역이 처한 상황에서 전통적 공동체, 국가 정체성, 도시 공동체가 3개의 전략 지점이라고 지적하면서 지역정체성 문제는 뒤편으로 밀어놓는다(Martin-Barbero, 2002). 지역정체성 언급은 문화적 차이를 중시하지 않는 세계화의 다른 얼굴일 뿐이라는 것이다.

제도가 뒷받침하는 유럽의 정체성과 전통과 민중이 공유하는 문화 요소들이 버텨주는 라틴아메리카 지역정체성에 비교할 때, 동아시아는 독특한 정체성 담론 생산 장치가 있다. 바로 대중매체를 통한 초국가적인 콘텐츠 수용이다. 1990년대 중후반 이후의 아시아 정체성 담론은 1990년대 초기에 동남아시아의 정치가들이 만들어낸 '아시아주의^{Asianism}'와는 매우 다른 특성의 것이다(Camroux & Domenach, 1997). 정치경제학자들이 볼 때, 사실 일본과 한국의 문화 산물이 동아시아에서 크게 유행하는 것은 상당히 이해하기 힘든 현상일 수 있다. 어떻게 동아시아의 지배적인 언어인 중국어, 영어가 아닌 국지어로, 그것도 근본적으로 국내 소비자를 위해 생산된 문화물들이 다른 외적 요인 없이 동아시아에서 초국가적 유행을 불러일으킬 수 있었을까? 유럽 공동체의 경우와 달리, 동아시아에는 이 지역을 공동체로서 묶어둘 만한 제도적 장치가 없다. 동남아시아 몇 개국이 만든 아세안^{ASEAN}과 오스트레일리아와 북미, 몇몇 라틴아메리카 국가들까지 포함하는 아태경제협력기구^{APEC}가 있지만, 이것은 둘 다 지역 자유시장 협력 차원의 협약일 뿐 회원국의 내적 의사결정에 문화적·정치적 영향력을 주고받는 관계를 구조화하지는 않는다.

라틴아메리카의 경우와 비교해서도 동아시아는 공유하는 문화적 내용이 부족하다. 나라마다 언어가 다르고 각국의 피식민지배의 경험이 다르며 종교도 다양하다. 중국과 베트남의 근대사에서 읽을 수 있듯이 국가마다 정치경제학적 과거사가 매우 복잡하고, 제2차 세계대전과 베트남전으로 인해 서로에게 입힌 상흔의 역사 또한 깊은 곳이다. 그 결과 동아시아는 전반적으로 농업의 전통과 유교의 영향을 받아왔다는 느슨한 공통점을 지니고 있기는 해도 동시대적 대중문화의 형태는 매우 다양하다. 아시아 지역을 아우르는 범아시아 위성 채널에서 처음 성공을 거둔 콘텐츠는 뉴스가 아니라 스타 텔레비전의 음악 채널 [V](후에 MTV Asia가 됨)였고, 이 채널은 아시아의 팝스타들을 생산하는 데 일조했다. 1991년에 방송을 시작한 스타 위성 텔레비전은 중동 지역에서 오스트레일리아를 포함하여 동아시아에 이르는 지역에 30여 개의 채널을 방송하는데, 이 채널들은 만다린어와 힌두어라는 양대 언어 시장에 따라 구분되고, 몇몇 영어로 방송되는 국제 채널들도 있다. 스타TV는 아시아 정보 채널 없이 영국의 스카이뉴스$^{Sky News}$, 인도의 스타뉴스$^{Star News}$, 그리고 전 세계 중국 이민 사회를 위한 피닉스 뉴스$^{Phoenix Infonews}$로 정보를 대체해왔다. 그런데 동아시아에 지배적인 영향을 미친 일본과 한국의 방송 프로그램들은 오직 자국 방송 채널들이 국내 수요에 따라 생산한 것일 뿐 초국가적인 위성 채널에 의해 전파된 것이 아니다. 바로 이러한 맥락으로 인해, 동아시아에서 활발하게 유통되는 콘텐츠가 여론 조성을 용이하게 하는 초국가적 정보의 교환이 아니라 텔레비전 드라마였다는 사실의 특수성이 존재한다. 그것은 곧 감정의 공유와 문화적 감수성의 자극이 동아시아 문화정체성에 대한 담론의 핵심을 차지하게 되었음을 의미한다.

2. 지역 문화정체성 논의에서 미디어의 문제

1) 미디어의 재현과 개인의 정체성 협상

동아시아의 지역 문화정체성 문제의 특성은 제도적 뒷받침이나 전통적인 문화 공유가 미약한 환경에서 대중매체를 통한 초국가적인 콘텐츠 수용이 정체성 담론을 생산했다는 점이다. 그동안 정체성과 미디어에 대한 연구들은 미디어 소비가 어떻게 개인의 정체성 형성과 밀접한 관계에 놓여 있는가를 설명해준다. 이를 위해서는 무엇보다 개인이 스스로의 존재가 살아가는 현실에 대한 이해를 형성하는 과정, 즉 현실 구성 과정의 한가운데 미디어가 놓여 있음을 이해해야 한다. 한 사람의 인생 전체를 통해 개인이 얻는 직접 경험과 대인 관계에서 얻을 수 있는 경험 및 정보는 상당히 제한된 것이다. 세계화의 과정이 우리의 일상에 밀접하게 연결된 세계의 현실을 급속도로 확장시켜놓은 현재, 개인의 직접 경험에 의한 현실 이해와 세계의 현실 사이의 거리는 갈수록 멀어질 수밖에 없고, 우리는 이 공간을 메울 정보와 사고의 단편, 이해의 근거를 미디어 재현 속에서 조달한다. 이러한 현실은 지구상 어느 곳의 개인에게도 정도의 차이일 뿐 동일한 현실 조건이고, 현실 구성 과정에서 미디어에 대한 의존도는 자신이 태어난 곳(즉, 직접 경험이 풍부한 곳)에서 다른 곳으로 이주한 탈영토화^{deterritorilalization}를 겪은 이주민^{Diaspora}에게는 더욱 핵심적인 중요성을 띠게 된다. 자신이 태어나며 귀속된 사회로부터 자의적·타의적으로 이주하여 상이한 문화 속에서 살아가는 이민자들은 새롭게 적응해야 할 사회라는 무시무시한 현실 상황 속에서 커다란 실수나 잘못 없이 살아가고 그 속에서 자신의 공간을 확보하기 위해 절대적으로 현지 미디어에 의존하게 된다. 또한 그들의 2, 3세들은 조상을 통해 귀속되었던 정체성을 상실하는 것이 아니라 서로 다른 정체성의 요소들을 조합하여 새로운 국가, 인종, 종교, 성적 요소들을 조합해내고 있다는 것이 관찰되었다. 런던의 인도, 파키스탄 청소년의 미디어 사용, 독일의 터키 이민자와 프랑스의 아랍 이민자 2세 3세의 미디어 사용, 미국 한인 2세들의 한국 드라마 보기 등등. 세계의 한인 커뮤니티, 차이나타운은 그것이 뉴욕, 베를린, 파리인지에 따라 서로 다르게 형성되며, 동시에 재외동포 네트워크 또는 화교 정체성 속에서 하나의 소속감을 형성해가는 것이다. 다시 말해, 이민자들은 전 세계적으로 네트워크화된 국민문화에 속하는 동시에 자신이 살고 있는 사회의 지역문화에 대한 소속감을 끊임없이 협상해가는 것이다. 이 과정에서 미디어가 생산한 문화 콘텐츠는 사용 가능한 문화들의 폭을 넓히는 동시에, 정체성 게임에서 사용 가능한 일차 자료, 즉 동원 가능한 문화 요소들을 끊임없이 공급하는 중요한 역할을 한다. 미디어가 문화정체성의 형성이 가능하도록, 앞에서 인용한 셔드슨의 용어를 빌리자면, 공통된 문화재원을 제공하고, 그것을 접근 가능하고 사용 가능한 형태로 유통시키며^{retrievability}, 이를 통해 향응^{resonance}이 가능한 커뮤니티가 형성되고 있는 것이다. 이 상태가 항상적일 수 있도록 미디어가 제도적 지원을 하는 경우도 있으나(점증하는 국제 채널들), 이민자들은 스스로 그러한 제도적 환경을 조성해나가기도 한다$^{\text{institutional retention and resolution}}$. 인터넷 공간에 초국가적으로 형성되어 있는 미디어 콘텐츠의 유통 경로와 조직화된 자막 달기^{fansub} 현상이 그러한 실천이다. 열정적이고 광범위하며 조직화된 콘텐츠 공유 현상과 자막 달기를 위한 팬들의 초국가적 분업 및 협동 체제는(제4장 참조) 관찰자의 입장에서 때로는 경외감을 감출 수 없는 수준의 것들이다. 이러한 활동에 정열을 쏟는 개인들에게 과연 그것은 어떤 의미를 지니는 것일까? 그러한 문화 커뮤니케이션의 엘리트들에 대한 일반 사용자들의 존경과 찬사, 동조는 그들의 일상에서 어떤 의미를 지닌 실천일까? 이 질문은 한국 드라마 팬자막 운동의 성원들, 그것의 전 세계 사용자들에 대한 심층 인터뷰를 통해 답할 수 있을 것이며, 이 책의 제2부는 프랑스의 한류 팬에 대한 현장 관찰을 통해 미디어 사용에서 드러나는 개인의 정체성 협상 문제를 다룰 것이다.

    이처럼 수용자 개인 차원에서 미디어 사용은 무엇보다도 수용자 개인과 자신이 속해 있다고 생각하는 집단의 정체성에 대한 문제제기와 그 문제제기를 위해 동원할 수 있는 일차 자료의 범위를 제한 또는 확장한다는 의미를 갖는다. 이 개인이 동아시아인이든(즉, 동아시아인에 속한다고 생각하는 개인), 유럽인이든(또는 유럽에 살거나 유럽인이라고 생각하는 유럽 내 이민 2세 또는 3세), 이들이 사용 가능한 미디어를 통한 일차 자료가 전 세계로 확장되었다는 것은 정체성 협상 범위가 세계화되었다는 것, 그리고 정체성 논의가 국민국가 정체성의 한계를 넘어서 문화 간 커뮤니케이션의 차원으로 확장되어야 함을 알려준다.

2) 전 지구적 대중문화: 영미 대중문화와 일본 대중문화

이처럼 미디어 콘텐츠가 개인과 집단의 정체성 협상의 일차 자료가 되는 현상과 더불어 관찰되는, 제공된 미디어 콘텐츠의 전 지구적인 동화 현상 global acculturation은 혹자가 전 지구적 대중문화 Global Popular Culture라고 부르는 대중문화를 구성하는 문화실천들의 폭넓은 공유 현상이 진행되고 있음을 보여 준다. 여기에서는 가장 폭넓은 현상인 영미권 대중문화와 일본의 대중문화를 살펴보자.

1950~1960년대 미국 대중문화에 대한 일종의 향수는 전 세계에서 관찰되는 현상이다. 아파두라이가 프레드릭 제임슨 Fredric Jameson을 빌려 필리핀의 빼어난 미국 대중문화 재생산 능력을 설명하며 강조했던 '현재에 대한 향수 nostalgy', '기억이 배제된 향수'(아파두라이, 2004: 55)는 사실, 한국의 대중문화의 발전 상황에도 정도의 차이는 있으나 적용될 수 있는 설명이다. 마릴린 먼로와 엘비스 프레슬리로 대변되는 억압된 성 에너지의 분출, 컬트화된 제임스 딘의 이미지만큼이나 '앵그리 영맨'의 원초적 에너지가 발산되던 시대로서 1950년대 미국의 대중문화는 최근의 미디어들도 끝없이 회귀해 가는 노스탤지어의 공간이다. 1960년대 비틀스 현상은 영국 내에서뿐만 아니라 유럽 전역에서 전후 세대의 대중문화 에너지가 계급화된 엘리트 문화의 경계를 허무는 장면을 연출했다. 비틀스 공연장에서 볼 수 있었던 중산층과 부르주아 계급의 소녀들이 뒤섞인 광란의 몸짓 속에 기존 엘리트 문화 소비의 코드를 깨는 장면은 당시 고급문화 향유자들에게는 큰 충격이었다. 이어서 노동자 계급문화에 기반을 둔 청년문화 형식이 잇달아 문화산업에 포함되면서 초국가적인 대중문화 속에 진입했다. 미국의 1960~1970년대 히피문화 또한 이러한 대중문화와 젊은 에너지, 문화의 계급 귀속성을 넘어서는 영원한 젊음의 매체문화를 형성한 바 있다.

우리가 살아보지도 않은 과거에 이국에서 발생한 문화형식에 대해 느끼는 노스탤지어는 과연 무엇일까? 이러한 대중문화의 내용은 그것을 생산한 국가나 문화산업으로부터 탈구되어, 그것이 소비되는 전 세계의 서로 다른 지역에서의 수용 맥락과 우선적으로 관련된 것이다. 그런데 이 문화형식들을 전 세계인이 공유한다는 점에서, 그리고 그 공유의 내용은 기표화한 스타들의 이미지라기보다 그 문화 소비의 실천 양식(청년문화의 맥락에서 문화 소비를 통한 세대 정체성 형성, '젊음'이라는 영원한 가치와 관련된 각국의 맥락에서 관찰되는 열광적인 소비 형태 등등)이라는 점에서 전 지구적 대중문화라고 할 수 있다. 1970년대의 디스코 물결이, 1980년대에는 마이클 잭슨으로 대표되는 엔터테인먼트 차원이 강화된 미국 대중문화가 전 세계에 영향력을 과시했는데, 이 지배력은 1990년대에 들어 사뭇 변화된 상황에 처한 것으로 보인다. 1990년대 중반까지 음반과 라디오, 텔레비전, MTV라는 핵심 매체에 의존했던 기존의 세계 속 대중문화 유통은, 1990년대 후반 이후에는 디지털 매체 환경의 발전과 병행해 문화 콘텐츠 수출국이 다변화함으로써, 비록 미국의 지배력이 위협을 받는 수준은 아니지만 세계의 수용자가 사용 가능한 일차 자료의 유의미한 확장을 가져오게 되었다.

한편 1980년대 후반부터 가시화된 중요한 변화의 맥락 중 하나가 바로 일본 팝문화이다. 일본의 대중문화 형식들은 그 자체가 일본 전통문화의 서구문화 동화 과정에서 태어난 것이고, 이 과정은 만화의 산업화 과정에서 잘 드러난다. '일본 만화의 아버지'라고 불리는 데쓰카 오사무手塚治蟲가 네모 칸의 연결을 통한 만화 내레이션을 완성시키기 전까지 만화漫畵는 이름 그대로 이야기가 있는 그림이었다. 서구 영화의 영향력 아래 영화 장면의 스틸 컷을 닮은 화면 구성, 액션과 대사에 중요성을 둔 내레이션 등 세계 속 일본 대중문화의 원동력이라고 할 수 있는 만화의 형성 자체가 서구 대중문화의 영향력 속에 이루어졌다는 것이 중론이다.

세계의 대중문화 변동 속에서 만화의 역할은 아무리 강조해도 지나치지 않을 것인데, 이에 상응하는 연구는 아직 충분히 이루어지지 않은 상태이다. 만화는 일본과 동아시아 내부에서 애니메이션으로, 드라마와 영화, 비디오 게임으로 각색되어 재생산되었고, 이러한 원소스 멀티유즈 문화산업 사이클은 일본 문화산업의 특성이 되었으며, 이를 통해 만화문화의 전 문화산업으로의 확장이 이루어졌다. 심지어 일본의 예능 프로그램에 만화와 같은 수많은 대화창이 뜨고 여기저기 영상 아이콘들과 자막이 삽입되는 것, 소녀만화의 '가와이(귀요미)' 코드가 전체 일본 문화 속에 녹아들어 있는 것 등, 문화형식으로서의 만화의 중요성은 짧은 지면으로 모두 헤아릴 수 없을 정도이다. 이러한 일본산 만화문화가 동아시아에 미친 초국가적 영향력에 대해서는 다음 제3장에서 자세히 다룰 것이다.

흥미로운 것은 이처럼 서구문화에 대한 동화의 결과인 만화, 그리고 만화의 상상력이 지배하는 일본 대중문화가 서구인들에게는 동아시아 대중문화로 진입하게 되는 매개자의 역할을 하고 있음이 발견된다는 사실이다. 제2부에서 자세히 다루겠지만, 한류 콘텐츠와 중국 및 대만 드라마 수용자들은 대개는 일본 만화의 팬이었고, 일본 만화가 애니메이션으로 각색되고 이어서 텔레비전 드라마로 만들어지는 일본 문화산업의 주기를 따라 동아시아 드라마의 세계로 진입하게 됨을 관찰할 수 있었다. 이와 같은 일본 대중문화의 세계 속 전파와 광범위한 수용자 형성은 미국 외 유일한 사례라기보다는 문화 콘텐츠 수출국의 다변화 경향의 일부라고 할 수 있다. 다시 말해, 세계의 미디어 소비자들은 영미와 일본 대중문화와 같은 전 지구화된 대중문화 콘텐츠를 공유하고 인터넷이 확장시켜놓은 광범위한 현금의 미디어 콘텐츠 일차 자료를 활용하면서, 그 속에서 자신이 원하는 내용의 소비를 통해 스스로의 정체성을 형성해나가는 것이다.

3) 프로슈머 수용자

이러한 미디어 콘텐츠의 적극적 이용자로서의 개인에 대한 이해는 그동안 '수용연구' 내에서 이루어진 수많은 관찰들에 기초를 두고 있다. 미국의 대중영화들과 텔레비전 시리즈들은 세계시장에서 문화물의 표준을 형성해 왔지만, 그 프로그램들은 수용자의 문화적 환경과 기준에 따라 매우 다른 형태로 소비된다는 사실이 관찰되었다.[4] 또한 아무리 수입된 또는 외국산 프로그램들이 풍부하게 제공되더라도 그에 필적하는 국산 프로그램이라는 대안이 있는 한 관객은 수입 프로그램이 아니라 자국 프로그램을 선호한다는 문화제국주의론을 거스르는 증거도 도처에서 발견된 바 있다.[5] 또한 이미 다양한 해독 활동을 하고 있는 수용자들이, 이용 가능한 일차 자료가 세계화되어 있는 다매체 환경 속에서 스스로 변화하고 있다는 사실을 이해할 필요가 있다. 이들은 더 이상 자국 텔레비전이나 공식적인 영화 수출입 선을 통해 제공되는 프로그램을 소비하는 수동적인 소비자가 아니라, 수많은 위성 채널을 통해 외국 프로그램을 적극적으로 선택하여 접하고, 인터넷을 통해 매우 상세한 프로그램 정보와 비평을 따라 읽으며, 심지어 스스로 생산하기도 한다. 게다가 DVD와 DVIX를 통해 기존 제도권 매체가 수입하지 않는 외국 영화와 텔레비전 프로그램을 개인적으로 소비하는 수용자도 적지 않다. 이들은 더 이상 제공되는 콘텐츠를 문화적 차이에 따라 변별적으로 해독하거나, 텍스트의 다의성에 기댄 서로 다른 해독을 하는 전통적인 수용자 단계에 머무르지 않는다. 이들은 스스로 소비할 텍스트를 선택하고 비평을 생산하며, 인터넷을 통해 그것을 세계의 네트워크에 공시하고 회답하는 적극적인 소비자들이다. 그 과정에서 인터넷을 통해 형성되거나 인터넷이 중요한 역할을 하는 예측 불가능한 유행과 인기 현상이 발생하고, 이

---

[4] 세계 각국에서의 댈러스 수용에 대한 연구들은 다음과 같다. Katz, Liebes & Iwao(1991: 99~110); Liebes & Katz(1993: 125~144).

[5] Watermann and Tracey(1988), Morley & Robins(1995: 81)에서 재인용. 또한 다음 두 논문도 참조할 것. Australian Film Commission(1994); Cunningham & Jacka(1996: 619~637).

것은 전통적인 문화산업 절차에 따른 문화물의 광고나 홍보 논리를 적지 않게 뒤흔들어 놓는다. 또한 인터넷의 수많은 소비자들이 운영하는 영화와 텔레비전 전문 사이트들과 팬 사이트들, 이러한 버츄얼 공간 속에서 이루어지는 적극적인 문화소비 활동의 형태를 통해 드러나는 다양하고 전문화된 하위 수용 집단들의 존재[6]는 더 이상 세계시장을 겨냥하는 프로그램 생산자들이 과거의 문화 산물 논리에 안주할 수 없는 환경을 만들어놓았다.[7] 이 책의 제3장에서 전개할 초국적 만화문화를 가능케 한 힘, 그리고 제2부에서 관찰할 프랑스의 한류 팬 형성은 바로 이러한 프로슈머의 존재로 가능해진 현상이다.

이러한 광역화된 미디어 콘텐츠 자료들 속에서 벌어지는 문화정체성 게임에서 중요한 역할을 하는 것이 바로 다음 절에서 다룰 집단 정체성 재현의 문제이다.

---

[6] 이러한 적극적인 팬 활동으로는 해당 프로그램이나 배우, 인물에 대한 개인적인 자료 수집을 넘어서, 텔레비전 픽션물 주인공을 중심으로 스스로 시나리오를 써보는 팬픽션(fanfiction 또는 fics), 더 나아가 서로 다른 텔레비전 시리즈의 인기 주인공들이 조우하는 시나리오를 써보는 크로스오버Crossover 활동, 텔레비전이라는 합의적 매체의 한계를 넘어, 훔쳐보는 즐거움을 겨냥하여 이들을 주인공으로 미성년자 관람불가 시나리오(N fics) 쓰기, 이들을 주인공으로 역할 게임role playing games 만들기 등등을 찾을 수 있다.

[7] 프로그램 생산자들의 변화를 읽을 수 있는 사례가 대만 감독 리안李安이 할리우드 자금으로 홍콩 스타들을 기용하여 제작한, 전형적인 중국 무술 영화 〈와호장룡Crouching Tiger, Hidden Dragon〉 (2000)이다. 이 영화는 더빙되지 않고 미국에서 영어 자막 오리지널판으로 개봉된 첫 번째 영화이고 영어 더빙판은 전혀 배급되지 않았는데도 1억 3,000만 달러의 수익을 올리면서 할리우드 블록버스터의 반열에 올랐다. 외국어 영화를 보지 않는 미국인들에게 이러한 오리지널판 소수민족 영화의 대성공은 최초의 사건이라고 할 수 있다. 이 영화는 또한 무술 장르에 여성 관객을 불러들이는 데 성공한 드문 경우다. L'Asie à Hollywood(Paris: Edition Cahiers du cinéma/Festival International du film de Locarno, 2001), p. 99.

4) '타자'의 재현 문제

집단 정체성 재현은 두 가지 방식으로 이루어진다. 먼저 자기 문화에 대한 성찰과 고양이라는 더 전통적인 접근 방법이 있는데, 이것은 영화 〈서편제〉 속에서 한국인이 한의 정서를 재발견하고 공유한다거나 영화 〈라몸므 La Mome, The Passionate Life Of Edith Piaf〉(국내 개봉작 명칭 "라비앙로즈") 속에서 프랑스인들이 국민 가수 피아프 Edith Piaf 를 재발견하는 것과 같이 적극적인 방법인 동시에 반민족주의적 저항도 생길 수 있는 방법이기도 하다. 이와 더불어 정상적인 미디어 콘텐츠 속에서 공유하는 정서와 정보들을 통해 무의식적으로 그리고 항상적으로 자기 문화의 재확인과 강화가 이루어진다.

이러한 동일성에 대한 확인을 더욱 강렬하게 해주는 두 번째 방식은 '나와 다른 남', '내가 아닌 타자'를 구성함으로써, 나와 나의 동일성 집단에 대한 경계선을 긋는 방법이다. 대중문화 속에 수없이 등장하는 악인과 우스개의 대상이 어느 정도 이런 역할을 하고, 나와 다른 종족, 인종에 내가 아니라고 생각되는, 내가 아니기를 바라는 품성과 특성을 접합하여 재현함으로써 자신의 불안한 존재와 경계를 확고히 하는 방법이 이에 속한다.

그런데 세계화 과정은 이러한 대중문화 스토리텔링 속 '타자'의 구성을 더욱 복잡하게 만들고 있다. 세계화의 진행은 그것이 여행을 통해서이든 좀 더 장기적인 체류나 이민이나 투자를 통해서이든 서로 다른 나라 국민들 사이의 직접적인 접촉을 과거에 비해 획기적으로 증가시켰고, 수용자들이 이질적인 문화를 수용하거나 타인의 운명을 이해하는 능력 또한 변화시켰다. 오늘날 수용자들은 단지 미디어의 재현을 통해서만이 아니라 개인적 경험이나 직·간접적인 인간 유대 관계를 통해서 타자의 문화를 수용할 수 있는 기회가 전례 없이 확장되었다. 이것은 더 이상 문화산업 생산자들이 오직 스펙터클의 생산을 위해서 타자에 대한 재현을 단순 도구화할 수는 없는 환경, 수용자들이 받아들일 수 있는 수준의 현실 담론과 '그럴듯한'vraisemblable' 정체성 전략을 구사해야 하는 환경이 조성되었음을 의미한다. 더 이상 백인 배우들을 아시아인으로 분장하여 주인공을 시킨다거나,[8] 동양 여자들을 색채가 화려한 전통적인 의상으로 단장하여 서구 백인 남성의 이국적 환상의 대상으로만 재현할 수는 없게 되었다는 것이다.

이러한 세계화 맥락 속에서 타자 the Other 의 재현 문제, 타자의 재현을 통한 자신의 정체성 구성의 문제는 몰리 David Morley 와 로빈스 Kevin Robins 의 중요한 저작 『정체성의 공간들 Spaces of Identity 』에서 심층적으로 다루어졌다(Morley and Robins, 1995). 저자들의 사색은 미디어 차원에서 세계적인 수준과 지역적인 수준의 접합을 통해 어떻게 유럽의 정체성이 구성되고 있는가에 집중되고 있지만, 이들의 논리는 충분히 추상적인 것이어서 오리엔탈리즘을 통한 타자의 구성에 기반을 둔 서구 정체성 수립 과정 전체로 확산된다. 서구의 타자로서의 오리엔트는 지리적 위치와 관계된 것이 아니라 대상화된 상징적 기능이다. 이것은 근대성, 이성, 보편성이 결여된 결핍의 문화이며, 결국 후진성, 비이성, 보편성을 획득하지 못한 특수한 가치로 특징지어지는 문화이다(Morley and Robins, 1995: 137).

우리는 이 저서 중 특히 몰리와 로빈스의 서구 대중매체에서의 일본 표상에 대한 분석에 주목한다.[9] 저자들은 19세기에 영국이 세계에서 가장 창의적인 나라였고 제1차 세계대전 이후 미국이 그 후임이었다면 1980년대 중반 이후 그 역할은 일본에 넘어갔다고 명시한다. 서구의 절대적인 세계 지배가 당연시되어온 상황에서 이러한 일본의 경제 대국화와 동아시아 경제의 부상은 서구 미디어의 촉각을 곤두세운다. 일본 기업들이 미국과 유럽에서 상징적인 사업체들을 매수하면서 1990년대 전반에 걸쳐 대중매체

---

8 이 문제는 다음 장에서 할리우드 영화 속의 아시아인 표상을 다루면서 상세히 서술할 예정이다.
9 Morley & Robins(1995)의 제8장 "Techno-orientalism: Japan Panic."

는 일본에 대해 일종의 편집증적인 반응을 보였다.[10] 저자들에 따르면, 서구 매체가 일본을 다루는 방식은 서구가 과거에 유대인을 타자로 구성하던 담론과 유사한 구조를 지녔으며,[11] 특히 일본의 대기업들이 할리우드의 중요 제작사들을 사들이자 더욱 일본을 향한 불편하고도 의심스러운 눈길을 보냈다고 한다. 당시 여러 SF 영화의 일본을 암시하는 배경을 지닌 미래 사회는 매우 어둡고 불길한 것으로 그려져, 결국 일본은 어두운 인류의 미래를 가져올 불길한 '타자'로 재현된다. 서구의 영화 속에서 일본에 대한 재현은 세계화가 더욱 진행된 2000년대에 이르러서는 상상화된 불길한 타자의 모습을 넘어선다. 일본은 잦은 여행의 장소가 되었으나 여전히 이해하기 힘든 이국이며 그 안에서 서구인 스스로의 존재를 되찾게 되는 타자[12]인 동시에 직접적인 접촉을 통해 서구가 가졌던 환상이 깨어지는 타자의 모습으로 등장한다.[13] 이처럼 서구와 다른 일본의 경제적 성공과 모더니티는 서구에게 항상 문제로 제기되며, 경제적으로 부상하는 아시아의 다른 국가들 또한 잠재적으로 이러한 전통적인 '황색 위험$^{yellow\ peril}$'[14]의 대상이라고 할 수

---

10 저자들은 〈블레이드 러너$^{Blade\ Runner}$〉, 〈검은 비$^{Black\ Rain}$〉, 〈닌자 거북이$^{Ninja\ Turtles}$〉와 같은 할리우드 영화들을 사례로 드는데, 사실 서구가 일본에 대해 지니는 경계심이 투사된 미국 영화들의 리스트는 훨씬 길어질 수 있다.
11 저자들에 따르면 서구가 구성한 '유대인'이란, 기실 특별한 민족이나 종족을 지칭하는 것이 아니라 역사적으로 다른 맥락에서 서로 다른 집단이 차지할 수 있는 공간, 서구 문화 내부에 있는 의심의 형상이다. 서구의 미디어들은 일본인들이 즐길 줄 모르는 일벌레이고 소비는 안 하고 저축만 너무 많이 하며, 다른 민족의 운명에 무감각한 민족으로 그려내는데, 이러한 지적은 유대인에 대한 비판과 상당히 유사하다. Morley & Robins(1995: 156~157).
12 소피아 코폴라$^{Sophia\ Coppola}$ 감독의 〈사랑도 통역이 되나요?$^{Lost\ in\ translation}$〉의 사례가 이에 속한다.
13 아멜리 노통$^{Amelie\ Nothomb}$의 동명 소설을 영화화한 프랑스 영화 〈두려움과 떨림$^{Stupeurs\ et\ tremblements}$〉이 대표적일 것이다.
14 칭기즈칸과 몽고족의 유럽 침공으로 거슬러 올라가는 황인종에 대한 서구의 경계심과 공포를 일컫는 용어로, 근대에 와서는 군사적·경제적으로 강대해진 아시아에 대한 선한 서

있다.

정체성의 게임이 나와 타자의 변증법적 관계라면, '타자의 나에 대한 시선', 즉 '타자의 시선에 의해 대상화된 나에 대한 인식'과 '내가 타자에 대해 갖는 인식이 나의 정체성 협상에 미치는 영향'에 대한 이해가 필요하다. 자신의 정체성은 '타자'의 구성을 통해 역동적인 형성 과정을 겪는다. 이때 '타자'에게 얼굴을 제공하는 인종 재현$^{racial\ representation}$은 대상화되는 지역의 주민들에게 다시 영향을 줄 수 있는 '타자의 시선'으로 작용한다.

다음 절에서는 전 지구화된 대중문화 맥락 속에서 벌어지는 이러한 문화 정체성의 문제를 할리우드 영화 속 아시아인의 재현의 역사를 통해 살펴보고자 한다. 특히 1997년 홍콩의 중국 통합이 만들어낸 세계 영화산업계의 특수한 상황, 즉 동아시아 영화계의 중요한 감독과 배우들의 할리우드로의 이주는 미국의 영화산업이 자신의 전통과 미국 사회의 아시아인에 대한 집단적인 감정 및 상상력, 전 지구적 대중문화의 정치학과 단시간 내에 협상해야 하는 특수한 환경을 만들어냈다. 할리우드는 전통적으로 어떤 아시아인 재현을 통해 아시아에 얼굴을 제공해왔는가? 홍콩의 중국 '반환'으로 상징되는 새로운 세계사의 맥락은 이러한 전통 속에서 어떻게 매개되고 있는가? 홍콩의 반환과 더불어 경제적 도약을 꿈꾸는 아시아, 나아가 잠재적인 경제 대국인 중국에 대한 재현은 어떻게 이루어지고 있는가?

구 기독교 문화의 제국주의적 확장을 이데올로기적으로 지지하기 위해 대중문화 산물들이 활용해왔다. '황색 위험'은 이방 문화에 대한 인종 차별주의적 테러, 성적인 불안함, 어둡고 저항할 수 없고 신비로운 동방의 힘에 의해 서구가 지배되리라는 불안이 혼합된 서구의 집단의식이다. Marchetti(1993: 2). http://web.mit.edu/21h.153j/www/aacinema/yellowperil.html에서 재인용.

3. 할리우드 영화 속 아시아인의 재현

할리우드는 홍콩에서 건너온 스타들을 수용하기 이전, 이미 무성영화 시절부터 아시아인을 여러 가지 형태로 영화 속에 등장시켰다. 영화사 초기에 아시아인 역은 대부분 미국 이민 아시아인들이나 분장한 백인들이 연기했는데, 아시아인이 영화의 주인공이 될 경우 대부분 백인 배우가 주인공을 연기했다.[15] 이처럼 백인을 아시아 인물로 분장시키는 것은 미국의 영화뿐만 아니라 공연문화 전체에서 일종의 전통이 되어 영화에서는 1960년대까지, 공연문화에서는 1990년대 이후까지 지속되었다. 미국 내 아시아 이민의 증가와 세계화의 진행과 더불어 할리우드에서 더 이상 백인의 얼굴을 아시아인으로 분장하지 않고 점차적으로 아시아인 배우들을 주연으로 영화를 만들게 되었다.

1) 할리우드 영화 속의 아시아인의 스테레오타입[16]

할리우드 영화 속 아시아에 대한 스테레오타입과 왜곡된 표상은 수많은 사적 연구와 비판의 대상이 되어왔는데, 지배적인 아시아인 표상의 유형도를 그리면 다음과 같다.[17]

첫째, 순종적이고 희생적인 아시아 여인상. 푸치니 Giacomo Puccini 의 〈나비부

---

15 이 내용은 다음 절에서 '옐로페이스'를 다루면서 상세히 설명할 것이다.
16 이 절은 필자의 다음 논문을 상당 부분 인용하고 부분 개정한 것이다. 「세계화와 문화산업의 새로운 정체성 논리: 할리우드 영화의 아시아스타 수용에 대한 분석」, ≪기호학 연구≫, 제17집(2005년 6월), 143~177쪽.
17 이 유형도는 다음 자료를 널리 이용하여 재분석한 결과이다. L'Asie à Hollywood(Paris: Edition Cahiers du cinéma/Festival International du film de Locarno, 2001); http://web.mit.edu/21h.153j/www/aacinema

아시아 여인에 대한 스테레오타입. 왼쪽의 '나비부인'상. 오른쪽의 '용녀상', 그 사이에 '남근적 여성'을 재현하고 있는 독특한 이미지의 양자경.

자료: 미국 영화 〈게이샤의 추억〉(2005)의 한 장면.

인^{Madama Butterfly}〉이 대표하는 이 전형은 아시아 여성 전체를 포괄하며, 남성적인 서구는 바로 이러한 순종적이고 신중하며 이국적인 여성상에 끌리는 것으로 표상된다.

둘째, 아시아의 팜므 파탈이라고 할 수 있는 용녀상^{Dragon Lady}. 신체적으로는 희생적인 아시아 여인상과 유사하나 내부적으로 남성에게 치명적인 정신적 상흔을 남기는 독약이나 마약과 같은 여성상으로, 서양 신화의 사이렌이나 키르케와 유사한 표상이다. 영화 속에서는 흑백 시절의 애너 메이 웡^{Anna May Wong}이 연기한 인물들이 대표적이라고 할 수 있다.

셋째, 아시아 악당상. 중국의 의화단 사건과 미국으로 쏟아져 들어오는 중국 이민을 위협으로 간주하는 미국 내 집단 정서에 기대어 20세기 초에 생성된 대표적인 아시아인상으로, 영화 속에서는 러시아 출신 배우 보리스 칼로프^{Boris Karloff}가 아시아 얼굴로 분장하고 연기하는 악당 푸만추^{Fu Manchu} 시리즈가 대표적이다.

넷째, 지혜로운 아시아인상. 1931~1944년에 제작된, 여전히 백인 배우들이 연기한 찰리 챈^{Charlie Chan} 탐정 시리즈가 대변하는 인물상으로, 중국 정부가 악당 푸만추상에 대해 반발하자 이를 무마하기 위해 등장한 수동적이고 성적 매력이 전혀 없는, 유교적 지혜를 대변하는 인물상이다. 푸만추와는 달리 찰리 챈은 법과 질서의 편에 선 인물로 '공자가 말씀하시기를…'을 연발하는 지적이고 세련된 인물로 그려졌다.

다섯째, 성룡으로 대변되는 능동적인 액션물의 주인공이기는 하나 성적 매력이 없는 일종의 '거세된' 아시아의 영웅상이다.

여섯째, 이소룡으로 대변되는 능동적인 동시에 성적으로 어필하는, 따라서 매우 문제적인 영웅상이다.[18] 이소룡은 닉슨의 친중국 정책 시절 등장한 인물상으로, 할리우드가 최초로 무술영화를 만들 수 있도록 지원한 아시아인이다.

이러한 전형적인 아시아인 표상은 지나치게 단순화된 느낌이 있지만, 이하의 구체적인 영화 분석에서 볼 수 있듯이 여전히 유효한 유형도이다.

할리우드 영화산업이 이처럼 왜곡된 아시아인 스테레오타입을 만들어내는 동안, 실제 할리우드 영화인들은 1970년대부터 아시아 영화의 영향을 적지 않게 수용하고 있었다.[19] 이 영향은 특히 액션영화 장르를 통해서 명백히 드러난다(Boatto, 2000). 스탤론Sylvester Stallone이나 슈워제네거Arnold Schwarzenegger로 대변되는 근육형 스타의 우격다짐 액션을 중심으로 이루어지던 1980년대의 액션영화들은, 근육에만 의지하지 않는 더 세련된 분위기의 키아누 리브스Keanu Reeves나 톰 크루즈Tom Cruise 형의 주인공을 통해, 그리고 케이블을

---

[18] 이소룡은 절권도의 원조일 뿐만 아니라, 할리우드가 픽션 속에서 악당을 쳐부수는 선행을 미인으로 보상하기를 기다리지 않고 현실 속에서 백인 여성을 부인으로 얻었고, 좀 더 많은 자유를 위해 홍콩과 할리우드를 오가며 영화를 제작, 연출, 주연하는 등 아시아의 반항의 이미지를 띠고 있다. 또한 많은 홍콩 관객에게 최초로 상체를 드러낸 그의 쿵푸 연기는 매우 쇼킹한 것이었다. 자신의 호모 정체성을 공식화한 홍콩의 영화인 관금붕關錦鵬, Stanley Kwan은 어린 시절 이소룡의 쿵푸 영화를 보면서 자신의 성정체성을 발견했다고 증언한다(Reynaud, 1999: 161). 할리우드와 홍콩의 영화산업에 동시에 예외적인 존재였던 그가 살해되었다는 팬들의 믿음은 이러한 맥락이 설명해준다.

[19] 아시아 영화가 할리우드에 미친 영향의 내용에 대해서는 다음 장을 참조. *Le passage par le Pacifique: l'influence esthétique des cinéastesasiatiques sur le cinéma occidental*, *L'Asie à Hollywood* 에 수록.

사용하는 면밀히 계산된 액션 연기를 연출하는 방향으로 변화해왔다.[20] 이제 더 이상 할리우드 영화 속에서 싸우는 장면은 과거의 치고 박는 싸움이 아니라 홍콩의 쿵푸영화와 액션영화들이 그 효율성을 검증한 동작 연기 지도를 거친 계산된 싸움이다.[21] 홍콩의 중국 반환은 이러한 태평양을 오가는 영화산업계의 영향력 루트에 새로운 차원을 더했다. 홍콩 반환은 홍콩의 중국인들에게는 역사적으로 결정된 충격으로서 집단적이고 심리적인 트라우마를 생산했고, 이 계기를 통해 적지 않은 홍콩의 영화인들이 직접 할리우드로 진출하여 할리우드 영화를 연출하고 주인공을 연기했다. 이것은 장르영화를 통해 영화인들 사이에 미학적인 영향을 주고받는 것과는 다른 차원이며, 특히 이들이 주연한 영화들이 액션 장르라는 점에서 흥미를 더한다. 무술영화를 포함하는 광범위한 액션영화들이야말로 그레마스Algirdas Julien Greimas의 행위자 모델modèle actanciel이 가장 잘 적용되는 텍스트이다. 제임스 본드 시리즈에 대한 각종 연구들은 액션 장르가 얼마나 악당이나 영웅의 정체성, 그리고 그들이 구현하려는 가치 및 질서의 재현을 통해 서구, 자본주의, 백인 남성 지배의 세계관을 담지하고 있는지를 효과적으로 보여준 바 있다.

다음 절에서는 특히 위에서 전개한 아시아인의 표상을 통한 미국 글로벌 미디어들의 정체성 문제를 맥락으로 하여, 할리우드 액션영화에 영웅 혹은 악당 주인공으로 등장한 홍콩 스타들의 재현에 분석의 초점을 맞추려 한다.

---

20 할리우드가 홍콩 액션영화의 진수를 미국식 첨단 정보산업의 기술과 상상력에 연결시켜 제작한 〈매트릭스〉 삼부작(2000~2003년)은 할리우드가 홍콩의 영향을 소화한 영화 중 최고 수준을 보여준다고 하겠다.

21 사실 쿵푸를 포함하는 홍콩 액션영화의 영향은 미국 영화를 넘어서서 전 세계 액션영화를 변화시켰다고 해도 무리가 아닐 것이다. 이 영향은 뤽 베송Luc Besson이나 크리스토프 강스Christophe Gans가 제작, 연출하는 최근의 프랑스 영화들에서도 명백히 드러난다.

2) 할리우드 영화의 홍콩 스타 재현

할리우드가 홍콩 영화의 대스타들을 주인공으로 하는 영화들을 만들기로 결정한 것은 여러 가지 차원에서 의미 있는 일이며, 앞서 전개한 이유에서 흥미로운 관찰의 장을 열어준다. 이것은 더 이상 백인 남성을 주인공으로 한 형사물에 등장하는 소수 이민족의 조연이나 범죄자로 아시아인을 표상하는 것을 포기했음을 공식화하는 것이며, 세계 시장 속에서 할리우드 이데올로기를 어깨에 짊어질 주인공들 속에 황인종을 끼워주기로 결정했음을 의미한다. 그런데 이들은 아시아 시장과 서구의 전문화된 아시아 영화팬들 사이에서 인지도가 높은 스타들이고, 세계화 과정에서 점증하는 문화 간 커뮤니케이션 상황을 고려해야만 하는 배경 덕분에 할리우드가 원하는 대로 그 이미지를 새로이 창조할 수도 없는 존재들이다. 그렇다면 할리우드는 이제 '황색 위험'의 집단의식을 넘어서서, 타자와 어떤 방식으로든 공존해야 하는 세계화의 맥락에서 어떤 새로운 정체성의 논리를 구사할 수 있을까?

홍콩 배우로서 할리우드 영화의 주인공 역을 배정받는 특권을 누린 주요 스타들로는 성룡, 이연걸, 주윤발, 양자경을 들 수 있다. 다음에서 각 배우들이 할리우드 영화 속에서 어떻게 재현되고 있는지, 홍콩의 중국 반환 이후에 본격화된 이들의 할리우드 영화들을 중심으로 분석을 전개하려 한다.

(1) 성룡: 할리우드의 대스타로 성공한 거세된 코믹 액션맨

1997년 홍콩의 중국 반환이라는 특수한 계기와 관계없이 오래전부터 할리우드에 진출하기 위해 가장 애쓴 홍콩 배우는 성룡成龍, Jackie Chan이다. 성룡의 첫 번째 미국 영화는 1980년으로 소급되지만, 공교롭게도 1998년에야 〈러시아워Rush Hour〉로 첫 번째 상업적 성공을 거둔다. 이 영화의 상업적 성공에 힘입어 〈상하이 눈Shanghai Noon〉(2000), 〈러시아워2〉(2001), 〈상하이 나

이츠$^{Shanghai\ Nights}$〉(2003) 등이 연달아 제작되는데, 이 영화들 속에서 성룡은 혼자서 주인공 역을 배정받지 못하고 여전히 흑인(〈러시아워〉 시리즈의 크리스 터커$^{Chris\ Tucker}$) 또는 백인 파트너(〈상하이〉 시리즈의 오웬 윌슨$^{Owen\ Wilson}$)에 기대는 버디무비$^{Buddy\ Movie}$라는 안전장치를 필요로 한다. 성룡이 처음 단독 주연을 맡은 〈턱시도$^{The\ Tuxedo}$〉(2002)가 상업적 대실패였음을 감안하면 이러한 할리우드 제작사들의 성룡에 대한 거리두기는 이유 있는 선택이라고 할 수 있다.[22]

이 영화들에서 성룡은 우스꽝스러운 얼굴 연기, 어눌함 등을 통해 자주 어린아이 취급을 받으며, 전혀 성적으로 어필하지 못하고 성에 관심조차 없는 것으로 재현된다.[23] 〈턱시도〉가 보여주듯이, 그는 효율적인 액션을 통해서가 아니라 서구식 양복을 차려 입었을 때에나 여자들의 관심을 끈다. 이것은 그가 홍콩영화들 속에서는 자주 장만옥$^{張曼玉,\ Maggie\ Cheung}$을 여자친구로, 양자경$^{楊紫瓊,\ Michelle\ Yeoh}$을 파트너로 삼았던 것과 비교되는 점이다. 할리우드는 아시아가 이데올로기 전쟁과 서구민주주의 도입의 진통을 겪는 동안 영화 속에서 여러 방식으로 아시아인과 더 나아가 아시아 전체를 어린아이처럼 돌봐주어야 하는 고아로 재현하는 버릇을 키워왔다.[24] 성룡의 유아적 측면은 이러한 할리우드의 아시아 이해에 부응하는 것이며, 그가 서구의 어린이, 청소년층에서 얻는 높은 인기 또한 이러한 성룡을 둘러싼

---

22 이 영화 속에서 성룡은 주인공이긴 하지만 여전히 정의를 수호하는 백인 영웅의 운전사로 등장한다.

23 〈상하이 나이트〉 속에서 왕(성룡 분)이 백인 파트너 윌슨과 매춘가에 갔을 때, 윌슨이 왕의 여동생에 대한 사랑으로 창녀의 유혹을 뿌리치느라고 애쓰는 동안, 왕은 잠자리를 함께 한 창부의 등뼈를 맞추어준다!

24 전쟁고아들이든 혼란스러운 민주제도이든 한 수 가르쳐주고 올바른 길로 인도하고 돌봐주어야 하는 아시아인의 이미지는 1950~1970년대의 할리우드 영화들 속에 널리 퍼진 현상이다(Marchetti, 2001: 12~32).

담론을 강화해준다.25

할리우드가 그에게 보이는 관심은 어쩌면 최근작 〈80일간의 세계일주 Around the World in 80 Days〉(2004) 속에 집중되어 있다고 할 수 있을 것이다. 세계의 화려한 명승지, 수많은 각국의 스타들이 스쳐 지나가는 이 디즈니 제작 가족영화에 성룡은 무술영화의 스펙터클을 더해주는 역할을 해준다. 다시 말해 성룡은 할리우드의 세계화 시대의 성정체성 전략에 새로운 차원을 더하지 못하고, 백인 남성 절대 우월의 기존 성정체성 구도에 문제없이 흡수되고 있다고 평가할 수 있다. 우리가 다루는 홍콩의 스타들 중 그가 유일하게 할리우드의 대스타 대우를 받는 것도 이러한 맥락에서 이해될 수 있을 것이다.

(2) 이연걸: 성적으로 거세된 무술을 스펙터클로 만드는 장치

할리우드 영화는 이연걸李連杰, Jet Li에게도 성룡의 경우와 유사한 성적 거세를 가하지만, 그의 역할은 여러 가지 복잡한 차원에서 해석할 필요가 있다. 성룡이 북경 오페라를 통해 쿵푸의 동작을 스펙터클의 일부로서 습득했다면, 이연걸은 소림사 출신의 자타가 공인하는 쿵푸 실력자이다. 성룡이 홍콩 영화산업의 산물이라면, 이연걸은 중국 정부가 홍콩영화와의 경쟁을 위해, 그리고 여전히 만주족이 지배층을 이루는 중국 내부에서 한족에 대한 유화정책 차원에서 오랫동안 금지되었던 무술을 허가하는 과정에서 어린 나이에 배우로 등장시킨, 일종의 중국의 국가적 산물로서 영화에 입문했다.26 홍콩을 거쳐 할리우드로 진출한 그는 1998년 〈리쎌웨폰4 Lethal Weapon 4〉를 통해 상업적 성공을 거두었다. 이 영화 속에서 아시아 관객에게는 선한

---

25 성룡을 주인공으로 한 세계적으로 수출된 어린이용 텔레비전 만화 시리즈 〈성룡의 모험 Jackie Chan Adventures〉(워너브러더스 사 제작)이 존재한다.

26 *L'Asie à Hollywood*, pp. 115~116.

미소년의 이미지를 지닌 그가 전형적인 푸만추 계열의 아시아의 악당 역을 연기하고, 지극히 할리우드적인, 그러나 현실 속에서는 상상할 수도 없는 결말 – 어쨌든 멜 깁슨이 이연걸과 대결해 운 좋게 그를 죽인다 – 을 감수해야 했다. 이 영화를 통해서 이연걸은 홍콩 및 중국산 무술영화에 문외한인 미국의 액션영화 관객들에게 무섭고도 놀라운 무술의 효과를 보여주었고, 후속 할리우드 영화들은 이러한 그의 무술 능력을 볼거리로 만들기 위한 장치에 불과하다고 할 만큼 부실한 시나리오를 연속하고 있다.

이연걸의 무술 실력에 반한, 뛰어난 할리우드 액션영화 제작자 조엘 실버Joel Silver가 손을 댄 〈로미오 머스트 다이Romeo Must Die〉(2000)는 상업적으로 실패했다. 이 영화는 부동산 이권을 둘러싸고 벌어지는 흑인 커뮤니티와 중국인 커뮤니티 사이의 대결을 배경으로 하는데, 제목은 대립 관계 속 두 커뮤니티 남녀의 사랑을 강하게 암시하고 있다. 그러나 실상 영화를 보면, 개연성이 떨어지는 시나리오를 통해 만나게 된 흑인 커뮤니티 두목의 딸과 이연걸의 관계는 잘해야 친구 정도로 드러난다. 할리우드 영화가 보여주는 카메라 시선을 통한 고도의 성적 대상화와 로맨틱한 연애 감정의 묘사는 어떤 장면에서도 찾아볼 수 없으며, '로미오'라는 제목이 무색하게 두 사람에게는 한 번의 포옹이나 입맞춤도 허락되지 않는다. 사랑하는 남동생의 죽음을 복수하기 위해 중국의 감옥에서 탈출하고, 화해할 수 없는 아버지와의 관계라든가, 그의 오른팔인 동족의 젊은이와 최후의 결전을 치른다는 모호한 아시아적 가족 감수성이 배경을 이루지만, 그것들은 한 방의 주먹으로 뼈를 부스르트릴 수 있는 그의 무술 실력의 연출을 위한 소품 수준으로 배치될 뿐이다. 그는 선행을 완수한 액션영화 주인공의 당연한 대가로 여자의 사랑을 얻지만 여전히 흑인 여성이고,[27] 그들의 관계 또한 허구적

---

[27] 이것은 흑인 커뮤니티를 비하하려는 것이 아니라, 백인우월주의 담론 속에서 제작되는 영화 전통에서 액션 히어로에게 주어지는 내러티브상의 포상이 모두가 열망하는 존재인 '아

현실성마저 얻지 못하는 수준으로 재현된다.

2001년의 후속 영화 〈이연걸의 더 원$^{The\ One}$〉은 공상과학 무술영화라고 유형화할 수 있는데, 아예 이연걸에게 선한 주인공과 악당의 역을 동시에 부여하고 있다. 이 영화의 시나리오는 '하이랜더' 줄거리의 명백한 차용으로, 다우주^{multivers}에서 살아가는 존재들, 역사적 시간대를 오가며 복수화된 자신의 다른 존재들을 죽이고 그때마다 희생자의 능력을 흡수하여 더욱 강해지는 악한 자아(율라우)와 선한 자아(게이브) 사이의 결투가 주된 내용인데, 이연걸이 악당과 주인공 역을 모두 소화하기 때문에 그의 무술 연기를 볼 수 있는 기회도 자연스럽게 배가된다. 영화 전체가 이연걸의 무술을 볼거리화하기 위한 소품일 뿐이고, 시간과 공간의 설정이 모호한 만큼 이데올로기적 담론 또한 모호하다. 이연걸이 연기하는 선한 주인공 게이브는 1950년대에 결혼하여 백인 부인을 두고 있고 영화의 종말은 행복한 삶을 상징하는 그녀에게로 돌아간다는 것인데, 이것만으로는 성 담론의 변화를 전혀 읽어낼 수 없고 오히려 1950년대 미국 사회에 대한 막연한 노스탤지어가 느껴진다고 하겠다. 이연걸은 프랑스의 액션영화 제작자 뤽 베송$^{Luc\ Besson}$과도 두 편의 영화를 함께했는데[〈키스 오브 드래곤$^{Kiss\ of\ the\ Dragon}$〉(2001), 〈더 독$^{Danny\ the\ Dog}$〉(2004)], 이 프랑스 영화들에서도 그를 둘러싼 성적 담론은, 그를 성적으로 어필하지 않고 성적으로 반응하지도 않는 인물로 재현하고 그의 선행에 대해 '정당한' 성적 보상을 주지 않는 상황은 변하지 않는다.

남자 주인공이 여러 명의 상대자를 동시에 제압할 수 있는 능력을 지녔다는 것은 두드러지는 근육만큼이나 강한 남성적 성적 어필의 요소이고, 액션영화의 백인 남자 주인공들은 어김없이 그러한 액션의 보상(즉, 성적 어

름다운 공주', 절대적인 미와 가치를 지닌 여성이란 차원에서 그러하다는 것이다. 백인우월 사회에 대한 적대감을 드러내는 동시에 백인과 결혼한 이소룡의 예외성 또한 이러한 차원에서 이해될 수 있다.

필의 결과로서 '보상 가치가 있는' 여성의 사랑)을 얻는 것으로 그려진다. 그러나 영화 전체를 통해 수십 명의 장대한 백인 남성들을 땅에 쓰러뜨리는 홍콩의 액션스타들은 성룡처럼 원천적으로 성적 거세를 당하거나, 이연걸의 경우처럼 흑인 여성이나 창녀로 '보상'받는다.28 이들의 관계는 사실 어색하기 그지없어서, 마치 할리우드는 백인이 아닌 주인공의 경우 남녀 애정 관계를 현실적으로 재현할 능력이나 의지가 없는 것처럼 보일 정도이다.29 할리우드의 타 인종 간 연애에 대한 기피와 공포는 사실 문화적 순수성의 상실에 대한 공포와 연결되어 있다고 한다. 서로 다른 인종 사이의 사랑은 불행한 종말을 맺는 것으로 그려지는 것이 일반적이며, 백인 남성과 황인종 여성의 사랑이 자주 등장하는 데 반해, 황인종 남자와 백인 여성의 사랑은 훨씬 문제적인 것으로 그려진다.30

(3) 주윤발: 거세된 동양의 매력, 동양적 지혜의 전달자

주윤발周潤發, Yun-Fat Chow의 할리우드 진출은 성룡이나 이연걸의 경우와는 여러 가지 차원에서 대비된다. 성룡과 이연걸이 쿵푸영화라는 장르를 통해 홍콩과 중국에서 스타가 되었으며 그들의 할리우드 진출도 할리우드 내부 무술영화 장르의 위치와 밀접한 것이라면, 주윤발은 특정 장르에 국한된 배우가 아님을 주목할 필요가 있다. 주윤발의 아시아 내 인기는 하나의 장르를 통해서 이루어진 것이 아니며, 그는 쿵푸의 기술을 지니지도 않았다.

---

28 이것은 물론 인종 차별적이거나 매춘 여성을 비하하려는 언급이 아니라, 할리우드식 차별의 논리를 말하려는 것이다.
29 성룡이나 이연걸은 사실 홍콩영화 속에서도 성적으로 모호한 점이 없지 않고, 이것은 남성으로서의 두 배우와 관련된 것이 아니라 중국 대중문화의 모호한 성적 재현 전통에 기인한다고 해석할 수 있다. 그러나 이 글에서는 할리우드 영화 전통 속에서 재현되는 그들의 이미지를 분석하기 때문에 이러한 복잡한 중국 내부의 성정체성 문제는 논외로 한다.
30 http://web.mit.edu/21h.153j/www/aacinema

주윤발이 출연하여 대성공을 거둔 수많은 홍콩영화 속에는 로맨틱 코미디[〈가을날의 동화^{秋天的童話}〉(1987)], 멜로드라마[관금붕의 〈여인의 마음^{女人心}〉(1985)이나 〈홍콩연가^{初一十五}〉(1986)], 액션물[〈영웅본색^{英雄本色}〉(1986), 〈첩혈쌍웅^{喋血雙雄}〉(1989) 등]이 섞여 있다. 성룡이나 이연걸이 액션을 통해 스타덤에 올랐다면, 그는 연기파 배우로서 다양한 영화를 통해 연기력과 깊이 있는 스타 이미지를 형성해왔다. 그는 여러 장르의 영화를 통해서 변화무쌍한 여성 편력가, 비정한 매력 남성, 로맨틱한 의리의 사나이(〈영웅본색〉)나 자기를 쫓는 경찰에 대해 동성애적 감정을 갖게 되는 복잡한 심리의 청부살인자(〈첩혈쌍웅〉)에 이르기까지 폭넓은 연기를 보여준다. 이러한 주윤발의 스타 이미지는 할리우드로서는 그대로 받아들이기 힘든, 긍정적이고 강하고 매력적인 아시아 남성상을 대변한다.

주윤발의 첫 번째 할리우드 영화 〈리플레이스먼트 킬러$^{The\ Replacement\ Killers}$〉(1998)는 성룡의 〈러시아워〉와 이연걸의 〈리쎌웨폰4〉와 같은 해인 1998년에 제작되었다. 그를 세계적인 스타로 만든 오우삼$^{吳宇森,\ John\ Woo}$이 제작하고 뮤직비디오 감독 출신의 영화계 신참 푸쿠아$^{Antonin\ Fuqua}$ 감독이 연출했는데, 영화의 완성도는 낮지만 주윤발의 과거 스타 이미지의 여러 면모를 미묘하게 미국식 언어로 소화하려고 노력한다는 점에서 분석 가치가 있다. 이 영화에서 주윤발은 성적 매력을 갖춘 여배우로 받아들여지던 미라 소르비노$^{Mira\ Sorvino}$31와 공동 주연하는데, 실제 영화 속 두 사람의 관계는 매우 어색하다. 차이나타운의 무서운 실력자는 자신의 아들을 죽인 백인 경찰에 복수하기 위해, 중국에 수도 없이 많다는 존 리$^{John\ Lee}$란 이름의 청부살인자 주윤발에게 그 경찰을 살해하라고 명령한다. 존 리는 그가 어린 아들과 부인이 있는 가장이란 사실을 알고는 그의 살해를 포기한다(즉, 실력자에게 반기를 든

---

31 이 배우는 우디 앨런$^{Woody\ Allen}$ 감독의 〈마이티 아프로디테$^{Mighty\ Aphrodite}$〉(1995)에서 포르노 스타를 연기한 바 있으며 1998년 당시 섹스어필 여배우로 인식되었다.

다). 결국 상해에 남아 있는 자신의 가족(어머니와 여동생)이 복수의 대상이 되지 않게 보호하러 가기 위해 여권 위조를 부탁하려고 만난 신분증 위조 전문가 미라 소르비노와 함께 실력자가 보낸 살인자들에게 쫓기는 신세가 된다. 영화의 플롯 전개는 액션과 인물들의 행위의 이유를 정당하게 설명하지 못하며,[32] 단지 주윤발의 액션 장면을 최대화하기 위해 죽이려는 자와 살아남으려는 자 사이의 끊임없는 생존 게임이 되어버린다. 이것은 마치 〈더 원〉이 이연걸의 무술 장면을 늘리기 위해 그를 악당과 영웅으로 이중화시킨 것과 유사한 시나리오 전략이다.

소르비노는 영화 초기에 존 리의 싸움에 전혀 무관심하다가 마지막엔 '이젠 당신을 아니까 당신의 죽음을 받아들일 수 없다'고 간접적인 사랑의 고백을 하지만, 존 리는 그러한 고백에 차갑게 대응한다. 두 매력적인 스타의 캐스팅에서부터, 그리고 두 사람을 커플로 재현하는 영화의 광고 포스터를 통해, 또한 할리우드 액션영화의 관습(할리우드 액션영화의 남자 주인공들에게 부여되는 당연한 권리, 즉 미인을 획득할 권리)을 통해 관객들은 두 인물의 사랑 이야기를 보고자 하는데, 영화는 이러한 기대를 완전히 무시해버린다. 영화의 여러 장면에서 두 사람의 신체적 접촉이 있으나(옷을 갈아입는 소르비노가 주윤발의 눈길을 느끼는 장면, 그녀의 다친 다리를 주윤발이 만져주는 장면, 총을 겨누는 그녀를 주윤발이 침대 위에서 제어하는 장면 등) 두 사람은 전혀 성적 관계, 성적 매력에 끌린다는 것을 암시하는 제스처를 하지 않으며, 카메라 또한 그러한 장면을 에로틱하게 촬영하지 않는다.[33] 할리우드 영화의 백인

---

[32] 예를 들어, 왜 중국인 실력자는 존 리가 명령을 거부하자마자 그를 죽이는 것과 더불어 그의 가족을 살해하려 하는지, 살인자들은 어떻게 존 리의 행방을 알아 그를 도와주는 사람들을 죽이는지 등이 설명되지 않는 등 액션 전개의 그럴듯함을 보장하려는 노력이 결여되어 있다.

[33] 이것을 〈라스트 사무라이〉(The Last Samurai)(2003)의 톰 크루즈와 일본 여자 사이의 관계가 실질적인 신체적 접촉이 없이도 얼마나 에로틱하게 촬영되었는가와 비교해보라!

남성 스타들이 아시아 어느 곳을 배경으로 하는 영화이든 현지의 동양 여성을 매혹하고 사랑을 얻는 것과 대조되는 이러한 연출은, 할리우드 영화산업이 아시아의 영향을 받아들이고 시장의 세계화를 겨냥하면서도 여전히 전통적인 성정체성 논리를 버리지 않고 있음을 확인시켜준다. 즉, 백인 남성으로 상징되는 서구는 아름다운 여성이라는 보상과 더불어 여성성으로 상징되는 아시아에 대한 지배적 위치를 정립하는 반면, 아시아 남성에게 그 반대의 과정은 용납할 수 없는 것이다.

이 밖에도 이 영화는 홍콩영화의 트레이드마크인 액션 장면의 동작연출 choreography을 많이 사용하고 테크노 음악, 어두운 조명, 슬로모션을 다량으로 사용하는 등 뮤직비디오 감독 출신의 형식적인 홍콩 액션영화 베끼기가 두드러진다. 여기에서 관심을 끄는 것은 이 영화 속에서 시간과 공간의 맥락이 매우 모호하다는 점이다. 존 리가 청부살인자이면서 승려와 생사를 나누는 가까운 사이라는 것, 어디에 위치한 것인지 전혀 알 수 없는 불교 사원, 차이나타운의 소재지가 어느 도시인지, 존 리는 중국 이민자인지 단지 일 때문에 중국에 있는 것인지(그의 가족은 상해에 거주한다) 등등이 모두 모호한 상태이다. 영화를 존재하게 만드는 핵심적인 행위인 그의 명령 거부 이유가 어린 사내아이를 '애비 없는 자식으로 만들지 않겠다'는 개인 경험이 투사된 다소 '유교적인' 이유라는 것, 이름, 신체적 특성이 그를 막연한 중국인으로 표상할 뿐 시간, 공간, 그가 소속한 공동체의 성격 등은 구체적이지 않고 그저 모호할 뿐이다. 사럽Madan Sarup에 따르면, 정체성은 구체적인 공간과 시간에 뿌리를 내리고 있는 내러티브를 통해서 이루어진다(Sarup, 1996: 23). 결국 이 영화 속에서 막연한 미국 땅 어딘가의 차이나타운에서 일하는 중국인 청부살인자 존 리를 연기하는 주윤발은 남성적 매력이 넘치는 연기과 스타라는 그의 '홍콩 커넥션'이 모두 지워진 채, 더 적극적이고 새로운 아시아인 정체성 구성의 요소로 기능하지 못하고 액션 스펙터클의 퍼포머performer로서 '활용'되고 있다.

올리버 스톤$^{Oliver\ Stone}$과 홍콩의 영향력 있는 제작자 테레스 찬이 1999년에 공동제작한 〈커럽터$^{The\ Corruptor}$〉는 〈리플레이스먼트 킬러〉와는 거의 대조적이라고 할 수 있는 영화이다. 이 영화는 뉴욕 경찰극이라고 할 수 있는 하위 경찰액션 장르에 속하며, 현실적인 톤의 상당히 복잡한 시나리오를 지닌다. 영화는 뉴욕 차이나타운의 마피아와 이 지역을 관리하는 중국인 중심의 뉴욕 경찰 사이의 미묘한 상존 관계를 그리고 있다. 주윤발은 뉴욕 차이나타운의 경찰 닉 첸[34]역을 맡아 동양 관객(즉, 아시아와 세계 각국 차이나타운의 중국 이민들)들에게 익숙한 그의 여유 있으면서도 가볍지 않은 연기를 보여준다. 영화의 배경에 끊임없이 깔리는 동양 색깔의 음악은, 음악을 표현주의적으로 사용하는 서구 영화와 구분되는 특정 아시아 영화의 분위기를 상기시켜 마치 홍콩영화를 보고 있는 것과 같은 착각을 주기도 한다.

주윤발은 이 영화에서 젊은 백인 동료와 일종의 버디무비 체제를 이루는데, 내러티브상 닉 첸은 동료인 백인 월러스(마크 월버그$^{Mark\ Wahlberg}$분)보다 훨씬 중요한 위치를 차지한다. 첸이 지휘하는 차이나타운 담당 그룹에 새로 온 젊은 경찰 월러스는 첸의 말대로 '희다' 못해 '새파란' 애송이 경찰인데, 사실은 FBI가 첸을 수사하기 위해 심어놓은 경찰수사대의 일원이다. 월러스는 문제 많은 전직 경찰 아버지의 존재를 부담스러워하면서도 아버지를 생각하고 생계를 도와주는, 일반적인 서구인보다 '동양화'된 존재로 묘사되며 중국인 동료들이 놀라듯이 중국말을 할 줄 아는 신세대이다.[35] 이

---

34 첸은 한국의 김씨 성 같은 흔한 중국인의 이름이다. 〈리플레이스먼트 킬러〉의 존 리와 같이 주윤발은 여기에서도 특별한 개인이라기보다는 중국인 커뮤니티의 정체성을 대변하는 인물로 그려진다.
35 미국 영화 속에서 중국어를 할 줄 아는 사람들은 대부분이 여자이며, 이를 통해 이해할 수 없는 존재, 매혹적이고 신비하면서도 어두운 힘을 지닌 여성(팜므 파탈 형)과 아시아(동양)의 이미지 사이에 다리가 놓이곤 한다. 오슨 웰스$^{Orson\ Welles}$의 〈상하이에서 온 여인$^{Lady\ from\ Changhi}$〉(1946)에서 리타 헤이워스$^{Rita\ Hayworth}$가 연기하는 여주인공은 이러한 할리우드의

영화 속에 등장하는 유일한 여성인 중국인 마피아 대부가 뇌물로 보내는 중국 창녀들은 첸이 아니라 윌러스를 욕망의 대상으로 삼으며, 첸에게 이 여자들은 연민의 대상일 뿐이다.36 첸은 의지만 앞서고 경험이 부족한 윌러스의 보호자를 자처하며("아직 시간이 있을 때 너를 제대로 가르치려고 해") 그의 목숨을 구해주기도 한다. 첸이 "그게(목숨을 구해준다는 것) 무슨 뜻인 줄 아나?"라고 묻자 윌러스는 "내 목숨은 이제 네 것이야. 네 맘대로 해"라고 차이나타운의 가치를 내화한 대답을 한다. 즉, 가치관의 충돌이 아니라 윌러스가 차이나타운의 가치에 흡입되는 것으로 그려진다. 두 사람 사이엔 매끈하지는 않지만 우정과 신뢰가 싹 트고, 결국 첸은 윌러스를 구하기 위해 자신의 몸을 던져 총알받이가 되어 죽는다. 윌러스는 그의 마피아 커넥션을 FBI에 고발하라는 상관의 종용을 뿌리치고 첸이 명예로운 경찰의 장례식을 맞을 수 있도록 하는데, 이것은 단지 그가 미국 경찰의 가치보다 동양의 의리를 택해서만이 아니라 첸이 가르쳐준 차이나타운에서 효과적으로 일하기 위한 중국인다운 처신과 가치관에 동조하게 된 측면도 있다. 그 차이나타운의 법은 마이클 치미노Michael Cimino의 〈이어 오브 드라곤Year of the Dragon〉(1985)에서처럼37 아무도 어쩔 수 없는 어둡고 폭력적이고 부정적인 것으로만 그려지는 것이 아니라, 마피아와 거래를 하지만 매우 인간적인

집단의식을 단적으로 보여준다.

36 첸은 응급실에 실려 온 중국인 창녀를 사망한 것으로 보고하라고, 그렇지 않으면 병원에서 나간 지 얼마 후 다시 돌아오는 것을 거듭하다가 죽는 것으로 끝난다며 의사에게 달러를 쥐어준다. 또한 병든 창녀를 병석에서 간호하기도 한다.

37 이 영화는 여러 가지 측면에서 〈이어 오브 드라곤〉과 상호텍스트적으로 읽을 수 있다. 미키 루크Mickey Rourke가 연기한 주인공인 차이나타운의 백인 형사는 존 론John Lone이 연기하던 무자비하고 비인간적인 중국계 마피아 두목과 폭력적으로 정면 대결하며 미국화된 중국인 여기자와 사랑하는데, 이것은 1999년의 〈커럽터〉와 비교할 때 매우 미국 중심적인 설정이다. 두 영화의 차이나타운 재현의 차이는 여러 가지 측면에서 심층적으로 비교분석해볼 만한 흥미로운 것이다.

첸[38]의 명예를 선택하는 월러스를 통해, 이해할 수 없지만 인간적이고 나름대로 존재 가치가 있는 것으로 그려진다. 그래도 영화의 끝에 결국 살아남는 것은 월러스인데,[39] 그는 첸의 존재를 하나의 예외적인 에피소드로서 매장하고, 다른 곳으로 떠나지 않고 마치 첸의 삶을 지속하는 것처럼 '진정한' 차이나타운의 경찰로 남는다.[40]

주윤발의 다음 영화 〈애나 앤드 킹$^{Anna\ and\ the\ King}$〉(1999)은 여러 가지 차원에서 '논리적이고도 당연한' 캐스팅이라고 할 수 있다. 할리우드는 율 브리너$^{Yul\ Brynner}$가 심어놓은 샴 왕의 강력한 이미지를 대체할 수 있는 실제^{authentic} 동양인을 기다렸다는 듯, 주윤발에게 이 역을 맡겼다. 이 영화 속에서 미국의 대스타 조디 포스터$^{Jodie\ Foster}$와 출연한 주윤발의 샴 왕은 스테레오타입에 가까운 율 브리너의 샴 왕보다 훨씬 지혜롭고 책임감 있으며 인간적이고 현실적인 인물로 그려진다. 이어지는 〈와호장룡〉(2000)에서는 주윤발은 자연인으로서는 실질적인 무술 능력이 전혀 없음에도 불구하고, 높은 정신적 가치를 지니고 무술의 비법을 전수하는 책임을 지닌 고수 역을 맡는다.

그다음 작품인 〈방탄승$^{Bulletproof\ Monk}$〉(2003)은, 성룡의 〈80일간의 세계일주〉가 할리우드의 성룡 활용 전략을 단적으로 보여주듯이 주윤발이 상징하는 강한 동양 남성의 문제, 동양의 남근^{phallus}과 가치의 우월성이 서구를 지배할 가능성을 어떻게 소화할 것인가를 보여준다는 점에서 영화의 완성

---

38 그는 월러스의 문제적 아버지가 병원에서 요구하는 돈을 마련해서(물론 마피아의 뇌물이다), 마다하는 월러스 손에 쥐어준다.

39 주인공이 행위자 모델의 주체로서 목표 달성을 위해 죽을 고생을 할 뿐 죽지 않는 것은 할리우드 액션영화 장르의 중요한 관습이다. 이것은 주윤발이 〈영웅본색〉에서 죽음으로써 영웅이 되는 것과 대조되는데, 〈커럽터〉 속에서 주윤발은 동료를 보호하기 위해 죽음으로써 이러한 자신의 홍콩 커넥션을 되찾는다.

40 영화의 마지막 장면인 뉴욕 차이나타운을 가로지르는 첸의 장례식 대열에서 수많은 중국인 경찰들 사이에 섞여 행진하며 사라지는 월러스의 모습이 이러한 해석을 가능케 한다.

도와 상관없이 흥미로운 영화다.[41] 만화를 영화화한 이 작품 속에서 주윤발은 신비로운 힘(젊음을 간직하게 하는 권력)을 지닌 불교 비문의 수호자로서, 영원한 젊음이라는 서구 문화 최상의 가치를 얻으려는 악당(나치)의 손으로부터 이를 수호하는 수도승 역을 맡는다. 그는 자신의 뒤를 이을 비문의 수호자를 다름 아닌 미국 땅에서 찾고 있는데(〈리틀 부다 Little Buddha〉 테마), 미국 사회의 주변인에 속하는[42] 두 백인 젊은이 커플을 비문의 수호자로 지정하여 비문을 전수한다.[43] 이 젊은이는 홍콩을 세계에 알린 쿵푸영화들을 제작한 메이저 '골든 하베스트嘉禾'란 간판을 단 차이나타운의 낡은 극장에서 이소룡의 영화를 보면서 혼자 쿵푸를 익혔는데, 영화는 주윤발이 나치의 추적을 물리치며, 선택된 젊은이에게 자신의 비문 수행 능력을 확신하고 길러나갈 수 있도록 지혜를 전수하고 무술을 가르치는 장면들로 이어진다.[44]

---

41 나치가 사원을 침공함으로써 영화가 시작되는데, 이 사원이 아시아의 어디인지는 명시되지 않으며, 사실 이 영화가 기대고 있는 오리엔탈리즘의 맥락에서 그것이 아시아인 것으로 충분할 것이다.
42 그는 일본인이 운영하는 찌그러진 영화관에서 필름 돌리는 아르바이트를 하는 건달이고 (고교영화 출신 배우 숀 윌리엄 스코트 Seann William Scott가 연기), 여자의 경우 감옥에 간 유명한 러시아 범죄자의 딸로 혼자 대저택에서 살아가며 중국어를 구사하고, 둘 다 무술을 하는 거리의 펑크족이다.
43 비문은 종이 형태가 아니라 바로 수호자의 몸에 새겨져 있으며, 고승은 비문 전수를 마치 컴퓨터 두 대가 정보를 교환하듯 미국 젊은이의 피부 위에 옮겨 새긴다. 이 장면은 2004년작 한국 영화 〈아라한장풍대작전〉에서도 볼 수 있다. 누가 누구를 모방한 것인지, 아니면 두 영화 모두 선행 유사 장면을 모방한 것인지는 포스트모던 시대를 살아가는 세계 대중문화 산업에서 그리 의미 없는 질문이기도 하다.
44 이 장면은 1970년대 말 한국 남자고등학교의 폭력적 현실을 다룬 영화 〈말죽거리 잔혹사〉(2004)에서도 볼 수 있다, 두 영화 모두에서 미국과 한국의 청소년 주인공들은 이소룡의 영화를 보며 어려운 현실을 극복할 실질적인 힘을 기른다. 대중문화산업 세계화 과정에서 이소룡의 역할이 이런 것이라고 할까. 〈말죽거리 잔혹사〉의 마지막에 비극적인 이소룡 문화를 대체하는 희극적인 성룡 영화를 보기 위해 영화관 앞에서 줄을 선 한국 관객의 모습은 동양의 역사적 맥락 속에서 홍콩영화의 수용 현실을 설명하는 훌륭한 사례이다.

이 영화 속에서 할리우드는 서구 담론 속에 아시아를 접합시키려는 여러 가지 장치를 동원한다. 아시아인이 아니라 서구의 영원한 악당 나치(즉 서구 모더니티에 내재하는 악)를 악으로 설정함으로써, 그들이 해를 가하려는 동양은 당연히 선한 위치를 차지하게 된다. 영화는 주윤발을 수도승으로 등장시킴으로써 위에서 길게 언급한 그의 남성적 매력의 문제를 단칼에 해결해버리고, 대신 동양을 신비로운 힘의 원천으로 보는 전통적인 아시아 구성 담론 속으로 들어간다. 이 담론 속에서 주윤발은 늙었지만(따라서 많은 지혜를 지닌) 비문의 능력에 의해 젊은 육체를 지닌 수도승 역을 하는데, 비문을 전수한 후 갑자기 늙어버린 주윤발의 미소 띤 얼굴은 '동양의 힘=동양적 지혜 및 비법=서구 최고의 가치인 젊음을 유지하는 힘'으로 요약되는 이 영화의 담론 전략을 효과적으로 요약해준다. 그리고 무엇보다도 영화는 이제 이러한 늙은 동양의 힘(지혜)이 젊은 서구를 통해 전수되고 흡수된다는 메시지를 전달하며, 이것은 〈커럽터〉의 월러스가 첸의 뒤를 잇는 것과 동일한 맥락에 위치하는 메시지이다.

주윤발은 이 영화들을 통해 긍정적인 동양인, 나아가 중국인의 전형으로서 지혜와 액션을 동시에 지닌 존재로 표상된다. 그는 변화하고 있는 미국(특히 세계화 맥락 속의 차이나타운의 문제), 나아가 서구의 아시아 문화 수용담론이 구체화되는 촉매 역할을 하고 있다. 이를 위해, 또는 그 결과로서 그의 정체성의 홍콩 커넥션과 남성적인 매력이 지닌 위험은 여러 가지 장치를 통해 면밀히 제거되고,[45] 그럼으로써 동양은 긍정적으로 수용되고 가까이 할 만한 대상으로 재현된다.

---

45 그를 세계적인 스타로 만든, 할리우드로 진출한 오우삼 감독은 더 이상 주윤발 영화를 연출하지 않는다.

(4) 양자경: 서구의 중국 회유

홍콩의 중국 반환 해인 1997년 작 제임스 본드 시리즈 〈007네버다이 Tomorrow never dies〉의 본드걸로 양자경楊紫瓊, Michelle Yeoh이 캐스팅된 것은 여러 측면에서 주목을 끌었다. 제임스 본드 시리즈는 서구의 우월성과 백인 남성 중심의 세계관에 기대어 여성을 성적 대상으로 축소시키고(본드걸에 대한 수많은 페미니스트의 비판), 특히 흑인을 비하하는 재현을 일삼으며(Black exploitation), 비서구 사회에 대한 제국주의적 지배를 당연화한다는 등 수많은 비판의 대상이 되어왔다. 이러한 본드 시리즈에 홍콩 액션-무술영화의 대스타 양자경을 캐스팅한 것은 우선 서구 페미니스트 비평의 관점에서 흥미로운 현상이다. 홍콩 액션영화 속 무술 실력이 뛰어난 여자 주인공들은 여성을 수동적인 성적 대상이나 보호의 대상, 희생자로 재현해온 서구의 전통에서 볼 때 놀라운 존재들이다. 이들은 영화 속에서 내러티브 발전을 가져오는 진정한 주인공들이며, 남자가 구하러 오는 것을 앉아서 기다리지 않고, 에로틱한 남성적 시선의 대상으로 전락하지도 않는다.[46] 1990년대 이후 전 세계적으로 여성을 능동적인 주인공으로 등장시키는 액션영화, 수사극, 공상과학 영화들 및 텔레비전 시리즈들이 급격하게 증가했고,[47] 이러한 현상은 당연히 페미니스트 비평가들의 호기심을 자극했다. 영화 속에서 여성들은 무기와 무술을 사용하고, 타자를 상해·살해하며, 어려운 임무를 수행하고, 남자들 여럿을 한꺼번에 제압하는 신체적 능력을 발휘하지만, 이러한 여성 주인공들의 '폭력화'에 대한 서구 페미니스트 비평의 시각은 그리 고운 것은 아니다.[48] 이 비평에 따르면 이러한 여성들은 〈에이리언

---

[46] 할리우드 영화의 여성 재현에 대한 페미니스트 분석은 Kaplan(1983)을 참조할 것.
[47] 이러한 대중문화 속 여성 재현의 변화 맥락 속에서 프랑스 텔레비전에서 관찰되는 여성수사관 주인공 시리즈물에 대한 분석은 Hong(2004)를 참조할 것.
[48] 이러한 영화 속의 여성을 '폭력적 여성'이라고 부르는데, 이 용어 자체가 이미 서구 페미니

^{Alien}〉의 리플리처럼 '너무 비현실적'이거나 〈원초적 본능$^{Basic\ Instinct}$〉의 샤론 스톤$^{Sharon\ Stone}$처럼 지나치게 '섹시하고', 〈양들의 침묵$^{The\ Silence\ of\ the\ Lambs}$〉의 클라리스처럼 '너무 감정적'이거나, 〈블루 스틸$^{Blue\ Steel}$〉의 메건처럼 '너무 체제 타협적'이다.

그렇다면 홍콩 액션영화에서 강력한 발차기를 구사하는 여자 스타들의 경우는 어떠한가? 전통사회의 흔적이 강한 중국과 홍콩이 왜 이처럼 여자 액션 주인공들이 활약하는 영화들을 생산하는지에 대해서는 중국이라는 문화적 맥락과 중국 관객에 대한 또 다른 연구를 필요로 한다. 레이노$^{Bérénice\ Reynaud}$에 따르면(Reynaud, 1999: 153), 초기 중국영화와 대다수 홍콩영화는 강한 성격의 여성 주인공을 등장시키는 멜로드라마였고, 남자 주인공을 중심으로 하는 영화들은 이소룡이나 장철$^{張徹,\ Zhang\ Cheh}$, 호금전$^{胡金銓,\ King\ Hu}$ 감독들의 쿵푸영화나 무술영화가 등장한 1970년대 이후의 현상일 뿐이다. 애런스$^{Wendy\ Arons}$에 따르면(Arons, 2001: 31), 이것은 오랜 여성 무술의 전통과 북경 오페라에서 여성 전사들이 등장하는 중국의 공연문화 전통에 영향을 받은 것이고, 본래 여장 남성들이 등장하던 북경 오페라도 최근엔 여성이 스스로 여성 역을 맡는 경향이라고 한다. 다시 말해서 중국 문화 속에서 여성이 강력한 주인공 역을 맡는 것은 자연스러운 일이고, 따라서 무술영화의 '폭력적' 여주인공 또한 당연한 장르의 관습일 뿐이다.[49] 무술을 하는 여성의 등장은 코믹한 장면을 연출하기 위해서(구하러 온 남자 배우를 멍청하게 만들기) 사용되는 경우가 많고, 무술 여성이 악역을 맡으면 남성보다 더 나쁜 인물로 그려지거나 용녀$^{Dragon\ Lady}$ 신드롬에 따라 일탈적이고 처벌받는 것으

스트 비평의 분석 결과를 요약해준다(McCaughey & King, 2001).
[49] 중국과 홍콩 무술영화의 폭력을, 폭력의 결과를 사실적으로 그려내는 할리우드 액션물이나 경찰극의 폭력과 동일한 차원에서 다루는 것은 무리가 있다. 무술영화 속의 폭력은 힘 없는 자들에 대한 폭력이 아니라 고수들 사이 또는 일 대 다의 액션이고, 난자한 폭력의 결과가 자세히 묘사되지 않는다.

로 드러난다는 것이다. 그 결과 이 영화들은 전복적인 여성상을 재현하는 것이 아니라 사회적으로 수용할 만한 수준의 성정체성 스테레오타입을 재생산하는 경우가 대부분이라는 것이다.

동양 비평가의 시점에서 볼 때, 서구 페미니스트 비평가들의 이러한 분석은 논쟁거리가 있다. 이 책에서는 이러한 비평을 서구 관객들의 동양 여성스타 재현의 수용에 대한 일종의 힌트라고 이해하고, 여기에서는 가장 할리우드적이라고 할 수 있는 제도화된 서구 남성 세계 지배형 영화 제임스 본드 시리즈에 캐스팅된 홍콩의 스타 양자경의 경우를 좀 더 자세히 분석한다. 양자경은 홍콩의 여배우 중 서구인에게 성적 매력이 넘치는 액션스타 장만옥 계열(sexual violent woman)이라기보다는 지배적 여성상(phallic woman)을 지닌 배우이다.[50] 양자경은 본드걸로서는 여러 가지로 예외적이다. 최초의 동양인 주역일 뿐만 아니라 본드걸로서는 예외적인 나이였고,[51] 지배적인 여성으로서 무술 실력이 뛰어난 여배우이기 때문에 당연히 능동적 역할을 배정받아야 했다. 이러한 양자경의 이미지는 매력적인 악당이거나, 본드의 매력에 끌려 그와 잠자리를 하고 그를 도와주거나 희생되는 섹스의 화신인 본드걸의 전통적 이미지와는 거리가 멀고, 할리우드의 아시아계 액션 여배우들인 루시 리우[Lucy Lyu][52]나 티아 커리어[Tia Carrere][53]와도 차별적

---

[50] 예를 들어 두 여배우가 함께 출연하는 홍콩영화 〈폴리스 스토리 3[Police Story 3]〉(1992)에서 양자경은 중국 경찰로 성룡과 짝으로 수사하고 장만옥은 예쁘지만 바보스러운 성룡의 애인으로 나온다.

[51] 1962년생 양자경이 1997년 작 제임스 본드에 캐스팅되었을 때 그녀의 나이는 벌써 35세로, 여배우 40세 무용론이 성행하던 당시의 할리우드에서는 예외적인 경우라고 할 수 있다.

[52] 루시 리우는 텔레비전 시리즈 〈앨리 맥빌[Ally McBeal]〉에서 레즈비언 역으로 유명해진 후, 〈킬빌[Kill Bill]〉(2003)의 야쿠자 여두목과 〈미녀 삼총사[Charlie's Angels]〉(2000)에서 삼총사 중 일 인으로 출연하여 세계적으로 유명해졌다. 그녀는 가냘프면서 매력적이고 잔인하기도 한 동양 여성적 스테레오타입으로, 중국인 이민 사회가 아닌 미국인들에게 인기가 있다고 한다.

[53] 하와이 출신 텔레비전 스타 티아 커리어는 슈워제네거가 주연한 〈트루 라이즈[True Lies]〉(1994)

이다. 그렇다면 제임스 본드 시리즈에서 양자경이 연기하는 웨이 린^{Wai Lin}은 어떻게 전통적인 제임스 본드의 담론에 접합되고 서구 남성 관객의 환상에 부응하는가?

웨이 린은 공산주의 중국의 비밀첩자로, 할리우드의 전통적 담론 속에서는 '황색 위험'과 '붉은 위협'을 동시에 상징한다. 웨이 린은 제임스 본드와 함께, 첨단 위성 네트워크를 이용하여 중국과 영국 사이의 군사 충돌을 조작하여 이익을 얻으려는 세계적인 미디어 왕국의 주인에 대항한다. 제임스 본드는 조너선 프라이스^{Jonathan Pryce}가 연기하는 '미친 과학자' 유형의 이 악당의 아름다운 부인과 사랑한 경험이 있으며, 그녀는 영화의 초반에 본드에게 이용되고 죽음을 당한다. 웨이 린은 영화가 시작한 30분 뒤에야 등장하는데, 곧 본드와 상호협동 체제로 들어가 본드만큼 효율적으로 작전을 벌인다. 본드 영화답게 두 사람은 자주 에로틱한 상황에 놓이는데,[54] 그때마다 웨이 린은 "본드 씨, 이상한 생각 하지 마세요"라고 말하며 남성적 시선을 되돌려 놓는다. 두 사람의 대화를 통해 동서의 관계 또한 새롭게 정의된다. 본드가 "공산주의자들은 아주 좋은 적이다"라고 하자, 웨이 린은 "서방의 첩자도 좋은 파트너다"라고 답하는 식이다. 영화의 전반을 흐르는 이러한 본드와 웨이 린 사이의 성적 긴장은 결국 웨이 린이 인질로 잡히고 바다 속에 포박한 채로 던져졌을 때, 본드가 그녀를 입 맞추어 살려낸다는 전통적인 결말로 끝난다.

에서 중동 테러리스트에 협조하는 고고학자로 볼 수 있었고, 자신이 주인공인 텔레비전 액션 시리즈 〈시드니 폭스^{Sydney Fox, Relic Hunter}〉(1999~2002)를 통해 세계적으로 유명해졌다. 서구적 섹스 심벌의 기준에 적합한 신체적 특성을 지니고 그에 걸맞은 배역을 맡아서, 동양계이면서 동양인의 정체성 논리에 속하지 않는 경우이다.

54 서로 손목이 묶인 채 오토바이를 타고 도망하는 장면(양자경은 뒤에서 쫓아오는 적을 퇴치하기 위해 핸들을 쥔 본드와 배를 맞대고 앉은 상태) 또는 시장거리에서 함께 샤워하는 장면 등.

이러한 본드를 둘러싼 서구 지배의 담론이 거둔 성과는 일방적인 지배라기보다는 일종의 '판정승'이라고 할 수 있다. 여자 주인공을 통해서 중국을 '여성화'하는 오리엔탈리즘이 여전히 작용하고 있으며, 웨이 린이 본드보다 더 감정적이어서 냉정한 판단력을 잃는 경향이 있다는 점, 두 사람의 관계가 상황이 어떠했든 입맞춤으로 끝나고 결국은 여성을 구해주는 남성이라는 전통적인 성 역할이 회복되었다는 점에서 본드가 상징하는 서구 담론의 지배가 유지되기는 했다. 그러나 웨이 린이 연기하는 본드걸의 위상에서 본드가 성적으로 정복할 수 있는 차원은 이미 영화의 초반에 그와 전 애인의 관계를 통해서 '소비'되었고, 웨이 린은 본드 영화에 등장하는 여성 인물로서 끝내 페티시를 생산하는 카메라의 대상으로 축소되지 않는다. 서구의 남자 주인공들이 예외 없이 아시아 여성들의 사랑을 획득해온 데 비해, 지배적 서구 남성의 챔피언인 본드의 이러한 미지근한 성공은 서구의 관객들에게는 성에 안 차는 것일 수 있다. 흥미롭게도 이 영화 주제가의 뮤직비디오는 양자경이 아닌 여러 명의 아시아 여성을 페티시하고 있는데, 마치 웨이 린(즉, 동양 여성 또는 여성적 동양, 여기에서는 중국)을 성적으로 정복하는 데 실패한 본드(즉, 서구 남성 또는 남성적 서구)의 억압된 성적 에너지가 이러한 몽환적 이미지를 통해 분출되고 보상되는 듯하다.

1997년을 전후로 한 이러한 아시아인 재현의 변화는 세계화 과정 속에서 여행과 다문화의 경험, 그리고 미디어가 제공하는 현실 구성 일차 자료가 확대되면서 더 현실적인 '타자'를 받아들이는 것이 불가피해졌다는 것을 말해준다. 전 세계의 수용자를 대상으로 하는 할리우드는 좀 더 관객이 용납할 수 있는 정체성을 제공할 필요가 있기 때문이다.

앞에서 살펴본 홍콩 스타들의 할리우드 영화 속 퍼포먼스는 세계화 과정 속에서 세계 시장을 겨냥하는 할리우드의 타자 수용 정체성 전략, 다시 말해서 타자의 수용을 통한 자아 정체성 재구성의 내용을 해독할 수 있게 해준다. 앞의 분석 결과를 요약하면 다음과 같다.

첫째, 홍콩의 스타들은 주로 액션 장르를 통해서 할리우드에서 수용되고 있는데, 이것은 정체성 전략에 앞서 액션영화 장르에 새로운 요소를 제공하려는 장르 개선의 측면이 있다. 홍콩의 스타들은 액션영화에서 악당의 실력을 '향상'한 공을 세웠으며(이연걸),[55] 백인 남성 중심의 액션 주체 스테레오타입을 벗어나는, 성적으로 거세된 코믹액션맨(성룡)이나 로맨틱한 가치를 추구하는 영웅상을 제공했다(주윤발).

둘째, 담론 수준에서 동양의 가치를 서구의 기존 가치와 접합하거나 서구 문화가 동양적 가치를 내화하는 측면이 드러난다. 특히 동양 문화에서 가족에 부여하는 가치는 할리우드의 가족 중심주의와 조화를 이루어, 두 문화의 가치 접합에서 중요한 매듭의 역할을 하는 것으로 보인다. 〈리플레이스먼트 킬러〉에서 가족을 죽인 자에 대한 복수와 가족 간의 유대는 동·서양 등장인물들의 액션 방향을 결정하는 첫 번째 요소로 강조된다. 〈커럽터〉의 경우, 월러스는 자기의 문제적 친아버지를 여전히 돌보며, 불완전한 자신의 아버지보다 중국인 동료 첸을 더욱 신뢰하게 되고 첸의 가치관을 내화하면서 진정한 차이나타운의 백인 경찰이 된다. 이러한 담론의 접합은 동양의 가치가 특수하지만은 않고 보편적으로 서구에 수용될 수 있다는 어느 정도의 개방성을 보여준다고 평가할 수 있다. 또한 〈방탄승〉의 분석을 통해 드러나듯이, 전통적인 오리엔탈리즘의 담론 속에서 신비로우나 어둡고 부정적인 힘으로 이해되던 동양의 힘은 '동양의 힘=동양적 지혜 및 비법=서구 최고의 가치인 젊음을 유지하는 힘'이란 유아적이고 이해하기 쉬운

---

[55] 액션 장르에서 악당의 역은 영화 전체의 성공 여부를 가늠할 정도로 중요하다. 영화의 존재 이유를 제공하는 것이 악당의 액션이며, 악당의 기능이 강하면 강할수록 주인공의 어려움은 심해지고 액션은 활기를 얻는다. 할리우드의 악당상 심층 탐구의 결과, 할리우드 영화 속 악의 모습은 동양의 공산주의자나 중동의 테러리스트를 넘어서 자연재해나 초자연적 현상에 이르기까지 다양하다(Boatto, 2000).

공식을 통해서 서구의 대중문화 담론으로 편입된다. 이 영화는 '동양의 늙은 지혜'는 이제 '젊은 서구'를 통해 전수된다는 미묘한 여운을 남기는 메시지를 전한다. 이러한 메시지는 동양을 긍정적으로 평가하는 반면 과거에 묶어두고, 서구는 그러한 긍정적 동양의 가치를 전수하는 미래지향적 힘이라는 의미를 지닌다.

셋째, 서구의 압도적인 지배가 여전한 공간은 성정체성의 공간이다. 홍콩 스타들의 액션 실력이 액션 장르의 개선을 위한 새로운 스펙터클의 제공 요소로 수용될 뿐이지, 그들이 서구 남성 지배의 담론에 어떤 변화도 가져오지 못하고 있다는 것이 드러난다. 서구 남성 지배 담론 유지를 위한 노력은 영화의 허구적 진정성에 해를 미칠 정도로 편집증적으로 작용하고 있어서, 주윤발과 같은 지배적 남성 스타가 차지할 수 있는 역할은 결국 〈와호장룡〉이나 〈방탄승〉 속에서 볼 수 있는 상징적인 '승려상', 즉 서구를 가르칠 지혜와 실력을 지녔으나 성적으로 거세된 존재로 요약된다.

이러한 서구 백인 남성의 우월성과 서구의 세계 지배 욕구에 저항하는 것은 오히려 양자경이 연기하는 능동적인 동양의 여성 또는 여성적인 동양의 능동성인 것으로 보인다. 웨이 린이 포박되어 바다 속에 던져질 때, 본드 영화의 관습에 익숙한 관객들은 본드가 그녀를 구해주리라는 것을 확신하지만, 웨이 린이 스스로 포박을 풀고 나와 위기에 처한 본드를 구해주면서 영화가 끝나더라도 픽션 세계의 그럴듯함이 손실되지 않았을 것이다. 특정 상황에서 어려운 처지의 미국을 중국이 구해주더라도 이상할 것이 없는 것처럼 말이다.[56] 우리는 서론에서 세계화 시대에 이러한 픽션 세계의 그럴듯함은 어느 정도 심리적이고 역사적인 현실 정합성을 배경으로 한다고 전제한 바 있다. 지배적 여성상을 지닌 양자경이 할리우드 영화 속에서

---

[56] 실제 2009년 작 재난영화 〈2012〉에서 거대한 현대판 노아의 방주를 단시간 내에 제작해 지구의 엘리트 집단을 구하는 것은 바로 중국 정부이다.

연기하는 이러한 여성적 동양의 능동성과 효율성이 다른 액션영화에서 재연될지는 알 수 없지만, 이 영화는 그러한 가능성을 보여준다는 점에서 흥미롭다.

위의 결과들은 결국 할리우드 영화들 속에서 여전히 다양한 형태의 서구의 동양 지배 담론이 작동하고 있지만, 이제 그 담론 구성체는 새로운 접합 필요성에 의해 과거보다 열리고 구멍 난 상태라는 것을 보여준다. 세계화 과정 속에서 서로 다른 문화적 가치와 성정체성의 충돌이 일어나고 있다는 점, 그 충돌은 강자가 약자를 일방적으로 정복하거나 부수어버리는 것이 아니라 서로 다른 담론의 충돌 속에서 새로운 매듭과 개방이 생성되고 있다는 점을 읽을 수 있다.

3) 2000년대 이후 할리우드의 한국 배우들

이 책은 서론에서 강조했듯이 한류 연구가 아니라 한류 현상을 세계화와 디지털 문화의 결과 중 하나로 간주하여 주된 관찰 영역으로 삼는다. 그런 측면에서 미국 내 한국인 배우들이건 한류 스타이건 한국 배우들의 할리우드 진출 또한 관심을 끈다. 동아시아에서 성적 매력을 지닌 존재인 한류 스타의 할리우드 진출은 위에서 기술한 할리우드 동양인의 재현 전통에 어떠한 변화를 가져왔을까? 필립 안, 오순택, 랜달 덕 김 등 한국 이민 출신 원로 배우들도 있고, 최근 미국의 텔레비전 드라마에서 가시성이 높아지고 있는 한국인 배우도 여럿이다. 미국 드라마 속의 아시아인 역할의 전체적 분포 속에서, 2000년대 후반 이후에 접어들어 한국 배우·인물이 일본인과 중국인에 비해 미국에서 동양인으로는 소통 가능성이 높은 것으로 보인다. 〈로스트Lost〉에서 대니얼 대 킴Daniel Dae Kim과 김윤진이 한국인 커플을 연기하고, 〈그레이 아나토미Grey's Anatomy〉의 샌드라 오Sandra Oh는 한국인 여의사 역을, 〈워킹 데드The Walking Dead〉의 스티븐 연Steven Yeun도 머리 좋은 한국인으로 출연한다. 존 조[John Cho]는 〈해롤드와 쿠마[Harold and Kumar Go to White Castle]〉에서 닐 패트릭 해리스[Neil Patrick Harris]와 버디무비로 주연을 맡고 있고, 전 세계로 수출되고 있는 〈하와이 파이브 5[Hawaii Five-0]〉의 경우는 아예 한국인 배우 둘이 주연을 맡고 있다. 그러나 홍콩 및 중국 배우들에 대한 앞 절에서의 분석과 같은 맥락에서 가장 유의미한 사례는 2008년에 할리우드에서 〈스피드 레이서[Speed Racer]〉를, 2009년에 〈닌자 어쌔신[Ninja Assassin]〉을 찍은 비[rain]일 것이다.

한류의 열기 속에 동아시아에서 비-레인은 퍼포먼스에 능한 배우 겸 가수로서 대스타의 반열에 올랐다. 그가 주연한 드라마 〈풀하우스〉는 유럽의 한국 드라마 팬들이 처음 보게 된 한국 드라마인 경우가 대부분이기에, 그는 가수 혹은 댄서의 정체성만큼이나 배우의 정체성이 높은, 그야말로 토털 엔터테이너로 인지되고 있다. 무대 위 화려한 춤을 통한 그의 퍼포먼스와 야심찬 뮤직비디오들은 그가 동시대 다른 아이돌 그룹들과 차별되는 섹스어필을 하고 있음을 보여주고, 「레이니즘」과 같은 자기도취적인 작품, 그리고 이어지는 여배우들과의 스캔들 등을 통해 그는 아마도 기존 중국계 스타들보다 훨씬 더 섹스어필이 강한 할리우드식 기준에 상응하는 '스타'에 속한다고 할 수 있다.

비-레인은 할리우드에서 출연한 두 개의 영화에서 모두 일본인 역을 맡고 있는데, 이것은 홍콩과 중국의 배우들이 영화 속에서도 중국인을 연기하는 것과 대조된다. 사실주의가 강조되는 클린트 이스트우드의 최근작 〈그랜 토리노[Gran Torino]〉(2008)와 같은 영화나 미국 드라마 속에서 한국인 배우들이 한국인 역을 연기하는 경향이 절대적으로 증가하고 있는 것과 비교되는 점이다. 전 세계를 배급 대상으로 하는 할리우드 영화 속에서 글로벌 시장에 어필할 한국 스토리의 부족으로 인해 한국 배우가 한국인을 연기할 수 있는 공간이 없음을 말해준다. 일본 만화영화를 원작으로 영화화한 〈스피드 레이서〉는 의도적으로 키치적 색감과 인물 간 긴장을 고조시킨 환상적 공간을 만들어놓고, 그 속에서 비-레인은 일본인 자동차 경주 선수 테이

조역을 맡았다. 이것은 여러 조연 중 한 역할이고 스토리 전개상 문화적 맥락이 전혀 문제되지 않는 판타지 장르라는 점, 그리고 비-레인을 스타로 만들어준 그의 재능이 전혀 발휘될 공간이 없기에 그는 일본 이름을 가진 하나의 아시아인 기표로서 부유할 뿐 어떤 의미의 깊이를 동반하지 않는다.

2009년 작 〈닌자 어쌔신〉은 할리우드의 아시아 남자 배우 기용의 측면에서 훨씬 흥미로운 영화이다. 이 영화는 중국 무술영화의 액션 코레오그래피^{Choreography}를 적극 도입한 〈매트릭스$^{The\ Matrix}$〉 시리즈의 워쇼스키^{Wachowski} 형제와 조엘 실버$^{Joel\ Silver}$가 제작에 참가하고 오리지널 시나리오로 제작되었으며, 닌자 영화의 대스타인 일본 배우 쇼 코수기$^{Sho\ Kosugi}$가 닌자 트레이너로 등장하는 등, 일본 대중문화를 통해 전 세계에 이미 잘 알려져 있는 닌자 스토리를 글로벌 마켓에 판매하려는 기획 작품이다. 이것은 중국 여배우들을 전격적으로 기용하여 게이샤 영화를 만드는 것과 같은(롭 마셜$^{Rob\ Marshall}$의 2005년 작, 〈게이샤의 추억$^{Memoirs\ of\ a\ Geisha}$〉) 세계 대중문화의 하이퍼리얼리티 현상의 일부라고 할 수 있다.[57] 다시 말해서 〈닌자 어쌔신〉은 기획 자체가 글로벌 마켓을 겨냥하는 액션영화이고, 비-레인에게 일본인 닌자라는 주연을 배정한 것은 그가 동원할 동아시아 관객과 한류 팬들을 염두에 두었음이 분명한 캐스팅이다. 비-레인은 고아로서 일본인 닌자로 길러진, 말없고 (치명적인 영어의 문제!) 액션은 많은 주연을 맡았는데, 그는 영화 속에서 아마도 이소룡 이후 최초라고 할 수 있는 상체 근육 전체를 드러내는 동양인의 무술 퍼포먼스를 보여준다.[58] 여러 영화 준비 단계에서부터 그의 남다른

---

[57] 세계인이 공유하는 문학 속에 동아시아의 몫이 아직 미약하기 때문에, 할리우드가 한국 배우를 위한 '홍길동'이나 '일지매' 모티프를 영화화할 수는 없는 단계이다. 거꾸로 인도-아시아권의 고전인 손오공 이야기를 세계적 스토리로 발전시킨 일본 만화 『드래곤볼Z』를 할리우드가 영화로 제작했는데, 다른 역은 모두 아시아 배우를 사용하면서도 주역은 무명이라도 미국 배우를 기용했다. 아직 아시아 스토리를 아시아 배우가 주연이 되어 연기하는 영화는 시기상조인 듯하다.

'몸 만들기' 프로젝트가 이슈화되었고 뛰어난 댄스의 능력을 액션 안무에 발휘하도록 훈련하는 과정마저 이벤트화되었듯이, 동아시아의 스타로서의 그의 정체성이 감춰지지 않고 적극 활용되었다.

그가 "촬영 중 별로 옷을 입은 적이 없다"라고 농담을 할 정도로 많은 액션 신과 상체 노출 상태의 연기가 있었으나, 그는 다른 아시아 스타들이 그랬듯 여전히 액션영화 주인공으로서의 대우, 즉 로맨스의 주인공은 되지 못했다. 다시 말해, 〈닌자 어쌔신〉은 동아시아의 초국가적 스타인 비-레인을 기용하고 그의 신체를 아이콘으로 만드는 힘든 준비 작업을 거쳐 그의 아름다운 신체를 강조하는 대형 스펙터클 영화를 만들었으나, 할리우드 액션영화의 유색인 주인공에게 주어지는 전통적 역할에서 결국 벗어나지 못했다. 액션 영웅으로서 '공주를 구하는 역' 또는 '공주의 사랑을 받는 역'을 할당받지 못하고 흑인 여성과 로맨스 없는 파트너십에 만족해야 했다. 할리우드가 적극적으로 구성하고 있는 집단 상상력과 정체성 전략 속에서 아시아 남자의 자리는 여전히 무술에는 능하나 여성을 매혹시킬 수 없는, 섹스어필 없는 유아적인 존재의 위치에 머물고 있다고 하겠다. 제2부에서 프랑스 한류 여성 팬덤에 대한 연구 결과에서 드러나듯이 이것은 제작자 측의 논리일 뿐이고, 실제 서구의 여성 관객들은 이러한 스토리텔링상의 단점을 의식하면서도 영화관 대형 화면 위에 펼쳐지는 비-레인의 아름다운 신체를 반복적 관람을 통해 감상했다고 토로한다. 동아시아 대중문화 산업이 제공하는 동아시아 아이돌과 미남 스타들에 대한 열광적 반응은 서구 미디어가 만들어 유통시킨 기존의 지배적인 아시아 남성들의 스테레오타

---

58 이소룡 이후의 쿵푸 스타들(성룡, 이연걸, 주윤발) 모두 할리우드에서 한 영화 속에서 목 밑까지 감춰지는 쿵푸 복장을 하고 있었음을 상기하자. 이것은 척 노리스나 쟝 클로드 반 담 등 서구 무술 스타들의 예외 없는 상체 노출 경향과 대조되는 것으로 문화적으로 유의미한 선택이다. 최근에 〈옹박〉 시리즈로 무술영화의 새로운 스타로 떠오른 토니 자$^{Tony\ Jaa}$의 경우, 태국 영화가 세계로 진출한 덕을 입고 있지 할리우드로 편입되지는 않은 상태이다.

입을 뒤엎는 것이다. 프랑스의 여성 팬이 열광하는 한국의 아이돌과 미남 스타들은 잘 만들어진 근육을 과시하고 패셔너블하며 로맨틱한 이미지를 잃지 않고 춤추고 노래할 줄 아는, 과거 할리우드 스타에 버금가는 성적 매력을 지닌 존재들이다. 게다가 할리우드 스타들처럼 멀고도 '잘난' 존재들이 아니라,[59] 주간 연속극에서 먹고 자는 것을 볼 수 있고 텔레비전 오락 프로그램에서 실수하고 웃음거리도 되며 일상생활의 일거수일투족이 노출되어 있는, 스타와 미디어 셀러브리티의 중간쯤 되는 친근한 존재들이다.

4. 한류 스타의 혼종성

앞에서 문화 간 정체성의 게임에서 나와 타자의 변증법적 관계를 관찰할 수 있는 두 가지 사례 중 첫 번째, 즉 '타자의 나에 대한 시선', 다시 말해 '타자의 시선에 의해 대상화된 나에 대한 인식'을 할리우드의 아시아인 재현에 대한 내러티브 분석을 통해 알아보았다. 이제는 또 다른 나와 타자의 변증법적 관계를 관찰할 수 있는 공간인 '내가 타자에 대해 갖는 인식이 나의 정체성 협상에 미치는 영향'에 대해 논할 차례이다. 이 절에서는 앞에서 언급했던 마스크 이론에 의지하여 한류 현상 속에서 읽을 수 있는 서구의 시선, 서구에 대한 나의 시선과의 협상 속에서 생산되는 새로운 아시아인의 정체성 형성과 집단 상상력에 대해 기술하기로 한다.

1) 정체성의 가면 이론: '블랙페이스'와 '옐로페이스'

우리의 얼굴은 문화에 의해 그림이 그려진 일종의 종이 얼굴과 같다. 그

---

[59] 지적이고 우월한 측면이 부각되는 디카프리오나 클루니 등을 보라.

것은 시대와 문화에 따라 미의 기준이 달라 18세기의 미인과 21세기 미인의 이목구비가 다르다든가, 당대 중국 여인의 미의 기준과 3세기 로마 여인의 미의 기준을 비교하는 비교역사학적, 비교문화학적 해석 이상의 의미가 있다. 프랑스어에서 얼굴^{visage}은 풍경^{paysage}처럼 상상력과 정신 활동의 결과이지 자연적으로 주어지는 무엇이 아니다(Debray, 1992). 얼굴은 인간의 감정이 투사되는 공간이고 그리움과 욕망의 대상이고 읽어야 할 텍스트이다. 또한 '얼굴이 없다'는 문장이 당사자의 인간으로서의 정체성 전체를 의심하는 치명적인 꼬리표인 것처럼, 얼굴의 자태는 텍스트성을 넘어선 존재론적인 것이기도 하다. 롤랑 바르트는 1970년 일본 여행 이후에 쓴 『기호의 제국』 속에서 일본의 인기 배우의 눈은 서양인의 눈처럼 둥그렇게 확장되어 있고, 일본 신문에 난 자신의 사진에서 그의 눈이 눈초리가 가늘어진 동양적인 눈으로 바뀌어 있는 것을 보았다고 썼다(Barthes, 2007). 이것은 일본 문화의 친서구적인 코드, 서양에 동화하고 싶은 일본 문화의 욕망이 투사된 결과이며, 바르트의 얼굴에서 서양인의 이질성을 반감시키려는 신문 편집자의 손놀림의 결과이다. 즉, 얼굴이란 자신이 속해 있는 문화가 정체성의 코드를 각인하여 재생산하는 하나의 정체성 협상의 공간이라고 할 수 있다.

이러한 시각에서 대중문화 산업이 어떻게 얼굴에 문화의 코드를 각인시켜 왔는지를 살펴보는 일은 문화정체성 논의에서 핵심적인 주제이다. 우리는 무언가를 가리기 위해서든 특정한 의미를 부여하기 위해서든 명백한 의도를 지닌 얼굴 모습, 자신의 얼굴이 아니라고 생각되는 제2의 얼굴을 덧쓰는 것을 가면^{mask}이라고 한다. 대중문화 산업은 문화적으로 각인된 얼굴들을 생산하고, 그것이 호응을 얻는 경우 대량으로 재생산함으로써 문화와 인종, 기타 사회적 범주에 대한 스테레오타입을 생산한다. 위에서 세계 시장을 겨냥하는 할리우드의 아시아 스타 재현에 대해 기술한 것의 연장선에서, 이 절에서는 할리우드 전통 속의 가면의 역사를 통해 얼굴과 몸에 대한 특별한 담론을 생산하고 있는 한류의 문화정체성 문제를 이해해보기로 한다.

미국과 영국은 19세기와 20세기에 걸쳐 오랜 '블랙페이스Blackface'의 전통을 유지해왔다. 백인 배우들이 얼굴에 검정 칠을 하고 흑인 역을 연기하는 이 전통은 연극과 각종 광고, 영화에 이르기까지 광범위하게 퍼져 있었고, 1960년대 인권운동에 의해 사라질 때까지 지속되었다. 영화사를 배운 모든 사람들이 생생히 기억하는 최초의 유성영화 1927년 작 〈재즈싱어The Jazz Singer〉의 주인공을 흑인으로 분장한 백인 배우가 연기했다는 것은 잘 알려진 사실이다. 백인이 얼굴에 숯검정 구두약을 바르고 흑인 얼굴의 특성을 과장하여 분장을 했던 블랙페이스의 전통은, 단지 외형에 대한 왜곡이 아니라 백인과의 피지배 관계 속에서 음악과 서비스업에는 능하지만 의지박약하고 항상 즐거운 '착한 네그로'라는 스테레오타입을 형성하고 전파하는 데 널리 기여했다.

이에 상응하는 아시아인에 대한 가면 전통이 '옐로페이스Yellowface'이다. 영화사 초기부터 블랙페이스에서와 같은 방식으로 백인이 아시아인 주역을 대신해왔고, 이를 위해 백인 배우의 얼굴을 아시아인으로 바꾸어 분장하는 전통이 상당히 오랫동안 지속되어왔다. 아시아인 악당 스테레오타입의 원형이라 할 수 있는 푸만추는 (1923년 이후) 영화사 초기에 러시아 출신 배우 보리스 카를로프가 옐로페이스 분장을 하고 연기했고, 나중엔 드라큘라 역으로 유명한 영국 배우 크리스토퍼 리Christopher Lee가 이 역을 이어받았다. 현명한 아시아인 스테레오타입의 전형인 찰리 챈 시리즈(1926~1949) 또한 미국 배우들이 번갈아 연기했다.

이러한 선택은 미국에서 활동하는 아시아 배우가 없었기 때문은 아니었다. 미국 영화사 초기부터 활동하던 아시아 스타들이 있었는데, 스타 반열에 올랐던 일본인 하야카와 세스수에Hayakawa Sessue나, 마릴린 디트리히Marilyn Dietrich와 함께 슈테른베르크Josef von Sternberg 감독의 〈상하이 특급열차Shanghai

Express〉에 출연한 중국 여배우 웡$^{Anna\ May\ Wong}$, 그리고 1950~1960년대 미국 영화 속에서 긍정적이고 로맨틱한 아시아 남자를 연기한 일본인 배우 제임스 시게타$^{James\ Shigeta}$ 등 그리고 수많은 조역들을 들 수 있다. 그러나 길고 풍부한 할리우드 영화사에서 아시아 배우가 할리우드 영화의 아시아 주역을 연기한 경우는 매우 드물다. 아시아인 배우에게 주어진 역할들은 요리사나 하인, 전쟁터의 적, 주인공을 돋보이게 하는 충실한 조연의 역이 대다수이고, 역할이 중요성을 띠는 순간 할리우드 제작사들은 거의 백인 배우를 황인종으로 분장시키는 쪽을 선호했다. 그런데 아시아인 역할을 했던 배우들이 무명배우, 즉 미국 관객이 모르는 상태에서 아시아 배우라고 착각할 수 있는 배우들이 아니라 이미 스타로서의 정체성을 확립한 당대 최고의 배우들이었다는 점에서 놀라지 않을 수 없다. 캐서린 헵번$^{Katharine\ Hepburn}$은 동명의 소설을 영화화한 〈용의 자손$^{Dragon\ Seed}$〉(1944)에서 중국 여자를 연기했고, 존 웨인$^{John\ Wayne}$(1956년 작 〈정복자$^{The\ Conqueror}$〉)과 오마 샤리프$^{Omar\ Sharif}$(1965년 작 〈칭기즈칸$^{Genghis\ Khan}$〉)가 칭기즈칸 역을, 율 브리너는 〈왕과 나$^{The\ King\ And\ I}$〉(1956)에서 샴의 왕 역을 맡아 어눌한 영어 연기까지 해냈다. 미키 루니$^{Mickey\ Rooney}$는 이를 튀어나오게 교정하고 〈티파니에서 아침을$^{Breakfast\ at\ Tiffany's}$〉(1961)에서 고약한 일본인 이웃을 연기했고, 이 밖에도 여러 배우가 옐로페이스를 해야 했지만, 그중 최고는 아마도 〈티하우스 오브 더 오거스트 문$^{Teahouse\ of\ the\ August\ Moon}$〉(1956)에서 미군정 시기 미군 부대 근처에서 얼씬대는 오키나와 출신 통역으로 분한 말런 브랜도$^{Marlon\ Brando}$일 것이다. 〈워터 프론트$^{On\ The\ Waterfront}$〉(1954)를 찍은 직후, 배우로서 그리고 섹스어필하는 스타로서 전성기의 브랜도가 옐로페이스 분장을 하고 뒤뚱거리고 뛰어다니면서 연신 굽실거리는 일본 남자의 연기를 한 것은 놀라운 선택이다. 부두의 노동자, 나폴레옹, 시저, 자파타, 마피아 두목, 독일군 장교에 이르기까지 넓은 연기의 폭을 가진 배우 브랜도에게 이 배역이 퍼포먼스로서 의미가 있었는지, 영화사와의 계약 때문에 눈물을 머금고 치러야 했던 계약 영화였는지는 알 수 없는 일이다. 텔레비전 쿵푸 시리즈로 유명해진 데이비드 캐러다인[David Carradine]의 경우, 아시아인 역을 끈질기게 한 덕택에 일부 시청자는 정말 캐러다인을 아시아인으로 믿을 정도였다고 한다.

이와 같은 광범위한 옐로페이스 전통은, 19세기부터 아시아 이민을 수용해왔던 미국의 사정을 고려해볼 때 인종주의적 처사라는 비판을 면할 수 없다. 앞선 절에서 논의했던 아시아 배우들이 연기하는 인물들을 스테레오타입에 충실하게 재현하는 것과, 옐로페이스를 통해 아시아인을 신체적으로 열악한 존재로 비하하는 이러한 실천은 역사적인 인종주의 외에도 아주 미국적인 이유를 갖고 있다. 백인이 우스꽝스러운 분장을 하고 아시아 인물을 연기하는 것은 특히 공연예술 속에서는 '예술의 자유'에 속한 것이라고 제작자들이 주장하지만 실은 관객을 최대로 끌어 모으기 위한 경제적이고 문화적인 선택이다. 어떻게 백인의 얼굴을 아시아인으로 받아들이게 하는가, 아니 관객들의 눈에 픽션의 현실성을 깨뜨리지 않게 '그럴듯한' 것으로 보이게 만드는가는 매우 흥미로운 관찰이다. 셜리 매클레인[Shirley MacLaine]은 영화 〈마이 게이샤[My geisha]〉(1962)에서 영화감독인 남편보다 더 유명한 여배우 역을 하는데, 남편의 영화에서 주역을 얻기 위해 게이샤로 분장을 해 감독인 남편의 눈을 속이기까지 한다. 자기보다 유명한 부인과 사이가 좋지 않은 남편은 긴장관계인 자신의 스타 여배우 부인의 다른 모습인 게이샤 역의 일본 여배우에게 사랑을 느끼기까지 한다. 이 영화의 이야기가 무리한 이야기가 아니라 그럴듯한 스토리로 관객에게 소통되었다는 사실에서 알 수 있듯이, 할리우드 영화 속에서 '아시아인'은 연기되는 무엇이었지 실제의 모습과는 거리가 먼 '이념형'으로 존재했었다. 이러한 상황은 1990년 〈미스 사이공[Miss Saigon]〉 공연 사건이 보여준 것처럼 상당히 오랜 시간 지속되었다.[60]

---

[60] 1990년 영국 배우 조너선 프라이스[Jonathan Pryce]가 〈미스 사이공〉 미국 공연의 주역으로 선

옐로페이스가 오랫동안 작동된 이유는 두 가지로 요약되는데, 첫째, 할리우드 영화 제작자들의 주장에 따르면 "백인 배우들이 아시아인들보다 황인종 역을 더 잘하기" 때문이라는 것이다. 아시아 배우는 자연스러운 인간 존재를 연기하지만, 백인들의 잘 연습된 '황인종 연기'는 미국 관객들이 지닌 황인종에 대한 스테레오타입에 부응하기 때문에 극 속에서 더욱 효율적이라는 것이다. 둘째, 영화의 주인공은 동일시와 투사의 대상인데, 그것이 아시아 배우가 아시아인을 연기하는 경우보다 백인이 연기하는 경우 미국 관객이 훨씬 편하게 받아들인다는 점이다. 다시 말해, 미국의 대중문화 관객은 아시아인 주인공에 자신을 투사할 수 없을 뿐만 아니라, 세계의 대다수 비서구 지역 수용자들이 그렇듯이 현실적^{authentic} 타자를 수용하는 과정에서 자신과의 차별성을 인정함으로써 스스로의 정체성을 강화하거나 타자에게 매혹되는 문화적 협상의 경험이 적다는 해석이 가능하다.[61] 이러한 미국 문화의 특성을 영국의 미디어 사회학자 주디스 윌리엄슨$^{Judith\ Williamson}$은 이렇게 설명한다.

발되자 아시아계 미국인 예술가협회에서 크게 반발했고, 그 여파는 다인종 예술인들 사이에 연대로 발전되어 미국 배우평등협회는 "코카시안이 유라시안 역을 배정받는 것을 더 이상 용납할 수 없다"고 발표했다. 그러나 제작자 측이 배역을 바꾸느니 천억 달러에 달하는 뉴욕 공연을 포기한다고 선언하자, 배우평등협회는 이것은 '예술의 자유'의 영역에 속한다는 이유로 앞선 결정을 뒤엎은 바 있다. 연극과 영화의 분장에 대한 미국의 교과서들은 아직도 어떻게 백인을 황인종으로 분장하는지 자세히 설명하고 있다.

61 이러한 언급은 설명이 필요하다. 상당히 미국적인 프로그램 〈댈러스^{Dallas}〉의 세계적인 수용 연구들은, 세계 여러 나라에서 〈댈러스〉가 인기를 얻었는데 그것은 이 연속극이 보여주는 세계관을 수용자들이 긍정적으로 수용하거나 동화되어서가 아니라 그 차별성을 인정하고 대항적인 해독을 하는 즐거움을 얻기 때문이라는 것을 알려준다. 즉, 이 연속극을 보면서 자신의 문화를 강화하는 것은 아니지만 타 문화와 일종의 협상 과정을 경험하는 것이다(Katz, Liebes & Iwao, 1991: 99).

외국인을 놀라게 하는 것은, 미국인의 눈에 미국이 아닌 다른 지역은 비현실로 남아 있다는 사실이다. 자아의 다른 중심들이 존재한다는 것을 아직 배우지 못한 어린아이처럼, 미국 문화는 타자들을 오직 자신의 꿈과 악몽의 자료로 볼 뿐이다. …… 이것은 미국인들이 남을 생각하지 않아서가 아니라, 대부분의 미국인들에게 미국 이외의 지역과 민족들은 현실로서 이해될 수 없기 때문이다.[62]

미국에서 처음으로 더빙 없이 영어가 아닌 언어로 상영되고 자막 처리된 영화가 2000년 개봉된 〈와호장룡〉이란 사실은 이러한 미국 관객의 자아중심적 영화 관행이 최근까지 지속되었음을 잘 말해준다.

마스크를 통한 할리우드의 '타자' 재현은 3절에서 다룬 할리우드의 아시아인 재현과 병행하여 할리우드의 인종주의적 정체성 전략을 이해할 수 있게 해준다. 아시아 스타들에게 제한된 내러티브 공간만을 제공하고 제한된 역할로 축소함으로써 그들의 남성성을 무술의 스펙터클로 환원했다면, 옐로 마스크의 사용은 이 단계에 이르기 이전, 백인 배우를 분장하여 아시아인 역할을 연기하게 하는 옐로페이스 장치를 통해 '황색 위험'이 주는 불안과 이질감을 극복해왔다는 것을 보여주었다.

2) 한류 스타의 '화이트페이스'

이처럼 할리우드는 전통적으로 '타자'의 재현을 통해 스스로의 정체성의 경계를 확보해나갔는데, 이러한 '타자'의 재현을 통한 정체성 구성 논리는 할리우드에만 적용되는 것이 아닌 모든 대중문화 현상의 근저에서 작동하는 힘이다. 그런데 이 논리는 서구 지향적 근대화를 추구해온 한국과 같은

---

[62] Morley & Robins(1995: 136)에서 재인용.

사회, 그러나 최근에야 이민의 역사를 경험하는 비교적 동질적인 민족국가 사회에서는 복잡한 문제를 던진다. 한국의 타자는 과연 누구인가? 일본에 의해 지배되었던 이유로 일본을 타자로 삼게 된 동아시아 국가들이 공유하는 이 문제는, 동아시아의 문화정체성 문제를 이해하기 위해 동아시아의 근대화 과정에서 일본의 역할을 분석해야 함을 말해준다.

1절에서 언급했듯이 외세에 의한 것이 아닌 자의에 따른 근대화에 성공한 일본은 대동아공영 이데올로기를 만들어 일찍이 스스로를 아시아 국가들의 발전을 이끌어갈 리더로 공언하는 동시에, '후진' 상태의 다른 아시아 국가들과 차별되는 정체성을 가진 비아시아적인 국가로서 '탈아시아'를 지향하는 모순적 정체성을 지니고 있다. 지구상 대부분의 구식민지 국가들처럼 '타자'인 서구에 의해 식민화되지 않고 같은 얼굴을 한 일본에 의해 식민지배를 겪은 한국의 경우, 탈식민의 과정은 친서구적 성격을 띨 수밖에 없었다. 결국 일본이란 특수한 국가의 식민 경험을 통해 한국은 이중으로 친서구적인 근대화를 겪게 된 것이다. 식민지 한국의 지식인들은 일본의 대도시에 유학하여 탈아(脫亞) 분위기 일본의 친서구적 근대화를 내부로부터 경험했고, 해방 이후엔 한국의 공산화라는 '심연'으로부터 구해준 '엉클 톰' 미국에 대한 친근함에서 자연스럽게 '화이트성'을 내화하는 방향으로의 근대화가 진행되었다. 비공식적이지만 실질적으로 정부 차원에서 일본 문화물의 국내 유통을 오랫동안 막았을 정도로 우리가 이미 닮아 있는 일본으로부터 차별적 정체성을 형성하기 위해, 저어함도 의구심도 없이 '화이트페이스'를 내화하게 된 것이다.

여기에서 '화이트성'에 대한 좀 더 심층적 이해가 필요하겠다. 리처드 다이어가 그의 중요 저작 『화이트』 속에서 주장했듯이, 할리우드는 영화기제를 스스로의 '화이트성'을 적극적으로 발전시키는 방향으로 진화시켜왔다 (Dyer, 1997). 그에 따르면 할리우드가 정착시킨 시네마토그래프 기제는 영상 생산에서 빛의 사용의 모든 과정을 '화이트페이스'를 최적 상태로 찍어낼 수 있는 방식이 정상이고 나머지 것들은 예외나 비정상으로 밀어냈다는 것이다. 다이어Richard Dyer에 따르면 '화이트'는 세 가지 차원의 담론으로 구성된다.[63] 첫째, 색의 형질로서의 화이트는 사실 '무색'과 동일어로 색깔로서의 가치를 규정하기 어렵고, '흑'의 반대라는 점에서만 색으로서 의미를 지닌다. 둘째, '화이트'는 피부색을 지칭하고, 그로 인해 피부가 '화이트'라고 인정되는 인종을 가리키게 되었다. 셋째, 악에 반대하는 선, 더러움에 반대되는 순결이란 상징적 의미를 지닌다. 이렇게 분리되어 사용되는 '화이트'의 속성은 그 자체로서는 문제가 없을지 모르나 실제 사회적 실천에서 상호 교차적으로 작용한다. 야외 노동의 정도와 피부색의 자연적 연관 때문에 '화이트'는 고급 및 상류와 동의어가 되었고, 그 때문에 서구 이외의 지역에서도 좀 더 부유한, 상류계층의, 고결한 신분과 관련된 특성으로 인지되었다. 자연히 '화이트'는 여성들이 추구해야 할 목표가 되어 피부를 하얗게 화장하거나 희게 탈색시키는 각종 유독한 화장품이 그리스 시대부터 현대에 이르기까지 변함없이 사용되고 있다. 이와 동시에 인종적이든 계급적이든 '화이트'들만이 스스로의 피부를 의도적으로 태우는 선탠 행위를 자유롭게 할 수 있는 것이다. 그런데 실제 피부의 색감으로서 화이트는 상대적으로 존재할 뿐이어서, 일부 동아시아인들, 북아프리카인들, 이란, 인도인들이 유럽인이나 북미의 '화이트'들보다 피부색이 더 하얀 경우도 많다. 즉, '화이트'는 자연색으로서 인종의 특성을 지칭하기에 전혀 충분조건이 될 수 없다. 게다가 영국 역사에서 아일랜드인을 오랫동안 흑인으로 간주하다가 백인으로 '수용'해준 점, 서구가 유대인을 백인으로 '인정'한 점, '화이트' 인종주의를 극단으로 밀고 나간 나치가 일본을 '화이트'의 범주에 끼워준 점 등을 주시할 필요가 있다. 다이어가 요약했듯이 "백인은 백인들이 백인이

---

63 이하 '화이트성'에 대한 논의는 리처드 다이어의 저서 『화이트White』를 상당 부분 참조한 것이다.

라고 하는 자들"인 셈이다.[64] 이러한 범주화는 공식적 담론으로만 존재하는 것이 아니라 민간 차원에 널리 퍼져 있는 믿음이다. 필자는 유럽에서 아파트를 구할 때, 한국인이라고 하니 "아, 그럼 일본 사람처럼 하얗겠네요?" 했던 전화기 저편의 프랑스 할머니의 목소리를 생생하게 기억한다. 그렇지만 일본이 서구의 집단 상상력 속에서 '화이트'로서의 상징성마저 온전히 획득한 것은 아니다. 일본인을 개미에 비교한 프랑스 수상이 곤욕을 치른 적도 있고,[65] 로빈스는 서구의 집단 상상력 속에서 "일본인은 동양의 유대인"이라고 지적한 바 있다(Morley & Robins, 1995). 유대인처럼 '화이트'에 끼워주기는 하지만 화이트의 긍정적 상징성은 구현하지 못한 존재라는 것이다. 경제 대국이지만 자족적인 안일 이상으로 세계 평화와 발전에 기여할 의지가 없는 자본주의 사회인 동시에 핵 문제와 관련된 종말론적 담론에 연계된 일본은 영화 〈블레이드 러너 Blade Runner〉(1982)에서 볼 수 있는 미래의 암울한 인간상의 배경으로, 〈블랙 레인 Black Rain〉(1989)에서 볼 수 있는 잔인한 인간 군상들의 사회이다.

그렇다면 서구가 '화이트'로 끼워주었으나 긍정적인 자리를 내주지는 않는 일본, 그러나 스스로 탈아 담론을 발전시켜온 일본을 적극적인 '타자'로 두고 있으면서도 친서구적 근대화를 지향한 한국의 경우 '화이트'의 문제는 어떻게 제기되었을까? 이 문제에 대한 해답은 실제 한국 사회에서 실천되고 있는 '화이트' 담론과 행위들에 대한 관찰에서부터 시작하기로 한다.

일단 서구 공연예술에 옐로페이스 행위가 존재하듯이 아시아의 공연문화 속에서도 화이트페이스 행위가 존재할 것을 예상할 수 있다. 우리의 관

---

64 Richard Dyer, *White*, p. 48.
65 이것은 프랑스 유일의 여성 수상 에디트 크레송 Edith Cresson의 유명한 일화로, 고위직 공무원이 외교 문제로 비화될 가능성이 큰 그러한 언사를 의도적으로 했다고 보기는 어렵다. 이것은 이성보다 더 강한 무의식이 기초하고 있는 집단 상상력의 작용이라고 생각할 수 있을 것이다.

찰 대상인 한국의 사례를 통해 볼 때, 한국 영상문화 속에서 할리우드에서와 같은 화이트페이스 문제는 번역극 시절의 연극 또는 뮤지컬에서 관찰되고 간혹 텔레비전 드라마에서도 발견된다. 연극이나 뮤지컬이 번안극인 경우, 금발머리를 쓰고 코에 기둥을 세우는 분장은 선택이 아니라 피할 수 없는 무엇으로 이해되었다. 이것은 인종주의가 끼어들 수 없는 문화 수입의 차원이기에, 오히려 백인의 예술적·미적 우수성에 대한 수긍 또는 동의라는 메타언어 속에서 수용된다. 드라마의 경우에는 조선 말이나 개화기를 대상으로 하는 드라마에서 등장인물이 한국어로 제대로 된 소통을 해야 하는 경우 한국 배우가 백인 분장을 하고 출연하기도 했다. 그러나 사실주의가 중요한 드라마의 세계에서 이러한 백인 분장의 한계는 뚜렷한 것으로, 극의 '그럴듯함^{verisimilitude}'을 깨지 않으려면 매우 제한된 사용만이 가능했다. 이 경우에도 인종주의의 자리는 없어 보인다. 한류의 가시성이 높아지고 한국 사회의 세계화가 진행되면서 한국어로 소통할 수 있는 외국인이 연예계로 진출하고, 국제결혼을 한 부모를 둔 한국인 2세들이 드라마 속에서 백인의 역할을 맡게 되었다. 이 과정에서 흥미로운 것은 '화이트'성을 선천적으로 지니고 있는 혼혈 탤런트보다, '화이트성'을 지닌 한국 배우, 즉 서구의 미적 기준이라고 할 수 있는 하얀 피부와 높은 콧대, 좁은 턱과 작은 얼굴, 둥글고 큰 눈을 지닌 한국 배우들이 더욱 각광을 받고 있다는 점이다. 더욱 흥미로운 것은 제2부에서 볼 수 있는 것과 같이, 동아시아와 유럽의 한류 팬들이 열광하는 것도 이러한 화이트성을 지닌 한국 배우의 아름다움이지 선천적으로 화이트성을 내포한 다니엘 헤니와 같은 혼혈 배우들이 아니라는 점이다. 이 부분은 제8장에서 심층적으로 다루어지겠으나, 동아시아의 팬들이 보는 한류 스타의 '화이트성'과 유럽의 여성 팬들이 사랑하는 '꽃미남' 한국 배우들의 '화이트성'은 정확하게 일치하는 것이 아니다. 마스크 이론에 기대어 정체성의 문제를 다루는 이 절에서 우리가 관심을 집중할 문제는 한국 배우들이 화이트페이스 분장이 아니라 '화이트성'에 기반을

강남 일대 지하철 역에서 흔히 볼 수 있는 성형광고

자료: 필자 촬영.

둔 미적 기준을 추구한다는 점이고, 성형을 통해 이를 신체 속에 각인해나가는 문화적 논리이며, 한국 사회 전반에 미치는 영향력의 문제이다.

앞에서 무언가를 가리기 위해서든 특정한 의미를 부여하기 위해서든 명백한 의도를 지닌 얼굴 모습, 자신의 얼굴이 아니라고 생각되는 제2의 얼굴을 덧쓰는 것을 가면이라고 정의했다. 한국에서 유행하는 성형은 곧 인공적으로 '화이트성'을 자신의 얼굴에 각인하기, 즉 가면과 자신을 합성하는 과정인 것이다. 그러나 이때 추구되는 '화이트 마스크'는 백인의 실제 얼굴이 아닌 재창조된 화이트성, 마치 정원사가 공들여 만드는 '자연적인' 정원과도 같은 모순적 공간이다. 이 재창조된 공간을 가로지르는 서로 다른 영향력의 흐름을 다음 절에서 구체적으로 분석해보자.

3) '한국식' 코스메틱: 협상된 미적 기준과 문화정체성

한류를 구성하는 문화실천들 가운데 성형이 포함되는 한국식 코스메틱은 한국 스타일 패션과 더불어 정체성 게임에서 중요한 자리를 차지한다. 사실 성형수술$^{Cosmetic\ surgery}$은 서구화된 소비사회 어디에서나 널리 퍼져 있기에 성형수술 그 자체가 문화적 특수성을 지니지는 않는다. 특별한 것은 성형을 통해 구현하려고 하는 미의 기준이다. 한류가 지배적 문화조류인 동아시아에 '한국식 성형'이 널리 유행하고 있는데, 이것이 코드화한 '아름다움'의 담론이 곧 분석의 대상인 것이다.

'미Beauty'는 한류 팬들의 정서적 공동체의 토대를 이루고 있는 중요한 가치이다. 아시아의 한국 드라마 시청자들은 한국 배우들의 아름다운 얼굴과 드라마가 진행되는 장소의 아름다운 풍경이 한국 드라마 매력의 중요 요소라고 지적한다. 〈겨울연가〉에서 볼 수 있는 로맨틱한 호숫가, 해변, 눈 덮인 산 등은 평범한 풍경이 아니라 사랑의 선언, 확인 또는 이별이 벌어지는 정서가 투사된 '장소'들이다.[66] 이 장소들은 역사적으로 중요한 곳이 아니기에 본래 관광의 대상도 아니고, 사실 그 자체로 관광지가 될 만큼 빼어난 경관을 자랑하는 곳들도 아니다. 그런데 한류 팬이기에 한국을 방문하는 관광객들은 일반적 자연 경관countryside이나 유적지를 보려고 하지 않고 텔레비전에서 봤던 드라마 촬영 장소가 된 풍경landscapes을 찾는다. 드브레는 "얼굴과 풍경은 함께 간다"고 했는데(Debray, 1992: 211), 이러한 사고를 따라가면 이처럼 동아시아의 한류 팬들이 유의미한 풍경을 찾는 것은, 그들이 한류가 유통시키는 얼굴의 아름다움을 좇는 것과 동일한 욕망의 이면이라고 이해할 수 있을 것이다. 마치 동양화의 풍경이 자연을 사실적으로 재현하

---

[66] 여기에서 '장소'는 현대 사회에 대한 인류학을 발전시킨 마크 오제Marc Augé의 구분인 '장소lieux/places'와 '비장소non-lieux'의 차이를 감안한 사용이다. 그에 따르면, 세계화가 진행되는 과잉 근대성의 현대 사회는 갈수록 그저 스쳐 지나가기만 하고 경험에 의해 의미가 채워진 공간이 아닌 '비장소'가 증가하고, 경험과 역사, 개인과 집단의 각종 이야기가 의미를 부여하는 고유하고 특정한 공간인 '장소'가 줄어드는 경향을 가지고 있다. 개인의 이동이 증가하면서 대중교통, 지하철, 고속도로 또는 비행장, 역과 같은 장소 사이를 잇는 공간들과 대량 소비의 공간(슈퍼마켓, 쇼핑몰 등), 호텔, 짧은 기간 살게 되는 주거 지역 등 '비장소'에서 보내는 시간이 증가하며, 이것을 과잉 근대성 사회의 중요한 특성으로 보고 분석을 전개한다(Augé, 1992).

는 것이 목표가 아니고 자연을 대하는 마음과 정신을 표현한 것과 마찬가지로, 한국 드라마 속 풍경은 아시아 수용자들의 눈에 '아시아'라는 개념을 가장 순수한 상태로 재현하기 때문에 공들여 찾아보고 싶을 정도로 유의미한 것은 아닐까? 다시 말해, 한류 콘텐츠가 제공하는 미의 기준을 따라 한류 스타의 얼굴과 닮도록 성형하고 유의미한 풍경을 욕망하는 것은 동일한 목표를 가진 서로 다른 실천, 즉 가시적이고 느낄 수 있는 '아름다운' 아시아의 정체성을 추구하는 것은 아닐까?

얼굴의 아름다움은 문화적·역사적으로 변화하는 구성된 기준에 따른 평가이기에 반드시 비교를 통해 접근해야 한다. 아름다운 얼굴을 미의 기준으로 삼는 것은 매우 아시아적인 평가이다. 이는 아름다운 얼굴보다 아름다운 신체를 더욱 강조하는 서구의 시선과 구별된다. 여성 잡지 광고에 대한 비교문화 연구에 따르면 미국에서 '미'는 신체와 관련된 담론이지만 싱가포르나 대만에서는 예쁜 얼굴과 관련된 것이다(Frith et al., 2005: 56~70). 2000년대 초중반 동아시아에 한류를 형성하는 데 핵심적 역할을 한 한류 스타들의 인기 또한 얼굴의 아름다움과 표현력에 크게 기대고 있다. 현재는 잘 만들어진 몸 또한 인기 형성에서 중요한 요인으로 작용하지만, 그것은 한류 형성기의 추동력이 되었던 이영애, 배용준, 최지우, 송혜교, 권상우, 송승헌 등이 스타덤에 오른 이후에 더욱 강조된 어느 정도 최근의 현상으로 보인다.[67] 기술적으로 텔레비전 화면은 얼굴의 클로즈업에 적합하고, 한국의 멜로드라마는 감정을 극적으로 표현하는 배우들의 얼굴 클로즈업을 중요한 수사법으로 사용한다. 멜로드라마보다는 표정을 통한 극적 긴장 표현에 덜 의지하는 로맨틱 코미디 또한 등장인물이나 배우의 매력에 근거하기 때문에 그들을 아름답고 매력 있게 촬영하는 데 주력한다. 슬픔에 젖

---

67 일본에서 대스타가 된 배용준이 몸만들기 프로젝트에 들어간 것도 이러한 경향의 사례라고 할 수 있다.

은 여배우의 '도자기 같은 얼굴'과 차가운 남자 주인공의 얼굴에서 숨겨진 눈물이 솟아나오는 장면의 클로즈업은 말로는 번역될 수 없는 감정을 전달한다.[68] 한국의 드라마 수용자들이 한국 드라마의 커다란 매력으로 간주하는 명대사는 동아시아 팬들이나 서구의 팬들이 한국 드라마의 매력을 설명할 때 거의 등장하지 않는다. 이것은 번안 과정에서 한국어의 매력이 감소되기 때문이기도 하겠고, 또한 한국 드라마 속에서 대사의 중요성보다는 영상적 차원과 스토리텔링의 차원이 더욱 중요하게 수용되기 때문일 수도 있을 것이다. 드라마의 시나리오는 수주일 동안, 16~24시간 또는 그 이상의 긴 러닝타임을 통해 수용자의 일상생활에 직결된 것과 같은 감정의 높낮이와 긴장의 강약을 조절하며 효과적으로 감정이입을 끌어낼 수 있다. 경우에 따라서 드라마는 픽션의 상황 속에서 등장인물이 경험하는 감정이 특별한 향기, 촉감, 진동을 통해 소통될 수 있는 공감각적 순간까지 창출할 수 있다. 드라마 속 등장인물들이 경험하는 오랜 기다림(수용자도 다음 주 방송 시간을 기다리며 그에 상응하는 긴 시간 동안 감정의 발전을 기다림), 여러 가지 내·외적 어려움을 이겨내고 맞이하는 사랑을 확인하는 순간을 장식하는 소품, 음악, 장면의 아름다움 등은 시청자의 일상에서 멀지 않은, 직간접 경험으로 공유할 수 있는 것들이라는 점에서 드라마 속 경험은 공감각이라는 강력한 순간을 쉽게 창출할 수 있는 것이다. 이러한 감성과 감각은 아름다운 배우들을 통해 승화된 상태로 공유된다.

이처럼 얼굴의 감성 표현에 초점을 맞추는 영상언어는 한국식 화장법을 유행시키는 데 크게 공헌한 것으로 보인다. 여기서 한국식 화장법은 얼굴을 크게 클로즈업해도 화장한 사실이 부담스럽게 드러나지 않게 자연스러우면서도 얼굴의 '화이트성'이 강조되어 보이는, 즉 '예뻐' 보이고 '자연스러

---

[68] 이 글의 이곳저곳에서 인용서지를 표시하지 않고 따옴표로 처리한 용어는 제2부에서 심층 분석할 수용자들의 언어를 차용한 것이다.

워' 보이는 화장법이다. 그런데 한국 배우들의 얼굴의 아름다움은 한국인의 종족적 특성이나 전형적인 동아시아인의 얼굴을 대표하는 것이라고 할 수 없다. 동아시아의 한류 팬들도 한국 스타들의 "저렇게 완벽한 얼굴이 어떻게 '자연스러운' 것일 수 있는지" 의문을 던지고, 결국 한국 배우들 사이에서 성형수술이 매우 일반화되어 있다는 것을 알게 된다. 원하는 한국 배우의 사진을 들고 성형외과를 찾는 한류 팬들이 늘어났고 대부분의 동아시아의 대도시에 한국 스타일 성형외과가 성행하게 되었다. 한국 스타일 화장법, 한국 패션도 유행하게 되었고, 한국 여행도 더불어 증가했다.[69] 한류 스타의 얼굴이 일본과 한국의 다국적 기업의 광고 모델로 쓰이고, 동남아시아에서 수많은 화장품 광고에 사용되었으며, 〈대장금〉이 인기 있던 시절, 싱가포르 에어라인은 한국행 관광객을 실어 나를 비행기의 동체 전체에 '대장금'으로 분한 이영애의 얼굴을 그려넣기도 했다.

얼굴을 물리적으로 고치면서까지 자신의 모델과 닮으려 하는 것이야말로 가장 강력한 동일시 욕망의 표출이다. 그런데 이처럼 동아시아에서 동일시 욕망의 대상이 되는 '완벽한' 한류 스타들 얼굴의 미적 기준은 서구의 '화이트성'을 내화하면서 형성된 것이다. 혹자는 동아시아에서 한류 스타의 얼굴이 선호되는 이유 자체가 서구적 특징, 즉 하얀 피부와 큰 눈, 갸름한 얼굴형과 상대적으로 오뚝한 코를 가졌기 때문이라고 지적한다. 그런데 이 또한 전혀 새로운 사실이 아니다. 서구문화와 서구의 제도적 장치들은 한 세기 이상 대부분의 아시아 국가들 속에서 모델의 역할을 해왔다. 아시아의 소녀들은 바비와 같은 서구 인형을 가지고 놀면서 디즈니의 공주 이야기를 보고 〈세일러문Sailor Moon〉과 같은 일본산이면서도 문화적 소속감이 없는 듯한 캐릭터들을 소비하면서 자라나고,[70] 아시아의 청소년들은 서구

---

69 *Wallstreet Journal*, October 20th(2005).
70 이와부시에 따르면 일본의 문화산업은 수출을 위해 문화 산물에서 일본적인 문화적 특

의 팝스타들을 열망하고 닮으려 하면서 성장해왔다. 그 결과 아시아 여성은 한류 스타가 한국식 '화이트성'이 각인된 얼굴로 각광받기 이전부터 서구의 미적 표준과 서구 미디어가 만들어낸 이상형에 익숙해져 있었을 것이다. 현장조사에 기초한 연구들에 따르면, 일본 여성들은 서구의 미적 기준에 자발적으로 '동화^{cultivation}'하며(Kozakaï, 2000), 아시아 여성들은 자신의 신체에 대해 심히 불만족한 상태이고(Evans & McConnell, 2003; Kozakaï, 1991), 서구화된 미적 기준을 앞세우는 미디어 재현과 항상적인 협상 관계에 있다(Darling-Wolf, 2004). 다시 말하면 아시아인은 자신의 고유한 미적 기준을 버리고 타자인 서구의 '화이트성'과 스스로를 동일시하게 된 것이다. 이러한 맥락에서 한류의 에너지 속에서 아시아인들이 이제 아시아인의 얼굴을 열망하게 되었다는 사실은, 그것이 아무리 성형을 통해 '의도적으로 재조절된 것'일지라도 지금까지 아시아에서는 없었던 새로운 현상이다.

이처럼 한국 스타들의 '화이트성'을 추구하는 얼굴의 미적 기준이 동시대 동아시아에서 중요한 미적 규범이 된 사실은, 맥락에서 분리되어 개별적으로 평가될 때, '화이트성'을 자발적으로 내화한 것이라고 탈식민주의적 시각의 비판을 받을 소지가 충분하고 받아야 마땅하다. 수많은 사람들을 성형수술로 몰고 가는 외모 지향주의와 사회적 성공에서 외모가 지나치게 중요성을 갖게 만든 원흉이라는 비판을 받는 것도 현금의 성형 문제의 심각성을 고려할 때 전혀 지나친 것은 아니다. 그런데 이 실천을 동아시아의 역사적 맥락 아래 위치시키면 이것은 매우 두터운 문화적 의미를 지닌 행위인 것을 알 수 있다. 한류의 미적 기준은 서구가 세계 속의 미의 기준으로 발전시킨 기준들을 '재해석'한 것으로, 그것과 반드시 일치하지는 않는다. 한류 속 미인·미남의 오뚝한 코와 큰 눈은 사실 서구인의 것만큼 높은 것도 큰 것도 아니다. 이러한 따라하기는 서구인들이 아름다운 동양인의

성을 제거했다고 한다(Iwabuchi, 2002: 24~28).

미적 기준으로 생각하는 이국적 아름다움의 기준에도 부합하지 않기 때문에 꼭 서구인에게 더 아름다워 보이는 얼굴도 아니다. 또한 한국의 미적 기준은 신체적으로 강조되는 성적 매력에 기초하는 것이 아니라 얼굴의 표현성에 기초한 정신적·정서적 가치를 강조한다. 한류 스타들의 미는 서구의 미적 표준에 영향을 받은 것이지만, 그 기준의 초점이 다른 것이다.

얼굴은 감정과 정서가 교차하는 특별한 공간이다. 텔레비전이 멜로드라마의 스토리 속에서 이 공간을 자주 클로즈업함으로써 스타덤에 오른 대부분의 한류 스타들은 섹스어필보다는 순결한 정신과 감성이 엿보이는 얼굴의 매력으로 호소한다. 성형과 스토리텔링과 영상기술에 의해 '구성된' 그들 얼굴의 아름다움은, 한국 드라마 속의 풍경들이 스토리 속에서 장소로서 의미를 갖듯이 사실적이라기보다는 연상적^{suggestif}이다. 이것은 그 자체로 '아시아성'을 재현한다기보다는 아시아 정체성에 대한 '하나의 아이디어' 또는 그에 대한 열망이라고 하는 것이 옳을 것이다. 롤랑 바르트가 일본 기행에서 자신의 얼굴과 일본 배우의 얼굴이 재구성된 신문 지면을 보면서 언급했듯이, 우리의 얼굴은 그 위에 문화가 글을 써나가는 공간이고, 따라서 끊임없이 문화적 인용이 일어나는 공간이다(Barthes, 1970: 119~121). 한국 스타들의 얼굴이 성형수술과 한국식 화장으로 다시 쓰인 얼굴이고, 이 얼굴의 이야기가 근대화된 동아시아에서 미의 기준이 되면서 발생한 중요한 효과는, 이것이 아시아인의 자기고양$^{self-enhancement}$을 가져온다는 점이다. 동아시아는 그동안 서구의 영상문화가 큰 권력을 행사하던 지역임을 감안할 때, 한류 스타들이 구현하고 한류 팬들이 수용한 아시아의 미적 기준은 중요한 문화적 의미를 지닌다. 스스로를 아름답다고 생각하는 것은 매우 중요한 자아고양의 형식이고, 자아고양은 자신의 정체성을 긍정적으로 구축하는 과정에서 중요한 단계이다. 이것은 흑인정체성 운동에서 "검은 것이 아름답다"란 슬로건이 중요한 화두였던 것과 유사하게 작동하는 면이 있다. 아시아에서, 적어도 한류가 지배적 문화 소비 형태인 동아시아에서 사람들이 "아시아인은 아름답다"라고 생각하기 시작한 것이다. 굳이 성형을 통하지 않고서도 이 아이디어를 내화할 수 있을 때 아시아인의 자기고양은 더욱 높은 단계에 달하게 될 것이다. 이러한 성형과 화이트페이스에 대한 이해가 성형의 전 사회적 확산과 외모 지상주의, 이를 통해 신분 상승을 꿈꾸는 작금의 사회 현실을 정당화하는 것으로 이해해서는 안 된다. 이 두 가지는 서로 완전히 분리된 담론 영역이고, 전자가 문화적 논리의 장이라면 후자는 경제적 논리가 전횡하는 장이다.

다시 말해서 이러한 한류 현상이 자극하는 정체성 담론은 한류 연구자들이 이미 발견한 한류 형성의 조건(유교적인 인간 가치, 근대화된 도시환경, 세계화 과정에 진입하기를 원하는 중산층의 소비 열망 등)의 영향을 받은 것이기도 하지만, 스스로를 '아시아인'으로 확인하게 하는 요소들은 서구가 제공하는 영상문화와는 차별적인 것으로서 수용되는 아름다운 풍경, 얼굴의 아름다움, 절제된 몸짓과 손길 등 한국 드라마에서 볼 수 있는 시각적 요소들이다. 영상매체에 근거하는 이러한 정체성 확인 과정은 인쇄매체에 의한 정체성 형성의 과정과 다를 것임을 추정할 수 있다. 서구의 문화정체성 형성에 크게 작용한 19세기의 오리엔탈리즘은 수필, 여행기, 신문기사 또는 논문 등 인쇄매체가 전파하는 지식인의 담론에 의해 형성되었다. 이 인쇄매체 의존적이었던 담론은, 역사적 필요에 의해 '타자성'을 정의해나가는 서구의 문화정체성 담론이 '우리(동일성)'와 '그들(타자)' 사이의 변증법적 과정을 통해 구축한 것이다(Said, 1979). 매개학적 관점에서 보면 이러한 지배적 매체의 차이는 미디어스피어mediasphere의 차이, 즉 사고의 생산, 유통, 수용의 상징적 환경이 서로 다름을 내포한다.[71] 매개학의 논리를 따르면 영상매

---

[71] 레지스 드브레에 따르면 서구 역사에서 그라포스피어는 인쇄매체가 발명된 때부터 컬러텔레비전이 등장한 1960년대 말 정도까지였으며 그 이후를 영상매체가 지배적인 비디오스피어라고 규정한다. 이 논리에 따르면 현재는 네트워크로 연결된 디지털 멀티미디어의 시

체에 기초한 비디오스피어 속의 정체성 형성 과정은 인쇄매체가 지배적이었던 그라포스피어의 정체성 형성 과정과 다를 것을 상정할 수 있다. 아시아의 미적 기준에 대한 앞의 논의에서 언급했듯이, 영상매체는 언어로 정확히 표현하기 어려운 감정, 호감, 느낌, 정서에 호소한다. '블랙'의 상극으로서의 '화이트', '서'에서 멀리 떨어진 '동', '서구'의 반대로서의 '오리엔트'를 지칭하는 언어의 이분법적 세계와는 아주 다른 아날로그의 세계이다. 영상매체에 의존하는 정체성 형성은 이처럼 명백히 구분되는 의미 체계를 동반하는 상징의 세계가 아니라 이런 해석도 저런 해석도 가능할 듯한 혼합, 절충, 혼성이 벌어지는 공간이다. 다언어 환경의 세계화 과정 속에서 아시아의 미적 기준이 서구가 만들어낸 전 지구적 미의 기준을 재해석했던 것처럼, '동(아시아)'은 '서(유럽)'의 특징을 포함할 수도 있으나 그것의 사용 면에서 방점의 차별을 생산하고 있는 것이다.

이 책에서 우리는 세계화 과정에서 벌어지는 동서 간 문화정체성 형성 과정에서 영상매체와 영상적 요소의 중요성을 강조하는 동시에 이러한 미적 측면에 대한 사고를 심화시키려고 노력할 것이다. 이것은, 킨이 동아시아 미디어에 대한 연구에서 아시아의 문화산업 관련 연구들은 미학적 관점을 폄하하거나 아예 무시하는 경향이 있다고 강조했듯이(Keane, 2006: 835~855), 동아시아 문화산업 연구에서 부족한 미적 차원에 대한 관심이라는 측면에서 의미 있는 접근이다. 이것은 아시아 정체성에 대한 동남아시아의 '아시아주의' 담론이나 동아시아에서 일본 대중문화의 역할의 중요성 등 기존 역사적 상황의 중요성을 감소시키려는 것이 아니다. 오히려 한류

대인 하이퍼스피어로의 전환 과정이라고 볼 수 있다. 미디어스피어 개념은 올드미디어를 뉴미디어가 구축한다는 생각이 아니라 지배적 미디어의 영향 아래 올드미디어들의 관계가 재배치된다는 것이고, 이것은 비디오스피어와 하이퍼스피어 속에서 신문과 방송이 어떤 새로운 자리매김에 들어갔는지, 매체 환경 전반에 대한 구조적 사고를 가능케 해준다 (Debray, 1991).

현상 속에서 생산되고 있는 아시아의 문화정체성 논의를 이러한 아시아의 구체적인 역사적 조건 및 맥락과 연관시킨 연구들이 더욱 필요하다고 생각한다. 단지 이 책은 한류가 자극하는 정체성 담론의 영상문화적 특성을 비디오스피어와 하이퍼스피어 상황에서 분석하려는 것이며, 이 책의 제2부는 프랑스의 한류 팬들의 수용 연구를 통해서 이러한 매체 환경의 변화를 고려한 미학적 접근의 사례를 보여줄 것이다. 앞에서 기술했듯이, 아시아인에 대한 스테레오타입으로 일관하던 서구의 매체들도 아시아인의 가시성과 중요성을 높이는 재현, 세계화가 제공하는 변화하는 수용 환경과 좀 더 미학적으로 협상된 재현을 생산하고 있다.

다음 제3장에서는 동아시아 문화정체성 담론을 생산하는 한류의 매개학적 환경, 즉 한류 콘텐츠를 생산하는 동아시아의 문화산업이 어떤 문화산업적 특질을 지니고 작동하는지, 하나의 정체성으로 묶일 수 있는 특질을 지니고 있는지 분석해본다. 이것은 피할 수 없이 한류와 관련된 문화산업에 초점을 둔 관찰에서 동아시아 문화산업으로 그 논의의 대상을 확대해나가는 것으로, 과잉 일반화의 위험을 지니는 것이기도 하다. 그럼에도 불구하고 한류가 지배적 문화소비 형태로 실천되고 있는 동아시아 지역에서 한류 문화산업 전략이 모델이 되고 있고, 한류를 있게 한 한국 문화산업이 일본 문화산업을 모델로 하고 있다는 점에서, 그리고 이미 이러한 초국적 문화산업 전략을 가능케 하는 초국가적인 만화문화가 존재한다는 점에서 하나의 가설을 넘어서서 이론화할 수 있는 근거가 있다고 생각한다. 다음 장에서의 논의는 각 절이 개별 연구 논문이 될 필요가 있는, 필자의 개인적인 관찰에 따른 하나의 가설이다. 따라서 독자들은 다음 장의 내용을 앞으로 발전시킬 이론화를 위한 하나의 제안으로 읽어주기를 바란다. 모든 필자들의 입장이 그러하듯이, 필자에게는 이 관찰 내용들은 가설 이상의 설명력을 지니는 것이다. 앞으로 많은 가설 검증, 반증의 사례들이 논의되어 동아시아 컨버전스 문화에 대한 이해가 깊어질 수 있는 계기가 되기를 바란다.

제3장

동아시아의 컨버전스 문화

우리는 많은 국적의 팬으로 이루어진 팀이다. 음악에는 국경도 인종도 없다. 우리는 서로 다른 우리를 이어주는 이 음악을 다른 사람들에게 알려주기 위해 매일 매일 일한다. 다이내믹한 한국은 노력의 대가로 단 몇 년 만에 아시아 전체에서 핵심적인 오락(영화, 음악, 드라마 등) 생산국이 되었다. 이 나라는 매력적인 수도 서울을 통해 미국의 할리우드, 인도의 볼리우드처럼 꿈을 생산하는데, 이 꿈은 바로 아시아적인 무엇이다!

이 인용문은 프랑스의 케이팝 전문 정보 사이트 케이팝 프랑스[Kpop France] 사이트의 취지문에서 발췌한 것이다. 이 글은 케이팝이 하나의 음악 범주로 승격되었음을 말해주는 동시에, 그것이 드라마와 영화 생산이 포함되는 오락산업 전체와 관련되어 있다는 것을 프랑스의 팬들도 충분히 알고 있음을 암시한다. 그리고 할리우드와 볼리우드에 비견되는 꿈의 생산지 서울을 거론하며, 이것을 한국적인 무엇이 아니라 '아시아적인 무엇'으로 인식하고 있음도 알 수 있다. 제2장에서 동아시아의 문화정체성에 대한 담론을 생산하는 한류를 다룬 데 이어, 제3장은 이러한 한류를 가능케 한 동아시아 문화산업을 분석한다. 그리고 위 인용문이 적절히 지적했듯이 이 산업의 아시아적 특성을 고찰하는 것이 그 핵심이다. 제1장에서 언급했듯이 이것은 세계화 과정 속에서 한류를 이해하기 위해 필요한 동아시아 문화산업의 특성을 논하려는 것이고, 앞서 예고했듯이 동아시아에서 초국가적으로 관찰되는 문화산업의 특성과 작동의 논리를 정리해나가는 과정에서 이를 도출해보기로 한다. 위의 인용문에서처럼 수용자들이 '이미' 인식하고 있는, 한류 속에서 발견되는 동아시아 문화산업을 가로지르는 공통의 내용을 찾으면 다음과 같은 세 가지 특성이 발견된다. 그것은 사실 국가별 심층 연구와 많은 사례 분석을 동반해야 하는 연구 주제들이다. 이 책에서는 필자의 관찰과 이해에 기초하여 제한된 사례를 통해서지만 하나의 가설로서 다음과 같은 동아시아의 초국가적 문화산업 정체성을 이해하자고 제안한다.

첫째, 북미에서 활발하게 거론되는 컨버전스 문화의 특성(능동적이고 생산적인 수용자, 디지털 환경의 발전, 다수의 플랫폼을 사용하는 콘텐츠 산업 등)이 동아시아에서도 관찰되는데, 그것은 북미를 중심으로 발전되고 있는 트랜스미디어 스토리텔링과는 다른 방식의 크로스미디어와 미디어믹스가 연계된 특수 양식이다.

둘째, 동아시아에는 초국가적인 만화문화가 형성되어 있고, 이것은 초국가적 컨버전스 문화산업 발전의 기반을 이룬다.

셋째, 서구의 스타나 셀러브리티 문화와 구분되는 탤런트, 아이돌 문화가 문화산업의 특수 자본으로 적극 활용된다.

1. 컨버전스의 문화적 논리

제1장에서 변화한 미디어 환경과 능동적이고 창의적인 프로슈머 능력을 지닌 수용자의 등장, 그것이 문화산업에 어떤 영향력을 행사하는지에 대해

언급했다. 이러한 새로운 미디어 환경과 수용자의 변화는 국가마다 디지털화의 진행 정도에 따라 차이가 있기는 하지만 전 세계적으로 보편적인 미디어 사용 형식이 되었다. 전 세계의 수용자들은 인터넷 접속만 가능하다면, 전통적 미디어가 콘텐츠를 제공하기를 기다리지 않고, 직접 자신이 원하고 취향에 맞는 문화 산물을 찾아 나설 수 있게 되었다. 언어의 장벽 또한 놀라운 노력 공유의 능력을 보여주는 팬섭의 자막달기 덕분에 극복될 수 있고, 영어를 어느 정도 이해할 수 있다면 더더욱 자국어 팬섭을 기다리지 않고도 지구 반대편에서 생산된, 원하는 문화 산물을 하루 종일 향유할 수 있게 되었다. 헨리 젠킨스는 이러한 디지털 문화가 가져온 올드미디어와 뉴미디어 사이의 융합 현상과 새로운 수용의 논리를 컨버전스 문화^{Convergence} ^{culture}라고 정의한다. 그에 따르면 이 문화는 다양한 미디어 플랫폼 사이의 미디어 콘텐츠의 흐름, 그리고 다양한 미디어 산업 사이의 협력에 의해 작동하며, 이 문화 속에서 미디어 수용자들은 그들이 원하는 오락 경험을 찾기 위해 거의 모든 곳을 찾아 이동하는 행태를 보인다(Jenkins, 2006).

이러한 컨버전스 문화가 북미의 매체 환경과 수용자 논리의 결합으로 탄생한 특성을 젠킨스는 트랜스미디어 스토리텔링$^{Transmedia\ Storytelling}$이라고 부르고 우선적으로 이론화했다. 그러나 북미와 유럽 중심적인 문화산업 논의는 항상 그 외의 지역을 논외로 하고 있는데, 이것은 의도적인 것이라기보다 서로 대화가 가능한 형태의 연구 결과의 부재, 또는 영어로 된 출판의 부족 등 구조적인 문제를 안고 있다고 볼 수 있다.[1] 그러나 컨버전스 문화를 논하면서, 디지털화의 선진국인 홍콩, 대만, 싱가포르 등이 속해 있는 동아시아 지역을 배제한 논의는 애초부터 불완전한 것이라고 생각한다. 게다가 이 지역은 앞에서도 설명했듯이 홍콩과 일본의 대중문화 유통과 최근의 한

---

[1] 그러나 아시아에 대한 관심의 부족과 서구 연구자들의 서구 중심적 시각의 한계가 더욱 중요한 구조적 원인임을 완전히 떨쳐버릴 수는 없다.

류를 통해 초국가적 문화물 소통이 급증하여 하나의 문화정체성 블록으로 성장하고 있으며, 경제 대국인 일본과 중국, 인터넷과 디지털화, 모바일 문화에서 선도적 위치에 있는 한국이 포함된 지역이다. 중국인의 세계 내 이민 분포와 일본인과 한국인의 미주 이민 및 유동성을 고려할 때, 동아시아 문화산업의 전 세계적 영향력은 이미 유의미한 수준이고 향후 더욱 괄목할 만한 성장이 기대된다. 따라서 자료 부족의 문제로 보편적인 문화산업론에서 이 지역에 대한 논의를 더 이상 유보할 수는 없다고 생각한다. 이 절에서는 이러한 북미 중심적인 트랜스미디어 논리가 기존의 이종 문화산업 간 차용과 상호 연계의 논리인 크로스미디어와 어떻게 구별되며, 동아시아에서 발견되는 미디어믹스와 어떻게 차별적인지, 그렇지 않다면 어떠한 혼합형태를 보이는지, 구체적인 실천 과정에서 서구 문화산업과 동아시아 문화산업의 차이점과 동일성에 대해 살펴보고자 한다.

1) 트랜스미디어

영미의 대중문화 산업에 갈수록 트랜스미디어 전략이 발전하고 있다고 한다. 이 개념은 2003년 MIT 미디어학과의 헨리 젠킨스 교수가 먼저 제안한 것으로, 그의 '트랜스미디어' 개념은 콘텐츠 생산의 새로운 멀티미디어 전략의 논리로 다양한 미디어를 통해 상호 연관된 이야기를 전개해나감으로써(트랜스미디어 스토리텔링) 매체산업의 수익을 최적화하고 수용자의 즐거움을 확대하는 활동이다(Jenkins, 2006). 트랜스미디어 전략이란 이종 문화산업 장르 사이에서 콘텐츠를 차용하고 가공하는 크로스미디어 단계를 넘어서 서로 다른 미디어 플랫폼에서 동시 또는 시간적 차이를 두고 상호 인용적 또는 상호 협업적 스토리텔링을 하여 이야기의 깊이와 다양한 해석의 가능성, 신비함, 비밀스러움 등을 높임으로써 갈수록 민첩하고 사로잡기 힘든 수용자들을 이야기 창조의 세계로 끌어들이는 것을 말한다. 이것은 젠킨스 교수가 영화 〈매트릭스〉시리즈가 영화 밖으로 스토리를 확대해 나가는 것을 보고 발전시킨 개념으로, 〈스타워즈Star Wars〉시리즈나 〈블레어 위치 프로젝트Blair Witch Project〉, 그 밖에 수많은 미국 영화와 드라마가 이 방법을 시도하고 있는 것으로 알려져 있다. 이 방법은 능동적인 멀티미디어 사용자, 모바일 커뮤니케이션으로 무장한 프로슈머인 동시에 다식성 문화산물 소비자로 발전한 수용자들의 창의력을 역이용하여 문화산업이 수용자의 참여를 상정하는 스토리를 생산하는 것이다. 따라서 다음에 살펴볼 크로스미디어가 산업 집중적이라면 트랜스미디어는 수용자 지향적인 미디어 전략이라고 평가할 수 있다.

트랜스미디어 스토리텔링의 사례로 1999년 여름에 개봉된 영화 〈블레어 위치 프로젝트〉의 사례를 들어보자. 세 명의 대학생들이 카메라를 들고 전설의 마녀를 취재하러 숲속에 들어갔다 길을 잃어 행방불명되었는데, 그 세 사람이 아직까지도 행방불명이며 그들이 찍어놨던 비디오테이프들만 발견되었다는 줄거리의 이 영화는, 영화의 인물들과 도시의 전설이 영화 밖으로 확장될 수 있는 여러 장치를 통해 이 영화에 삽입된 다큐멘터리가 사실인 듯한 환상을 성공적으로 유포하여 결국 3만 5,000달러의 제작비로 두 달 만에 1억 4,000만 달러의 수익을 올리는 결과를 가져왔다. 연출자는 시나리오 일차 버전이 끝나기도 전에 영화의 인터넷 사이트에 다큐멘터리, 뉴스 리포트 스타일로 찍은 거짓 경찰 인터뷰, 증인 인터뷰 등을 올렸다. 인터넷상에서는 이것이 과연 사라진 청년들에 대한 사실 다큐멘터리인지 픽션인지에 대한 논쟁이 과열될 정도로 큰 화제가 되었다. 그뿐만 아니라 오디션을 통해 새로 뽑은 배우들에게 대사를 외우지 않고 자연스러운 연기를 하도록 해서 픽션영화와 다큐멘터리의 경계를 허물었다. 이 영화는 결국 현실 속의 사람들이 사라지는 마녀의 숲에 대한 전설과 결합하여 대안현실게임Alternative Reality Game: ARG의 효과를 내는 데 성공한 것이다.

이러한 트랜스미디어 스토리텔링 전략은 갈수록 미국 문화산업 전반에 확장되어 다양한 코믹스,[2] 영화 또는 드라마, 인터넷, 그리고 대안현실게임까지 포함되는 제작이 급증하고 있다. 혹자는 '증강 시리즈$^{augmented\ series}$', '증강 내레이션', 또는 '딥미디어$^{Deep\ Media}$'라고도 부르는데,[3] 모두가 시청자의 스토리 경험에 중점을 두어 가능한 한 최대한의 관여성과 즐거움을 생산하는 것을 목표로 한다. 그 결과 갈수록 많은 미국산 문화콘텐츠가 트랜스미디어 전략의 기발함을 다투면서 다양한 형태의 미디어 프랜차이즈 형식으로 제작되고 있는 것이 관찰된다. 워쇼스키 형제는 삼부작 영화 〈매트릭스〉를 하나의 트랜스미디어 계획으로서 제작하고 전체 매트릭스 세계의 정체성을 확보해주는 보증인 역할을 했다. 한 번 보고 그 내용을 잘 이해하기 힘들 정도로 신비스러운 〈매트릭스〉의 세계는 DVD, 영화, 인터넷을 통한 방송, 코믹스, 영화의 이야기 끝에서부터 시작되어 스토리의 확장을 가져오는 게임, 온라인 다중 접속 롤플레잉 게임^{MMORPG} 등으로 이루어져 있고, 이들을 여러 형태로 소비할수록 매트릭스 세계의 의미를 더욱 잘 음미할 수 있다. 동일한 논리로 〈스타워즈〉란 문화 현상은 〈스타워즈〉란 이름으로 생산된 모든 코믹스, 영화, 관련된 부산물 전체를 포괄해야 그 정체가 드러난다. 영국 드라마 〈닥터 후$^{Doctor\ Who}$〉에서 인물의 크로스오버를 통해 〈토치우드^{Torchwood}〉를 만든 것 같은 크로스오버^{Crossover} 또한 트랜스미디어 전략에 속한다고 볼 수 있다. 〈닥터 후〉에서 인물 하나만 떨어져 나온 것이 아니라 두 드라마가 동시 진행되면서 스토리가 얽히는 관계에 있으며 둘 다 타임 슬립이 기본이기에 이야기 확장의 효과가 크다. 게다가 여기서 확장된 라디오 드라마도 제작되었다. 각종 수수께끼로 가득하여 시청자의 호

---

[2] 그림 이야기의 전통은 세계 여러 나라에서 서로 다른 이름으로 존재한다. 이 책에서는 미국산을 코믹스^{comics}, 프랑스 및 벨기에산을 방드 데씨네$^{bande\ dessinée,\ BD}$, 그리고 동아시아의 만화로 구분해 부르고, 동아시아 내부에서 구분이 필요할 때는 일본만화, 한국만화, 대만만화로 호칭한다.
[3] ≪더 와이어$^{the\ Wire}$≫의 편집장 프랭크 로즈$^{Franck\ Rose}$의 용어이다.

기심을 자극한 미국 드라마인 〈로스트〉의 경우, 드라마 속에서 제기되는 의문의 현상과 문제를 풀도록 수용자들이 지식을 얻을 수 있는 '로스트 대학'을 운영하여, 시청자들은 이 대학 사이트에서 학생 등록을 해 구좌를 열 수 있고 실제 UCLA 교수들이 정기적인 강의를 업로드하고 있다.[4] 드라마 〈프린지Fringe〉의 코믹스 버전은 성공한 한국 드라마가 소설 원작을 그대로 옮기는 것과 달리 시리즈 출발 이전의 이야기인 프리퀄prequel 형태로 생산되었고, 〈히어로스Heros〉의 인물들 각각을 주인공으로 하는 개별 시리즈도 제작되었다. 새로 선보인 미국 드라마 〈파크스 앤드 리크리에이션Parks and Recreation〉은 가상의 도시를 배경으로 하는데, 도시와 회사, 인물들과 관련된 인터넷 사이트와 페이스북을 운영하여 현실효과를 높이고 등장인물들에 대한 정보와 개인 스토리를 증가시키고 있다. 드라마 〈더 캐슬The Castle〉에서는 심지어 픽션의 주인공이 쓰던 소설이 실제로 출판되기도 했다. 새로 개봉될 영화의 홍보로 ARG를 이용하는 사례도 증가하는 추세이다.

이처럼 트랜스미디어 스토리텔링 전략은 기존 모체가 되는 픽션을 '확장'하고 비밀의 '깊이'를 더하며, 수용자의 '체감도'를 높일 수 있도록 게임의 인터페이스(대안현실게임의 경우)를 빌려온다. 이 전략 속에서 제작자는 스토리의 확장을 통해 가능한 한 세계 전체를 이해하고 있어야 전체 전략을 지휘할 수 있고, 수용자는 다양한 플랫폼으로 제공되는 최대한의 콘텐츠를 수집하여 트랜스미디어 세계의 각종 비밀을 찾아내고 공유한다. 이처럼 도전적인 미디어 프랜차이즈를 최대한 활용하기 위해서 팬들은 적극적으로 협력하여 해당 콘텐츠에 대한 각종 위키피디아를 만들어 스토리 전체의 이해를 위해 필요한 세부 정보를 공유한다.

---

4 http://www.lostuniversity.org, 2012년 11월 2일 참조.

2) 크로스미디어

크로스미디어는 하나의 콘텐츠가 각기 다른 미디어 플랫폼을 전전하며 서로 다른 장르로 번안, 각색, 번역되는 것을 말하며 트랜스미디어 전략보다 산업 집약적인 콘텐츠 생산 양식이다. 동아시아 여러 나라 사이에서 초국가적으로 행해지는 크로스미디어 전략은 동아시아 문화 콘텐츠가 세계의 수용자들에게 가시적으로 다가가는 데 핵심적인 역할을 했고, 크로스미디어를 가능케 하는 한·중·일·대만의 문화적 동질성과 차이에 대한 관심을 불러일으키게 하는 중요한 계기가 되었다(이 부분은 제2부에서 상세히 다룰 것인데, 이론화를 위해 그 결과를 여기에서 인용한다). 동아시아에서 관찰되는 크로스미디어 전략의 사례들을 범주화해보면 대략 다음과 같이 세 가지로 요약할 수 있다.

첫째, 일본과 한국의 만화, 또는 소설, 웹툰 등을 원작으로 한 텔레비전 드라마, 그것의 영화 버전, 동아시아 각국에서의 각색, 연출, 최근의 드라마와 영화를 원작으로 한 뮤지컬 제작 등이 여기에 속하는데, 대부분 원작을 가공하여 새로운 프로그램을 파생시킬 뿐 의도적이고 전략적인 이야기의 확장을 가져오는 경우는 드물다. 전 세계적으로 형성되어 있는 일본 만화의 수용자층은 자연스럽게 일본, 한국, 대만 사이의 초국가적 크로스미디어 현상을 통해 일본, 한국, 대만, 그리고 중국의 일부 대중문화 콘텐츠를 서로 연계된, 상호텍스트성을 지닌 것으로 수용한다. 유럽 내 동아시아 문화향유자들은 일본 만화 팬덤에서 비롯한 경우가 대다수이기 때문에 동아시아 3국의 만화를 원작으로 한 드라마로부터 텔레비전 드라마의 세계로 들어온 경우가 많다. 서구의 초기 드라마 팬들이 최초로 본 동아시아 드라마들이 〈GTO$^{Great\ Teacher\ Onizuka}$〉(일본, 1998), 〈유성화원^{流星花園}〉(대만, 2001), 〈풀하우스〉(한국, 2004), 〈하나요리단고^{花より男子}〉(일본, 2005), 〈궁〉(한국, 2006), 〈악마재신변^{惡魔在身邊}〉(대만, 2005)인 이유가 바로 이 드라마들이 만화를 원작

으로 하기 때문이다. 만화를 원작으로 한 동아시아의 드라마와 영화의 목록은 매우 길다. 유럽 내 드라마 팬들에게 중요한 드라마나 영화는 〈아름다운 그대에게〉(대만, 일본, 한국),[5] 〈장난스런 키스〉(대만, 일본, 한국),[6] 〈안티크: 서양골동양과자점〉(일본, 한국),[7] 〈너는 펫〉(일본, 한국),[8] 〈드래곤 사쿠라〉(일본, 한국),[9] 〈올드보이〉(한국),[10] 〈시티헌터〉(한국)[11] 등이다. 〈마왕〉(한국, 일본)[12]처럼 한국 드라마를 원작으로 일본에서 리메이크하는 경우, 〈연애일기〉(한국, 2006)처럼 동명 일본 소설을 원작으로 한국에서 드라마화하는 경우, 성공한 기존 드라마를 리메이크한 〈풀하우스 테이크2〉(한국, 2012) 등 다양한 각색, 리메이크가 이루어지고 있다. 게다가 드라마가 성공하는 경우 그 드라마의 내용을 글로 엮은 소설과 만화영화가 제작되는 등, 하나의 성공한 콘텐츠를 여러 플랫폼으로 사용하려는 '원소스 멀티유즈'가 광범위하게 퍼진 산업적 전략이다.

이처럼 국경을 넘나드는 원작 만화, 소설, 드라마의 각색은 원작의 인지도에 기대어 사전 홍보가 자발적으로 이루어질 뿐 아니라 동아시아 연예

---

5 일본 만화 원작 『아름다운 그대에게花ざかりの君たちへ』, 동명 일본 드라마(2007), 대만 드라마 〈화양소년소녀花樣少年少女〉(2006~2007), 한국 드라마 〈아름다운 그대에게〉(2012).

6 일본 드라마 〈장난스런 키스イタズラな Kiss〉(1996), 대만 드라마 〈장난스런 키스惡作劇之吻〉(2005), 한국 드라마 〈장난스런 키스〉(2010).

7 일본 드라마 〈안티크: 서양골동양과자점アンティーク ~西洋骨董洋菓子店~〉(2001), 한국 영화 〈서양골동양과자점 앤티크〉(2008).

8 일본 드라마 〈너는 펫きみはペット〉(2003), 한국 영화 〈너는 펫〉(2011).

9 일본 드라마 〈드래곤 사쿠라ドラゴン桜〉(2005), 한국 드라마 〈공부의 신〉(2010).

10 일본 만화 원작 『올드보이オールド・ボーイ』, 한국 영화 〈올드보이〉(2003).

11 동명 만화를 원작으로 하는 〈시티헌터City Hunter〉 일본 애니메이션은 1987년에 시작되어 1990년까지 1기에서 3기가 방송되었다. 한국 드라마 〈시티헌터〉(2011)는 2011년에 방송되었다.

12 일본 드라마 〈마왕魔王〉(2008)의 경우.

기사를 꼬박꼬박 체크하는 동아시아와 서구의 팬들에게 신작에 대한 기대와 호기심을 불러일으키는 전략이다. 그 결과 본 방송 시에 시청률이 부진했던 드라마들이 인터넷상에서 대히트를 기록하는 '이상' 사례들도 속출하고 있다. 그 대표적인 사례가 일본 소녀만화(쇼죠망가)『하나요리단고』의 4개국 각색이다. 1992~2003년 37권으로 출판된 이 작품은 대만(〈유성화원〉, 2001, 2002)에서 시작하여, 일본(〈하나요리단고 1·2〉, 2005·2007), 한국(〈꽃보다 남자〉, 2009), 중국(유성우流星雨, 2009)이 각색해 드라마로 제작, 방송했고, 일본에서 만화영화(1996~1997)와 영화(1995, 2008)도 제작되었다. 만화를 이미 읽은 유럽 팬들은 서로 다른 각색을 따라잡으며 시청했고, 한국판 드라마 제작 소식이 나오자마자 등장인물에 맞는 배우들을 스스로 캐스팅하고 동일 인물을 연기하는 동아시아 3국 배우들의 연기, 연출의 차이 등을 비교분석하는 적극적인 수용 활동을 보였다. 그 결과 국내에서는 비판의 대상이었던 〈꽃보다 남자〉가 온라인에서 대형 이벤트가 되었고 이민호, 김현중, 김범이 초대형 인터넷 스타로 자리매김했다.

그런데 이러한 장편만화나 소설과 같은 정보 집중 매체를 원작으로 한 영상물로의 각색은 트랜스미디어 전략에서와 같은 의도적인 스토리의 확장과 깊이를 목표로 하지 않기에 의미의 확장이라기보다는 단순화 또는 변형으로의 각색이 대부분이다. 최근에 한국 연예산업에서 활발하게 이루어지고 있는 드라마를 원작으로 한 뮤지컬 제작이 그러한 경우이다. 짧으면 16회, 길게는 50회를 넘는 대형 드라마를 두 시간 공연의 뮤지컬로 각색하는 '드라마컬'의 경우 인물의 단순화, 특정 주제만을 강조한 이야기 전개가 불가피하고, 작품성의 승부는 물론 음악의 성공 여부에 따라 달라진다. 〈대장금〉(MBC, 2003~2004)을 시작으로 〈환상의 커플〉(MBC, 2006), 〈선덕여왕〉(MBC, 2009), 〈파리의 연인〉(SBS, 2004), 〈막돼먹은 영애 씨〉(tvN, 2007~) 등이 뮤지컬로 각색 제작되었고, 〈내 마음의 풍금〉(1999), 〈서편제〉(1993)는 영화에서 뮤지컬화되어 작품성을 인정받은 바 있다.

만화주인공과 4개국 〈하나요리단고〉 각색 드라마의 해당 주인공 얼굴로 이루어진 팬의 콜라주.

자료: 인터넷 팬사이트.

둘째, 하나의 텍스트화된 콘텐츠를 초국가적으로 가공하는 첫 번째 사례에서 한걸음 더 나아가 하나의 텍스트에 제한되지 않고 이미 초텍스트적으로 존재하는 아이돌, 캐릭터, 주제를 공유하고 반복, 재생산, 확대재생산하는 초국가적 교차 연예산업이 존재한다. 이것은 원작 만화를 초국가적으로 드라마화하기, 타국의 드라마를 원작으로 리메이크하기를 넘어서서 자국 드라마에 타국 아이돌을 출연시키기, 더 나아가 한국과 일본에서 제작과 시나리오작업을 분업하고 텔레비전과 극장영화 버전으로 출시한 텔레시네마 프로젝트 등을 들 수 있다.[13] 또한 한국 연예기획사들이 일본에서 1960년대 말부터 정착한 쟈니즈 엔터테인먼트$^{Jonny's\ Entertainment}$와 같은 연예사들과 유사한 방식으로 아이돌 중심의 연예산업을 발전시키면서 더욱 호환성이 높아졌다고 할 수 있다. 한국 얼터너티브 록그룹 트랙스^{Trax}의 경우 일본의 아벡스^{Avex} 사와 한국의 SM 엔터테인먼트가 공동 제작했고, 아벡스 사는

---

[13] 2009~2010년에 일본 작가와 한국 제작진이 공동 작업하여 7편의 단편 극영화를 만드는 프로젝트로, 이 중 〈천국의 우편배달부〉에는 동방신기의 영웅재중을, 〈19〉에는 빅뱅의 탑과 승리를 캐스팅하는 등 아이돌을 여럿 기용했다. 작품의 완성도와 상관없이 아이돌이 출연한 두 작품이 인터넷을 통해 해외 한류 팬들 사이에 회자되고 있음이 발견되었다.

보아, 동방신기, 애프터스쿨, 2NE1, 슈퍼주니어 등도 배급한다. 이것은 과거 한중 또는 한일 합작이란 이름으로 배우를 섞고 이들 사이의 연애와 우정을 다루는 드라마를 만들던 것과는 다른 유의미한 전략적 변화라고 할 수 있다. 케이팝이 동아시아 시장에서 지배적 영향력을 획득하면서 한국 연예기획사들이 동아시아 시장을 고려해 아이돌 그룹에 중국, 태국, 일본 국적 멤버를 영입하고, 동아시아 여러 나라에서 오디션 이벤트를 벌이는 등 이제는 아이돌 생산 자체가 마케팅에 의해 이루어지는 단계이다. 대만이나 중국, 베트남 등 케이팝 영향 지역에서는 한국의 아이돌 그룹과 이 그룹들의 히트곡을 벤치마킹한 노래도 만들어져 유튜브를 통해 널리 소통되고 있다.14

이처럼 초국가적 문화산업의 다양한 형태의 교류 속에서 대중음악과 드라마, 연예 프로그램, 패션, 광고 등 전 방위로 활동 가능한 아이돌이 중요한 자본으로 작용하고 있고, 이것은 바로 아이돌을 아이돌일 수 있게 해주는 팬문화의 영향력을 간접적으로 말해준다. 동아시아의 초국가적 문화산업에서 아이돌의 역할은 3절에서 자세히 다룰 예정인데, 미리 요약하자면 일본의 야오이 문화에서 영향을 받은 것으로 추정되는 한국의 팬픽션의 힘이 '아이돌'을 동아시아 대중문화 현상으로 자리 잡게 하는 데 크게 기여했다고 평가할 수 있다는 것이다.

이러한 초국가적 아이돌 연예산업의 초국가적 크로스미디어 현상과 병행하여, 초국가적으로 빈번히 등장하는^{recurrent} 캐릭터들과 그들이 이끄는 테마가 존재하는 것이 확인된다. 완벽하고 잘생긴 부자 청년과 그와 사랑

---

14 중국의 Ok Bang(빅뱅), Idol Girl(소녀시대), I me(중국인 멤버 3명, 한국인 1명, 태국인 1명로 구성된 '카라'를 벤치마킹한 그룹), 대만의 Super7(소녀시대) 등을 꼽을 수 있다. 이 그룹들의 유튜브 영상 코멘트 속에서 팬들이 벤치마킹한 그룹들 사이의 유사성을 당장에 파악하고 있음을 알 수 있다.

이야기로 얽히게 될 어설프고 실수가 많은 가난한 여자 주인공, 남장 여인 또는 톰보이적 여성이 남자들만 생활하는 공간에서 일하거나 생활하는 로맨틱 코미디 스토리 라인은 동아시아의 만화, 드라마, 아이돌 그룹에까지 널리 퍼져 있다.[15] 한국, 일본, 대만의 여러 로맨틱 코미디들이 이에 속하고, 남자친구를 위해 남자 고등학교에 남장을 하고 들어간 여자 얘기를 다루는 〈아름다운 그대에게〉(대만, 일본, 한국), 동일 주제를 조선시대 성균관을 배경으로 만든 퓨전 드라마 〈성균관 스캔들〉, 쌍둥이 오빠를 대신해 남성 아이돌 그룹에 여자가 남장을 하고 들어가 합숙하면서 벌어지는 사랑의 사각관계를 그린 〈미남이시네요〉(SBS, 2009) 등도 좋은 사례이다. 동아시아의 4국에서 제작된 앞서 언급한 〈하나요리단고〉 또한 부잣집 귀공자 그룹에 끼어든 평범하고 생활력이 강한 소녀의 이야기를 다룬다는 점에서 동일한 주제, 동일한 캐릭터의 활용이라고 평가할 수 있다. 이러한 유형의 드라마는 아이돌 그룹의 가수 겸 배우들과 청소년층에 어필할 만한 신인 배우들을 등용하는 관문으로서 지속적으로 생산되고 있다. 이처럼 동아시아 컨버전스 문화 콘텐츠로서 반복적으로 사용되는 남장 여성 모티프는 다음 장에서 심층적으로 다룰 야오이 문화의 영향 속에 형성된 팬픽션 문화를 문화산업이 흡수한 것이라고 할 수 있다.

셋째, 그런데 미디어 산물들을 구체적으로 분석하다 보면, 크로스미디어의 과정에서 트랜스미디어와의 외면상 차이가 불분명해지는 사례도 발견된다. 각색 과정에서 부가가치가 높은 '첨가물' 현상이 이루어지거나 하나의 프로젝트가 여러 가지 파생 프로그램을 낳는 경우가 그러하다. 일본만화를 원작으로 한 영화 〈올드보이〉처럼 각색 과정의 부가가치가 높으면 아예 다른 작품처럼 유통되는 경우도 있고, 〈뮤지컬 대장금〉이 드라마 〈대장금〉의 스토리를 기반으로 했던 시즌1이 혹평을 받은 데 비해, 드라마의

---

15 F(x)의 중국인 멤버 앰버[Amber]는 톰보이의 매력으로 큰 인기를 얻고 있다.

둘레를 어느 정도 벗어버리고 새로운 캐릭터의 기용과 이야기 구조의 변화 모색을 통해 시즌2가 성공한 사례 등이 그러하다. 특히 한국 문화산업의 중요한 투자자인 CJ엔터테인먼트는 하나의 프로그램이 다른 프로그램을 파생시키는 본격적인 크로스미디어 전략을 도입하고 있다. 수많은 콘테스트 프로그램을 통해 유명인―이후 세계적인 셀러브리티 연구와의 연관성을 고려해 '셀럽'이란 통상적 약칭으로 일괄해 부른다―을 탄생시키고, 그 셀럽을 다시 다른 프로그램에 이용하는 전략을 널리 사용하는 것이다. 케이블 채널 tvN이 2011년 말에 방송한 CJ 제작 〈꽃미남 라면가게〉의 경우(2011년 10월 30일~12월 2일 방송), 출연 배우를 오디션하는 리얼리티 프로를 만들어 관심을 끌었던 바 있고, 이후 드라마를 가지고 다시 웹툰을 만들었으며, 그중 몇몇 배우는 〈닥치고 꽃미남 밴드〉(2011년 1월 30일~3월 20일 방송)라는 〈꽃미남 라면가게〉 후속 드라마에 출연했고 2013년 1월 현재 〈이웃집 꽃미남〉이란 드라마가 방송되고 있다.[16] 이러한 전략은 텔레비전의 셰프 콘테스트를 통해 식당 체인을 론칭하는 크로스 인더스트리 전략으로까지 발전되고 있다. 이러한 전략 속에서 팬은 마케팅의 대상일 뿐 적극적인 스토리 확장의 가능성 내부로 유입되지 않고, 〈뮤지컬 대장금〉 또한 일회적이고 예외적인 스토리의 확장이라는 점에서 트랜스미디어 전략과는 크게 다르다.

다음 장에서 살펴보겠으나, 팬문화가 크게 발달해 있는 한국과 일본의 문화산업이 팬들을 적극적으로 스토리 속으로 끌어들이는 트랜스미디어 전략을 발전시키지 않는 데는 여러 가지 이유가 추정된다. 11회(일본의 경우) 또는 16~24회(한국의 경우)로 끝나는 미니시리즈의 제작 형식이 시즌제

---

16 이러한 크로스미디어 전략은 '오 보이 프로젝트'라는 신생 제작사가 기획한 것으로, 이 정보를 제공한 양성희 기자에 따르면 "꽃미남 콘셉트로 가능한 걸 모두 다 해보겠다는 기획"이다. CJ의 크로스미디어 전략에 대해서는 2012년 가을 언론학회의 라운드테이블 "동아시아 대중문화와 크로스미디어/트랜스미디어 전략"의 양성희 기자의 토론 내용을 참조했다.

인 미국에 비해 트랜스미디어 전략을 만들고 실현하는 데 시간적 제약이 크기 때문이고, 아직 플랫폼의 특성을 고려하는 다목적 스토리텔링 기획, 단일 콘텐츠로 멀티 플랫폼 프랜차이즈를 기획할 수 있는 트랜스미디어 스토리텔러의 생산이 미진한 상태로 보이기도 한다. 또한 트랜스미디어 스토리텔링에 적합한 다중적 해석과 상상으로 열려 있는 공상과학물이나 추리·수사물이 주된 장르인 미국에 비해, 동아시아 드라마의 주된 장르인 멜로물이나 로맨틱 코미디는 트랜스미디어로의 가능성이 적다. 최근에 동아시아 드라마에 타임 슬립이란 내러티브 장치를 사용하는 로맨틱 역사판타지물이 증가하는 것은 동아시아 드라마의 원류인 로맨스 장르를 유지하면서 그것의 내러티브 가능성과 중층적 의미를 확대하려는 새로운 시도로 보인다.[17] 타임 슬립이 중요한 연애의 장애로 등장하기에 기존의 로맨틱 코미디처럼 당연한 해피엔딩을 가정할 수 없고, 내러티브에 개연성을 부여하기 위해 복잡한 시나리오 작업과 드라마투르기가 요구된다. 따라서 시청자들의 상상력이 작가의 역량과 일종의 게임 상태로 돌입하게 되는 장치이기에 더욱 도전적인 스토리텔링이 요구된다고 하겠다.

---

[17] 타임 슬립을 핵심 내러티브 장치로 사용하는 최근의 동아시아 드라마들로는 〈닥터진〉(2012), 〈옥탑방 왕세자〉(2012), 〈인현왕후의 남자〉(2012), 〈신의〉(2012), 〈나인〉(2013)이 있다. 일본 드라마 중 〈몹걸ᵗᵒᵖᵍᵃ⁻ᴸ〉(2007), 〈프로포즈 대작전プロポーズ大作戦〉(2007), 〈너와 함께한 미래를 위해きみといた未来のために〉(2007), 〈타임슬립 닥터진ᴶᴵᴺ⁻ᴵ⁻〉(2009, 2011)이 여기에 속하고, 중국계 드라마로는 〈천월시공적 애련穿越时空的爱恋〉(2001), 〈심진기尋秦記〉(2001), 〈아적무림남우我的武林男友〉(2004), 〈보보경심步步驚心〉(2011), 〈궁쇄심옥宮鎖心玉〉(2011)이 있다. 특히 사극이 타임슬립을 통해 현대극과 섞이는 것은 스토리텔링상의 이유보다는 드라마 속 상품광고ᴾᴾᴸ 때문이라는 해석도 있다.

3) 미디어믹스 Mediamix

그러나 동아시아 대중문화산업이 팬문화를 무시하고 있는 것은 전혀 아닙니다. 트랜스미디어 전략과 아주 다른 방식으로, 동아시아 대중문화산업은 팬들과 소통하고 그들의 일상 속으로 침투하고 있는 것이 관찰된다. 드라마와 연예 프로그램에 널리 퍼져 있는 '팬서비스'의 장면들을 관찰하면, 드라마 스토리 속에서 팬들에게 특별한 즐거움을 주기 위한 대사와 영상, 음악을 삽입하고 있으며, 팬들은 그 장면의 존재 이유를 적극적으로 이해하고 충분히 즐기고 있음을 알 수 있다. 관객을 두고 녹화하는 연예 프로그램에서는 팬들이 환호성을 지를 장면을 의도적으로 연출해냄으로써 현장에 없는 팬들 또한 대리만족을 얻을 수 있도록 연출한다. 스타와 셀럽의 특성을 동시에 지닌 아이돌들은(이 부분은 다음 2절에서 자세히 다룰 것이다), 환상적인 드라마의 세계를 시청자에게 가까운 일상으로 환원하는 데 중요한 역할을 한다. 연습생을 거쳐 환골탈태한 이 젊은이들은 얼마간의 재능이 있다면 노력을 통해서 누구나 그 자리에 도달할 수도 있으리라는 환상을 주는 동시에 동시대의 감수성을 최대한 대변할 수 있도록 효과적으로 제작된 이미지를 지니고 있다. 이들은 또한 가수, 배우, 모델, 텔레비전 탤런트로서의 삶과 미디어에 노출되어 있는 그들의 사생활을 통해 메타스토리를 이끌고 다닌다. 특정 아이돌은 광고 출연을 통해 특정 상품과 스타일에 연결되고, 그들의 이미지는 수많은 가공된 모습으로 일상을 채운다. 그들이 부른 노래와 드라마 삽입곡은 노래방에서 수없이 불리면서 수용자 개인의 정서 투사의 대상이 되고, 수많은 모바일 기기에 다운로드되어 일상적으로 소비된다.

일본 출신 미국 학자 미미 이토 Mimi Ito는 이처럼 매체 문화의 일상 속으로의 침투를 '미디어믹스'라는 개념으로 정의한다.[18] 이토는 미디어믹스 개념을 어린이들의 매체문화를 사례로 들어 설명했는데, 만화 〈유희왕遊戲王〉이

만화영화, 각종 어린이용 카드 게임, 비디오 게임 등 다양한 플랫폼을 통해 소비되고, 특히 카드게임을 통해서 어린이들이 자발적으로 놀이 규칙을 변경하기도 하고 스토리를 생산하면서 일상생활 속으로까지 신화 영역을 넓히고 있다고 설명했다. 이러한 미디어믹스는 〈유희왕〉뿐만 아니라 전 세계 어린이들의 놀이로 전파된 〈포켓몬ポケットモン〉, 〈나루토ナルト〉, 팽이 놀이를 소재로 한 최근의 〈베이블레이드Bey Blade〉에 이르기까지 동일한 형태로 소비된다. 이토의 미디어믹스 개념은 어린이의 매체문화를 넘어서 동아시아의 크로스미디어 전략과 교차산업, 팬문화가 연동해 만들어내는 시너지를 효과적으로 설명해준다고 생각된다. 동아시아에서는 매체문화가 아이돌 문화를 중심으로 소설, 만화, 인터넷 소설 또는 웹툰의 영화화와 드라마화와 OST 산업과 심지어 노래방 산업, 패션, 인테리어 산업 등이 연동하는 크로스미디어와 교차산업적으로 작동되고 있다. 음식업계와 여행업계를 포함한 한류 현상 전체가 크로스미디어의 덕을 보고 있다고 생각해도 무리가 아닐 것이다. 드라마에서 시청자의 눈에 띄는 인테리어, 주인공들이 쓰는 최신 전자제품들, 패션이 곧바로 현실 세계 속의 유행이 되는 경우가 많고, 드라마 속의 음식이 현실 속의 음식이 되어 식당에서 제공되며, 주제가는 가능하면 노래방에서 불릴 수 있도록 제작된다. 다음 절에서 이러한 크로스미디어와 교차산업적 특성, 팬문화의 흡수를 통해 발생하는 미디어믹스 효과를 동아시아 컨버전스 문화의 특성으로서 설명하고자 한다.

4) 드라마의 미디어믹스, 생활 세계 속의 드라마

이 책의 서두에서부터 디지털 문화가 가져오는 매체 환경의 변화에 대해

---

18 Mizuko Ito, "Mobilizing the Imagination in Everyday Play: The Case of Japanese Media Mixes," http://www.itofisher.com/mito/publications/mobilizing_the.html.

서 재차 강조했고, 텔레비전이 지배하던 세계를 인터넷이 어떻게 흔들고 있는지를 설명했다. 그러나 아직도 텔레비전이 굳건하게 헤게모니를 유지하고 있는 영역이 있는데, 일상생활 속 시간 매체로서의 인류학적인 기능과, 핵심적 영상콘텐츠 생산 주체로서의 문화적 역할이다. 텔레비전은 아직도 대부분 가정의 거실을 차지하고 있고, 많은 가정에서 아침에 일어나 출근 전에 필요한 이런저런 정보를 얻기 위해 '틀어놓는' 매체이다. 퇴근 후 귀가했을 때 빈 집을 다시 사람 사는 집으로 만들어주는 것도 바로 텔레비전 소리이기에 많은 사람들은 습관적으로 보지도 않는 텔레비전을 '켜'거나 '튼다'. 불을 켜듯이 습관적으로, 물을 틀어 뭔가를 채우듯이, 전파의 문을 열어 가내 공간을 '채운다'. 전파는 물처럼 '흐르는' 심상을 가졌고, 그 전파를 따라 우리의 사회는 개인의 가내 공간으로 '흘러들어 오는' 것이다. 이에 비해 의도적으로 '접속'하는 인터넷은 여전히 적극적이고 목적지향적인 '일'의 인터페이스이다. 인터넷 텔레비전이 이제 소파에 누워서 인터넷 검색을 할 수 있게 해주지만, 소파에 누워 긴장을 풀고 소비하기엔 인터넷 공간의 오락과 정보보다는 텔레비전이 생산하는 '양질'의 콘텐츠들이 더 매력적이다. 유튜브의 영상과 텔레비전 수상기가 제공하는 고해상도의 픽션이나 다큐의 영상 차이는 결코 무시해버릴 수 있는 차이가 아니다. 게다가 영상 제작이 텔레비전 광고 수입을 좌우하는 본 방송 시의 시청률에 의지하고 있는 한, 텔레비전은 한 국가의 영상문화에 아직도 절대적 영향력을 확보하고 있다.

따라서 텔레비전은 시청자와의 소통을 적극적이고 효율적으로 유지해야 할 필요가 있으며, 항상 최대한의 시청자들에게 어필하고 필요한 것이 되기 위해 '열려진' 공간을 유지해야 한다. 텔레비전의 내용이 보수적 이데올로기에 지배되고 있다는 비판을 받는 일이 많지만, 텔레비전 외적인 권력이 적극적으로 개입하지 않는 한, 자본주의 사회의 텔레비전은 최대한의 시청률을 위해 사회의 변화와 시청자 및 시민들이 원하는 내용을 전달하고 기대에 부응하기 위해 변화하는 시스템이다. 다년간의 각종 사회 조사와 매체 사용 조사, 시청률 등 데이터를 통해 만들어진 이상 시청자$^{Ideal\ Audience}$의 일상에 따라, 하루를 시작할 때 필요한 정보, 일기예보, 간단한 운동이나 시장정보 등이 이른 아침 시간에 방송된다. 어느 채널에선가는 일찍 일어난 취학 전 아동을 차분히 스크린 앞에 잡아둘 만화영화나 어린이 프로그램도 반드시 방송되고 있다. 이것은 나라마다 이상 시청자의 일상 패턴, 즉 그 사회의 의례적인 생활 습관과 일상의 구조에 차이가 있기는 해도 거의 동일한 전국 지상파 텔레비전의 방송 패턴이다.

한국은 세계적으로 고속 인터넷망의 보급과 온라인 문화가 가장 발달한 나라에 속하지만, 전국 지상파 텔레비전이 여전히 높은 시청률을 얻고 전 국민의 흥미를 끌 수 있는 프로그램을 제공하면서 대중문화의 헤게모니를 쥐고 있는 독특한 나라이다. 최고 54%의 시청률을 기록한 〈대장금〉은 예외적인 프로그램이고 갈수록 지상파 드라마의 시청률이 하락하고는 있으나, 여전히 성공이라고 평가받는 시청률 20~30%에 도달하는 드라마들이 매년 적지 않게 생산되고 있다. 한국은 이 드라마를 시청하지 않거나 바빠서 시청할 수 없는 상황이면 적어도 이슈화되고 있는 드라마가 뭔지는 알고 있어야 일터와 친구들과의 대화에서 소외될 위기를 면하는 '드라마 왕국'이다. 이처럼 학력과 소득 수준, 거주지의 차이 없이 전 국민을 단일 시청자 집단으로 국민국가 전체가 애청하는 지상파 텔레비전은 세계적으로 드물다. 아마도 수십 년 된 일일연속극들이 아직도 방송되는 영국의 경우가 비교될 수 있을지 모르나, 이 경우도 한국과 같은 국민시청자에 대한 보장을 지니고 있지는 못하다.

이러한 우리의 일상 공간에 밀접한 매체로서 가내 공간을 구성하고 사회성을 시뮬레이션 하는 중요한 매체인 텔레비전은 아침부터 수많은 스토리를 가내 공간으로 쏟아 넣는다. 미국의 텔레비전이 생산하는 경쟁력 있는 픽션이 주로 공상과학·판타지물이나 수사극, 비판적 리얼리즘이 돋보이는 현실 접근 등 보통 사람의 일상에서 벗어나 있는 상황과 직업을 다루는 것이 일반적인 경향인 반면, 동아시아의 드라마는 일상을 배경으로 하는 로맨틱 코미디, 대중의 일반 정서에 직접 호소하는 멜로드라마가 핵심을 이룬다. 최근에 역사 판타지물이 증가하는 추세이지만 로맨틱 코미디와 멜로드라마라는 드라마의 양대 산맥을 위협하기에는 아직 시작에 불과하다. 이 두 가지 형식은 시청자의 일상과 유사한 장소, 시간, 상황을 통해 전개되고, 이야기는 동시대의 화두들을 반영하며 시청자와 동일시를 꾀한다. 시청자는 로맨틱 코미디가 제공하는 재미있는 상황과 멜로드라마가 보여주는 극적인 시나리오 속에 스스로를 투사함으로써 드라마 속의 현실과 시청자 개인의 사적 이야기 사이에 미묘한 삼투 현상이 벌어지는 것과 같다. 삽입곡 속에는 드라마의 로맨틱한 분위기가 그대로 스며 있으며, 시청하는 동안 반복해 들은 까닭에 익숙하게 드라마의 극적인 장면과 그 당시 느꼈던 감정을 환기시켜준다. 드라마의 주제가^{OST}는 별도로 상업화되기 때문에 다운받아 하루 종일 들을 수 있고, 노래방에서 부르면서 스스로 드라마 시청 당시 느낀 감정을 되씹어볼 수도, 스스로가 처해 있는 또 다른 인생의 장면 속에 그 곡을 배경음악으로 삽입할 수도 있는 매우 '미디어믹스적'인 매체라 할 수 있다.

서구의 트랜스미디어 전략은 주로 공상과학물이나 수사물을 통해 이루어지기 때문에 웬만한 '긱^{geek}'이 아니라면 드라마의 일상생활 속 삼투 관계는 적다고 보인다.[19] 트랜스미디어 스토리텔러들이 의도적으로 대안현실

---

19 '긱^{geek}'은 디지털 문화에 묻혀 사는 정보 기술의 엘리트, 새로운 정보와 커뮤니케이션 분야의 새로운 상품 및 게임 등의 초기 이용자이고 열혈 사용자이며 이를 동반하는 사이파이 문화(코믹스, 영화, 게임 등)를 선호하는 하위문화 스타일을 지닌 사람들을 가리키는 용어이다. 일본에서 만화와 애니메이션 문화와 연관되어 발전한 '오타쿠^{オタク}(일본어로는 '집에 있는 사람'이란 뜻으로 지나친 커뮤니케이션 기술과 대중문화 소비로 사회성이 부족해진 상태를 강조하는 말이다), 한국의 팬문화 속에서 '덕후'라는 용어가 유사한 상황에서 사용

게임^ARG을 론칭해야 할 정도로 공상과학물과 수사물 속의 내용은 '비일상적'인 현실이고 그러한 현실로의 실질적 참여를 요구하는 대안현실게임은 '비일상적인' 상황이다. 다시 말해서 사전 기획된 트랜스미디어의 스토리텔링보다 동아시아의 크로스미디어가 발생시키는 미디어믹스가 더욱 일상생활에 삼투적이고, 전자가 상대적으로 소수인 열혈 팬들에게 호소한다면 후자는 다수 시청자들의 일상으로 깊이 파고드는 전략이다. 어느 드라마에서 선보인 패션, 인테리어, 명대사, 먹을거리가 당장에 일상 속에서 유행하는 현상은 어린이들이 포켓몬 카드놀이를 하는 수준과는 다르지만 드라마의 스토리텔링을 개인의 일상으로 가져와 비교하고 실현하고 되씹으며 공감하는 소비를 가능케 한다.

한국 드라마 속에 자주 등장하는 특별한 소품이 스토리텔링에서 중요한 역할을 하는 경우도 미디어믹스 측면에서 흥미로운 사례이다. 핸드폰과 같이 내러티브 진행상 또는 간접 광고상 기능적인 소품도 있지만, 기능적이지 않고 간접광고의 대상이 아닌데도 주인공이 늘 만지거나 지니고 있는 소품이 시나리오 속에서 중요한 역할을 하고, 팬들이 여기에 필요 이상의 관심을 부여하는 경우가 종종 있다. 〈내 이름은 김삼순〉에서 삼순이의 분신과 같은 역할을 하게 되는 '분홍 돼지', 〈미남이시네요〉 속에서 팬들이 보낸 '돼지 토끼' 인형이 그런 사례이다. 1990년대 말 아이돌 팬문화를 드라마화한 〈응답하라 1997〉에서도 팬이 아이돌에게 토끼 인형을 선물로 보내고, 그 인형이 아이돌의 침대에 놓여 있는 것을 텔레비전에서 보고 열광하는 장면이 있는데, 이때 인형이 아이돌과 팬의 일상을 연결하는 매개물로 사용되고 있다고 할 수 있다.

이러한 동아시아 대중문화 산업이 생산하는 미디어믹스의 경험은 서구의 시청자들 또한 동아시아만의 독특한 연예문화로 인정하고 있다(이 부분

되는데, 하위그룹을 지칭한다기보다 열렬한 팬 상태를 지칭하기 위해 사용된다고 보인다.

은 제2부에서 프랑스의 드라마 팬에 대한 연구에서 자세히 다룬다). 일본만화와 만화영화에 익숙한 유럽의 청장년 세대는 만화를 원본으로 한 만화영화와 텔레비전 드라마, 컴퓨터 게임으로의 발전을 따라잡고, 열성팬의 경우 부가상품들(관련 잡지, 포스터, 일상 용품, 티셔츠 등등)도 인터넷을 통해 구입한다. 한국의 엔터테인먼트 회사들이 데뷔시키는 아이돌 그룹들은 수많은 연예 기사를 생산해내고, 하루 종일 이곳저곳에서 트윗을 보내며 페이스북에 자신의 근황을 올린다. 이들의 동시다발적인 멀티미디어 장악과 드라마·영화업계와의 크로스미디어 활동은 일본, 한국, 대만 등 동아시아 대중문화의 일상에 수많은 크고 작은 이벤트들을 제공한다. 서구의 팬들 또한 좋아하는 드라마의 삽입 음악을 다운받아 종일 듣고 다니고 팬섭 팀이 다음 회를 업로드할 날짜를 손꼽아 기다리는 등, 일상을 드라마의 세계로 가득 채운다. 모바일 기기의 발전 또한 이와 같은 일상 속 미디어믹스 현상을 돕는다. 또한 케이팝 아이돌들의 드라마 출연과 주제가 참여, 그리고 연예계 자체를 드라마의 배경으로 하는 연예산업의 자기지시성^{self-reference}이 늘어나고 있는데, 서구의 팬들에게 이러한 드라마의 세계는 꿈의 대상인 문화산업 내부를 엿볼 수 있는 기회로서 큰 관심의 대상이다.[20]

---

20 많은 드라마의 주인공 또는 2차 주인공이 드라마 제작에 종사하는 것으로 그려진다. 〈그들이 사는 세상〉(KBS, 2008), 〈메리는 외박 중〉(KBS, 2010), 〈하이킥 짧은 다리의 역습〉(MBC, 2011~2012), 〈미남이시네요〉(SBS, 2009), 〈드림하이 1/2〉(KBS, 2011/2012), 〈드라마의 제왕〉(SBS, 2012) 등. 이 드라마들이 한국 문화산업의 구체적 모습을 극화한다는 점에서 더욱 호기심을 불러일으키는 것이 인터넷 관찰을 통해 드러난다.

2. 초국적 만화문화

1) 인터넷과 만화문화

이러한 동아시아 대중문화 산업을 특징짓는 크로스미디어 산업과 미디어믹스 현상을 가능케 하는 공동의 기반이 바로 만화문화이다. 한국과 대만에서 일본만화는 이제 매우 친근하고 일상적인 오락이 되었지만, 그동안 다음과 같은 두 가지 왜곡을 겪어왔다. 첫째, 일본과의 역사적 관계 때문에 떳떳하게 드러내고 소비할 수 없는 문화물이었기에 오랫동안 현지의 만화가들에 의해 첨삭되고 또는 모방되어 자국 만화인 양 유통되었다는 점이다. 〈거인의 별巨人の星〉, 〈내일의 조あしたのジョー〉, 〈바벨 2세Babel Ⅱ〉, 〈유리의 성琉璃之城〉 등 한국에서 큰 인기를 거두었던 작품들이 바로 이런 각색과 변형을 거친 작품들이다. 둘째, 만화는 일본 대중문화의 하위문화로서 저급한 것, 어린이들이나 보는 것인 동시에 선정적이고 폭력적이어서 바람직하지 못한 것이라는 평을 받았다. 만화에는 '불량'이란 단어가 따라 다니고, 어린이의 정서를 해치는 유해한 것이라는 사회적 통념이 정립되어 있었다.

이 두 가지 왜곡은 1990년대 이후 팬들의 힘에 의해 사라지고, 지금 한국과 대만은 일본만큼이나 적극적으로 만화의 세계를 원천으로 대중문화 산물을 제작하고 있다. 특히 대만은 일본만화를 원작으로 수많은 텔레비전 드라마를 만들었고,[21] 어떤 것은 일본보다 빨리 제작하는 등 동아시아 3국

---

21 〈유성화원〉(『하나요리단고』), 〈래아가바来我家吧〉(『내 집으로 와요部屋においでよ』), 〈밀도녀해蜜桃女孩〉(『피치걸PEACH GIRL』), 〈마멀레이드 보이Marmalade boy, 橘子醬男孩〉(『마멀레이드 보이』), 〈열애상흔烈愛傷痕〉(『사랑의 흔들림, 사랑의 상처恋のめまい愛の傷』), 〈전신戰神〉(『마르스Mars』), 〈빈궁귀공자貧窮貴公子〉(『타로 이야기山田太郎ものがたり』), 〈화양소년소녀〉(『아름다운 그대에게』), 〈장미를 위하여薔薇之戀〉(『장미를 위하여薔薇のために』), 〈악마재신번〉(악마로소이다悪魔で候〉, 〈동방 줄리엣東方茱麗葉〉(〈동경 줄리엣東京ジュリエット〉) 등.

사이 만화를 원류로 한 초국가적 제작 활동이 활발하다. 한편, 한걸음 더 나아가 각국에서 자생한 만화 또한 이 각색과 번안의 사이클에 도입되어 여러 방향의 초국가적 각색 및 번안이 이루어지고 있다. 만화문화를 어둠의 통로에서 대중문화의 장으로 끌어낸 것은 만화 팬들의 힘이었고, 이것은 아래 인용문에서 볼 수 있듯이 인터넷과 디지털 문화의 발전과 밀접하게 연관된 것이었다.

> 1970년대 이후 태어난 세대, 특히 도시에 거주한 이들은 애니메이션, TV, 어린이 잡지, 만화, 컴퓨터게임과 같은 다양한 엔터테인먼트를 즐기며 자랐다. 만화방에서 빌린 만화가 전부였던 부모 세대와 달리 다양한 엔터테인먼트를 즐겼던 이들은 1990년대 PC통신, 인터넷과 같은 전혀 새로운 커뮤니케이션을 시작했다. 청소년들은 기성세대의 간섭이 최대한 배제된 자유로운 공간 속에서 사이버 커뮤니티를 형성했고, 이를 기반으로 자신들이 선호하는 대중문화에 대한 관심의 영역을 넓혀갔다.[22]

1990년대에 접어들며 몇몇 신생 만화출판사들이 일본의 대형 만화출판사와 협력 관계를 통해 저작권자의 허락을 받아 '합법적'으로 일본만화를 소개하기 시작했고, 온라인과 오프라인 만화 대여 시스템과 인터넷의 온라인 커뮤니티를 통해 폭발적으로 확산되면서 대량의 몰아보기가 유행하게 되었다. 박인하에 따르면, 만화를 시리즈로 대량 소비하기, 즉 몰아보기 독서는 일본에는 없고 한국에만 있는 독특한 일본만화 수용 방법이다. 만화문화 수용의 이러한 과정, 즉 지배문화의 비판적 시각 속에 하위문화로서

---

[22] 박인하(청강문화산업대학 만화창작과 교수, 만화평론가)가 일본국제기금Japan Foundation 사이트 기고한 글을 참조할 것. http://www.jpf.or.kr/column/news/200710/20071025000001.html, 2012년 11월 10일.

음성적 소비 확장, 팬들의 힘에 따른 합법화, 인터넷과 온라인 동호회 활동을 통한 소비의 확대, 몰아보기 등 대량소비 현상, 대중화로 이어지는 문화 수용의 사슬은 이 책의 제2부에서 다룰 프랑스의 한류 팬들이 만화 소비를 거쳐 중독적인 드라마 시청으로 이어지는 경로와 매우 유사하다. 거대한 국내 시장을 경영하는 일본만화 시장의 치열한 경쟁을 뚫고 인기가 검증된 작품들은 내러티브 차원의 독창성과 감각적 이미지를 앞세우고 수많은 규범과 경쟁에 시달리는 동아시아의 청소년들에겐 일상에서 탈출할 수 있는 손쉬운 출구로 여겨지게 되었고, 2012년 현재 만화는 아래 인용이 강조하듯이 하나의 범아시아적 예술 형태가 되었다.

예를 들어 대만의 상점에서 팔리는 만화 가운데 상당수는 일본에서 비롯된 스타일을 따르고 있지만 실제 디자인은 대만에서 만들어진 것이다. 피터 함센 AFP 타이베이 지국장은 "대만의 서점에는 일본만화의 번역본뿐 아니라 대만 내에서 제작한 만화와 일본식 그림 스타일을 혼자서 터득할 수 있는 방법을 담은 설명서들로 가득 차 있다. 소프트파워는 가장 효율적인 것이지만 관점에 따라서는 가장 위험한 것이기도 하다. 만화는 이미 일본 고유의 문화라기보다는 범아시아적인 예술 형태로 자리 잡아가고 있기 때문"이라고 말한다.[23]

2) 만화와 능동적 수용자: '보이즈 러브' 장르와 팬픽션

능동적이고 생산적인 수용자의 존재는 디지털 컨버전스 문화 속에서 핵

---

23 아스거 뢰즐레 크리스텐센(북유럽아시아연구소 선임연구원), ≪신동아≫, 2011년 6월호. http://shindonga.donga.com/docs/magazine/shin/2011/05/19/201105190500013/201105190500013_1.html, 2012년 11월 10일.

심적 중요성을 지닌다. 미국을 중심으로 트랜스미디어 스토리텔링 전략을 가능하게 만드는 것은 대중문화의 콘텐츠를 더 이상 수동적으로 소비하지 않고, 거기에 상호작용하여 새로운 의미를 창출하고 2차, 3차 텍스트를 만들어내는 수용자의 존재이다. 단순 수용자에서 '팬^{fan}'으로, 그리고 이 단어에서 '광적인^{fanatic}'이란 부정적인 내포를 몰아내고 적극적이고 다양한 표현 방식을 채택하여 자신의 열정을 좇는 문화향유자라는 의미로 고양시킨 팬덤으로서의 수용자에 대한 이해가 우리 시대 문화의 역동성을 이해하는 데 필수적이라고 하겠다(Gray, 2007). 이들은 기존의 스토리텔링에 만족하지 않고 인물들 사이에 벌어지지 않은 일들, 일어나지 않았던 만남 등을 다양한 방식으로 상상한 새로운 이야기를 만들어낸다. 젠킨스는 이러한 팬픽션^{fanfiction}의 세계를, 갈수록 신비와 미궁의 정도가 높아지는 미디어 콘텐츠에서 느끼는 간극을 메우기 위해 수용자가 저자의 동의 없이 자신의 욕망을 투사하는 방향으로 이야기를 확대하는 것이라고 정의한다.[24] 팬픽션은 관련된 문화 콘텐츠의 내용을 간파하고 있는 팬 집단을 향해 다른 팬들이 전혀 상업적 의도 없이 생산한다는 점에서 쾌락 추구적이고 박애적이고 (팬)공동체적이다. 팬픽션은 주로 글로 쓰인 소설, 스토리의 형태를 띠지만 경우에 따라 원본 콘텐츠가 만화인 경우 팬만화나 웹툰이 될 수도 있고, 드라마인 경우 팬소설, 새로운 드라마 시나리오 또는 영상물이나 기존의 영상과 음향 등을 일차 차료로 하여 생산하는 리믹스^{Remix}가 될 수도 있다.

서구 미디어 이론을 달구었던 팬연구$^{Fan\ Studies}$가 제대로 다루지 못한 부분이 동아시아의 만화 팬덤이다. 동아시아의 팬덤문화는 아이돌 팬덤에 이르러서야 가시화되고 적극적인 관심의 대상이 되었던 것으로 보이는데, 그것의 원천에 만화문화와 팬덤이 존재함을 이해해야 한다. 만화야말로 독자에

---

[24] 헨리 젠킨스의 인터넷 사이트에서 인용. http://henryjenkins.org/2007/03/transmedia_storytelling_101.html. 2012년 11월 10일.

게 자신도 그림을 그리고 이야기를 만들고 싶은 욕망을 갖게 하는, 열려진 문화 형식이다. 초등학교 시절에 좋아하는 만화의 캐릭터 한 번 베껴 그리지 않은 사람이 없을 정도이고, 하얀 종이 표면에 칸을 나누고 이야기 상자에 대사를 넣는 것 또한 약간의 노력이면 접근 가능한 문화 형식이 바로 만화이다. 심지어 인물들을 베껴 그려서 그것을 인형 삼아 즉석에서 시나리오를 만들어 연극을 하는 놀이도 유행했던 것을 기억한다. 일본의 만화가들은 수백만 부씩 소진되는 두터운 월간지에 단편만화를 실어 높은 경쟁에서 살아남은 경우에만 그 작품이 단행본으로 출판되는 시스템 속에서 작업하는데, 사실 이 체계 속에서 전문 만화가와 팬만화를 그리는 독자의 거리는 그리 멀지 않다고 한다. 이러한 환경에서 일본의 경우 이미 1970년대에 서구의 팬진^{fanzine}에 해당하는 만화 동인지^{同人誌} 현상을 중심으로, 서구의 슬래시 픽션과 비교될 수 있는 야오이물이 성행하게 되었다. 이것은 여성 만화가가 이성애자인 여성 독자들에게 즐거움을 주는 방식으로 남자 인물들 사이의 사랑 이야기를 그리는 것으로, 동성연애의 감정이 갖는 탈사회적 동기(결혼이나 임신에 관련되는 경제적인 이해나 책임 문제)와 비극성(실현 불가능성)을 통해 순수한 사랑의 감정만을 추구한다는 이점을 지닌 장르이다. 여성 작가들은 아름다운 남성 인물 묘사를 통해 여성독자들의 취향에 맞는 시각적 즐거움을 주는 방식으로 독특한 그래픽을 발전시켰다. 야오이 문화가 발전하면서 1970년대 후반부터 여성 작가들이 이 문화향유자들을 위해 야오이성 만화를 선보이기 시작했고, 만화산업은 이를 재빨리 수용해 소년애 또는 '보이즈 러브'라는 새로운 만화 장르를 정립했다. 1970년대에는 이러한 야오이 문화의 장르화와 더불어 소녀만화 속에 성정체성이 명확하지 않거나 성정체성의 문제를 겪는 남장 여인 주제가 드러나게 되었다. 『베르사이유의 장미^{ベルサイユのばら}』, 『아름다운 그대에게』, 『리본의 기사^{リボンの騎士}』 등이 이 경향의 대표적인 만화이고, 남장 여인의 주제는 만화를 각색한 드라마가 아닌 창작 드라마에까지 널리 퍼지게 된다.

1990년대 말 경제위기와 함께 전반적인 일본만화 시장이 수축하는 경향 속에서도 보이즈 러브 장르는 발전을 계속했고, 이젠 북미와 유럽에서도 독자층을 넓혀가는 중이다(Briant, 2008). 제2부에서 다룰 내용이지만, 만화는 서구에서 동아시아 대중문화를 수용하는 뿌리 역할을 하고 있으며, 2009년 이후 급격히 야오이 만화의 붐이 일고 있다. 인터넷의 야오이 팬픽션 사이트 관찰 결과, 팬들은 일본만화문화에서 여성 팬들의 능동적인 콘텐츠 향유와 팬픽션의 결과가 다시 장르화되어 현재의 야오이가 형성된 것을 잘 알고 있을 뿐만 아니라 스스로 야오이 문화를 재생하는 인터넷 팬픽션 활동을 벌이고 있다. 이들은 특히 동아시아 연예산업의 아이돌 문화와 그 아이돌들이 출연하는 드라마산업, 패션산업, 광고산업의 연계 속에서 야오이 코드를 적극적으로 읽어내는데, 이러한 여성적 시선에서 이루어지는 동아시아 대중문화 향유의 문제는 제7장에서 상세히 다룰 것이다.

일본 야오이 문화와 병행하여 한국에서도 1990년대에 중요한 팬픽 문화가 발전한다. 아이돌 그룹 H.O.T의 팬들이 생산한 팬픽문화가 그 시초라고 보이는데, 한국의 팬픽문화에 일본 야오이 문화가 미친 영향력에 대한 연구는 알려진 바가 없으나, 한국의 팬픽문화는 동아시아 문화산업 속에서 중요한 역할을 하는 아이돌 문화 형성에 핵심적 역할을 수행했다고 보인다. 한국의 경우, 팬픽 발전에서 특히 인터넷은 결정적 변수였다.[25] ≪중앙일보≫ 양성희 문화전문기자에 따르면, 1990년대 초 남성들의 전유물이었던 PC통신에 젊은 여성들이 뛰어들게 된 계기 자체가 서태지와 아이들, H.O.T 팬클럽 활동이었다. 당시 '천리안'의 최대 규모 동호회는 H.O.T 팬클럽 '리옷[LEOT]'이었고 팬픽도 그 안에서 시작됐다는 것이다. 단순히 10대용

---

[25] 이하 한국 팬픽 발전에 대해서는 ≪중앙일보≫ 양성희 기자가 쓴 다음의 두 기사를 많이 참조했다. "세상을 바꾸는 '팬픽'"(온라인 중앙일보, 2012년 8월 27일), "양지로 나온 로맨틱 포르노 엄마용 '야설'?"(온라인 중앙일보, 2012년 8월 19일).

야한 소설이라고 치부하기에는 뛰어난 문학성과 극적 재미를 갖춘 작품도 많아서 일부는 공식 출판되기도 했는데, 2012년 케이블 채널 tvN의 드라마 〈응답하라 1997〉은 이러한 1990년대 말 한국의 천리안 통신 문화와 아이돌 팬덤, 팬픽, 그리고 청소년의 삶의 관계를 다루어 당시 팬문화 속에서 자라난 현재의 30대들에게 커다란 향수를 불러일으킨 바 있다.

한국의 팬픽은 아이돌 팬들이 아이돌을 주인공으로 쓰는 로맨스·성애물, 드라마 팬들이 원작을 기반으로 재창조한 '외전'들을 일컫는다. 팬픽문화를 내외에서 관찰한 대중문화 전문가들의 견해에 따르면, 팬픽 중에서 유명한 작가는 책을 출판하기도 했고 그룹 신화나 동방신기 정도까지는 팬픽이 활성화되었으나, 이 시기에 인터넷 로맨스 소설이 새롭게 떠올라 하나의 장르로 자리 잡음으로써 팬픽은 영향력 자체를 상실하지는 않았으나 서서히 전성기를 지났다고 한다. 인터넷 로맨스 소설의 경우, 직접 팬픽에서 발달했다고 보기는 어렵더라도 소설의 내용에 팬서비스 방식의 환상이 들어 있는 경우가 많은 것으로 보아 팬픽의 영향을 받은 것으로 생각된다.[26] 이러한 인터넷 소설들이 TV 드라마로 옮겨져 빅히트를 하자 팬픽과 인터넷 소설로 이어지는 방대한 로맨스물 시장이, 대표 한류 상품으로 자리 잡은 TV 로맨스물의 원천이 되고 있다는 분석도 있다. 국내외에서 컬트 드라마로 인정되는 〈내 이름은 김삼순〉(MBC, 2005)과 〈커피프린스 1호점〉(MBC, 2007) 등이 이런 인터넷 로맨스 소설을 원작으로 차용한 작품이고, 최근의 드라마 원작과 영화도 이러한 로맨스 소설을 대폭 차용하고 있다고 한다. 실제 SBS 드라마 〈49일〉은 신화의 팬픽 「49일간의 유예」 표절 시비에 휘말렸고, MBC 〈지붕 뚫고 하이킥 3〉의 일부 에피소드는 동방신기의 팬픽 「해피투게더」와 유사하다는 지적을 받았다.

한국에서 팬픽은 특히 10대 소녀들의 억눌린 성적 욕망을 아이돌에 투사

---

26 이 부분의 집필에 도움이 되는 많은 증언을 해준 김지연 피디에게 감사한다.

하는 10대들의 하위문화 형태로 나타났지만, 최근에는 아이돌 팬층이 넓어지며 팬픽 소비·생산층도 30~40대로까지 넓어졌다. 아이돌 팬픽은 멤버들이 주로 남자이니 남자들끼리 사랑하는 '게이 로맨스물'로 진화했다. 일본의 '보이즈 러브' 장르와 더불어 한국의 게이 로맨스물은 동아시아 팬픽문화에 큰 영향을 미치고 있다는 관찰이 있는데, 특히 한국의 팬픽이 중국어로 번역되어 인터넷에서 유통되고 있고, 중국에서 생산되는 팬픽은 일본 아이돌이나 만화가 아니라 한국 아이돌을 대상으로 한 것이라고 한다. 동아시아의 야오이성 팬픽문화의 근원이 일본만화이든 아이돌 문화이든, 전자는 남장 여자 테마를 통해 드라마의 세계로, 후자의 경우는 인터넷 소설을 통해서 드라마의 세계로 그 영향력을 미쳤다고 볼 수 있다.

이러한 동아시아 여성 판타지와 팬덤, 팬픽문화를 하나의 드라마에 집중적으로 반영하고 있는 〈미남이시네요〉(SBS, 2009)는 이런저런 사정으로 여자 주인공이 남장을 하고 남성 아이돌 그룹에 합류하여 동거하며 살아가는 이야기이고, 여자 주인공은 당연히 팬들의 기대를 저버리지 않고 세 명의 잘생긴 아이돌(이 중 두 명은 실제 아이돌 그룹의 멤버이다)의 사랑을 받게 된다. 드라마 속에서 남자의 정체성을 지닌 여자 주인공에 대한 연애 감정의 표현은 드라마 전체를 보이즈 러브 장르로 읽히게 만들고, 이에 걸맞은 많은 장면들이 삽입된다. 세 명의 남자주인공이 "아, 팬픽에서 우리 셋이 삼각관계네"라면서 인터넷 팬픽 사이트를 보는 장면 같은 자기 반영적인 장면도 삽입된다. 드라마의 주제가는 여러 아이돌 그룹이 부르고, 드라마 속 아이돌 그룹 아이 엔젤 스스로가 부른 곡도 삽입되는 등, 아이돌 팬덤과 드라마 세계 사이의 삼투성을 최대한으로 살렸다. 이 드라마의 국내 시청률은 10% 내외로 부진했던 반면, 동아시아 중 특히 일본에서 큰 인기를 얻었고, 만화의 세계를 거쳐 한국 드라마를 소비하게 된 세계 속 한국 드라마 팬들 또한 이 드라마의 보이즈 러브 코드를 인지하고 갈채를 보냈다.

3) 동아시아가 공유하는 만화 미학

앞에서 설명한 것과 같은 만화를 기초로 하는 동아시아의 초국가적 크로스미디어와 미디어믹스 현상을 넘어서서, 만화의 감수성과 영상 언어가 드라마에 널리 퍼져 있는 것이 관찰된다. 이러한 특성은 만화를 원작으로 하는 경우가 아니더라도 동아시아 드라마에서 다수 발견되는데, 이는 시각적으로 동아시아 컨버전스 문화 콘텐츠를 단번에 알아볼 수 있게 만든다. 드라마를 홍보하기 위해 만화적 포스터와 주제 화면을 사용하고, 실사 드라마 속에 자막이 튀어나오거나 스마일리가 뜨고 말풍선이 열리고 화면 분할이 이루어지더라도 그리 놀라운 일이 아닐 정도로 일반화되어 있다. 표현이 극대화되어 있는 만화에서 인물들의 감정의 기복과 표현이 빠르고 극명하듯이, 캐릭터들이 코믹 시추에이션과 비극적 시추에이션을 넘나들고 현대극과 사실주의 코드에 걸맞지 않는 과장된 표정과 말장난 같은 재미난 대사가 사용된다. 만화적인 효과 음향이 삽입되어 코믹 효과를 내며, 동일 화면의 근접 장면과 배경 장면에서 서로 다른 두 액션을 배치하는 등, 만화적인 시청각 요소는 수없이 많이 발견된다. 〈전차남電車男〉이나 〈노다메 칸타빌레のだめカンタービレ〉, 그리고 〈아름다운 그대에게〉나 〈하나요리단고〉 같은 소녀만화(쇼조망가)를 원전으로 각색된 드라마의 경우, 대만산이든 일본산이든 한국산이든 원전의 그래픽 분위기를 살리려는 노력과 더불어 만화의 그래픽 요소들(말풍선과 유사한 생각의 창을 열어 인물의 생각을 표현하기 등)을 적극적으로 사용한다. 팬픽과 인터넷 소설의 영향을 받았다고 알려져 있는 〈커피프린스 1호점〉의 1회에서는 여주인공이 여동생의 남자친구와 자장면 먹기 시합을 하는데, 먹는 그릇의 수나 먹는 이의 태도가 그림으로 그려져 실사화면 위에 포개진다.

이러한 만화 미학을 적절하게 사용하고 있는 드라마 중에서 〈쾌도 홍길동〉(KBS2, 2008)은 매우 흥미로운 사례이다. 홍길동에 나오는 길동, 이녹,

이녹을 기른 양아버지, 스님 등 중요 인물들은 현금의 만화에서 발견할 수 있는 인물들처럼 과장되고 우스꽝스럽게 연출된다. 이녹의 양아버지는 중국에서 조선으로 오는 배에서 최후의 찐빵을 나눠먹지 않으려고 이녹과 다투며, 이녹은 싸움에서 이겨 어렵게 얻은 찐빵을 한입 먹으려는 순간 삿갓을 쓴 신비스런 왕자를 만난다. 이녹의 양아버지와 스님이 길을 가다 만나 축지법 경쟁을 하는 장면에서 다리가 보이지 않을 정도로 빨리 뛰어가는 장면은 만화 속에서 빨리 달리는 사람의 다리를 그리는 방식과 동일하고, 마지막 떡을 하나 놓고 젓가락으로 기싸움 할 때 광풍이 날리는 장면은 영락없는 만화식 연출이고 유머이다. 이녹의 우스운 행동을 원경으로, 그것에 눈 찡그리는 길동을 클로즈업해서 두 액션을 동시에 잡기도 하고, 길동의 동지들은 하나같이 특징적 재주와 입심을 가진 색깔 있는 인물들로 그려진다. 당시 조선의 암울한 현실, 길동의 처지의 비극성과 인물들 사이의 희극성이 정신없이 교차되는 이러한 텍스트는 비극적 내러티브 중간에 우스운 액션 그래픽을 삽입하는 만화의 미학과 유사한 것이다.

다시 말해, 만화를 드라마로 각색한 것이든 원본 시나리오를 가진 드라마이든, 만화의 미학은 만화와 유사한 그래픽 장르를 지니고 있고 드라마를 생산하는 동아시아 여러 나라에 널리 퍼져 있다고 보인다. 이 문제는 더 집중적으로 넓은 텍스트 분석을 통해 검증되어야 하고 드라마에 영향을 미치는 만화 미학의 내용을 세부적으로 검토해나가야 하겠지만, 이러한 미학적 근접성은 제작자들뿐만 아니라 콘텐츠 소비자들도 널리 인식하고 있는 특성이다. 서구의 동아시아 대중문화 팬들도 이러한 만화-드라마 사이의 문화산업적, 미학적 연관성을 잘 알고 있어서, "만화를 읽으며 네모 칸 안의 인물이 살아 움직이게 되는 것"을 보게 된다. 그리고 "그 살아 있는 인물들을 연기할 배우들을 머릿속으로 캐스팅하게 된다"라고 할 정도이다. 만화와 드라마 사이의 미적 밀접성은 동아시아 내부에서뿐만 아니라 외부에서도 동아시아 대중문화의 정체성을 드러내는 특성으로서 인식되고 있음을 알 수 있다.

3. 문화산업의 자산, 아이돌

1) 스타, 셀러브리티, 탤런트, 그리고 아이돌

동아시아의 연예인 문화는 서구에서는 찾아볼 수 없는, 동아시아 문화산업에 고유한 특성이라고 보인다. 우리는 텔레비전의 일상성과 그 속에서 매일 마주치는 오래된 '연예인'에 익숙하여 이들의 의미에 대해 문제를 제기해보지도 않았었지만, 외국의 경우와 비교해보면 이들의 존재가 그리 단순하지만은 않다. 특히 일본과 한국 연예산업에서 오래된 위상을 지닌 탤런트와 서구 수용자들에게 트랜스미디어 콘텐츠로서 인지되는 동아시아의 아이돌은 여러 가지 측면에서 심층적 연구가 필요하다고 보인다.[27] 한국에서 관찰되는 탤런트와 아이돌 모델의 근원지는 일본 연예계이고, 이것은 향후 현장 검증이 필요한 것이지만 대만과 동남아시아에서도 점증하는 것으로 보인다. 이러한 관점에서 보면 동아시아 대중문화 속에서 리얼리티 프로그램이 생산하고 있는 미디어 셀러브리티 현상은 서구에서와 같이 그리 새로운 것은 아니라고 평가할 수 있을 것이다. 동아시아의 탤런트 및 아이돌 문화를 모르는 서구의 방송 관계자, 그리고 인터넷을 통해 동아시아의 방송 프로그램을 접하는 전 세계 시청자들의 눈에 동아시아 연예 프로

---

[27] 동아시아 전체의 연예인 문화를 기술하기 위해서는 자료가 부족하다. 앞으로 많은 정보 수집을 통해 부족한 부분을 메워야 하겠으나 일본, 한국, 대만에서 아이돌의 상황은 크게 다르지 않다고 보인다. 이 절에서 기술되는 스타, 셀러브리티, 탤런트, 아이돌은 연예계 종사자들의 유형을 지칭하는 추상적 범주로 이해하기를 바란다.

그램의 시끌벅적하고 아기자기하게 재미있는 분위기는 간혹 당황스럽기도, 또는 저급하게 보일 수도 있다. 소피아 코폴라$^{Sophia\ Coppola}$ 감독의 〈사랑도 통역이 되나요?$^{Lost\ in\ translation}$〉에서 잠시 비추는 텔레비전 연예 프로그램의 떠들썩한 분위기는 동아시아 연예문화를 바라보는 서구인의 시각을 단편적으로 보여준다.

일본과 한국의 연예인들은 문화산업 전체에서 토털 엔터테이너로서 일해야 한다. 대형 방송사에서 탤런트 모집을 통해 '취직'하거나 대형 엔터테인먼트 회사에 발탁된 연예인들은 드라마뿐만 아니라 각종 오락 프로그램에서 개그맨 역할, 가수 역할, 그냥 자리를 메우는 관객과 초대된 스타 사이 중간 지대의 역할, 때로는 사회자 역할까지 토털 쇼비즈니스에 종사해야 한다.[28] 대중매체를 통해 대중이 인지하고 호감을 갖게 된, 다시 말해 연예인으로서 사용가치 외에 일정한 부가가치를 지닌 이들은 스타와 미디어 유명인^{Celebrity} 사이에 놓인, 서구의 연예산업에는 존재하지 않는 직업 정체성을 지닌다. 탤런트는 한국에서 너무도 익숙한 존재여서 그들의 독특한 직업정체성에 대해 문제의식을 갖기도 힘들다. 그러나 탤런트라고 부를 만한 연예인 층이 형성되어 있지 않은 유럽의 방송 현황과 비교해보면, 이들은 참으로 독특한 집단이다. 서구의 대부분 나라에는 한쪽에는 직업적 가수, 배우, 코미디언, 춤꾼 등 퍼포머들이 있고, 다른 한쪽에는 그들을 초대하고 '사용'하는 사회자, 제작자, 그리고 일반 시청자가 있는 구조이다. 한국의 방송사가 공채했던 탤런트들은 아이돌의 등장 이전에도 드라마에만 종사했던 것이 아니라 연예 프로그램에서 입담을 풀기도, 가요 프로그램에서 노래를 부르기도 하던 '만능'이란 이름이 붙어 다니는 재능꾼들('탤런트')이었다. 특히 밤무대라는 2차 연예 활동 현장에서 이들은 거의가 가수와 사회자로 기능했기에, 사실 아이돌이 현재 장악하고 있는 영역의 선구자들이

---

28 1962년 KBS 개국 직후 선발되기 시작한 탤런트는 2000년대 초반까지 매해 선발되었다.

라고 할 수 있다. 이들의 사생활은 경우에 따라 드러나기도 감추어지기도 하지만 언제나 대중과의 커뮤니케이션에서 중요한 자료가 되어왔다. 누구누구가 병을 이겨냈다, 어린 시절의 가난과 불행을 극복했다, 어떤 선행을 했다는 이야기, 나아가 누가 누구와 데이트한다는 소소한 소문과 개인사들이 방송과 인터넷의 일상적인 화젯거리가 되어왔다.

서구의 쇼비즈니스에서 무대 위에 오르는 연예인들은 배우, 코미디언, 가수, 댄서, 연주가로 직종 간 구분이 확실하고, 이들이 다른 장르로 진출할 경우 그것은 예외적 일탈, 또는 작품성을 위한 배우의 퍼포먼스 정도로 이해되지 체계적으로 기획된 경우는 드물다고 볼 수 있다. 배우 겸 가수가 존재하고 가수들이 영화를 찍거나 배우들이 음반을 내기도 하지만 그것은 개별적 커리어로 존재할 뿐 대중문화 산업이 이러한 직업인을 생산하도록 구조화되어 있지는 않다. 즉, 가수가 연기력이 있어야 하고 반드시 훌륭한 댄서여야 하는 이유는 없다.

서구 미디어계에서 이러한 영역 구분을 넘나드는 새로운 엔터테이너들은 2000년대 텔레비전 리얼리티 프로그램들을 통해 생산되었다. 수많은 리얼리티 프로그램을 통해 특별한 재능이 없더라도 대중에게 가시성을 지니게 된 일반인들이 문화산업에 진입하게 되면서 미디어 유명인이란 새로운 범주가 생겼고, 이들이 동아시아의 탤런트들이 해오던 대중매체 속에서 '자리 메우기' 역할의 일부를 수행하게 되었다. 〈빅브러더^{Big Brother}〉의 프랑스판인 〈로프트 스토리^{Loft Story}〉 1회에서 섹스어필로 각광받았던 로아나, 리얼리티 프로그램의 본사라 할 수 있는 엔데몰^{Endemol} 사의 〈스타아카데미^{Star Academy}〉 1회에서 일찌감치 경쟁에서 떨어졌음에도 친근한 얼굴과 쿨한 태도로 여러 채널에서 텔레비전 토크쇼의 고정 출연자로 자리했던 파스칼이 대표적인 사례이다. 특히 합숙을 하면서 노래 콘테스트 서바이벌 게임에서 살아남아야 했던 〈스타아카데미〉 출연자들은 단기간에 가창력뿐 아니라 댄스, 연기, 무대 매너를 익혀야 하는, 한국의 아이돌 그룹이 수년에 걸쳐 수행하는 일을 불과 몇 달에 그것도 전국의 시청자 앞에서 매주 검증 받아야 하는 어려운 과정을 거쳐야 했다. 이들은 대중이 쉽게 동일시할 수 있어 순간적으로 폭발적 인기를 얻지만 대부분 동아시아 텔런트들의 직업성에 도달하지 못하고, 이들 중 궁극적으로 스타의 위치로 발전하는 경우는 극소수뿐이다.

서구 대중문화 속의 스타는 연기, 노래, 춤 등 자신의 퍼포먼스가 속한 콘텐츠를 넘어서서 독자적인 담론을 형성한 특별한 연예인이다. 많은 대중이 추종하는 열광의 대상인 이들은 일반인들과는 남다른 능력 및 아름다움, 생활 스타일을 지닌, 마치 그리스-로마 신화의 신들처럼 대중에게는 닿을 수 없는 먼 존재이다(Morin, 1984). 이들은 인간 사회의 도덕과 각종 책임에 구속되는 일반인들과 달리 원하는 대로 사랑하고 결혼하고 이혼하며, 때로는 법을 어기기도 하는 자유를 지닌 존재로 군림한다. 스타의 양상 또한 시대에 따라 변하고 소속된 사회에 따라 그 위상이 다르지만, 일반적으로 스타는 문화산업 종사자로서의 연예인 위에 군림하는, 현실과 상상의 세계 사이를 매개하는 특별한 존재이다. 신비한 팜프파탈인 그레타 가르보Greta Garbo, 범시대적이고 범사회적 섹스 심벌인 마릴린 먼로Marilyn Monroe, 영원한 젊음의 상징이 되어버린 제임스 딘James Dean 등, 스타들은 그들이 연기하는 인물의 영화 속 세계diégèse를 넘어서는 고유한 담론과 부가가치를 가져오는 존재이다.

한국, 일본, 대만의 엔터테인먼트 사업이 생산하고 있는 아이돌들은 서구의 미디어 유명인 셀러브리티 및 스타, 그리고 동아시아의 텔런트 사이의 사각지대 속 어딘가에 위치한다. 이들은 노동 집약적 엔터테인먼트 회사에 의해 다년간 숙련되어 데뷔하자마자 고난도의 쇼를 할 수 있는 엔터테이너들이란 점에서 직업적 엔터테이너들인 텔런트와 유사한 반면, 순간적으로 높은 인기와 매체 장악도를 지니고 대중에게 친근한 캐릭터가 된다는 점에서 셀러브리티와 유사성을 지닌다. 그러나 이들의 행보와 커리어는 전문가들에 의해 조절되고, 인기와 재능이 특출한 경우 아이돌 개개인의 담론이 서로 다른 미디어와 출연한 텍스트들을 넘어서 존재하는 경우도 있어 일부의 아이돌은 스타의 위치에 도달한다.

한편 동아시아 문화산업에 특징적인 아이돌 시스템의 원조인 일본에서 한국의 아이돌 그룹들이 높은 인기를 얻는 것 또한 흥미로운 일이다. 한 일본미디어 비평가는 일본을 강타한 한국 걸그룹의 인기를 분석하며, 이웃을 닮은 일본 아이돌들의 친근성과 달리 한국의 아이돌은 범인과 구분되는 천상의 인물인 스타성을 지녔다고 평하는데, 아이돌 현상이 두드러지는 일본, 한국, 대만 사이의 아이돌 문화의 차이가 어떠한 대중문화 향유의 차별성과 관련되는지 후속 연구가 필요할 것이다. 즉, 일본의 아이돌은 서구의 미디어 유명인과 좀 더 가까운 반면, 한국의 아이돌들은 적어도 일본 내에서 좀 더 스타의 위상에 접근한다고 보인다. 일본에서 〈겨울연가〉의 대성공 이후 최고의 한류 스타로서 군림했던 배용준에게 일본 여성 팬들이 열광하는 이유가 바로 일본 아이돌들의 천박함에 비해 배용준의 우아함이 돋보이기 때문이라는 관찰도 있다(양은경, 2006: 198~238).

2) 셀러브리티, 왜 인기인가?[29]

전 세계의 텔레비전은 현재 각종 리얼리티 프로그램으로 가득하고, 방송계 화제의 대부분은 언제부터인가 리얼리티 프로그램 콘테스트로부터 나오고 있다. 이에 버금가는 화제를 제공하는 것은 아마도 서구 텔레비전 픽션의 헤게모니를 쥐고 있는 미국 드라마나, 지역적으로는 한국과 같은 드라마 왕국의 야심찬 작품 정도일 것이다. 후자가 픽션이라는 점에서 픽션

---

[29] 이 소절은 2011년 12월자 ≪방송문화≫에 기고한 필자의 글 「셀러브리티 문화」를 상당 부분 인용하고 있다.

의 세계에 머무는 인물을 만들어낼 뿐이지만, 전자는 셀러브리티라는 미디어가 생산하는 새로운 유명인을 만들어내고 있다. 이들은 텔레비전 콘테스트에 나오기 전에는 전혀 알려지지 않았던 보통사람들로, 텔레비전의 힘에 의해 하루아침에 국가적 유명인, 나아가 인터넷이 연결하는 전 세계 영어권 네트워크에 의해 세계적인 유명인으로 떠오른다. 이 유명인들은 가창력이나 춤 실력 등 재능뿐만이 아니라 자신의 사생활과 인격을 텔레비전 카메라 앞에 완전히 드러내는 인정 스토리를 몰고 다닌다. 대중이 열광하는 이유도 바로 이러한 개인적 삶의 궤적인 경우가 많기 때문에, 단순한 엔터테인먼트 스타 탄생의 의미를 넘어서 시대적 아이콘으로서 미디어 및 커뮤니케이션 연구학자들과 사회학자들에게도 관심의 대상이 되고 있다.

    2009년 영국의 장기자랑 콘테스트 〈브리튼스 갓 탤런트Britain's Got Talent〉에서 우승한 수전 보일Susan Boyle은 결승에 도착하기도 전에 유튜브의 대스타로 자리매김했고, 데뷔 앨범이 영국 앨범 판매 신기록을 갱신하는 동시에 그녀의 사생활과 외모가 전 세계적 화두가 되었다. 프랑스의 경우, 유럽 전역에서 각국 버전으로 방송되었던 〈스타아카데미〉의 2004년 콘테스트 우승자 그레고리 르마르샬Grégory Lemarchal이란 젊은이는 불치의 유전병을 앓고 있었고, 우승 후 단 하나의 앨범을 내면서 꿈을 실현한 후 2007년 24세의 젊은 나이에 세상을 떠나 큰 감동과 충격을 안겨주었다. 그의 이름을 내건 재단이 생기고 그의 앨범은 여전히 판매되고 있으며 그의 방송 출연 비디오는 여전히 유통 중이어서, 어떤 의미에서 그는 사후에도 셀러브리티로서 제 역할을 다하고 있다. 이것은 스타들의 사후에도 발견되는 현상이지만 그레고리의 경우 단시간 미디어 출연만으로, 커다란 기획사의 수년간의 공들이기 없이도 이러한 위치에 도달할 수 있었다. 2011년 한국의 〈슈퍼스타K 3〉도 이에 못지않은 감동적 이야기를 동반한 울랄라세션이 방송이 진행되는 11주간 많은 열혈 시청자를 탄생시켰고 만장일치의 분위기에서 우승을 거두었다. 한편, 세계의 '중심부'에 속하는 영국이나 미국이 아니어도 인터넷 공간에서는 이러한 각국의 유명인들에 대한 세계적 인지도가 높아가고 있다. 〈브리튼스 갓 탤런트〉의 포맷으로 방송된 2010년 필리핀판 〈필리피나스 갓 탤런트Pilipinas Got Talent〉의 첫 번째 대회에서 우승한 16세의 죠빗 발도비노Jovit Baldovino의 경우도 재빨리 유튜브를 통해 전 세계적 인지도를 갖게 되었다. 그 이유는 어린 나이에 그가 놀라운 가창력을 보이기도 했지만, 그의 노래 선곡에서부터, 길거리 소년에서 출발해 미국 그룹 저니Journey의 보컬이 된 필리핀 출신 가수 아넬 피네다Arnel Pineda의 성공담을 연상시켰기 때문이기도 했다. 유사한 한국의 텔레비전 노래 콘테스트들도 극적인 개인사를 동반하는 지원자들로 인해 단순한 재능 콘테스트를 넘어서는 이벤트성 프로그램으로 자리 잡고 있다.

이들은 텔레비전 프로그램의 각종 콘테스트에서 성공해 대중문화 산업 속으로 '진입'할 수 있었을 뿐만 아니라 방송이 진행되는 동안 사생활을 카메라 앞에 노출시킴으로써 시청자들과 매우 친근한 관계를 맺게 된다. 〈빅 브러더〉 형식을 가공한 각종 프로그램들, 즉 참가자들이 제한된 공간 속에서 살아가면서 공연을 배우고 연습하고 경쟁하는 포맷인 〈스타아카데미〉 유형의 합숙 엔터테인먼트 학원 같은 프로그램의 경우 이러한 논리가 더욱 강화된다. 이 프로그램들은 콘테스트 출연자들처럼 혜성처럼 등장하여 완성된 재능을 선보이는 것이 아니라, 보통 사람이 셀러브리티로 탄생하는 과정을 시간을 두고 상세히 보여주고 참가자들의 가장 은밀한 부분까지 노출하게 함으로써 대중에게 '나도 행운이 오면 저렇게 될 수 있다'라는 환상을 심어주는 동시에 스타와 일반 시청자 사이의 힘의 불균형을 줄여 더욱 친근한 관계를 맺을 수 있게 한다. 일본과 한국의 아이돌 연습생 시스템이 많은 청소년들에게 연예계로의 꿈을 키우게 한 것처럼, 이러한 합숙 훈련형 콘테스트 프로그램은 서구의 청소년들에게도 '누구나 연예인이 될 수 있겠구나'라는 환상을 심어주는 계기가 되었다.

이들은 콘테스트가 끝난 후에도 각종 연예오락 매거진들에 대거 출연하는데, 이들 중 대부분은 전문가도 아니고 가수나 배우로서 재능을 인정받은 특기자도 아니며, 그렇다고 정치, 사회, 경제 속에서 유의미한 존재도 아니다. 이들은 단지 텔레비전에 출연해 자신의 삶을 널리 공개함으로써 가시성을 얻고 인지도가 높아진 사람들이고, 그 과정에서 변화하는 미디어 문화를 몸 자체로 예시하는 존재들이다. 이러한 보통 사람을 닮은 대중문화 속 셀러브리티들의 대척 지점에 스타가 있다. 대중문화 스타들은, 더 이상 거의 여신이나 남신의 반열에 오른 전성기 할리우드 배우들과 같은 동경의 대상이 되지 않더라도, 이러한 셀러브리티들과는 구분되는 정체성을 지닌다. 그들의 사생활은 노출과 연출이 철저하게 '관리'되며, 이들은 대중의 동경의 대상이지만 그들과는 너무도 다르고 멀리 있는 '별' 같은 존재들이다. 대중으로부터 상처를 받을 수도 있지만 이런저런 소문이나 공격을 외면할 수도 있는 권력을 지닌 다소간 신비한 존재들이다.

리얼리티 프로그램이 가져온 셀러브리티 문화는 여러 가지 차원에서 방송 현장과 사회에 화두를 던진다.

첫째, 이것은 텔레비전뿐만 아니라 인터넷의 수용자 참여 웹 문화가 가져온 새로운 문화 현상이라는 점이다. 인터넷 강국임에도 불구하고 지상파 방송이 여전히 시청률 고공행진을 기록하는 한국의 사정은 조금 다르지만, 서구의 경우 인터넷과 디지털 문화의 발전 초기에 성급하게 텔레비전의 종말이 예견된 바 있었다. 그러나 방송이 한국처럼 대중문화의 헤게모니를 지니고 있지는 못하고 프라임타임 시청률의 감소가 감지되더라도, 재방송과 개인적 저장, 재생 능력의 발전에 힘입어 전 세계적으로 텔레비전 콘텐츠의 유통은 그 어느 때보다 다량으로 이루어지고 있으며 그만큼 텔레비전 문화의 영향력도 크다고 볼 수 있다. 다시 말해 본방을 사수하는 시청자는 여러 가지 이유에서 감소할지 몰라도 그것의 수많은 재방송, 비디오 판매, 팬들이 자막을 달아 전 세계로 유통시키는 비디오를 통해 텔레비전 산물은 수많은 초국가적 시청자들에 의해 소비되고 있다. 유럽의 평균 텔레비전 시청 시간 또한 인터넷의 적극적 사용자인 청소년, 장년층에서 조금 더 감소하고 있을 뿐, 여전히 개인 평균 하루 3시간 20~30분 정도를 유지하고 있다.

이러한 상황에서 리얼리티 프로그램은 인터넷 문화와 모바일의 발전을 이용해 시청자가 각종 콘테스트 프로그램을 보면서 실시간으로 반응하여 후보를 지지하거나 탈락시킬 수 있게 했고, 이렇게 조절된 상호작용성은 방송이 잃어가던 젊은 시청자들의 대대적인 관심을 끌 수 있게 했다. 방송이 인터넷과 경쟁을 한다기보다 인터넷과 모바일 환경을 적절히 이용해 방송의 이벤트성을 높이는 방식을 찾은 것이다. 또한 인터넷 포럼과 소셜 네트워크는 화제가 되는 방송 프로그램이나 방송이 만들어내는 유명인들에 대한 담론을 확대시키는 동시에 즉각적이며 초국가적인 방대한 팬문화의 형성을 가능케 하기 때문에, 텔레비전과 인터넷은 헤게모니 싸움의 관계에 있다기보다는 공생을 위한 위상 재배치의 관계에 있다고 보는 것이 더 정확할 것이다. 인터넷과 모바일 기술은 방송이 연출해내는 상호작용의 환상, 즉 '여러분이 전화나 문자를 통해서 우승자를 결정합니다'를 가능케 하고, 방송 프로그램은 역으로 활발한 인터넷상의 소통 활동의 재료를 제공하는데, 이 과정에서 이 글의 주제인 스타와 구분되는 셀러브리티의 정체성이 탄생하고 있다.

둘째, 이러한 방송과 인터넷의 컨버전스 환경의 도래는 새로운 개인정체성 형성의 논리를 발전시키고 있다. 1990년대 초반부터 전 세계에서 유행하기 시작한 1세대 리얼리티쇼들은 개인의 사생활을 텔레비전에 노출하도록 유도하는 것이었다. 심리 분석 전문가를 동원한 개인 문제 분석형 프로그램 또는 다양한 토크 프로그램 속에서 출연자 스스로 자신의 사생활을 드러내고, 텔레비전은 이들의 문제를 들어주고 그를 통해 '치유'한다는 목표를 갖고 있었다. 그런데 〈빅브러더〉 이후 발전하고 있는 수많은 리얼리티 프로그램과 그 가운데서도 시청자가 참여하는 콘테스트형 프로그램들은 참가자들의 사생활 노출을 통해 그들을 치유한다는 1세대의 목표와는 전혀 다른, 그보다 더 적극적인 사생활 노출의 논리를 지닌다. 사생활의 자연적 또는 연출된 노출을 통해 개인 콘테스트 참가자의 정체성을 구축하고 이 과정에서 수많은 동조자, 즉 팬들과 때로는 반대자들을 생산해낸다. 팬이 아니더라도 그의 개인 문제를 알고 동병상련의 감정이나 감동을 받는 다수의 일반 대중, 안티일 경우 반대의 이유를 정당화하는 담론 과정을 거치면서 리얼리티 프로그램의 참가자들은 남다른 '미디어 존재감'을 얻게 된다. 예를 들어 참가자의 성적 경향이나 외모, 성격 등이 비판이나 저어감의 대상이 될지라도, 이들은 결국 익명성의 바다 속에서 희귀한 자원인 '미디어 존재감'을 얻게 되는 것이다. 이러한 사생활 노출을 통한 정체성 구축과 존재감의 형성을 지칭하는 신조어가 '외밀성^{extimity}'이다. 이는 사적이고 비밀스러운 친밀성을 의미하는 '내밀성^{intimacy}'이 더 이상 비밀스럽게 남들에게 노출되지 않은 상태에서 이루어졌던 것과 대조되는 과정으로, 자신의 사생활과 내밀한 모습을 밖으로 드러내는 '퍼포먼스'를 통해 스스로의 정체성을 형성하고 존재감을 확인해가는 과정을 말한다.

이와 같은 텔레비전 장기자랑 콘테스트나 각종 리얼리티 프로그램을 통해 생산되는 셀러브리티 형성 과정의 특성인 '외밀성'의 논리는 동시대를 살아가는 개개인의 정체성 논리에서도 발견된다. 페이스북 등 소셜 네트워크 속에서의 자발적이고도 적극적인 자아의 노출, 블로그 등을 통한 자기 생각과 사생활 노출을 통해 끊임없이 자기 존재감을 확인하는 방식, 그리고 최근의 트위터 현상이 말해주듯이 팔로어의 숫자에 따라 개인의 중요성이 확인되는 이 과정은 리얼리티 프로그램 콘테스트 참가자들이 존재감을 얻는 방식과 유사하다.

셋째, 이러한 서구 방송문화의 새로운 현상으로, 동시대 개인정체성 형성 논리의 핵심을 보여주는 미디어 셀러브리티는 한국의 또 다른 미디어 셀러브리티인 아이돌 현상을 이해하는 데도 도움이 된다. 아이돌은 리얼리티 프로그램의 공개 콘테스트를 통해서는 아니지만 연예기획사의 콘테스트를 통해 선별되어 '길러지며', 그 과정에서 미디어의 사생활 노출이 조절되고 연출되기도 하면서 미디어의 존재감을 얻어간다. 대부분 그룹을 형성하여 개인의 정체성이 미약한 상태로 미디어에 등장하지만, 시간이 지나고 각종 연예 프로그램과 대중음악 방송, 드라마, 예능 프로그램, 광고와 패션에 이르는 크로스미디어적인 활동을 통해서 개인정체성을 확고히 하고 동조자들인 팬을 형성하게 된다. 이들 중 일부는 방대하고 지속적이고 초국가적인 팬을 지닌 스타로 성장하지만, 그렇지 않은 다수는 리얼리티 프로그램 콘테스트가 생산해낸 셀러브리티와 유사하게 방송 프로그램을 전전하며 특별한 재능이 아닌 자신의 미디어 '존재감'을 자본으로 활동하게 된다. 영광의 시절을 과거로 보내버린 1세대 아이돌의 경우도 이러한 단계에 놓인 집단으로 분석할 수 있을 것이다.

그런데 앞에서 설명했듯이 서구 또한 리얼리티 프로그램이 생산하는 셀러브리티를 통해 이러한 외밀성의 문화로 진입했고, 외밀성 논리에 따르는 인터넷 속 수용자들의 자아 퍼포먼스도 발전하고 있다. 다시 말해서, 서구의 개인주의적 시청자들도 미디어 존재감에 의지하고 팬들과의 따뜻한 관계 유지에 정성을 다하는 미디어 셀러브리티와의 관계에 익숙해지기 시작했다는 사실이다. 제2부에서 다룰 예정이지만, 한국의 케이팝 아이돌들에게 열광하는 서구의 팬들은 아직 현상으로 자리할 수준에는 못 미치는 소수 마니아층이지만, 이들이 아이돌을 좋아하는 가장 큰 이유가 바로 이들이 스타와 같은 아우라를 지니고 전문 연예인으로서의 자질을 갈고 닦는 동시에 미디어 셀러브리티와 같은 친근감을 유지하기 때문이다. 팬서비스 개념이 확실하고 팬들과 직접 트위팅을 하며 페이스북에 스스로의 일상을 올리기도 하는 한국의 아이돌이야말로 이러한 변화하는 매체 환경과 컨버전스 문화 속에서 가장 적절하게 적응한 연예인으로 부각되는 것이다.

3) 아이돌, 친절한 스타

이처럼 스타의 아우라를 가질 만큼 성공할 수도 있고, 셀러브리티처럼 친근한 동시에 탤런트와 같은 연예 활동 능력을 지닌 아이돌은 현재 일본, 한국, 대만의 문화산업에서 전 방위로 사용되는 최고의 문화산업적 가치를 지닌 자산이다. 이들은 연습생 기간을 거치면서 사용가치를 높이고, 기획사가 면밀히 주도하는 매체 출연을 통해 미디어 존재감을 높여 점차적으로 부가가치를 가중시켜 만들어지는 자산이다. 여기서는 한류의 에너지에 힘입어 동아시아에서 가장 활발한 아이돌 생산력을 보여주고 있다고 생각되는 한국 문화산업의 사례를 통해, 현금의 동아시아 컨버전스 문화를 특징 짓는 아이돌의 역할을 이해해보기로 한다.

한국 연예산업에서 아이돌이 집중 생산되는 곳은 케이팝 분야이다. 오디션을 통해 연습생을 선발하고 다년간의 교육을 통해 음악을 넘어서는 다목적 엔터테이너를 생산한다. 북미와 서구의 문화산업이 이러한 다목적 엔터테이너 생산의 장소로 보이밴드와 걸그룹 등 대중음악 분야의 효용성을 몰랐던 것은 아니다. 아이돌 그룹이 이끄는 케이팝의 물결이 밀어닥치는 것을 뜨악한 눈으로 쳐다보는 유럽의 기성 매체들에 있어 사실 걸그룹과 보이밴드의 문화는 그리 생경한 것은 아니다. 1990년대까지만 해도 '스파이스걸스'나 '뉴키즈온더블록' 같은 영국과 미국이 생산한 세계적인 그룹이 있었고, 1990년대의 힘은 잃었지만 지금도 '도키오호텔', '그린데이즈', '푸시캣돌스' 등 서로 다른 방식으로 구성된 유명 그룹이 길거나 짧은 수명과 높거나 낮은 인기를 누리며 활동 중이다. 프랑스 팬들의 토로에 따르면, 서구의 보이밴드, 걸그룹들은 스타의 반열에 오르면 빠르게 팬들과 멀어져 가고, 돈, 마약, 음주, 섹스 등 각종 스캔들로 인해 인기 정상 상태를 지속할 만한 에너지를 집중하지 못한 채 결국엔 불화나 건강 등을 문제로 그룹 활동이 지속되지 못해왔다고 한다. 기획사가 세부적인 일상까지 관리하는 한국의 아이돌 그룹은 이러한 청춘남녀 그룹들이 빠질 수 있는 위험을 미연에 '방지'해버리기에 그룹의 수명이 연장될 수 있다는 지적이다.

보이밴드와 걸그룹의 활동이 뜸했던 2000년대를 지나 서구와 북미에서, 최근에는 셀러브리티 생산 과정과 아이돌 운영 방식을 겸용하는 듯한 새로운 과정을 통해 새로운 정체성을 지닌 연예인이 생산되고 있다. 그 대표적인 사례로 2012년 말 현재 전 세계 대중음악 차트에서 정상을 차지하고 있는 저스틴 비버Justin Bieber와 영국 남성 아이돌 그룹 '원 다이렉션One Direction'을 들 수 있다. 캐나다 태생 저스틴 비버는 인터넷에 돌아다니는 그의 동영상이 연예기획자의 눈에 띄어 급성장한 1994년생 가수이다. 15세에 첫 앨범의 성공부터 불과 3년이란 짧은 시간 안에 얻은 전 세계적 명성이 그를 양적으로는 스타의 반열에 올려놓았지만, 그는 또래의 여느 청소년과 다르지 않은 스트리트 룩을 고수하고 소녀들에게 어필할 만한 중산층 출신 아이돌의 모습임에도 R&B와 흑인 래퍼들을 닮고자 하는 평범성을 강조한다. 그는 유튜브를 통해 수많은 영상을 보급하여 명성을 유지하고 확대시키는 동시에 스스로 트위터를 통해 팬들과 직접 소통한다. 하루에 2만 4,000명 이상의 새로운 팔로어가 생기고 있다는 그의 트윗 계정은 커뮤니케이션뿐만 아니라 새로운 앨범이나 뮤직비디오의 홍보 채널로도 사용된다. 그는 스타의 위치에 있으나 셀러브리티와 같은 커뮤니케이션 방식과 이미지 메이킹을 하고 있다고 볼 수 있다.

원 다이렉션은 영국 버전 〈더 엑스 팩터The X factor〉에서 3위를 한 그룹을 음반산업계가 스카우트하여 비틀스도 오르지 못한 미국 빌보드 차트 1위를 점령해 영국을 들끓게 하면서 더욱 유명해진 그룹이다. 1990년대 말 이후 유럽에서 실질적으로 거의 사라져버린 새로운 보이밴드의 물결을 만들고 있는, 2012년 말 현재 18~20세에 불과한 이 다섯 명의 청소년은 미국에서도 상당한 인기를 얻으면서 백인 청소년 음악에 소홀했던 미국 대중음악 산업에 경종을 울리고 있다. ≪데일리 텔레그래프Daily Telegraph≫의 매코믹Neil

McCormick 기자가 북미에서 원 다이렉션의 성공에 대해 쓴 기사는 "미국엔 저스틴 비버의 성공이 보여준 것처럼 여전히 말끔하고 건전하고 희디흰 중산계급 부모들의 친절한 팝음악 시장, 즉 강아지 사랑을 홍보하는 귀여운 소년들이 통하는 시장이 있음을 예시해준다. 이것은 위험한 시절에 안전한 섹스와도 같다"라고 말한다. 리얼리티 프로그램을 통해 가시성을 얻으면서 데뷔한 원 다이렉션은 여러 가지로 동아시아의 아이돌 그룹과 같은 활동을 하고 있다. 노래와 더불어 연기도 하고, 개인 멤버의 사생활을 노출하는 책을 출판하고, 캘린더를 만들어 스스로의 이미지를 상품화하고, 각종 자선사업에도 참여한다. 슈가팝, 비치보이스의 음악을 연상시키는 그들의 뮤직비디오는 반듯하고 귀여운 또래 영국 청소년들의 매끄러운 이미지를 보여줄 뿐이다. 이들은 한국의 아이돌처럼 다년간 수련된 전문성은 떨어지지만, 흑인 지배적이고 거칠고 여성 비하, 마초이즘이 지배하는 힙합과 랩 문화의 북미에서 백인 중산층에 안전한 청소년 음악으로 어필해 성공한 것이라고 생각된다.

그러나 이러한 사례들은 서구 문화산업에서 아직 예외적인 것에 불과하고, 아이돌로서의 크로스미디어적인 전문성도 확보하지 못하고 있다. 이들은 순간적인 인기 몰이에 성공한 셀러브리티의 특성은 획득했으나, 온전한 스타로서의 안정성도, 아이돌로서의 기능성도 약하다는 점에서 동아시아의 아이돌 범주와는 차별적이라고 할 수 있다. 동아시아에서 아이돌은 이제 지배적인 대중문화의 어필 형식으로 자리 잡고 있다고 보인다.

최근 일본에서의 장근석의 인기는 아이돌 범주에 대한 이해를 도와준다. 그는 배우이지만 2011년엔 팬미팅의 개념을 뛰어넘어 개인의 쇼로 발전시킨 일본 순회공연을 가진 바 있다. 그 내용은 6살 때부터 시작된 자신의 커리어를 하나의 캐릭터로 발전시켜, 자신을 '아시아의 왕자' 이미지로 구성한 것이었다. 이것은 마치 만화를 중심으로 한 미디어믹스가 캐릭터를 앞세운 스토리텔링을 하는 것과 비교될 수 있는 초텍스트적이고 크로스미디어적인 개인의 이미지 형성 전략이다. 그는 아역에서 시작하여 영화배우로 성장했으나 가창력을 인정받아 여러 드라마에서 주제가를 직접 불렀고, 꾸준히 음악과 관련된 드라마에 출연하면서 스타에게 중요한 메타 담론을 형성해왔다. 그리고 앞에서도 설명했듯이 만화미학으로 충만한 〈쾌도 홍길동〉에서 비극적이나 스타일리시한 왕자의 역으로 '프린스'라는 이미지의 기초를 만들었고, 이어서 일본에서 큰 성공을 거둔 〈미남이시네요〉에서는 인기 아이돌 그룹의 까칠한 성격의 리더 역을 맡아 현대 사회의 왕자의 이미지를 굳혔다. 이 두 드라마는 만화미학, 팬픽션, 쇼조망가와 야오이문화로 익숙한 일본의 여성 수용자에게 어필할 만한 조건을 충족시키고 있다. 그의 일본 팬들이 그를 만화에서 나온 것 같다고 말하는 것도 그 때문일 것이다. 그가 최근 주인공 역을 한 첫사랑 멜로드라마 〈사랑비〉(KBS2, 2012)는 음악가의 이야기라는 주제를 놓지 않으면서 〈겨울연가〉(KBS2, 2002)와 같은 노스탤지어를 앞세운 사랑 이야기를 다시 불러왔다. 〈사랑비〉가 〈겨울연가〉의 윤석호 감독의 작품이라는 점, 〈미남이시네요〉의 성공에 이은 장근석의 캐스팅 등은 일본 시장을 염두에 둔 이러한 다년간의 노력의 결과라 할 것이다.

그런데 이러한 배우 개인의 논리적이고 초텍스트적인 커리어 구성이 꼭 예외적인 인기를 가져오는 것은 아니다. 장근석 성공의 원인은 그 무엇보다도 장근석이라는 엔터테이너의 미디어 존재감에 기초한다고 보인다. 그는 성공한 탤런트로서 수많은 라디오, 방송 프로그램에서 MC를 맡아왔고 광고나 드라마에 출연해왔다. 즉, 그는 대중과 미디어를 통해 소통하는 데 익숙하고, 가수로서 뮤지컬이나 드라마 속 음악 씬에서 직접 노래를 부르는 데도 익숙하다. 이래저래 일반 배우들이 갖는 관객 친화력보다 훨씬 관객과의 소통과 접근성에 유리하다. 그와 동시에 그는 매끈하고 관리된, 만들어진 아이돌의 이미지에서 뛰쳐나오려 노력한다. 트윗을 통해 자신의 생각과 일상을 소통하고, 팬과 아이돌 사이에서 친절과 사랑의 메시지뿐만 아니라 때로는 갈등의 메시지도 표출한다. 그는 미니홈피에서 자신의 일상을 공개하고, 다른 아이돌들처럼 사생활을 감추지 않고 연애 사항을 공개한다. 그는 자신의 인기가 하루아침에 사라질 수도 있는 것임을 잘 인식하고 있고, 대규모 공연장에서도 팬과의 물리적 거리를 좁히기 위한 각종 장치를 동원하며, 팬들은 이러한 그의 노력을 알아준다.[30] 이러한 장근석의 커뮤니케이션 방식은, 탤런트에서 스타로 발전하는 것보다 아이돌과 같은 다기능적이면서도 팬과 가까운 엔터테이너의 위치를 추구한다. 그렇기는 하지만 그는 기획사가 만드는 매끈하나 개성이 부족한 아이돌이 아니라 캐릭터를 지닌 메타 담론을 동반하는 스타의 정체성에 더 가까이 다가간 지점에 자리한다.

이처럼 크로스미디어의 엘리트로서 다기능을 지닌 엔터테이너인 동시에 '친절한 스타'의 이미지를 지닌 동아시아의 아이돌은 지극히 동아시아적인 현상이다. 소셜 미디어가 왕성히 작동되는 현재, 원 다이렉션과 저스틴 비버의 사례를 통해 관찰할 수 있었듯이 유럽과 북미에서도 팬과 소통하고 '쿨'한 이미지의 스타들이 등장하고 있으나 이들은 동아시아의 경우처럼 아직 하나의 엔터테이너의 범주로서 아이돌의 정체성을 가지지는 못하고 있고, 문화산업도 이들을 아이돌로서 완벽히 길러내지도, 사용하지도 않는다. 이러한 동아시아의 아이돌은 서구의 팬들에 의해서도 동아시아에 특수한 엔터테이너 범주로 명확히 인식되고 있다. 서구 팬들에게 한국 드라마와 문화산업에서 관찰되는 동아시아의 근대성은 참으로 신기한 것이지만 이들을 동아시아 문화산업으로 이끄는 매력은 무엇보다도 아이돌 스타와 팬 사이에 구축된 적극적이고 친밀한 관계이다. 서구의 연예인들은 일단 유명해지면 대중으로부터 멀어지고 천상의 사람들처럼 살아가는 스타의

---

30 여기에서 기술되는 장근석의 일본 팬과의 관계는 KBS2의 1시간짜리 〈장근석 일본 아레나 투어 동반취재 다큐멘터리〉를 참조했다.

갑자 속으로 들어가버린다. 따라서 팬서비스가 약하고 팬들을 좌절과 목마른 상태로 방치하는 경향이 있다. 그러나 한국의 아이돌들은 소속 기획사의 통제를 넘어 팬들에게 직접 트윗을 하고 페이스북을 운용하고, 힘들어도 여러 가지 팬서비스를 마다하지 않는다. 그야말로 온몸을 다 바쳐 인기를 갈구하고 팬들의 사랑을 유지하기 위해 애쓴다. 팬들 또한 그에 호응하여 엄청난 열정으로 자기의 아이돌을 '사수'하고,[31] 촬영장에 점심을 나르고(이것을 '조공'이라고 부르며, 팬 개인이 아니라 팬클럽 차원에서의 모금을 통해 조직적으로 이루어진다), 선물 공세, 팬픽, 공연 필수 관람을 통해 아이돌에게 사랑을 표현한다. 한국 네이버 사이트에서 공지되는 아이돌과 관련한 온갖 소식이 영어로 번역되어 인터넷 한국 문화 관련 플랫폼을 통해 제공되기에 서구의 팬들은 한국의 팬덤 문화에 대해 상세히 알 수 있고, 그들에게 이러한 아이돌과 한국 팬의 관계는 무척 따스하고 부러운 대상이다. 이것은 마치 동아시아 드라마 팬들이 한국 드라마에서 '정'을 느끼는 것과 비슷하다고 할 수 있다. 청소년기의 또래문화와 소속감의 중요성을 이해한다면 이런 한국 아이돌 문화가 제대로 된 청소년 문화가 없는 서구 환경에 어필하는 것은 충분히 이해 가능한 것이다.

이상에서 동아시아 컨버전스 문화를 특징짓는 중요한 요소인 크로스미디어와 미디어믹스가 연합된 독특한 문화산업의 논리, 동아시아에 초국가적으로 형성되어 있는 문화 간 커뮤니케이션의 기반 역할을 하는 만화문화, 그리고 이 두 가지 요소와 밀접하게 관련되어 동아시아 대중문화산업

---

[31] 이러한 한국 팬덤의 특성은 2012년에 방송된 tvN의 〈응답하라 1997〉에서 높은 리얼리즘으로 잘 묘사되었다. 드라마가 기술하는 1990년대 말 청소년기에 한국 초기 아이돌 팬덤의 내부에 있었던 현재 30대 시청자들에게 이 드라마는 향수를 동반한 열렬한 환호를 불러일으킨 바 있다.

을 역동적으로 만드는 새로운 연예인 범주인 아이돌에 대해서 알아보았다. 이로써 제2장과 제3장에 이어 이 책의 연구 문제인 세계화와 디지털 문화가 가져온 변화된 환경 속에서 한류를 연구하기 위해 필요한 이론적 이해를 마무리한다. 제2장에서 세계화와 디지털 문화라는 미디어정경의 변화 속에서 한류를 이해하기 위해 필요한 시각의 변화를 알아보았고, 이어 제3장에서 이러한 미디어정경 변화가 가져온 필연적인 문제, 곧 문화정체성에 대해 심층적 분석을 했다. 제4장은 전 지구적으로 이러한 문화정체성 게임이 벌어지고 있는 대중문화 영역에서, 동아시아의 특수성을 동아시아의 컨버전스 문화를 특징짓는 세 가지 요소를 통해 분석해보았다. 이어질 제2부는 제1부의 기술을 가능케 한 관찰의 현장인 동시에, 제1부에서 발전시킨 여러 가지 이론적 주장을 검증할 만한 사례들로 이루어져 있다. 제2부의 대상인 관찰 현장은 프랑스의 한류 팬이다. 동아시아 내부의 초국가적 현상으로만 여겨졌던 한류가 동아시아를 넘어서서, 아시아인 이민 인구를 넘어서서 유럽과 북미, 남미, 아프리카에서 유통되고 있는 현실은 전통적 방송매체의 프로그램 유통 과정을 초월해서 새로운 매체 환경에서 새로운 문화 소통이 벌어지고 있다는 증거이다. 제2부의 첫 3개 장은 프랑스의 한류 팬에 대한 민속지학적 연구의 결과이고, 나머지 2개 장은 제1부에서 조심스럽게 제안한 내용을 더욱 발전시켜 향후 수행해야 할 연구문제로 발전시켰다. 제8장의 한류2.0 현상 속에서 관찰되는 케이팝과 혼종성의 문제, 제7장의 아이돌 문화가 제기하는 젠더 문제와 디지털 문화 속 대중문화 향유가 내포하는 시각적 쾌락(스코포필리어)의 문제가 바로 그것들이다.

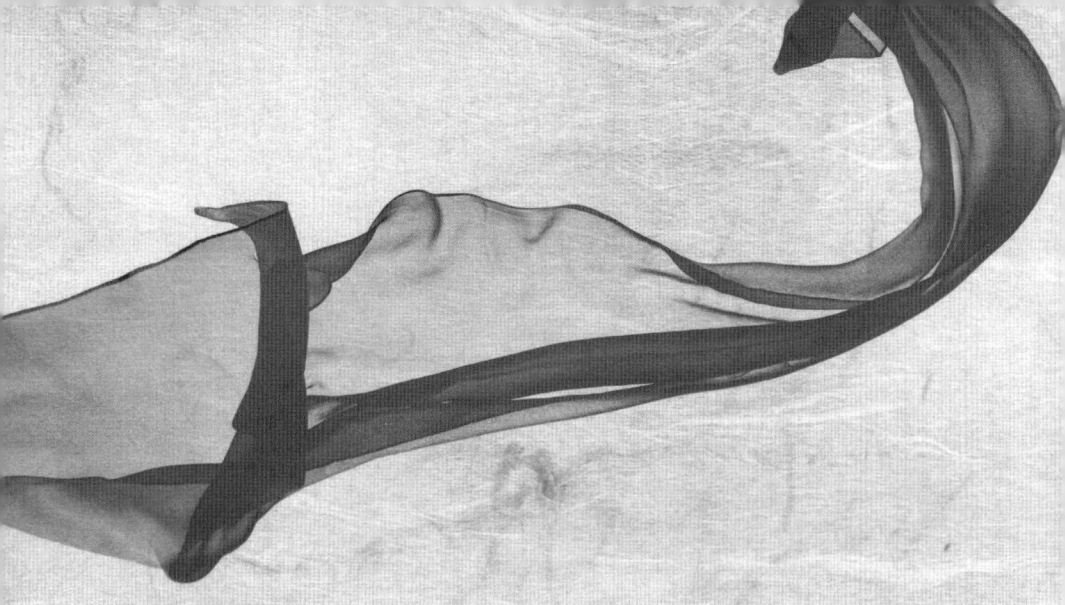

제2부

한류 속의 세계

韓流

제1부는 동아시아를 넘어서는 한류 현상을 이해하기 위해 필요한 기존 연구들과 세계화 과정 속에서 한류를 이해하기 위해 다루어야 하는 이론 영역, 극복하거나 새롭게 사고를 전개해나가야 할 분야에 대해서 정리했다. 제2부는 동아시아를 넘어서는 한류 현상의 현장, 프랑스의 한류 팬에 대한 민속지학적인 참여관찰과 설문 조사 결과를 토대로 발견된 사실들을 주제화하고 때로는 문제제기의 차원에서 기술한 것이다.

한국에서 '한류2.0'이라고 부르는, 동아시아를 벗어나 세계 속으로 나아간 한류에 대한 연구를 하면서 프랑스를 관찰의 대상으로 한 데는 여러 가지 이유가 있다. 하나의 학술적 연구가 촉발되기 위해서는 현실에 대한 정보 수집과 분석이 선행되어야 하지만, 그 직접적인 계기는 개인적인 경험과 관찰이었다. 한국 드라마가 동아시아 외부의 구매자들에게 팔리기 시작한 것은 이미 오래전 일이고, 전 세계의 문화 산물을 국경과 상관없이 접할 수 있는 웹2.0이 형성되면서 사실 세계 어느 나라의 문화 콘텐츠이든 지구상의 모든 곳에서 수용자를 만날 수 있는 환경은 이미 만들어진 것이었다 (제2장 참조). 이 점에서 '한류2.0'이란 용어는 디지털 문화 시대에 적응한 한류가 세계화된 현상이라는 연구 테마를 적절하게 수용하고 있는 용어라고 하겠다.

'한류2.0' 현상의 연구 대상 현장으로 프랑스의 한류에 대한 연구를 하게 된 계기는 먼저, 필자가 프랑스 남서부의 보르도 대학에서 가르치며 얻은 경험이다. 보르도 대학 속 한국 문화 동호회가 한국 학생들이 모인 한국문화 소비 공간에 프랑스 학생들이 끼어든 형태가 아니고 프랑스 학생 중심으로 운영되고 있는 점이 우선 눈에 띄었다. 한국 문화에 대한 관심이 한국 사람의 존재에 의해 촉발된 것이 아닌 제2의 통로가 있음을 말해주는 증거였고, 무엇보다도 외국어 수업 가운데 한국어 강좌의 학생 수가 증가하는 것이 눈길을 끌었다. 한국 문화 동호회의 프랑스 학생들과 대화하면서 한국 드라마가 여러 가지 이유로 이들에게 매력적인 콘텐츠인 것을 알게 되

보르도 고등학교 벤치의 낙서

자료: 필자 촬영.

었고, 학생들의 대화를 제대로 이해하기 위해서라도 그동안 놓쳤던 한국 드라마 명작과 컬트 작품들을 골라 봐야 했다. 이 과정에서 얼마나 많은 한국 드라마가 인터넷 공간에서 유통되고 있는지, 그 팬 현상의 강도와 넓이, 유통 방식과 소비 방식에 대해 알게 되었다. 또한 프랑스 미디어가 방송은커녕 전혀 관심을 보인 적이 없는 이 멀고먼 동방의 콘텐츠를 열정적으로 소비하는 구체적인 프랑스 수용자에 대한 관심이 고조되었다.

한류2.0에 대한 연구의 현장으로 프랑스를 채택하게 만든 두 번째 이유는, 유럽의 에라스무스 제도를 통해 보르도 대학으로 한 학기 혹은 1년씩 유학하는 학생들 가운데 필자의 수업을 듣는 유럽 각국 학생들과의 대화를 통해서 한국 드라마가 헝가리, 루마니아에까지 방송되었으나 그 이서 지방, 즉 우리가 흔히 서유럽이라고 부르는 지역에서는 지상파를 통해 방송된 적이 없다는 사실이었다. 2010년 조사 당시 루마니아는 공영방송의 문화개방 정책에 따른 양질의 외국 프로그램 유치의 일환으로 한국 사극을 방송하기 시작했으며, 프로그램의 시청률이 높아져 재방송을 포함해 하루 24시간 중 무려 4시간을 한국 드라마에 할애하고 있었다. 시청률뿐만 아니라 좋은 비평을 얻고 케이팝 팬들도 증가하여 그야말로 루마니아에는 한류

프랑스 서점에 빼곡하게 진열된 만화

자료: 필자 촬영.

라 부를 만한 인기현상이 시작되고 있는 듯 보였다. 게다가 금식 기간인 라마단을 본국에서 지내고 돌아온 북아프리카(즉, 아랍 국가들) 출신 여러 학생들에게서 〈대장금〉같은 한국 드라마의 저녁시간 방송 소식을 접하기도 했다. 한국 드라마의 가족적 분위기, 성과 폭력이 극소화되고 인간관계에서 존중과 덕목이 중시되는 내용이 라마단이라는 가족적이고 종교적인 기간에 전체 가족이 모여 늦은 저녁식사와 함께 시청하기에 적합하다는 것이었다. 이즈음해서 동아프리카에도 중국 이민과 함께 유입된 한국 드라마에 대한 열정이 퍼지고 있다는 소식, 방송하던 한국 드라마가 올림픽 중계로 인해 결방되자 서아프리카 어느 나라의 화난 시청자들이 거리에서 항의를 했다는 소식 등을 접할 수 있었다. 한국 드라마가 프로그램 시장에서 해외로 팔려나간 수치가 아니라 이렇게 현장에서 '수용'된 이야기를 접하면서, 한국의 대중문화 콘텐츠가 세계 속에서 대량 유통되고 있는 동시에 또 다른 '물결^{wave}'을 만들고 있으리라는 추측을 해볼 수 있었다.

셋째, 내가 관찰하고 있는 프랑스에서 일본의 만화문화가 넓고도 깊은 팬덤을 지니고 있다는 사실, 그리고 제1부에서 분석했듯이 초국적인 동아시아 컨버전스 문화 형성에서 만화가 핵심적이라는 사실을 통해 프랑스 일본만화 팬들이 동아시아의 한류를 충분히 접할 수 있는 매체 환경임을 알 수 있었다. 프랑스는 일본에 이어 제2의 일본만화 시장인데, 프랑스 내부에서 BD$^{bande\ dessinée}$라는 자생 만화가 막강한 문화적 권력을 발휘하고 있음을 고려할 때 심상치 않은 문화적 변화의 물결이 일고 있음이 느껴졌다. 이즈음에서 시작된 프랑스 한류 팬 포럼에서의 참여관찰은 앞에서 제기했던 나의 가설들의 대부분을 검증해주는 동시에, 역동적인 팬덤 현상 속에서 새로운 문화실천의 단서들을 발견케 했다.

필자가 팬포럼 참여관찰을 통해 한국 드라마 수용자 형성 과정, 현재적 수용 과정, 드라마 시청 방식과 해독에 대한 의문을 풀고 있는 동안에도 현실 속에서는 재빠르게 지형의 변동이 일어나고 있었다. 1999년부터 매년 파리에서 열리는 저팬 엑스포는 동아시아 대중문화 산물을 직접 접할 수 있는 기회여서 프랑스만이 아니라 유럽 전체에서 점진적으로 참여하는 인구가 늘어나는, 일본 밖에서 개최되는 일본 대중문화 관련 컨벤션 중 제일 큰 규모의 행사이다. 2002년 입장객 수가 2만 1,000명이었는데 2012년엔 20만 명을 넘어섰고 그 내용도 일본 대중문화를 넘어서서 동아시아의 인기 높은 콘텐츠가 전시, 판매되는 장소로 발전했다. 인터넷으로 미주에 주문하지 않더라도 직접 최근작 케이팝 음반과 파생 상품을 살 수 있는 곳도 바로 이곳이었다. 일본만화문화가 지배적인 이 장소에서 최초로 시사된 드라마가 한국산이었고(2010년 7월 제10회 저팬 엑스포), 이어서 유럽에서 유일한 인터넷 유료 드라마 다운로드 사이트 '드라마빠시옹$^{Drama\ Passion}$'이 론칭되었는데(2011년 1월), 이 또한 영어, 프랑스어 자막을 단 한국 드라마만을 제공하고 있다. 이것은 한국 드라마보다 접촉 시간이 길었던 일본 드라마를 제치고 한국 드라마가 유료 시장을 형성할 만큼 유럽에 팬을 형성하고 있다는, 시장으로부터의 직접적인 증거였다.

이러한 여러 수치와 더불어 팬포럼과 블로그, 한류 콘텐츠가 대량으로 유통되는 포털 등을 통해서 드라마뿐만 아니라 케이팝, 한국 패션이 인기를 끌고 있음이 확인되었고 한국의 꽃미남 배우, 아이돌 그룹이 한국이나

저팬 엑스포의 동아시아 대중문화 상품 판매대

자료: 필자 촬영.

동아시아 내부에서와 같은 뜨거운 관심과 사랑의 대상임도 알 수 있었다. 보르도의 중·고등학교 청소년들 사이에서도 케이팝 스타들의 이름이 오르내리고, 그들이 출연하는 드라마들이 이벤트가 되어 유통되고 있음을 여러 차례 확인할 수 있었다. 이런 현상은 당연히 파리에서도 새롭지 않은 소문으로 들려왔다. 이런 분위기 속에서 2011년 6월 에스엠$^{SM\ Entertainment}$의 소속 가수들을 대거 동원하는 콘서트가 파리에 있는 중대형 공연장 제니스^{Zenith}에서 열렸다. 이 콘서트는 표가 온라인 판매 시 15분 만에 동나 팬들이 플래시몹으로 호소하여 두 번째 공연 날짜를 얻어냈고, 이 사실은 방송 취재를 통해 한국의 미디어에 널리 보도된 바 있다. 한국 미디어의 요란한 보도 속에서 SM 아이돌들의 파리 공연은 한류2.0을 알리는 팡파르 정도로 인식되었다. 당시의 보도 내용을 보면, 한국 미디어의 현상이해가 표피적이고 이벤트성 보도에 지나지 않음을 알 수 있다. 그러나 현실은 앞에서 설명했듯이 훨씬 오래전부터 형성된 문화적 변동에 의한 것이고, 이 변동의 화려한 조명을 현재 한국산 콘텐츠들이 받고 있을 뿐임을 숙지할 필요성이 드러났다. 단지 한류 현상이라고 부를 수 없는 문화 간 커뮤니케이션, 문화의 지역화 또는 지역 문화정체성 문제를 학술적 화두로 만드는 작업의 필요성이 드러난 것이다.

제2부는 이러한 계기로 시작된 현장 연구의 기록이고, 여기에서 파생된 사색들이다. 다시 말해서 세계화와 디지털 문화라는 변화하는 환경 속에서 한류가 제기하는 문제를 프랑스에서의 한류 현상을 통해 참여관찰한 내용이다. 한류 현상을 구성하는 여러 문화소비 분야 속에서 드라마와 케이팝, 아이돌 문화를 심층분석했고, 제2부를 시작하는 제4장에서는 한류2.0의 소통이 이루어지는 미디어정경에 특별한 관심을 두었다.

제4장

세계 속 한류 소통의 하부구조

인도에선 특이하게도 북부쪽 소수민족 사람들이 한국 드라마를 좋아한다는 (신기해서 보도된) 뉴스를 들었어요. 그런데 (이들이) 몽골리안 계열로 생겼어요! 티베트, 몽골 이쪽 계열 부족인가 봐요.

프랑스에 있는 몽족1도 한국 드라마 열심히 봐요. 한국 드라마가 동아시아 정체성의 엔진 역할을 제대로 합니다.

_ 성신여대 심두보 교수와의 페이스북 대화에서

1. 디지털 혁명과 새로운 문화 역학: 전 지구적 팬문화의 하부구조

디지털 비디오 제작과 디지털 방송 기술의 발전은 1990년대 말에서 2000년대를 거치면서 영화, 텔레비전 프로그램, 애니메이션 등 가능한 한 모든 시청각 콘텐츠를 '비물질적으로' 인터넷을 통해 유통될 수 있게 만들었다. 또한 인터넷의 급속한 전파로 인해 서구 선진국들의 대부분에서 2000년대 후반에 이르러 전체 인구의 대다수가 시청각 콘텐츠 소통을 지장 없이 보장하는 고속 인터넷을 사용할 수 있게 되었다. 이것은 전 지구적인 문화 콘텐츠 유통이 제도권의 매개를 통하지 않고도, 다시 말해서 기존의 텔레비전 채널이나 DVD 제작과 유통, 음반 산업에 의지하지 않고서도 대량으로

---

1 베트남 고산족. 미군을 도왔다가 패전 때 같이 소개당해 유럽과 미국 여기저기로 이산한 소수민족.

유통될 수 있게 되었음을 의미한다. 특히 동아시아 대중문화의 선두주자인 일본과 한국은 미국, 북유럽과 더불어 전 세계에서 디지털화가 가장 빠르게 이루어진 지역이라는 점에서 동아시아 콘텐츠의 전 세계적 유통의 물질적 환경은 2000년대에 이르러 이미 형성된 상태였다.

이러한 디지털 기술은 현재 세계화의 움직임과 맞물려 새로운 문화의 논리를 만들어가고 있다. 1990년대 중반 세계화의 문화적 영향에 대한 아파두라이의 중요한 저작을 전후하여 디아스포라 집단이 위성방송, 카세트, VCR 등을 통해 본국 문화와 접촉하는 현상과, 그것이 이민 지역에서의 삶 속에서 어떤 의미를 지니는가에 대한 많은 현장 연구가 이루어졌다. 이와 더불어 디지털 환경이 박차를 가한 능동적 수용자에 대한 연구가 팬덤 연구로 가시화되어, 다양한 팬 활동과 웹2.0 환경 속에서 발전하는 사용자 창작 콘텐츠에 대한 연구도 매우 활발하다. 그러나 이민 현상을 넘어서서 디지털화가 가져온 새로운 가능성이 세계화 과정과 만나 생겨나는 새로운 문화소통, 새로운 미디어정경에 대한 연구는 제2장에서도 강조했듯이 이제 첫걸음을 시작한 단계이다. 이 분야는 콘텐츠 생산자들의 저작권과 사용자들의 자유 소통이라는 이해가 첨예하게 대립·충돌하는 분야여서 문화의 '불법'적 소통에 대한 유통 중심적 연구와 이 문제를 교묘하게 피해가는 디지털 문화 속의 새로운 정체성 논리인 '외밀성'에 대한 연구로 양분되는 경향이다.[2]

동아시아 문화의 세계 속 수용은 바로 이러한 디지털 문화와 세계화가 맞물려 생긴 새로운 미디어정경이다. 이것은 물론 디지털 문화가 더욱 가속화시킨 능동적이고 생산적인 수용자 active audience, creative audience 논리를 따르

---

[2] '외밀성' 개념은, '내밀성' 위에 자아 정체성이 세워진다는 서구의 고전심리학으로부터 벗어나 퍼포먼스와 실천, 즉 개인의 일상적인 표현을 통해 정체성이 '실천'된다는 푸코주의적인 해석에서 태어났다. 이는 한류 팬의 문화실천을 다루는 제2부의 여러 부분에서 다시 다룰 것이다.

고 있다. 텔레비전 프로그램의 경우를 예로 들어보자. 현재 전 세계적으로 인기가 높은 미국 드라마는 방송된 후 즉시 방송사 사이트에서 리플레이해서 스트리밍으로 시청할 수 있고, 이 콘텐츠는 다운로드할 수 있는 파일로 변경되어 수많은 미국 시리즈 또는 시리즈물 전체를 다루는 인터넷 P2P 사이트에 탑재된다. 많은 유럽의 팬들은 선호하는 미국 시리즈가 자국의 텔레비전 채널에서 더빙되어 방송되기를 기다리지 않고 미국에서 방송되는 즉시 스트리밍이나 다운로드를 통해 시청하고 팬포럼과 공식 사이트의 점증하는 '트랜스미디어' 활동에 참여한다. 동아시아 드라마의 경우 세계 각국에서 제도권 미디어를 통한 방송이 극히 제한적이기 때문에 인터넷의 역할은 더욱 핵심적인 중요성을 띤다. 동아시아 콘텐츠도 미국의 드라마 시리즈와 동일한 경로를 거쳐 전 세계의 수용자들에게 접근 가능한 콘텐츠로 변모하지만 언어의 장벽이라는 커다란 어려움을 극복해야 한다.

인터넷의 웹2.0 구조는 전 세계의 시청자가 협력하여 자막 작업을 할 수 있는 획기적 환경을 조성했다. 그 결과 대부분의 동아시아의 텔레비전 프로그램은 전 세계적으로 조직된 전문적 팬자막달기팀^{Fansub}이 만들어내는 소프트섭, 하드섭을 통해, 또는 비키^{Viki}에서와 같은 동시 협력 집단 번역 체제, 그리고 개인 팬들의 자막 증여 등을 통해 수개 국어로 자막이 달린다(3절 참조). 예를 들어 한국 드라마들은 한국에서 본 방송이 끝난 후 3~4시간 이내에 비디오가 업로드되고, 방송된 후 48시간 이내에 대형 포털인 Soummpi나 d-addict에 영어 자막이 올라온다. 이것은 평균 15~17개 국어로 집단 번역된다. 인터넷을 통해 이벤트화된 〈꽃보다 남자〉 같은 드라마의 경우, 한국에서 방송된 지 3~4일 후 20개 국어가 넘는 자막이 달린 것을 볼 수 있었다. 팬섭의 이름을 걸고 팬 정신을 가지고 만들어져 팬섭 사이트에 올려지는 '양질'의 자막의 경우, 팬섭팀의 속도에 따라 최소한 1주일~10일은 소요되고, 시청자들은 자막 없는 스트리밍 시청으로 갈증을 달래가면서도 양질의 자막을 기다려 고화상 화면으로 시청하기를 선호한다. 동아시아의 콘텐츠는 이제 드라마를 넘어서 각종 예능프로(〈패밀리가 떴다〉, 〈가족오락관〉, 〈무한도전〉, 동아시아 가수와 그룹들의 뮤직비디오 등)에까지 자막 활동이 확대되어 있다.

표 4-1은 동아시아 대중문화 콘텐츠의 세계 내 소통이 이루어지는 중요한 네트워크를 정리한 것이다. 한국어, 일본어, 중국어 등 단일 언어로 자막 없이 유통되는 수많은 사이트는 모두 제외되었고, 영어와 프랑스어로 소통되는 포털들에 치중했다. 이 또한 당연히 전체를 담을 수는 없기에 가장 중요한 콘텐츠 공유와 정보 제공형 포털들, 그리고 인터넷을 이용하는 대중매체 서비스, 팬 활동 사이트 중 중요한 몇 개를 담고 있을 뿐이다. 프랑스어로 만들어진 사이트들을 통해 다른 중요한 국제 언어로 이루어진 소통 경로 또한 어느 정도 추정이 가능하다. 특히 남미의 한류 현상을 고려할 때 스페인어권에서는 더욱 활발한 팬 활동이 예상된다. 프랑스의 경우 2000년대 중반, 일본 드라마를 보던 만화 팬들이 한국 드라마를 처음 접하면서 청소년 사용자가 많은 라디오채널 스카이록^{Skyrock} 포털에 수많은 블로그들이 생겼다. 이들 블로그는 주로 일본만화와 일본 드라마 전문이었는데 이들이 한국 드라마까지 다루게 되면서 한국 드라마 팬 확대에 중요한 역할을 했다(이들 블로그가 표 4-1에 포함되지는 않았다). 동아시아 대중문화의 전문가인 이 블로거들은 혼자서 콘텐츠 제공, 정보 제공, 비평의 역할까지 하는 중요한 역할을 했다. 이들은 팬섭팀에서 활동하는 경우도 많았으며 하루에 엄청난 시간을 동아시아 대중문화의 매개에 할애한, 한류2.0을 포함하는 동아시아 문화 팬덤의 중요한 엘리트들이다. 이 파워 블로거들 가운데 대다수가 2000년대 후반에 들어오면서 사라졌는데, 한류 중심 블로그인 경우 "한류가 이젠 잘 알려져 있고 대형 포털들도 생겼으니 나같이 한국 드라마를 소개할 사람이 더 이상 필요없어졌다. 하루하루 블로그 업뎃에 너무 많은 노력이 들어가서 정상 생활이 힘들다. 이젠 나이도 있고 인생의 다른 길로 나아갈 때이다"라고 그 이유를 밝히는 경우가 많았다.

표 4-1
인터넷을 통한 동아시아 드라마와 대중음악 소통의 경로

	사이트 이름	주요 기능(사용언어)	창설연도	사용자 현황 및 기타 정보
콘텐츠 공유형 포털	Drama addict (d.addict.com)	동아시아 드라마와 OST, 다국어 팬자막 토렌트 공유(영어).	2001년	댓글 1,189,540개. 등록된 사용자 278,459명(2012년 11월 20일 현재), 상세 분석 이하 참조.
	Viki.com	전 세계 텔레비전과 영화를 150개 국어로 집단 동시번역 자막, 스트리밍 서비스(영어).	2010년	'문화의 실크로드와 공동체 창조'가 목표. 동아시아 콘텐츠, 특히 한국 콘텐츠가 우세함.
	Mysoju.com	동아시아 드라마와 영화 OST, 스트리밍 서비스(영어) 인터넷 속 사용 가능한 다른 소스로 연계 서비스.	2008년	동아시아 콘텐츠 중 한국 콘텐츠가 우세. 2012년에 http://www.dramafever.com로 이름과 주소를 변경했다.
정보 제공형 포털	Soompi	미국 내 아시안 커뮤니티에 기댄 한국 대중문화 정보사이트.	1998년	2명의 블로그에서 시작. 페이스북 그룹 참여자 1,559,489명(2012년 11월 20일 현재).
	allkpop	한국 대중음악과 대중문화 전문 데이터베이스.	2007년 10월	매월 평균 300만 방문자, 페이스북 그룹 참여자 1,641,128명(2012년 11월 20일 현재).
	Kpop France (www.kpop.fr)	한국 대중음악 전문 데이터베이스, 120명 한국 가수 서지. 한국 연예계 정보의 신속한 정보 공유(불어).	2010년 3월	개인 블로그 Kpop.Sky(2004)에서 발전, 월 평균 누적 방문자 50만 명, 페이스북 가입 6,000명(2010년 4월 8일 현재).
	Kpopfrance (kpopfrance.com)	한국 대중음악과 연예계 정보 사이트(불어)	2010년	전체 14명 팀원이 트위터, 페이스북, 개인 사이트 지님. 가입자 5,340명(2010년 4월 10일 현재), 2011년 8월에 kpop.fr와 kpopfrance.com 사이트가 http://www.soompi.fr로 통합.
	Soompi France (www.soompi.fr)	한국 대중음악 전문 사이트. 국내 최대 연예기획사들과 협력하여 뮤직뱅크 유치.	2011년 8월	페이스북 가입 20,828명, 트위터 팔로어 8,423명(2012년 11월 20일 현재).
	Soompi Spanish (www.soompi.es)	한국 대중음악 전문 스페인어 사이트.	2012년 1월	페이스북 가입 108,952명(2012년 11월 20일 현재).

	사이트 이름	주요 기능(사용언어)	창설연도	사용자 현황 및 기타 정보
대중 매체	Jpopdb.net	불어로 된 일본 대중음악 관련 사이트 정보 총괄 데이터베이스	2004년	51,865개 단신, 2,134개 기사 (2012년 11월 20일 현재).
	Drama Passion	브뤼셀에 위치한 한국 드라마 VOD 채널(영어, 불어).	2010년 1월	벨기에, 프랑스, 룩셈부르크, 네덜란드, 영국에서 접속 가능. 페이스북에 9,174명 가입(2012년 11월 20일 현재).
	Japan FM	일본 팝, 록 전문 웹라디오(불어).	2010년	팝, 록, 비주얼 케이 등 J-pop의 하위 장르별로 시간대, 요일별 편성.
	Kpop FM	케이팝 전문 웹라디오(불어).	2011년	SM, YG 등 엔터테인먼트 사를 구분해 요일별로 편성.
집단 작업	드라마 위키	동아시아 드라마 작품, 배우, 제작자, 작가에 대한 백과(영어).	2005년	향후 방송될 드라마를 포함하여 15,283개의 글(2012년 11월 20일 현재), 일본 드라마(1958~2012) 2,202편, 한국 드라마(1982~2012) 1,195편, 홍콩 드라마(1979~2012) 527편, 중국 드라마(1986~2011) 566편, 대만 드라마(1986~2011) 323편, 싱가포르 드라마(1993~2011) 120편.
팬서빙 사이트	WithS2	한국 드라마 전문 영문 팬섭, 최근엔 중국 드라마 영어 자막.	2006년 1월	2010년 현재 270명 이상의 팀원을 지닌 드라마 전문성 높은 팬섭. Soompi에 연동된 드라마 팬섭. 2012년 11월 20일 현재 7개 작업 중, 254개 드라마 완역, 4개 드라마 기획 중(2012~2013 시즌).
	Manga Arigato	동아시아 드라마와 영화, OST, 대중음악 자막과 정보 공유(불어).	미확인	드라마빠시용 창설 후 활동침체, 페이스북으로 활동 이전.
	Drama-Manga-Seinsei	동아시아 드라마와 OST, 다국어 팬자막 토렌트 공유(불어).	2007년	방문자 1,880만 명(2012년 11월 20일 현재).
팬 주체 사이트 (UCC)	Drama bean	2명의 블로거의 한국 드라마 리캡, 비평, 정보 제공(영어).	2007년 1월	동시 방문자 평균 700~800명, 전 세계 시청자에게 한국 드라마에 대한 열정을 전하는 양질의 블로그.

사이트 이름	주요 기능(사용언어)	창설연도	사용자 현황 및 기타 정보
Orient Extrême	동아시아 만화, 영화, 드라마, 음악, 컨벤션 등에 대한 전문적 비평과 정보. 동영상 리포트를 담은 팬진.	2005년 7월	2010년 초반 이후 활동 침체. 페이스북에 2,682명 가입. 사이트의 활동성이 페이스북으로 이동.
Le blog Jpop France(www. leblogjpop.fr)	개인 운영 일본 대중음악 블로그.	2009년 11월	자체 온라인 투표로 프랑스 J-Music Award.
Dorama World	동아시아 드라마 팬들의 자유토론 포럼.	2005년 10월	2012년 11월 20일 현재 가입자 2,994명, 토론 주제 3,427개, 전체 메시지 69,739개, 한국 드라마 우세.

2. 아시아 이민과 '환태평양' 효과

표 4-1에서 간단히 소개한 동아시아 대중문화 콘텐츠의 유통경로를 따라 배회하며, 동아시아에서 제작되고 방송된 프로그램이 어떻게 기존 미디어조직 없이 전 세계로 소통되는가, 이 소통에 관여하는 사람들, 이들의 정체성, 동기, 문화실천과 소비양식 등을 관찰하는 것은 적지 않은 시간이 걸리는 일이었다. 인터넷 공간 속 개인은 아바타들을 사용하기에 그 뒤에서 말하고 있는 사람의 얼굴과 신체가 줄 수 있는 수많은 정보를 얻을 수 없다. 사용자의 정체성에 대한 정보가 차단된 채, 영어와 프랑스어로 진행되는 이야기들의 문장과 문장, 쉼표와 휴지기를 읽어내야 했다. 동아시아 문화물을 사랑하고 소비하고, 자기 인생의 일부를 투자한 제2의 생산물을 어떤 관계로도 엮이지 않은 불특정 다수의 팬과 기꺼이 공유하는 열정을 보이는 팬섭팀 회원과 파워 블로거들. 이들이 과연 누구인가에 대한 질문은 끝없이 계속되었다. 일단 프랑스의 경우 유학생들이나 이민자들이 일차 매개자 역을 하지 않았나 의심할 수 있지만 이 가정은 전혀 충족되지 않았고,

그 이후의 관찰내용은 한국의 이민이나 입양아들보다는 동아시아 및 세계와의 연관성이 더욱 뚜렷이 드러났다.

버츄얼 공간에서의 여행 중에 듣게 된 수많은 개인의 이야기들, 다언어, 다문화, 이주의 역사, 그리고 1절에서 설명한 것과 같은 동아시아 콘텐츠의 세계화 과정에는 팬들이 '환태평양 효과'라고 부르는 태평양 연안지대, 즉 동아시아, 동남아시아, 인도네시아, 호주, 하와이, 미국 서부 주민들의 독특한 다언어환경이 중요한 역할을 했다고 평가된다. 이 지역은 20세기를 통해 역사적 부침을 겪으며 다양한 이민역사가 이루어진 지역이다. 한국에서는 동방신기의 영웅재중이 출연하여 잘 알려진 일본 드라마 〈솔직하지 못해서 素直になれなくて〉(2010년 4월 방송)의 영어 자막이 어찌 그리 신속하게 달릴 수 있는가에 대한 팬포럼의 토론에서 다음과 같은 설명이 제기되었다.

> 내 생각으로는 우리가 '태평양 효과'의 덕을 보는 듯하다. 다시 말해서 태평양 주위엔 수많은 사람들이 영어를 할 뿐 아니라 일본어, 중국어에 동시에 능하다. 내가 아는 뉴질랜드에서 독립적으로 작업을 하는 팬은 혼자 하는데도 자막을 무척 빨리 단다. 또 다른 친구 한 명은 싱가포르에 살면서 〈오르트로스의 개 オルトロスの犬〉의 자막을 다는 두 개의 팬섭팀 중 하나에 속해서 일했다. 그녀는 집에서는 영어를 썼고, 학교에서는 중국어를 배웠고, 미친 듯 좋아하는 일본배우 때문에 일본어를 혼자 배웠다.
>
> 닉네임 Mit_Souko

동아시아 이민 가정의 경우, 집에서는 중국어, 한국어를 쓰지만 학교에서 영어를 쓰고, 친구나 일본만화를 통해 일본어를 접하거나 대학에서 일본어를 제2외국어로서 접하는 경우도 많을 것이다. 필자가 관찰한 프랑스의 팬섭팀들 또한 초기에는 영어 자막을 프랑스어로 2차 번역하던 것에서 점차 한국어, 일어, 중국어로부터 직접 프랑스어로 번역하여 본 방송과 자막생산 사이의 시간을 줄이게 된 것을 알 수 있었다. 팬자막 활동은 자막 작업을 할 프로그램의 선정, 그 프로그램의 방송 이후 양질의 비디오를 구하기부터 타이밍 작업을 마친 자막을 업로드하기까지 서로 다른 재능의 기부가 필요하다. 순수 자막 작업 이외에도 자막의 형식에 따라 문화적 요소를 조사하여 화면 위에 각주를 넣든가 대사를 현실감 있게 고치는 감수에 이르기까지 여러 가지 역할로 구분되어 있다. 영어를 거치지 않는 직접번역은 동아시아 언어를 모국어로 하는 팬섭 멤버의 확보를 의미한다. 그리고 전체 공정이 온라인으로 이루어지는 이 작업은 처음부터 언어권에 따라 국제화되고 전문화된 작업이다. '환태평양 효과'는 바로 이러한 이민과 세계화의 과정을 동아시아의 지정학적 환경에 맞추어 축약적으로 표현하고 있는 말일 뿐, 이러한 과정은 전 세계 어느 곳의 팬섭 활동이든 유사한 구조를 지니고 있다. 환태평양 지역의 동아시아 대중문화 팬과 한류 팬들인 '환태평양 효과' 세대들이 한류2.0의 초기에 형성된 팬그룹으로서, 한류의 세계 속으로의 확산과정에서 문화 오피니언 리더층을 형성했으리라고 가정된다.

  우리가 관찰 대상으로 삼은 유럽의 경우, 환태평양 효과의 영향력은 간접적이지만 광범위하다. 영어로 만들어진 동아시아 대중문화 콘텐츠 소통의 대형 포털들인 Soompi, Allkpop, Drama Wiki 등이 영어 사이트이고, 프랑스어권 팬섭팀과 팬들도 여기에서 비디오와 영어 자막, 정보를 얻을 수 있기 때문이다. 한국 아이돌을 주연으로 하는 영어로 쓰인 팬픽사이트가 있고,³ 프랑스어권 팬들도 이곳을 이용하는 등, 동아시아 대중문화와 관련된 팬 활동은 바야흐로 영어로 건설된 거대포털을 기반으로 전 세계에서 활발하게 이루어지고 있다고 할 수 있다. 서유럽엔 문화실천의 위계가 좀 더 가시적으로 형성되어 있고 이것은 자국의 대중문화에서도 마찬가지이다. 이러한 이유로, 미국 대중문화가 큰 영향을 미치고 있는 주류 대중문화

---

3 그중 하나를 소개하면 http://www.winglin.net/fanfic이 있다.

와의 관계에서 새로운 문화자료로 사용 가능한 동아시아의 대중문화 콘텐츠가 어떻게 문화실천 속에서 자리를 잡아가고 있는가는 좀 더 복합적인 설명을 요구한다. 만화, 영화, 대중음악, 드라마 등으로 구성된 이 동아시아 대중문화 콘텐츠 가운데, 언어의 장애를 극복해야 하는 동시에 국내 시청자만을 위해 생산된 지역 콘텐츠인 드라마는 그 무엇보다도 중재와 매개mediation가 필요한 분야이다. 매년 엄청난 양으로 쏟아지고 있는 한국, 일본, 중국, 대만, 홍콩의 텔레비전 드라마를 전 세계 시청자들이 소비할 수 있게 해주는 팬섭이야말로 문화 간 커뮤니케이션의 핵심 고리라고 하겠다.

3. 문화 간 커뮤니케이션의 현장, 팬서빙

프로슈머들의 리믹스 문화와 P2P를 통한 공유 활동, 위키 현상과 같은 각종 협동작업collaborative work이 꽃피고 있는 인터넷 공간에서 팬들의 자막활동Fansubbing이야말로 개인의 자기표현 혹은 자기실현인 동시에 공동체 형성을 가능케 하는 매우 중요한 재능 기부이다. 그런데 필자의 이러한 접근은 완전히 문화적인 것으로, 비록 상업적 용도는 아닐지라도 자기소유가 아닌 문화물에 유통을 목적으로 자의적으로 자막을 다는 팬섭(팬서빙의 약어) 활동은 인터넷에서 소통되는 문화콘텐츠에 저작권과 지적소유권을 적용하려는 각국의 법과 상충된다. 따라서 팬섭 활동은 객관적이고 공식적인 잣대로는 불법 업로드 및 다운로드와 더불어 '어둡고 부당한' 행위로 간주될 수밖에 없는 상황이다. 팬섭은 문화물의 불법 통제를 막는 자연적 장벽인 언어를 해결해주어 불법적 소통의 대량화를 가능케 한 '악행'이지만, 그 자체로는 해당 언어권 애호자로 이루어진 커뮤니티를 향한 엄청난 재능기부인 셈이다. 팬섭의 주체들은 문화 간 커뮤니케이션의 엘리트로서 기술적, 문화적, 법적 장애를 헤치고 화면의 질과 자막 작업의 신속성을 높임으로써 오직 자신의 즐거움과 자막사용자(즉, 초국적 드라마 시청자) 커뮤니티의 이해를 위해서만 일한다.

자막달기 방식에 따라 팬서빙 활동을 여러 가지로 분류할 수 있다. 소프트섭, 하드섭, 동시번역(viki), 문화코멘트 등이 그것이다. 소프트섭은 비디오와는 독립적인 파일로 존재하는 자막을 일컬으며, 비디오와 함께 다운받아서 시사해야 한다. 따라서 자막과 비디오 사이의 싱크, 즉 타이밍을 맞추는 기술이 매우 중요하다. 하드섭은 비디오 내에 자막을 박아 넣는 것을 말하는데, 이 경우 자막을 영상에 박아 넣는 작업뿐만 아니라 자막팀이 자신의 아이디와 문화적 해설을 부가하는 '가공'을 하기 때문에 저작권 문제가 소프트섭보다 몇 배로 가중된다. 이때 문화적 해설이란 예를 들어 한국 드라마에서 여자들이 남자를 '오빠'라고 부를 때 그것의 실질적 의미가 무엇인지, 또는 '옥탑방'이 무엇인지 등 드라마의 이해를 위해서 꼭 알아야 할 지식들을 별표를 달아 삽입하는 작업이다. 마치 한국 드라마의 사극에서 역사적 사건이나 인물에 대해 화면 밑에 자막 해설을 넣는 것과 같은 작업이라고 하겠다. 이 밖에 비키[Viki]처럼 여러 시청자가 동시에 자막을 달 수 있으며, 심지어 시청하면서 감상을 주고받은 흔적까지 볼 수 있는 동시번역 시스템도 있다. 저작권 문제로 인해 갈수록 하드섭이 줄어들었지만, 동아시아 대중문화 팬들은 고화상 하드섭을 다운받아 소장하는 것을 최고로 여긴다. 신속한 팬섭팀의 소프트섭 작업을 스트리밍으로 보는 것보다, 궁금한 것을 참고 끈기 있게 기다려 전문화된 팬섭팀이 제공하는 양질의 하드섭을 다운받아 고화상으로 즐기는 것을 이상적이라 생각하기 때문이다. 인터뷰나 관찰을 통해 여러 차례 확인된 것인데, 동아시아 드라마 팬들은 양질의 자막을 단 드라마 DVD가 배급된다면 충분히 구입할 의사를 가지고 있다.

다음의 몇 개의 표와 그림들은 동아시아 드라마의 다국어 자막화 정도를 한눈에 볼 수 있게 해주는 자료들이다. 전 세계 동아시아 드라마 팬덤 현실

표 4-2
d.addict.com의 드라마와 각국 자막 제공 현황(2010년 4월 24일 현재)

구분	전체 드라마 비디오 토렌트 수	전체 자막 수	영어 자막 수	영어를 제외한 유럽어 자막 수
일본 드라마	927	1490	629	700
한국 드라마	592	969	355	368
대만 드라마	156	226	96	129
중국 드라마	58	57	39	18

속에서 한국 드라마의 무게를 객관적으로 계량하는 것은 쉽지 않은 일이다. 그러나 동아시아 드라마 토렌트 공유 사이트 d.addict.com에 링크되어 있는 각국의 드라마와 팬자막 수치를 비교하면 어느 정도 국가별 드라마 유통의 위계가 감지될 수 있다.

이 수치는 각국의 드라마 생산량과 드라마 한 편의 편수 등을 감안해서 읽어야 하고, 그림 4-1에서 그림 4-2를 교차 비교하면 다음과 같은 관찰이 가능하다.

첫째, 유통되는 드라마 수에서 일본 드라마가 절대 우위를 차지하는데, 그것은 드라마 팬섭이 시작된 시기의 차이(일본은 1993년, 한국은 1998년)와 드라마 한 편당 평균 11회인 일본, 16~24회 또는 그 이상인 한국 드라마의 차이를 볼 때, 이 수치적 우위가 일본 드라마의 소비상 절대 우위를 의미한다고 확정지을 수는 없다. 전체 자막 가운데 4개 국어 이상 자막이 존재하는 비율이 한국 드라마가 16.5%(98편), 일본 드라마가 13.5%(125편)인 것을 보면, 유통되는 한국 드라마의 수가 더 적더라도 더 많은 국가에서 동시에 높은 관심을 보인다고 해석할 수 있다.

둘째, 자막 수의 추이는 아직 역사가 짧아 유의미한 해석을 하는 것이 무리일 수 있으나 한국 드라마의 영어 자막 수가 2004~2005년 일본 드라마보다 높았다는 점, 그리고 두 나라 모두 2004년 이후 급격한 상승세를 보여 일본 드라마는 2008~2009년에, 한국 드라마는 2010년에 그 피크에 달한

| 그림 4-1
한국과 일본 드라마의 유럽어 자막 수 비교(1993~2010년)

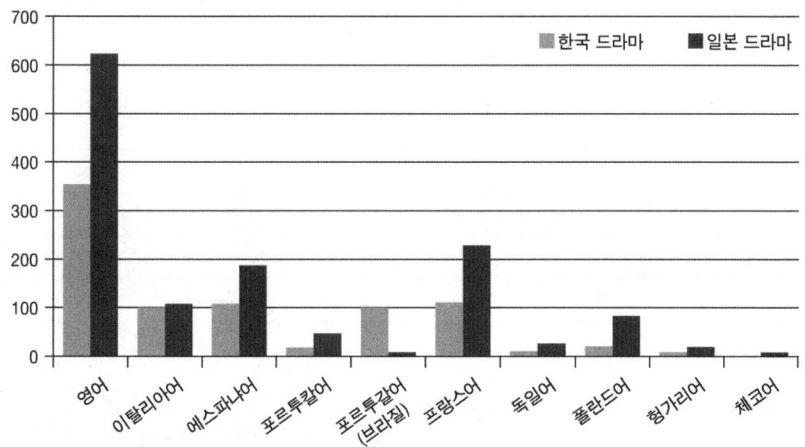

주: 2010년 4월 24일 현재

것을 볼 수 있다(그림 4-2 참조). 전반적으로는 2004~2005년부터 동아시아 드라마 붐이 시작되어 2008~2009년에 피크에 달한 것이라고 해석가능하다. 팬들의 설명에 따르면 2005~2006년 한국과 일본 드라마의 누적된 드라마들을 따라잡는 자막 달기 활동이 끝나서 새로 방송되는 드라마들에 대한 작업이 시작되었다고 한다. 이때 많은 드라마 팬들이 마음을 졸이며 현재 자막 작업이 진행 중인 드라마를, 한 회의 자막 완성편이 나올 때마다 따라 보기를 하지 않고 전체 드라마의 자막 작업이 끝나기를 기다렸다가 한 번에 시청했기 때문에 실질적으로 동아시아 드라마의 소비량은 2005~2006년에 급상승했으리라는 추측이 가능하다. 아래에서 우리가 집중적으로 관찰할 프랑스의 팬포럼 '도라마 월드'도 2005년에 만들어졌고, 대부분의 핵심 멤버들이 2005~2006년에 포럼에 가입한 것을 확인할 수 있었다. 예를 들어 오늘날 프랑스의 많은 한국 드라마 팬들에게 첫 번째 한국 드라마였던 〈풀하우스〉(KBS, 2004년 7월 방송)의 프랑스어 자막은 2005년 초에 업로드되었고, '도라마 월드' 속에 이 드라마에 대한 토론방은 2005년 12월에 열

| 그림 4-2
한국과 일본 드라마의 연도별 증가 비교(1993~2010년)

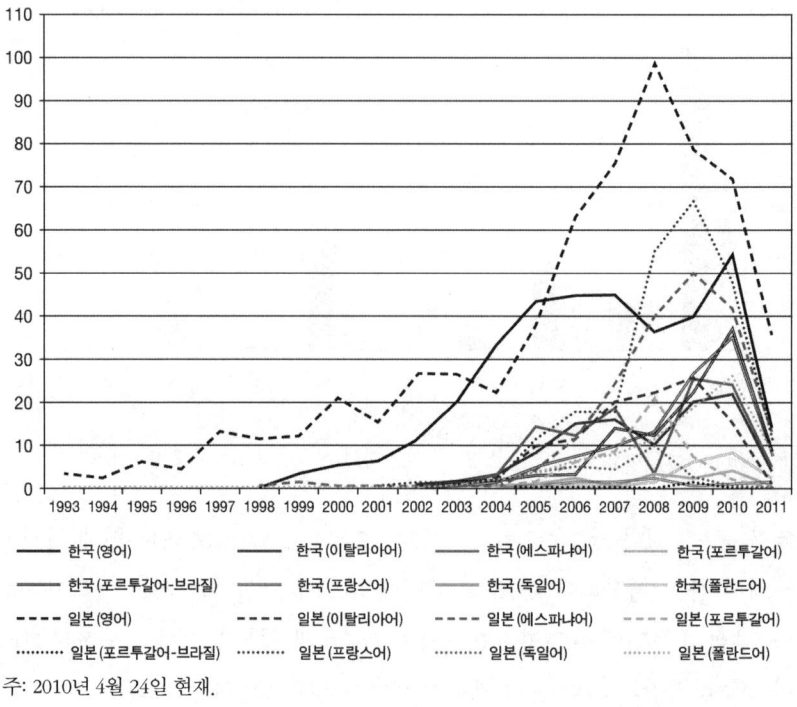

주: 2010년 4월 24일 현재.

렸다.

 2007년부터는 한국 텔레비전에서 방송되는 드라마를 몇 달의 지체 없이 바로 따라잡는 팬섭이 가능해졌다. 그 결과 한국 드라마 팬 확장에 크게 기여한 2009년의 〈꽃보다 남자〉나 〈미남이시네요〉의 경우 유럽의 팬들은 한국과 동아시아에서 벌어지는 이 드라마의 제작, 방송, 수용과 관련된 각종 이슈를 실시간으로 공유하고 화제화하는 것이 가능해졌다. 이 무렵엔 드라마뿐만 아니라 〈패밀리가 떴다〉, 〈무한도전〉 같은 예능프로그램도 자막이 달려 소통되었다. 이것은 물론 한국의 포털에 뜨는 실시간 연예뉴스들을 불과 3~4시간 내에 영어로 번역해서 싣는 Soompi와 같은 초고속 자막팀을 지닌 대형 사이트가 있었기에 가능했다. 2010년 이후에는 유럽과 미국 내 저작권자들이 생기면서(이 부분은 4절에서 상술한다) 팬섭 활동이 불법화되어 그림 4-2에서 볼 수 있듯이 자막 수가 급강하하게 되었다. 팬서빙 사이트는 개인 간 토렌트 공유 포털보다도 더욱 직접적으로 해당 저작권자들과 갈등에 놓이기 때문에, 2012년 현재 많은 팬섭 사이트의 한국 드라마 다운로드가 정지된 상태이다.

셋째, 드라마 팬덤을 이끄는 일본, 한국, 대만 드라마의 영어 외 유럽어 자막 중 가장 많은 팬 자막은 프랑스어이다. 일본의 경우 유럽어 자막 700개 중 230개가 프랑스어 자막이고 한국 드라마의 경우 368개 중 111개가, 대만 드라마는 129개 중 42개가 프랑스어 자막이다. 이것은 모든 언어 자막을 기준으로 해도 마찬가지이고, 단지 한국 드라마의 경우 베트남어 자막이 128개로 프랑스어를 앞설 뿐이다. 다시 말해서 유럽 내 동아시아 드라마 팬덤의 핵심은 단연 프랑스라고 결론지을 수 있겠다.

4. 팬문화와 미디어 경제의 모순

위에서도 언급했듯이 동아시아 드라마가 방송된 적이 없는 서유럽에서 동아시아 드라마 팬덤의 형성은 기존 커뮤니케이션 연구에서 '불법illegal', '해적질piracy', '언더그라운드' 등으로 불리는 '불온한' 과정에 속한다. 한류의 세계화에 박수를 치는 한국의 저작권자들은 이러한 현상을 반가워하는 동시에 곧 이렇게 자발적으로 형성되어 있는 시장에 대한 공략을 생각하게 될 것이다. 이것은 케이팝의 생산자들이 홍보의 수단으로 생각하고 유튜브에 뮤직비디오를 업로드하고, 유튜브를 통해서 아무런 문제없이 케이팝이 전 세계를 강타할 수 있었던 것과는 극명하게 다른 상황이다. 드라마는 언어의 장벽으로 인해 팬섭이라는 문화 간 매개자들이 없었다면 결코 세계 속으로 나아가지 못했을 것이기 때문이고, 이 과정 자체가 저작권자들의 지적소유권에 반하는 행위라는 모순적 상황에 처해 있는 것이다.

프랑스의 경우, 2009년 5월 13일 아도피법(Haute Autorité pour ladiffusion de sœuvres et la protection des droits sur internet: Hadopi)의 채택으로 모든 무료 다운로드를 불법화할 수 있는 법적 기반이 마련되었다. 이 법에 의해 당국은 다량의 불법 다운로드를 하는 사람들을 감시하고, 2회의 경고 메일발송 후 수정하지 않으면 등기우편으로 경고, 그 이후에는 법정으로 소환할 수 있고 벌금을 물리거나 인터넷 접근을 금지할 수 있게 되었다. 이와 더불어 프랑스를 포함한 일부 유럽 지역에서 한국 드라마의 다운로드를 불법으로 만드는 사건이 발생했다. 2011년 1월에 프랑스, 벨기에, 스위스, 룩셈부르크, 네덜란드, 영국에서 사용할 수 있는 한국 드라마 유료 서비스 사이트 '드라마빠시용(Drama Passion)'이 창설된 것이다. 드라마의 온라인 스트리밍을 서비스하는 이 채널은 한국 드라마만을 방송하고 있어, 앞에서 자막 분석을 통해 내렸던 결론, 즉 한국 드라마 팬덤의 넓이와 열성, 그것의 우수한 시장가치를 강조해주는 사례이다. 한국의 방송 3사와 tvN, jTBC 등으로부터 위 국가에서의 독점 드라마판권을 구입한 드라마빠시용의 등장으로, 이 사이트가 구입한 드라마의 다운로드와 팬섭 활동이 해당 국가에서 전면적으로 불법화되었다. 2010년을 전후로 미국에서 한국 드라마 DVD의 출시로 인해, 동아시아 드라마의 다운로드 거대 포털인 D-addict가 미국에서 불법화된 바 있다. 이것과 더불어, 드라마빠시용의 등장은 팬섭이 매개하는 동아시아 드라마의 세계적 팬덤의 구조를 뒤흔드는 지각변동의 계기가 되었다.

특히 유럽 드라마 팬덤의 중추로 보이는 프랑스의 경우, 한국 드라마 원본 비디오가 공급되는 미국 포털의 문제와 자국의 아도피법, 그리고 드라마빠시용의 등장으로 2010년을 전후로 드라마 팬덤이 큰 어려움을 겪게 되었다. 무엇보다 먼저 드라마빠시용의 시장이 되는 국가에서 특정 드라마 공유사이트로의 접속이 차단되었고, 이로 인해 수용자들은 팬포럼에서 불편함을 호소하고, 현재 접속 가능한 드라마 사이트에 대한 정보를 공유하기 시작했다. 이어서 드라마빠시용과 유명 팬섭 사이트와의 갈등이 표면화되었다. 프랑스의 팬들은 근본적으로 유럽에서 한국 드라마가 좋은 번역과 고화질로 배급되기를 원한다. 팬들 중 일부는 더 많은 프랑스 시청자가 한국 드라마를 접할 수 있다면 반드시 좋아하게 될 것을 믿고, 방송사를 움직이기 위해 한국 드라마의 공중파 방송을 위한 서명운동을 벌이기도 할 정도이다. 그런데 유료서비스를 시작하는 드라마빠시용은 다운로드가 불가능한 스트리밍 서비스를 할 뿐이고 그 비용도 만만치 않음이 지적되었다. 팬들의 대부분은 돈을 내고 보는 것에는 당연히 동의하고, 많은 수가 미국의 인터넷 사이트에서 한국 드라마 DVD와 케이팝 음반과 부산물들을 구입할 정도로 실질적으로 한류사랑은 이미 비용이 드는 문화실천이 되었다. 팬들은 유료여야 한다면 고화질서비스를 원하지 유료 스트리밍을 원치 않는다. 최고의 자막으로 다운받은 고화상 드라마를 DVD로 구워서 커버까지 만들어 소중히 간직하는 팬들의 소장 문화와 한번 보고 마는 스트리밍 문화의 대결이라고 하겠다. 팬들은 자막 작업의 어려움과 투여되어야 할 시간을 잘 알고 있기에 드라마빠시용 사이트가 기존의 팬자막을 갈취하지 않는지도 감시했다. 그래서 팬자막 유출을 의심하기도 했고, 상업적 목표로 마구잡이로 짧은 시간에 해내는 그들의 자막 수준이 순수한 목적에서 정성을 다한 기존 팬섭의 자막 수준에 미치지 못한다는 비판을 하기도 했다. 이러한 드라마빠시용과의 마찰, 팬섭 활동의 불법화에 저항하여 팔로어가 많은 몇몇 유명한 팬섭 사이트는 문제가 된 드라마들의 라이선스 소유자가 없는 제3국으로 서버를 이전하기도 했다. 드라마빠시용이 팬섭팀들보다 빨리 우수한 자막을 제공하지 않으면 승산이 없다는 견해도 제공되었고, 아예 한국어를 배워서 무료로 보는 게 해결책이라는 견해도 눈에 띄었다.

이러한 정면 마찰기간이 지나자, 팬 활동을 합법화하기 위한 여러 가지 차선책들이 나타나게 되었다. 첫째, Viki와 같이 동시 번역 체제를 유지하는 스트리밍 사이트는 드라마빠시용의 시장이 된 나라로부터의 접속을 막는 동시에 무제한적으로 누구에게나 제공하던 유니버설 서비스를 제한하고, 자막활동 등 커뮤니티 기여도를 기반으로 한 제한적 접근으로 변경했다. 즉, 사이트를 완벽한 P2P 원칙으로 운영함으로써 불법화를 면하는 동시에, 한국의 방송사들과 직접 커뮤니티의 드라마 공유권을 협상하려는 시도도 있었던 것이 관찰된다. 한편 팬들의 비판 속에서 몇몇 사이트가 드라마빠시용 등장을 기회로 유료사이트로 전환하려는 의도를 가졌던 것이 발견되었고, 팬들은 이러한 팬문화 속 상업화의 오염을 심하게 비판했다.

또 다른 합법화, 또는 불법화를 피하는 방식으로는, 프랑스의 전체 인터넷 다운로드 사용자들이 그랬듯이 아도피 법을 비켜가기 위해 유료 다운사이트에 등록하고 그 사이트로부터 외국의 공유사이트에 접속하여 다운받는, 접속지점을 속이는 정체성 세탁방식이 사용되었다. 이 활동도 2012년 1월 19일, 홍콩에 기반을 둔 전 세계를 대상으로 한 파일공유 서비스 메가업로드^{Mega Upload}가 미국의 제소로 불법화된 이후 다시 어려움을 겪게 되었다. 그러나 2012년 11월 말 현재 필자가 관찰하는 동아시아 드라마 팬포럼의 멤버들은 어디서인가 자막 달린 한국 드라마들을 시청하고 있으며, 팬포럼의 활동도 저하되지 않은 상태이다. 이러한 팬섭과 다운로드 불법화의 소용돌이가 2000년대 중반처럼 새로운 동아시아 드라마 팬을 자연발생적으로 확대해가는 데 걸림돌이 되고 있을지언정, 이미 동아시아 드라마의 열렬한 팬이 된 이들은 팬 활동을 불법화시키는 기득권자들의 불법화 전략을 비켜나갈 개인 전술을 발견한 것이 틀림없다.

이 부분은 이 글의 한계를 넘어서는 것이라 이상으로 논의를 제한한다. 단, 다음 장에서도 다시 언급하겠으나 문화산업이 팬들의 이해에 반해서 성장하는 것과 팬들의 이해를 반영하며 성장하는 것 사이에는 커다란 차이가 있다는 점을 지적하고 싶다. 일본에서 여성 독자를 위한 '보이즈 러브'

만화가 여성 쇼조망가 독자들의 동인지 활동을 통해 탄생한 창작만화 작업을 만화출판업이 수용하여 하나의 장르로 만들어나간 것이 그 좋은 사례라 하겠다. 드라마빠시옹 사건을 전후로 프랑스의 한국 드라마 팬들은 입을 모아 이렇게 말했다.

> 이 사이트를 열기 전에 한국 드라마 팬들에게 어떤 서비스를 원하느냐고 물었다면, 80% 이상은 유료 스트리밍을 원하지 않는다고 답했을 것이다. 우리는 절대 스트리밍으로 보기 위해 돈을 내지 않을 것이다. 우리가 원하는 것은 지상파 방송이 아니라면, 적정 가격으로 판매되는 양질의 자막을 단 고화상 DVD다. 유럽 출시를 기념하는 디렉터스 컷이나 촬영 중 NG 장면 모음, 주연배우들의 간단한 인터뷰를 보너스로 넣어 주면 더욱 금상첨화고.

드라마빠시옹 출범 이후 2년이 지나가는 지금 이 사이트가 어느 정도 손익분기에 도달했는지는 알 수 없다. 그러나 팬섭팀들이 쌓아놓은 그동안의 작업을 제대로 평가하고 이것을 수렴한 한국 드라마 DVD가 프랑스의 대형 서점 비디오 판매대에 미국 드라마 전질과 나란히 놓이게 될 날을 기다려본다. 프랑스는 성탄선물 구매로 한때 미국 드라마 〈위기의 주부들 Desperate Housewives〉이나 〈그레이 아나토미〉의 두터운 DVD 전질 박스들이 품절이 될 정도로 영상물의 소장 문화가 발달한 나라다. 이미 두터운 일본 애니메이션 DVD 전질 박스들은 화려한 고가 양장으로 멀티미디어 부스를 차지하고 있다. 케이팝 공연의 표 판매를 두고 놀라워하듯이, 언젠가 한국 드라마 DVD 출시가 유럽에서 이벤트가 될 날이 기대된다.

5. 프랑스의 한류 팬 연구

제5장부터는 앞에서 설명한 한국 드라마 다운로드 불법화 이후의 유럽 동아시아 드라마 팬덤을 프랑스의 동아시아 드라마 팬포럼 '도라마 월드'에 대한 민속지학적 참여관찰을 통해 심층 연구한 결과이다. 이 사이트는 동아시아 드라마를 사랑하는 팬들의 모임이지만, 이들 중 한국 드라마 팬들이 핵심을 이룬다는 점, 이 팬들은 단순히 한국 드라마만을 소비하는 것이 아니라 케이팝, 한국 영화, 한국 음식, 그리고 한국으로의 여행을 꿈꾸고 실행하는 팬 집단이라는 점에서 유럽의 한류 현상을 이해하기 위해 적합한 팬포럼 사이트이다. 필자는 지금까지 불법적이란 이유로 아마도 합법적 실천인 연구의 대상이 되는 것도 꺼려졌거나 좌절되었을지도 모르는 이 공간에서 벌어지는 움직임 속에서 최대한으로 중요한 문화적 의미를 읽어내려 한다. 우리가 다음 여러 장에서 읽어낼 내용은 디지털 문화가 가능케 한 문화영역에서 밑으로부터의 세계화, 미디어정경이란 용어를 대중화시킨 아파두라이의 어법을 차용한다면 풀뿌리 미디어정경Grassroot Mediascape에 대한 인문학적 연구이다.

1) 프랑스의 한국 대중문화 수용 현황

프랑스는 한국인 이민인구가 많은 독일이나 이민과 유동인구가 둘 다 많은 영국과 상이한 이민 구조를 지닌다. 대사관에서조차 정확한 거주 한인과 이민자 수의 통계를 갖고 있지 않다고 하며 추정도 힘든 상황이다. 한국에서 영어의 위상이 높아지고 제2외국어인 프랑스어의 위상은 추락하면서 어학연수를 오는 한국인의 수도 줄었다고 보이는데, 대사관의 추정에 따르면 현재 1만 4천~1만 5천여 명의 거주 한인이 있으며 이 가운데 7천~8천여 명은 학생인 것으로 나타난다. 프랑스의 한국인 구성은 어학연수를 온 단기 유학생이 많고 이민사회 규모가 작은 특징을 지닌다.

최근 10여 년의 한국 문화 관련 행사들의 특징을 살펴보면 다음의 세 가지로 나눌 수 있다. 첫째, 여러 정기적인 공식 행사를 통해 한국의 전통문화가 소개되어왔다. 건축, 음악, 미술, 서예, 공연예술 등 전통예술을 비롯해 이를 현대적으로 계승시킨 작품들도 소개되어왔고, 특히 최근 4~5년 동안에는 음식 관련 행사들이 크게 성황을 이루어 궁중음식 시연회, 다도 시연회 등이 관심을 끌었다. 이것은 파리를 비롯한 대도시 한국식당의 증가로 현실화됐고, 영사부 관계자에 따르면 2012년 현재 100여 개가 넘는다는 한국식당에는 갈수록 프랑스인 고객의 비율이 늘고 있다고 한다.

둘째, 한국 영화의 놀라운 진전이다. 각종 국제 영화제 수상으로 한국 영화에 대한 관심이 증가한 이후 프랑스 내부에서 한국 영화 관련 행사는 꾸준히 증가 추세이고, 일상생활 속에서도 프랑스인들이 한국 영화를 자연스럽게 화제에 올리는 경우를 자주 만날 수 있을 정도로 한국 영화는 확실한 문화적 가치로 자리 잡았다. 프랑스에서 한국 문화는 영화와 분리해 생각할 수 없을 정도로 한국 영화는 커다란 영향력을 행사하고 있다. 프랑스에서 한국 영화 유통의 공식적 통로는 각종 크고 작은 영화제, 극장 개봉, 극장 개봉을 거치지 않은 직접 DVD 출시, 그리고 주로 프랑스-독일 문화채널 아르테Arte를 통한 지상파 방송이다. 비공식적으로는 인터넷상의 수많은 한국 영화, 드라마, 텔레비전 프로그램, 케이팝 비디오들을 P2P 사이트를 통해, 그리고 유튜브와 데일리 모션 등을 통해 소비하는 많은 시청자들이 있다. 팬포럼에서의 관찰에 따르면 이러한 '공식적' 소비와 '비공식적' 소비 사이의 관계는 상호 배타적이라기보다는 상호 프로모션적이라고 보인다. 온라인상의 한국 드라마 팬들은 오프라인에서 한국 영화를 함께 보기 위해 만나고, 한국식당에서 식사를 하고, 한국 대중문화 컨벤션인 코리언 커넥션Korea Connection에 함께 간다. 새로운 영화 DVD 출시정보를 공유하고 텔레비전의 영화나 한국 관련 다큐멘터리 방송 정보를 공유하며 시청 후 감상

코리언 커넥션의 케이팝 댄스 경연대회 관객

자료: 필자 촬영.

을 토론하기도 하는 등 한국 드라마 팬들에게 한국 영화와 한국 드라마는 떼어놓을 수 없는 관계이다. 그러나 한국 영화 관객이 한국 드라마를 사랑하리라는 보장은 전혀 없음을 문화실천 사이의 위계의 문제를 설명하는 제5장에서 설명하도록 한다.

셋째, 2010년 이후 케이팝과 한류 행사의 증가로 프랑스의 한국 대중문화 수용은 새로운 단계에 접어든 것으로 보인다. 2011년에 시작되어 2012년 성황리에 제2회를 맞이한 동호회 코리언 커넥션^{Korean Connection}의 한국 대중문화 컨벤션과 같은 행사가 대표적인데, 파리가 아닌 지방에서도 이와 유사하면서 더 규모가 작은 한류 관련 행사가 치러진다. 이러한 한류 관련 이벤트 장소에서 한류 열풍 이전엔 한국의 전통문화가 관광홍보의 주요 대상이었다면, 최근에는 패션, 디자인, 클럽문화, 프리마켓, 레저 등 젊은 층을 겨냥한 모던 코리아의 이미지가 더욱 부각되는 중이다.

한국 영화와 더불어, 고정 독자층을 점진적으로 확보해가고 있는 한국 현대문학도 주목해야 할 부분이다. 번역 출판에서도 지난 10년은 큰 변화의 시기였다고 할 수 있다. 예를 들어, 쥴마 출판사^{Edition Zulma} 등 유명 출판사에서 출간된 대표적 현대 작가들의 작품들이 포켓판으로 꾸준히 출판, 판

프랑스 보르도 아나톨 초등학교의 한국문화의 날

자료: 필자 촬영.

매되고 있다. 한국 작가주의 영화만큼이나, 현대소설작품들도 장르적 특징과 예술적 완성도에서 평단의 호응을 얻고 있다. 주요 작가로는 황석영, 신경숙, 김영하, 이승우, 은희경 등을 들 수 있는데, 1989년에 시작된 한국 영화에 대한 관심보다는 늦고 더디나 한국 영화를 사랑하는 사람들이 한국 소설 독자층과 동일 또는 가까운 취향의 독자나 청중일 것을 감안할 때 한국 현대문학에의 관심 또한 지켜볼 대상이다.

2) 프랑스의 한류 팬 연구 방법론

이와 같은 프랑스 내부의 한류 수용 현황을 맥락으로, 이것을 동아시아 대중문화 수용 현상 전체 속에서 올바르게 이해하기 위해 다음과 같은 여러 가지 연구 방법을 적용했다.

첫째, 연구 과정에서 질적 심화를 가능케 한 모든 담론 분석의 자료와 팬 현상의 역학은 동아시아 드라마 팬 포럼인 '도라마 월드'에 대한 인터넷 민속지학을 통해 이루어졌다. 이 연구를 위해서 '도라마 월드'뿐만 아니라 동아시아 대중문화 유통 및 향유와 관련된 인터넷 사이트들(P2P를 제공하는 플랫폼, 정보 제공 사이트, 블로그, 팬진, 포럼 등)이 광범위하게 관찰되었고, '도라마 월드'에서 오고가는 전문적인 팬들의 대화를 이해하기 위해서 오랜 시간 인터넷 공간에서 벌어지는 여러 가지 교환과 공유를 쫓아서 관찰했다. 프랑스의 동아시아 드라마 팬들의 전문포럼 '도라마 월드'에서 2009년 1월부터 2011년 초까지, 온라인으로 참여관찰하는 인터넷 민속지학 연구가 시행되었다.[4] 이 포럼은 동아시아 드라마를 전문으로 다루어, 팝과 영화를 포함한 동아시아 대중문화 전반을 다루는 거대 포털들과는 구분된다. 2005년 창설되어 현재까지 비교적 활발히 지속되며, 2011년 10월 현재 등록된 회원이 2,400명 정도, 포스트 수가 6천~7천 개가 넘는 중간 크기의 포럼이다. 동아시아 드라마가 중심이지만 관련된 배우, 대중음악 그룹과 아이돌, 기타 문화, 정치적 뉴스에까지 아시아에 관련된 각종 정보를 공유하고 토론하는 팬포럼으로, 열성 멤버들 사이에 다년간의 온라인 만남으로 인한 연대감이 이루어져 있어서 익명성이 강한 대형 포털들과 달리 참여관찰을 통해 활동멤버의 정체성을 어느 정도 확인할 수 있다는 장점이 있다. 이 중 몇 명과는 오프라인 만남과 인터뷰도 가능했다. 그리고 보르도 대학 학생들에 대한 초보적 설문과 보르도에 거주하는 한국 대중문화 팬 몇몇에 대한 심층 인터뷰도 이루어졌다. 팬포럼 관찰은 연구자가 포럼에 멤버로 등록한 상태에서 자연스러운 팬 활동을 통해 참여관찰이 이루어졌고, 관찰 기간에 현장 일지를 통해 팬포럼의 대화 중 유의미하다고 생각되는 것들이 테마별로 정리되었는데, 그 과정에서 다음 장에서 심층 논의할 성담론에 대한 연구 문제가 드러나게 되었다. 프랑스 내 한국과 동아시아 대중문화 팬들과의 온·오프라인 대화 또한 학자적 편견을 버리고 현실을 직시하는 데 큰 도움이 되었으며, 동아시아 대중문화 유통 및 향유와 관련된 인터넷

---

[4] '도라마 월드' 포럼 인덱스 페이지 http://www.dorama-world.com/forums/index.php. 2011년 10월 15일.

사이트들(P2P를 제공하는 플랫폼, 정보 제공 사이트, 블로그, 팬진, 포럼 등)이 광범위하게 관찰되었다. 이런 조사 방법은 인구사회학적 대표성을 지닌 집단을 통한 검증이 아닌 파일럿 연구의 성격을 띠지만 참여관찰을 통한 풍부한 자료와 인터넷에서 수집된 데이터 간의 교차 확인을 통해 적어도 동아시아 대중문화 향유에 관한 한 현실에 충실한 기술을 가능케 한다고 생각한다.

둘째, 2009년에 '도라마 월드'에 대한 참여관찰을 시작하면서 이때를 전후로 여러 번의 현장조사를 실시했다. 인터넷 사이트 팬포럼에 대한 참여관찰을 시작하기에 앞서 보르도 대학의 언론정보학과와 역사학과 학생들 일부를 대상으로 동아시아 대중문화 향유에 대한 초기 설문 조사를 실시했고, 보르도 대학 한국 문화 동아리 학생들 몇몇과 수차례에 걸쳐 자유로운 인터뷰를 했다. 이 과정에서 연구자의 선입견을 버리게 하는 여러 가지 중요한 정보를 얻었고, 팬 현상이 아직 대중적으로 확산되지는 않았을지언정 매우 깊이 있는 팬 활동이 이루어지고 있다는 것과 그 이유 및 방법에 대한 중요한 초기 지식을 가질 수 있게 되었다. 현장조사 가운데 제일 중요한 것은 2011년 5월 8일 제1회 코리언 커넥션 'Korean Connection 2011' 컨벤션 장소에서 이루어진 설문 조사이다. '코리언 커넥션'은 1999년부터 매년 7월 파리에서 열리는 저팬 엑스포의 한국판이라고 할 수 있는 행사로, 그동안 저팬 엑스포에 조금씩 전시되었던 한국 대중문화의 내용을 적극적으로 독립시켜 만들어낸 행사이다. 2011년 현재 저팬 엑스포는 20만 명에 달하는 유럽 전체에서 온 유료관객을 기록하면서 매년 파리에서 열리는 중요한 문화행사로 자리 잡았고, 일본 밖에서 열리는 최대의 일본 대중문화 컨벤션으로서 명성을 얻고 있다. 이에 비교할 때 2011년 1회를 시작한 코리언 커넥션은 그 성공의 여부가 매우 불확실한 상태였다. 결국 3,000명이 입장할 수 있는 작은 공간에 5,000명이 들어가야 했을 만큼 성황을 이루었고, 한류 팬들에게는 역사적인 사건이었던 SM엔터테인먼트의 파리 제니스 첫 공연에 한 달 앞서서 한국 대중문화의 실질적인 힘을 느낄 수 있었던 이벤트였

코리언 커넥션 현장에서 설문지에 답하는 관람자들

자료: 필자 촬영.

다. 이 컨벤션 현장에서 328개의 사용 가능한 설문을 회수했고, 이 중 여성이 294명(89.6%), 남성이 33명(10.1%), 무응답이 1명이었다.

이 밖에 관찰 내용을 유의미하게 해석하기 위해서 매체문화와 동아시아 대중문화에 대한 기존 연구에 의지해야 했다(Maigret, 1999). 특히 2006년에 만들어진 파리 정치학교 국제문제연구소$^{Centre\ d'Atude\ de\ Critique\ international:\ Scicne\ Po,}$ ^{CERI} 소장 장 마리 부이수$^{Jean-Marie\ Bouissou}$ 교수가 주도한 만화 네트워크^{Manga} ^{Network}5의 작업과 그가 주도한 프랑스 일본만화 팬에 대한 현장 연구가 큰 도움이 되었다.6 프랑스는 일본에 이어 일본만화의 세계 2위 시장으로서 서유럽의 동아시아 대중문화 팬덤을 관찰하기 위한 우선적 사례로서 손색이 없다고 생각된다. 만화 네트워크의 국제적 연구와 인터넷 팬사이트의 국제성에 힘입어, 이 연구가 프랑스의 특수성을 넘어서 서유럽 전체의 동아시아 대중문화 향유 현상에 대한 이해를 제공할 수 있기를 바란다.

---

5 프랑스에서는 일본만화를 일본어를 차용해 망가^{Manga}라고 부른다. 한국만화의 진출이 두드러지면서 일본 망가와 한국만화를 구분하여 '만화^{Manwha}'라고 부른다.
6 만화 네크워크의 다양한 작업은 다음 사이트에서 참조할 수 있다. http://www.ceri-sciencespo.com/themes/manga/index.php. 이 사이트는 2006년에 창설되었고, 2011년 10월 15일 현재 운영 중이다.

제5장

문화실천으로서의 한류

> 나는 만화영화나 다른 나라 드라마보다 아시아 드라마를 더 좋아하는 것이 아니라, 어디 산인지 알려고도 않고 그저 스토리에 기대서 드라마를 선택할 뿐이다.
> _ 네코(한국 드라마 팬), '도라마 월드' 포럼에서

이 장에서는 서유럽에서 동아시아의 대중문화가 대량으로 소비, 향유되고 있다는 앞장에서의 관찰로부터 시작해, 서유럽에서 동아시아 대중문화를 향유한다는 문화실천의 의미에 대해서 현장조사를 토대로 한 이론적 탐색을 시도한다. 유럽에서 일본, 한국, 대만, 중국의 대중문화가 소비되고 있다는 것, 그 가운데 한국의 대중문화 산물이 차지하는 비율과 팬 형성의 정도가 부각되는 중이라는 것이 과연 놀라운 현상일까. 미국 대중문화의 전 세계적 유통과 그 결과에 대한 비판적인 연구들을 통해 우리는 문화가 어떻게 현실권력을 동반하는 소프트파워로 기능해왔는지 잘 알고 있다. 또한 세계화와 디지털 문화가 급격하게 변화시켜놓은 전 지구적인 새로운 문화 환경이 기존의 문화 유통의 질서를 뒤흔들고 있다는 사실, 초국가적 인구, 자본, 콘텐츠의 대량 유통이 더 규제되지 않은 상태에서 또는 기존 제도의 규제 가능성을 넘어서서 이루어지고 있음도 깊이 인지하고 있다. 그런데 왜 프랑스에서 한국 드라마가 인기 있고, 한국 남자 탤런트의 사진이 여

직원의 사무실 컴퓨터 배경화면을 대신하고 청소년들이 빅뱅, 샤이니, 동방신기를 외쳐대는 사실이 놀라운 것일까. 우리가 저질이라고 또는 막장 드라마라고 폄하하는 콘텐츠라서? 일본 배우들과 일본 드라마라면 좀 덜 놀라울까? 이소룡이나 공리 정도라면 덜 놀라운가? 우리가 서양 배우들을 기용해 광고를 제작하고 청소년들이 브리트니 스피어스나 레이디 가가의 음악을 듣는 것은 당연하고 소녀시대나 빅뱅의 서구 팬들은 좀 이상한 것일까. 엑스재팬이나 카툰, 미야비 등 일본 가수의 유럽 공연은 그럴듯하고 슈퍼주니어나 샤이니의 공연은 놀라운 것일까.

앞의 제4장에서 우리는 동아시아의 대중문화가 서구에서 대량 유통될 수 있는 전 세계적인 미디어 환경, 유통의 경로와 팬서빙 등 중재 과정^{mediation}에 대해서 알아보았다. 또한 제1부의 제3장에서 일본, 한국, 대만, 중국의 대중문화를 한데 묶어서 볼 수 있는 '동아시아 대중문화'의 정체성에 대해서 알아보았다. 이것은 서구 수용자들이 인지하는 동아시아식 컨버전스 문화의 특성인 동시에 동아시아 현장에서 초국적으로 이루어지고 있는 공통의 대중문화산업 문법이기도 하다. 이러한 이해는 동아시아를 벗어난 한류는 동아시아 대중문화의 정체성을 넘어서 독립적으로 존재하지 않는다는 것을 가정하고 있다. 이 장에서는 각종 조사를 통해서 이러한 가정을 검증하고, 구체적으로 어떤 문화실천 속에서 동아시아의 문화물이 서유럽에 유통되는가를 알아볼 것이다. 동아시아는 서유럽에서 인기 있고 상품성 높은 다수의 대중문화 산물들을 생산한다. 만화, 영화, 극장 애니메이션, 텔레비전 만화영화, 비디오 게임, 온라인 게임, 대중음악 등등. 필자는 이 가운데서도 가장 지역적 특수성이 반영되어 있어서 유럽 수용자가 이해하기 힘들 것이 예상되는 텔레비전 드라마에 관심을 집중할 것이다. 동아시아에서의 한류는 방송 프로그램과 음반, 아이돌들의 현지 콘서트 등 공식적 유통 경로를 통해서 이루어졌고 이에 대한 수용 연구 또한 그러한 공식적 유통 현상에 병행하여 이루어진 것이 대부분이다. 그러나 2011년 10월 현재

프랑스 한류 여성팬의 사무실 컴퓨터 바탕화면

자료: '도라마 월드'의 멤버 제공.

서유럽에서는 한국의 드라마가 방송된 적이 없고, 2011년 6월 한국 아이돌들의 첫 번째 파리 콘서트가 열렸을 뿐이다. 그런데 앞의 제4장에서 기술했듯이 수많은 동아시아의 드라마가 팬섭팀들의 자막을 달고 유통되고 있으며, 그 가운데 한국 드라마는 핵심적인 팬덤을 형성하고 있음을 알 수 있었다. 이러한 서구의 동아시아 대중문화 팬덤은 어떻게 탄생했으며, 그중에서 한국 드라마 팬덤은 어떤 특별한 의미를 지니는 것일까.

1. 문화실천에 대한 이론들: 부르디외 문화사회학의 한계

문화주의 연구Cultural Studies에 많은 이론가를 배출한 프랑스에는 실제 2000년대 이전에는 문화주의 연구의 전통이 존재하지 않았다. 그런데 영국이란 특정한 공간과 시간 속에서 탄생한 문화주의 연구가 발전시킨 문제틀을 따르는 문화주의 연구들이 없었다고는 하나 프랑스는 부르디외로 대변되는 문화사회학의 나라이다.[1] 실질적으로는 두터운 인류학, 민족지학 전통 속

---

1 이 글에서는 문화 연구와 문화주의 연구를 구분해서 사용한다. 전자는 문화 형식과 실천에

에서, 그리고 부르디외 사회학 전통 속에서 수많은 문화실천에 대한 연구가 쌓여 있다. 프랑스에서 부르디외의 권위와 부르디외 사회학파의 영향력은 워낙 방대한 것이어서, 사실 부르디외 사회학의 현실 정합성에 대한 사회학 내부의 문제제기가 있었음에도 그가 2002년 세상을 떠나기 전까지는 어떤 심각한 지각 변동도 일어나지 않았다. 프랑스의 문화연구 속에서 문화실천의 계급 결정성을 전제하는 고급문화와 저급문화의 구분은 아직도 극복되지 않았고, 여기에 모순적이게도 부르디외의 사회학이 일조를 해왔음은 부인할 수 없다. 부르디외 사회학은 문화자본이 불균등하게 분배되고 이를 통해 계급 아비투스^{Habitus}가 재생산된다고 설명하는데, 이것은 문화실천의 계급결정성을 강조함으로써 사회비판을 용이하게 하려는 비판적 입장이기도 하다. 이 이론은 정당화된 문화인 고급문화와 저급문화의 구분을 뚜렷하게 유지하고, 클래식 음악 취향과 음악회 출입, 그리고 미술관 관람 등을 통한 고급문화 취향의 지배계급 재생산 메커니즘을 분석한다. 이 이론적 틀 속에서 대중매체는 저급문화의 산실인 동시에 전파자로 이해되었고 특별한 학문적 관심의 대상이 되지 못했다. 대중문화와 대중매체를 헤게모니 투쟁이 벌어지는 장소로 이해하고 그 메커니즘을 집중적으로 해부한 문화주의 연구와 대조적인 현상이다.

　이러한 태도야말로 신세대 미디어 학자들의 우선적인 비판의 표적이 되었다. 2005년에 출판된 『매체문화에의 성찰: 세계 재현에 대한 새로운 접근과 실천』은 바로 사회학 내부로부터, 그리고 새로운 매체실천을 관찰하는 신진 언론학자들로부터 부르디외식 계급결정론적 문화실천 이해를 비판하는 작업이다(Maigret & Macé, 2005). 이 책에 발표된 연구들은 구체적인

대한 모든 인문사회과학적 연구이고, 문화주의 연구는 영국에서 특정한 역사적·사회적 맥락 속에서 태어나 버밍엄 학파를 이루고 미국을 통해 전 세계적으로 퍼져나간 문화 연구를 일컫는다.

프랑스인의 문화실천에 대한 각종 데이터를 재분석하여, 더 이상 프랑스인의 문화실천에 대한 관찰 속에서 부르디외 사회학이 전제하고 있는 고급문화와 하위문화, 정당화된 문화와 정당성을 얻지 못한 문화 사이의 위계가 계급구속적이지만은 않다는 사실을 보여준다. 현대 프랑스 사회 속에서 문화의 계급구속력은 저하되고 문화를 통한 사회적 소통과 네트워크 유지가 기본적 동력으로 작용함으로써 문화실천의 장이 새로운 구조화를 겪고 있다는 것이다. 이것은 꼭 부르디외 학파만의 오류는 아니고 대중매체에 대한 프랑크푸르트식 비판적 견해가 지배적인 프랑스 인문사회학계가 매체문화를 신중한 연구 대상으로 삼지 않고 등한시한 결과이기도 하다. 그 결과 롤랑 바르트가 기호학을 대중매체로 확장하는 선구적 역할을 수행했음에도 불구하고, 텔레비전에 대한 연구는 최근에 이르기까지 알튀세르나 그람시가 제공하는 것과 같은 전체 사회이론 속에 자리 잡지 못하고 기호학적 시청각담론 연구나 저널리즘 연구가 주를 이루어왔다. 2000년대에 접어들어 영국 문화주의 모델을 수용하는 새로운 '매체문화médiacultures' 연구자들은 마치 홀이 버밍엄 학파의 노동자계급 문화연구를 미디어연구로 회귀시킨 것과 유사한 전향, 즉 현대 사회의 문화실천 문제를 이해하는 데 있어 계급결정성을 중시하는 부르디외 사회학을 비판하고 미디어문화를 핵심에 두는 연구로 중요한 방향전환을 했다. 이들은 홀의 영향 아래 헤게모니 모델을 수용하는 동시에, 미디어문화에 대한 총체적 비판보다는 이해에 중심을 두는 탈비판이론post-critic적이고 이해중심적인comprehensive 접근을 해야 한다고 강조한다. 다시 말해서 미디어문화 형태로 존재하는 문화형식에 대한 미학적, 사회학적 이해를 심화시키고, 그 속에서 이루어지는 현실정의를 둘러싼 투쟁, 즉 헤게모니 과정에 대한 매우 구체적인 연구가 이루어져야 한다고 주장한다.

이러한 프랑스 문화연구 내부의 복잡한 비판과정을 통해 제기된 부르디외 사회학에 대한 비판은 다음과 같이 세 가지로 응축할 수 있다.

첫째, 프랑스인의 문화실천에 대한 현장조사들에 따르면, 개인의 문화실천은 부르디외가 아비투스라고 부른 계급문화 소속에 기인한 정합성 있는 문화적 소양에 기인한 경우는 지극히 드물고, 한 개인은 서로 다른 위계의 문화를 소비하고 그 서로 다른 위계의 소비 공동체에 소속감을 지니는 '문화적 불일치dissonance individuelle' 상태에 있다는 것이다. '개인의 문화적 불일치'는 베르나르 라이르Bernard Lahire가 800쪽에 달하는 프랑스인의 문화소비에 대한 현장조사를 토대로 제시한 개념으로(Lahire, 2004: 777), 그는 정합성 있고 식별 가능한 계급 아비투스로서의 문화적 소양과 취향을 지닌다는 것은 19세기 말 대중문화 도래 이전 시기pré-médiatique에나 존재했고, 현금에는 아주 희귀할 뿐만 아니라 있다고 해도 사회적 의미가 없어졌다고 주장한다.

둘째, 더 이상 부르디외가 전제한 계급 아비투스와 관련된 고급문화 취향과 하위문화 취향이 위계적으로 존재하는 것이 아니라, 굳이 위계관계를 찾자면 다양한 문화형식을 전문적 수준에서 소비할 수 있는 다식가omnivore와 하나의 문화를 열광적으로 소비하는 단식가univore 사이의 위계 형성이 관찰된다는 것이다. 프랑스에서 정기적으로 조사되는 프랑스인의 문화활동에 대한 방대한 사회학적 조사들에 따르면, 더 이상 문화소비 차원에서 상류계급과 노동자계급 사이에 극명한 계급 소속성이 발견되지 않는다. 박물관과 갤러리 방문이 대중화된 현재의 프랑스에서, 이러한 예술의 전당에 드나든다는 것이 고급문화 취향일 수는 있으나 더 이상 계급구속력을 갖지 못한다. 이 현상은 음악에서 더욱 명백히 드러난다. 노동자 계급에 속하는 피고용자들이 클래식음악과 재즈에 심취한다거나 스스로 연주를 하는 경우가 유의미하게 늘어났고, 상류층의 록, 랩의 소비 또한 유의미하게 늘어나 음악에서 정당화된 형식과 정당화를 얻지 못한 형식 사이의 경계 또한 무의미해졌다는 것이다. 이러한 현실에서 굳이 위계를 가르자면, 오페라하우스 회원으로 등록하여 정기적으로 콘서트에 가는 동시에 록음악에 심취하고, 만화와 공상과학 문학과 영화의 팬인 동시에 동아시아의 작가주의 영화를 전문적으로 소비하는 것 같은 '다식성' 소비자들이 문화실천의 엘리트로서 위계의 상류를 차지한다고 볼 수 있다. '단식성' 소비자들은 전문성을 지닌 열렬한 팬으로서 하나의 장르나 하나의 문화 형식을 집중적으로 향유하는 층으로, 앞에서 강조했듯이 향유하는 문화의 정당성과 계급소속 사이에는 유의미한 구속력이 발견되지 않는다.

셋째, 디지털 문화가 가져온 문화실천 양상의 변화와 디지털 네이티브 세대의 성장과 더불어 기존의 문화전승의 구도가 전도되고 있다(Donnat, 2009). 인류 역사상 처음으로 기성세대가 신세대에게 배우는 시대에 진입한 것이다. 기성세대가 더 이상 지식의 생산과 유포, 세대 간 전승의 헤게모니를 장악하지 못하고, 디지털 네이티브들이 부모세대에게 디지털 문화의 노하우를 전승^{transmission}하게 된 것이다. 다시 말해서 새로운 문화적 정상성^{norms}을 청년세대가 형성하고 기성세대가 이를 쫓아가는 기현상이 벌어지면서, 문화적 위계를 송두리째 흔들고 있다는 것이다. 디지털 네이티브 세대는 앞에서 언급한 문화적 정당성의 문제를 완전히 다른 방식으로 제기하고 있다. 클래식 음악은 정당화된 문화이고 텔레비전 드라마는 정당성이 없는 문화인 것이 아니라 클래식을 '향유하는 방식', 드라마를 '향유하는 방식'이 정당성의 기준이 된다는 것이다. 디지털 문화가 가져온 문화형식의 생산, 유통, 향유 방식의 변화는 개인들에게 문화향유의 열정을 한없이 추구하고 전문화할 수 있는 가능성을 열어놓았고, 이를 통해 사회적 구속력의 원천 또한 계급이 아닌 동호인, 또는 친구 네트워크 등과 같이 다중심적으로 변화시켰다.

이러한 프랑스 학계의 인식의 변화에는 프랑스 텔레비전을 장악한 미국 드라마도 한몫을 거들었다고 보인다. 2000년대 중반까지 프랑스의 시청각 문화는 영화가 헤게모니를 쥐고 있었다. 텔레비전은 새 영화가 개봉되는 수요일 저녁에는 중요 지상파 방송 채널에서 영화를 편성하지 않고, 영화 개봉과 텔레비전 방송 사이의 계통을 철저히 하는 등 영화산업에 해가 되지 않도록 하는 동시에 제작 투자, 편성 쿼터 등 적극적으로 영화산업을 뒷받침하도록 체계적인 규제를 받고 있다. 그 결과 당연히 주중과 주말의 프라임 타임 대부분은 국내외 영화가 차지하고 있었고, 오래된 프랑스산 경찰극 정도가 텔레비전 픽션물로 프라임 타임에 방송되는 정도였다. 그런데 2005년부터는 시청자의 힘에 의해 프라임 타임 픽션으로 미국산 시리즈물이 방송되기 시작한 것이다. 더욱 놀라운 것은 기존의 영화, 프랑스 수사극 시청자들에 비해 미국 드라마의 시청자들은 남성 시청자비율이 증가한 고학력 시청자였다는 점이다. 그동안 미국 드라마를 온라인으로 따라 보던 이 시청자들은 방송사에 요구도 많아 잘못된 번역이나 잘못된 방송 순서 등을 지적하는 등 적극성을 보였다. 이러한 시청자의 존재는 디지털 문화가 가져온 변화된 매체 환경 속에서 문화실천 위계가 변화하고 있다는 실례로서 커뮤니케이션 학자들의 눈길을 끈 바 있다.

부르디외 문화사회학에 대한 이러한 문제제기가 열어놓은 문화연구의 새로운 공간은, 세계화와 디지털 문화의 영향 속에서 형성된 다채로운 인간정경과 미디어정경 속에서 어떻게 한류2.0이 서유럽에서 수용되고 있는지에 대한 사회학적 해석의 여지를 마련해준다.

2. 프랑스의 한류 팬 세대론

1) 설문 조사 집단

2011년 4월에 열린 코리언 커넥션 한국 대중문화 컨벤션 현장에서 얻은 328개의 설문 결과는 매우 조심스럽게 해석해야 할 데이터이다. 유럽의 한류 팬에 대한 비교 가능한 기존의 사회학적 조사가 전무한 상태에서, 파리에서 열린 유료 컨벤션 장소에 온 사람들을 대상으로 한 조사이기에, 프랑

표 5-1
설문 조사된 328명의 인구사회학적 특성

단위: 명, %

인구사회학적 구분		응답자 수 또는 비율	비고
성별	여자	294명	
	남자	33명	
	무응답	1명	
거주지	대도시	42.4%	90%가 도시 환경에 거주
	중소도시	47.6%	
결혼 관계	독신	88.7%	
	동거	5.8%	
	결혼	2.7%	
	무응답	2.7%	
직업	학생	57.0%	
	직장인	13.7%	
	무직	3.7%	
	무응답	20.7%	
	기타	4.9%	
아버지의 직업	직장인	28.4%	
	고학력 관리직	11.3%	
	개인 사업	6.1%	
	무응답	43.3%	
	기타	10.9%	
어머니의 직업	직장인	21.6%	
	서비스업	12.5%	
	가정주부	5.5%	
	고학력 관리직	6.1%	
	무응답	46.6%	
	기타	7.7%	

스 전체를 대표할 수도, 프랑스 한류 팬의 대표 집단 자체인 것도 아니어서 전적으로 양적 분석에만 의존할 수가 없다. 2011년 6월에 파리 제니스의 케이팝 공연장을 메운 관객들은 압도적으로 백인 중산층이 많았다. 한국의 미디어는 이들이 서유럽 케이팝 팬을 대표하는 것처럼 보도했으나 이들이

표 5-2
조사그룹의 연령 분포

(단위: 명, %)

나이	응답 수(명)	백분율(%)
1~9세	1	0.3
10~14세	20	6.1
15~17세	87	26.5
18~21세	122	37.2
22~25세	65	19.8
26~30세	15	4.6
31~35세	7	2.1
36~45세	5	1.5
45세 이상	4	1.2
무응답	2	0.6
합계	328	100

유럽 전체에서 온 팬들이었다는 관찰로부터 이들이 서유럽 케이팝 팬을 대표하는 집단이라고 볼 수는 없다. 두 달도 안 되는 빠른 시일 내에 조직된 이 콘서트의 비싼 입장권을 순식간에 구입할 수 있고, 공연을 보러 국경을 넘는 여행비용을 동원할 능력을 가진 팬 집단은 중산층 이상인 것이 너무도 당연하기 때문이다. 이러한 현실 조건은 아르바이트로 공연관람료를 마련해야 하는 수많은 노동자, 또는 이민 계층 청소년들을 원천적으로 배제해버리는 경제적 여과이다. 따라서 이 연구의 설문 자료는 드라마 팬포럼 '도라마 월드'에서 참여관찰을 통해 조사한 심층 연구의 내용과 비교하여 유의미한 결과라고 분석되는 부분만을 선별해서 제시할 것이다. 다시 말해서 설문 조사 결과는 인터넷 민속지학이라는 질적 연구가 온라인 현실이라는 한계를 극복하기 위한 부차적 데이터로 사용될 것이다.

설문지 328개를 구성하는 인구사회학적 기본 데이터는 표 5-1과 같다. 이 그룹을 규정하는 가장 중요한 요인인 나이와 학력은 표 5-2와 표 5-3에 상세히 표시했다. 이 그룹은 15~25세가 83.5% 이상을 차지하는 젊은 그룹

표 5-3
조사 그룹의 최종 학력

(단위: 명, %)

최종 학력	응답 수(명)	백분율(%)
중학교 재학 중	17	5.2
고등학교 재학 중	35	10.7
기술고등 입학 자격 CAP	5	1.5
기술고등 졸업 BEP	9	2.7
대입 자격 BAC	99	30.2
학사	53	16.2
대학원	18	5.5
박사	3	0.9
기타	49	14.9
무응답	40	12.2
합계	328	100

이고, 연령 분포에 맞게 고등학교 재학 중, 대학 입학 자격, 학사학위 취득이 57%인 학생 중심의 그룹이다. 무응답의 비율이 높아 유의미한 해석이 불가능하지만 직장인은 13.7%로 이들이 단순한 청소년 집단이 아님을 보여준다. 부모의 직업에서 무응답 비율이 높아 유의미한 사회학적 해석을 하기는 힘들지만 중산층 화이트칼라가 중심을 이루는 그룹으로 이해해도 크게 틀리지 않을 것이다.

2) 영화, 드라마, 케이팝 세대

앞에서 설명한 것처럼 프랑스에서 개인의 문화실천이 계급구속력이 작동하는 정합성을 상실하고 개인 내부에 서로 다른 취향이 공존하는 불일치 상태이며 문화향유 양식이 다식화하고 있다면, 서구 각국 내부에 형성되어 있는 기존 문화실천 위계 속에서 동아시아 대중문화 향유 또는 한류의 소비는 어떤 전략적 효과를 지니는 것일까. 동아시아 대중문화 팬덤을 이루는 수용자층은 어떤 인구사회학적 특성을 지닐까. 일본, 한국, 대만, 중국 등 동아시아 국가의 대중문화는 국가별 차별성 내에서 향유되는가? 그렇다면 일본 대중문화 팬들과 한국 대중문화 팬들 사이에서 형성단계의 차별성, 또는 위계성, 그리고 인구사회학적 차이가 발견되는가? 다시 말해서 미국의 양질의 텔레비전 시리즈$^{quality\ television}$가 절대적으로 지배하는 유럽의 텔레비전 환경 속에서 동아시아의 드라마를 집중적으로 본다는 것은, 그리고 그중에서 한국 드라마 시청이 구분될 수 있다면, 이것은 기존의 문화실천 분석 이론들을 적용할 때 어떻게 이해될 수 있을까? 프랑스의 한류 팬은 과연 어떤 사람들일까? 그들의 문화소비 중 한류 콘텐츠 취향은 어떤 위치를 차지하고 어떤 문화실천의 의미를 지닌 것일까? 지금부터 기술할 각 절들은 이러한 질문에 대한 관찰과 조사에 기초한 응답이다.

먼저, 프랑스의 한류 팬은 대략 3개의 그룹으로 구분할 수 있을 것이다. 이 그룹 개념은 한국 대중문화 콘텐츠 소비와 그에 대한 열정적 태도를 지니고 있는 소비자들의 형성에 계기, 모멘텀, 즉 시간적 요소가 중요하다는 차원에서 세대 개념으로 구분했다. 또한 이 구분 속에 그들의 한류 콘텐츠 및 소비 패턴도 반영하고 있다는 점에서 일종의 개념형$^{ideal\ type}$이라고 규정하는 것이 옳을 것이다.

그 첫 번째 그룹 가는 1990년대~2000년대를 거쳐 한국 영화를 발견하고 정기적으로 한국 영화를 관람하며 영화계 정보를 섭렵하는 팬들인 전통적인 프랑스의 예술영화 애호가^{Cinéphilie}층이다. 이들은 한국 영화만을 골라보는 것이 아니라 유통되는 전 세계의 영화 중 수작을 찾아서 선입견 없이 수용하는 문화 엘리트층이고, 연령대는 20대 대학생부터 70대까지 광범위하다. 이들은 작가주의 영화들을 이란, 중국, 이스라엘, 이집트, 멕시코, 한국 등 출신국과 상관없이 보지만 대중문화의 다른 영역까지 섭렵하는 다식성 성향은 보이지 않는 경향이다. 이들은 파리 한복판에서 열리는 영상 포럼이나 세계 드라마 축제에서 방영되는 세계의 드라마들 중 한국 드라마를 골라보지만, 한국 드라마 팬이라서기보다는 한국에 대한 관심에서라고 보는 것이 옳다. 이 그룹을 형성한 핵심적 매체는 영화이다.

두 번째 그룹 나는 2000년대 이후 인터넷의 발달로 인해 인터넷상에 유통되는 한국 드라마, 영화, 케이팝을 접하고 한류 팬이 된 청장년층으로, 한국 미디어 콘텐츠를 열심히 소비할 뿐만 아니라 일본산과 기타 동아시아의 제작물들, 유럽과 미국에서 생산되는 각종 문화물을 가리지 않고 소비하는 동시에 한국 영화이기 때문에 한국의 작가주의 영화 또한 찾아서 보는 문화적 다식가들이다. 이들은 열렬한 일본 애니메이션 시청자이자 일본 만화 독자인 동시에 서구에서 생산되는 모든 컬트성 문화물을 열정적으로 소비하면서 전통적인 고급문화 취향도 유지하는 열정적 다식가들이라고 하겠다. 이들은 일본 드라마 〈고쿠센〉, 〈GTO〉, 〈전차남〉을 통해 드라마의 세계로 들어왔고, 한국 드라마와의 첫 만남은 〈풀하우스〉, 〈궁〉, 〈커피프린스 1호점〉, 〈내 이름은 김삼순〉 등이다. 한국 드라마의 진정한 팬층을 형성하고 있는 이 그룹은 한국의 로맨틱 코미디, 멜로드라마를 깊숙하게 이해하고, 이 드라마들을 화려하게 장식하는 꽃미남들을 사랑하며, 그 기세로 아이돌이 대거 등장하는 〈꽃보다 남자〉 류의 동아시아 청소년용 드라마와 케이팝 또한 보아주면서 즐기는, 서유럽 한류 현상의 중추를 이룬다고 보인다. 한류 팬이 된 지 5~8년에 해당하는 중견들이고, 팬섭 활동과 파워 블로그를 통해서 한류와 동아시아 대중문화 콘텐츠를 적극적으로 매개한 대중문화의 엘리트들이 속해 있는 그룹이라고 하겠다. 이 그룹을 형성한 핵심적 매체는 드라마이다. 이 그룹의 형성 과정은 다음 3절에서 자세히 다룰 것이다.

세 번째 그룹 다는 2000년대 후반에 한류 팬으로 급격히 유입된 진정한 디지털 네이티브들이다. 이들은 2009년 전후로 생산된 동아시아의 초국적 드라마들 또는 동아시아 초국적 인터넷 네트워크 속에서 이벤트가 된 〈꽃보다 남자〉, 〈미남이시네요〉, 〈성균관 스캔들〉, 〈드림하이〉, 〈장난스런 키스〉 등을 통해 한국 드라마의 세계로 진입했거나, 유튜브에서 강세를 보이는 케이팝을 통해 한류 팬이 된 중학교, 고등학교, 또는 대학 초년의 젊은 세대이다. 이들은 한류 콘텐츠를 소비한 지 1~3년 단계의 초보인 동시에 그만큼 열정을 지니고 있어서 나 그룹이 호소하는 초기의 중독 증세에 해당하는 열기를 보여주고 있는데, 그 대상이 홀로 컴퓨터 앞에서 소비하는 드라마가 아니라 함께 춤추며 열광할 수 있는 케이팝이기에 훨씬 가시성을 얻은 그룹이다. 나 그룹이 드라마 영상과 자막을 열심히 다운로드해서 저장하는 콜렉터라면, 이들은 케이팝을 따라 노래하려고 한국어를 독학하고 따라 춤추려 동호회에 나가거나 방안의 전신 거울 앞에서 많은 시간을 보낸다. 이들은 한국 작가주의 영화를 찾아보는 가 그룹과는 취향에서 멀리 떨어져 있다. 드라마와 팝 음악을 소비하는 나 그룹은 가 그룹으로의 이동이 가능한 것으로 보이지만, 그 반대로 가 그룹이 나 그룹으로 수월하게 이동할 수 있을 것인가는 큰 의문이다. 또한 다 그룹이 시간이 지나면서 나 그룹으로 진화할 것이 예상되지만, 나 그룹에 속한 취향의 팬이 다 그룹으로 이동하는 경우는 적을 것이다. 다시 말해, 한국 영화를 중심으로 오랜 기간 형성된 정당화된 문화취향의 가 그룹과 아이돌과 유튜브 문화에 기초한 폭발적인 케이팝 향유 그룹인 다 사이의 미학적 간격은 매우 크다. 따라서 가 그룹에 속한 사람이 다 그룹으로 소비 영역을 확대하는 것은 극히 어려울 것으로 보인다. 이처럼 가 그룹의 취향에 속하고 그 입장에서 문화 해설을 담당해온 프랑스의 미디어 종사자들이 케이팝 현상을 이해할 수 없는 것은 어찌 보면 당연한 일이다. 2012년 하반기를 달군 「강남스타일」 현상이 보여주듯이 케이팝이 유튜브와 소셜 네트워크를 통해 세계적인 가시성을 얻고 청소년들의 거대한 플래시몹을 얻어낼 수는 있어도, 문화부 기자들을 매혹시켜 긍정적인 기사를 얻기는 힘든 이유가 바로 이것이다. 다시 말해서 1989년에 로카르노 영화제에서 수상한 배용균 감독의 〈달마가 동쪽으로 간 이유는〉 이후 장기적으로 형성된 프랑스 언론의 한국 영화에 대한 엘리트주의적 관심과 고급문화적 취향의 관객들이 드라마와 케이팝이 주류인 최근의 한류의 수용에 긍정적으로 반응할 보장이 없다는 것, 더 나아가 장애가 될 수도 있음을 시사한다. 이 점은 향후 프랑스의 한류 수용과 전개에 중요한 변인으로 작용할 것으로 예상된다. 영화에 기반을 둔 가 그룹과 케이팝에 기반을 둔 다 그룹의 세계를 매개하는 드라마가 널리 알려지고, 드라마의 세계와 크로스미디어로 연동하는 동아시아 대중문화의 세계, 그리고 생활세계 속에서 이 대중문화의 미디어믹스로서의 힘이 이해된다면 이러한 시각에 변화가 있기를 조심스럽게 기대해볼 수 있을 것이다.

이 연구는 나 그룹에 초점을 맞추어 수행했다. 이 그룹이 연구자의 관심을 끄는 이유는 다 그룹의 청소년 문화적인 특성이 없으면서도 다년간 한류 팬으로서 많은 문화실천을 축적한 상태이고 영화, 드라마, 케이팝 중 가장 지역적인 문화물인 드라마 위에 팬덤을 형성했다는 특수성 때문이다. 21세기 서구의 성인에게 이해하기 힘든 현실과 내러티브로 가득하면서도 매혹적인 근대와 인물상을 전시하는 한국의 드라마야말로 적극적인 문화 간 협상이 벌어지는 제3의 공간 third space, 혼종성 Hibridity의 매듭공간이 아닐까 생각한다.

여기에 소개되는 한류 팬 A는 그룹 나의 특성을 잘 드러내주고 있다고 보이는 '도라마 월드' 포럼의 '다식성' 핵심 멤버 중 한 명이다. 한류 팬 B는 핵심 멤버가 아닌, 스스로를 한국 드라마 팬으로 규정하는 새로운 '도라마 월드' 남성 멤버인데, 그의 팬력은 바로 3절에서 다룰 한류 팬 형성의 궤적을 개인사 속에 그대로 축약하고 있다.

> 한드 팬 A 2012년 현재 30대 중반의 여성. '도라마 월드'의 열성적 멤버로 중세 건축으로 예술사 석사를 받았다. 트랙스Trax의 로즈Rose 시절의 양성적인 은발의 노민우 사진을 프로필 사진으로 하고 있다. 파리에 살고, 친구들도 많은 편이다. 이집트학의 열렬한 팬이고 각종 컬트 소설과 일본만화

등 책을 많이 읽는 동시에 한국 드라마 팬이다. 일을 하기 시작하면서 이집트 문명 관련 컨퍼런스를 찾아다니지 못하는 대신 한국 드라마의 열광적인 팬이 되었고, 자신의 팬 정체성을 인정하고 받아들인다. 그녀는 프랑스 시청자가 보기만 한다면 한국 드라마를 좋아할 것이라고 확고하게 믿으며, 자신의 주변 친구들을 가능한 한 최대로 한국 드라마에 '감염'[2]시키려고 꾸준히 노력하고, 저팬 엑스포와 일본 팝그룹들의 콘서트를 보러 다닌다. 이준기와 장근석의 열렬한 팬이고, 그들처럼 근육이 두드러지지 않고 마른 체질의 동아시아 남자 배우들의 미묘한 성정체성에 민감한 야오이물 소비자이다. 남녀 성관계는 자유로운 편이고 현실적인 편이어서 로맨스에 대한 환상은 없다. 단 수년간 쌍방의 노력에 의해 상호 이해에 기초한 탄탄한 이성 관계가 성립될 수 있음을 믿는다.

한드 팬 B 2010년 4월에 '도라마 월드'에 자신을 소개한, 이 포럼의 핵심 멤버들보다 한국 드라마를 본 기간이 짧은 당시 25세의 남자이다. 작은 자기 회사를 가지고 있고, 아시아 문화와 자동차 스포츠, 컴퓨터 사이언스를 좋아한다. 여가 시간은 영화 보기, 친구들과 외출하기, 좋은 식당에서 외식하는 것으로 주로 보내고 동아시아 드라마를 열렬히 좋아한다. 드라마를 너무 많이 봐서 다 열거할 수 없을 정도인데, 처음 본 드라마는 인터넷 텔레비전을 통해 접속한 일본 드라마〈마이 보스 마이 히어로 My Boss, My Hero〉이다. 그는 몇 회 만에 끝나는 시리즈물이 있다는 것을 몰랐고, 첫 번째 동아시아 드라마와의 만남은 상큼하기 이를 데 없는 즐거운 놀라움을 주었다. 일본 드라마를 열 편쯤 본 후 호기심이 발동하여 한국 드라마는 뭐가 있나 보러왔다가 그 이후 아예 여기 눌러앉아 지금까지 서른 편 이상을 내

---

[2] '감염 contaminate'은 한국 드라마에 대한 열정을 바이러스로 비교하는, 한번 감염되면 못 헤어 나온다고 표현할 때 팬들이 자주 쓰는 용어이다.

리 보는 중이다. "난 그들의 말하는 방식, 시나리오, 배우들의 연기, 그들이 전달하는 감정을 좋아한다." 또한 주변(가족과 친구)에도 바이러스를 퍼뜨렸고 이젠 모두 함께 본다. 만화 및 만화영화는 텔레비전에서 방송하는 〈드래곤볼Z〉, 〈그랜다이저〉, 〈율리시스Ulysses31〉, 〈캡틴 하록Albator84〉 등을 봤고, 애니메이션 〈아키라Akira〉, 〈공각기공대Ghost in the shell〉, 〈반딧불의 묘Grave of the firefiles〉, 〈에반게리온Evangelion〉, 〈원령공주Princesse mononoké〉 등등 서로 다른 취향의 수없이 많은 극장용 만화영화를 섭렵했다.

이러한 한류 팬들의 다식성 취향이 어떻게 기존의 프랑스 내 문화실천 위계 속에서 형성되었는지를 다음 절에서 프랑스의 일본 만화문화 정착 과정을 통해서 살펴보기로 한다.

3. 베데 세대의 일본만화 수용에서 한국 드라마 팬 형성까지

프랑스는 1970년대 말부터 텔레비전에서 일본 만화영화를 조금씩 방송하기 시작했고 1980년대 중반 제1공영방송인 TF1이 민영화되면서 대규모로 일본 만화영화를 정규 편성했다. 특히 1987년 9월~1997년 8월 10년간 방송된 어린이 프로그램 "클럽 도로테Club Dorothé"는 수많은 만화영화와 시트콤을 방송했는데, 이 중에 일본 만화영화가 다량으로 섞여 있었다. 〈캔디〉, 〈골도락goldorak(그랜다이저)〉, 〈드래곤볼〉, 〈드래곤볼Z〉, 〈조디악의 기사들Knights of the Zodiac(세인트 세야Saint Seiya)〉, 〈니키 라슨Nicky Larson(시티헌터)〉, 〈세일러문〉, 〈파워레인저〉 등이 높은 시청률을 기록하며 방송되었고, 그 결과 일본 만화영화 문화를 공유하는 '골도락 세대'가 형성되었다. 당시 일본 만화영화는 유럽과 프랑스의 어린이 청소년 문화에 생소한 환상, 폭력, 애정, 복잡한 성정체성 문제를 담고 있어 학부모들과 일부 엘리트들의 반감을 불러일으켰다. 어린이들의 지나친 텔레비전 시청, 일본만화의 저질성과 폭력성에 대한 논의가 사회화되었고, 급기야 1997년부터 텔레비전 등급제가 도입되는 동기가 되기도 했다.

1990년대에는 1980년대부터 서서히 보급되기 시작된 일본만화가 적극적으로 번역되기 시작했다. 최초로 완역되어 프랑스 시장을 연 일본만화는 1990~1992년에 번역되었는데, 이것이 소년소녀 만화가 아니라 묵시록적 시각의 사이버 펑크 만화 『아키라』인 점은 주목할 만하다. 당시 프랑스어 번역 완결판은 고급 양장의 500프랑이 넘는 값으로 판매되었는데, 출판 즉시 완매되었다. 이것은 프랑스의 초기 만화 애독자가 만화 비판가들이 주장하던 것처럼 어린이나 청소년이 아니고 성인 독자들이었다는 점, 그리고 고급스런 베데가 아니라 싸구려 종이로 만들어진 저렴한 문화상품이란 비판과 달리 문화활동에 상당한 투자를 할 수 있는 계층도 만화의 독자임을 말해준다. 프랑스는 2008년 현재 연간 1,230만 부의 만화가 팔리면서 일본을 제외하면 세계 제일의 만화 시장으로 자리하게 되었다. 만화의 유럽 진출은 나라마다 사정은 다르지만 거의 동시다발적으로 이루어졌고, 이탈리아가 프랑스와 거의 유사한 수준에서 만화를 소비하고 있으며, 독일의 경우 자국 만화(그림 이야기) 전통이 미약한 상태에서 80%의 여성 만화 팬을 보유한 독특한 시장 형태를 보이고 있다.

프랑스의 만화 시장은 프랑스 고유의 BD[3]의 전통이 강력한 상황에서,

---

3 프랑스·벨기에산 베데, 방드 데씨네Bande desssiné는 '그림이 그려진 띠', '띠를 이룬 그림'이란 뜻으로, 그림이 동반되는 선적인 내러티브의 중요성을 강조하는 반면, 만화는 일본의 회화 전통을 상기시키는 그림 속의 이야기란 뜻이 강하다. '코미디'의 뜻에서 파생된 미국의 코믹스 또한 시각적으로는 전자에 가까운 것으로 보이고, 만화 형성기에 코믹스의 대화창의 영향을 받았다고는 하나 제2차 세계대전 후 영화의 영향을 받아 시선의 역동성과 표정과 액션 등이 강조되는 만화의 완성된 형식 전통이 서구의 전통보다 더 표현주의적이라 할 수 있다.

그것도 일본 미디어 산업이 전혀 개입하지 않은 상태에서 형성되었다는 특성을 지닌다. 기존의 베데 출판사 글래나^{Glénat}가 『아키라』 등 문제작을 출판하기 시작했고 1996년에는 마니아들의 적극적인 만화산업 개입을 통해 가나^{Kana}와 같은 자생적인 만화 전문 출판사도 생겼다. 텔레비전 만화영화가 텔레비전의 특수성으로 인해 부모세대의 반대에 부딪힌 것과는 달리, 만화의 독서는 청소년 개인의 공간에서 성인의 컨트롤이 없는 환경에서 비교적 마찰 없이 조용히 이루어졌다. 읽는 것이 만화일지라도 '독서'라는 점에서 부모들의 불안을 미리 조장하지는 않았고, 프랑스 지배 문화의 큰 저항 없이 빠른 발전을 할 수 있게 되었다(Maigret, 1999: 241~260). 2000년대에 들어서면서 일본만화와 한국만화가 세계적 명성이 있는 앙굴렘^{Angoulême} 만화축제에서 성공을 거두기 시작했고(Bouissou, 2010: 415), 일부는 도서관에 진입하는 등 만화는 어느 정도 프랑스 내에서 문화적 정통성을 인정받게 되었다. 만화연구를 위한 다국적 연구자들의 네트워크인 만화 네트워크의 창시자이자 파리 정치학교 교수인 장-마리 부이수의 연구에 따르면(Bouissou, 2010), 만화의 팬들은 환상적 내용에 빠져 현실을 외면하는 기존 프랑스 문화의 주변인들이 아니다. 프랑스 만화 독자의 대다수는 만화를 영어로 읽거나 심지어 일본어로 읽고, 만화를 대량으로 구입·소장하며 친구들과 열심히 그에 대해 토론한다. 또한 인터넷을 통해 동호인 포럼에 참가하고 적극적으로 스캔레이션^{Scanlation}에 참여하는 도시 중산층 또는 상위 중산층$^{upper\ middle\ class}$에 속한다. 현재 프랑스에서 일본만화는 2000년에 1,137종의 단행본이 출판되었던 것이 2008년 현재 1년에 신판과 재판을 포함해 3,592종의 단행본이 쏟아지고 있다. 이것은 프랑스 만화시장의 37%에 해당하는 것으로 시장이 거의 포화 상태에 이른 것으로 평가된다. 이 만화 시장에서 이제는 한국만화도 가시적으로 자리하고 있다.

인터넷을 통해 만화가 대량으로 유통되면서 동아시아 크로스미디어에 접근할 수 있는 가능성도 증가했다. 프랑스의 경우, 최초의 동아시아 드라

프랑스 서점에 진열된 만화

자료: 필자 촬영.

마 시청자들의 대다수와 팬덤 현상에서 중요한 역할을 하고 있는 적극적인 드라마 관련 사이트 운영자들 절대 다수가 처음 본 동아시아 드라마는 일본 드라마였다. 이들은 인터넷 사이트에서 만화와 만화영화 팬덤 현상에 참여하다가 만화를 드라마로 만든 것이 있다는 소문을 듣고 호기심에 인터넷에 업로드되어 있는 〈GTO〉(2012), 〈고쿠센〉(2009), 〈H2〉(2005), 〈전차남〉(2005) 등 만화를 원작으로 한 드라마를 보고 일본 드라마의 매력에 빠져들었다. 그 후 인터넷상의 일본 드라마 사냥 과정에서 자연스럽게 한국 드라마와 대만 드라마에까지 드라마 시청 범위를 넓히게 되었다. 동아시아 언어를 모르는 서유럽 드라마 시청자들에게 영어 제목을 달고 돌아다니는 동아시아 드라마의 어느 것이 일본, 한국, 대만, 홍콩산인지는 구분하기가 힘들었으며, 굳이 구분해서 이해해야 할 이유도 없었다. 이때 이들이 처음 본 한국 드라마도 〈풀하우스〉, 〈궁〉과 같이 만화를 드라마화한 것들이었다. 〈궁〉이 인터넷 다운로드 수가 최고인데, 이처럼 한국 드라마로 인기를 모은 것도[4] 만화의 사전 프로모션 효과가 컸던 것으로 보인다.

---

4 인터넷 P2P 드라마 공유 사이트 d-addict.com의 통계로, 드라마빠시용의 등장으로 저작권

| 표 5-4
프랑스 한류 팬의 동아시아 영상물 접촉도

구분	영화	만화	극장 만화영화	텔레비전 만화영화	드라마
본 적 있음	295(89.9%)	294(89%)	243(74%)	248(75.6%)	298(90.9%)
본 적 없음	24(7.3%)	30(9.1%)	72(22%)	69(21.0%)	19(5.8%)
무응답	9(2.7%)	4(1.2%)	13(4%)	11(3.4%)	11(3.4%)
합계	328(100%)	328(100%)	328(100%)	328(100%)	328(100%)

표 5-4에서 볼 수 있듯이 코리언 커넥션 컨벤션 현장에서 조사한 한류 팬들의 동아시아 영상물 접촉 정도를 비교해볼 때, 보급의 역사가 긴 영화와 더불어 만화와 드라마가 극장 만화영화와 텔레비전 만화를 훨씬 넘어서는 것이 드러난다. 앞에서 언급했듯이 프랑스 텔레비전에서 1987~1997년에 다량의 일본 만화영화를 방송했고 다수의 일본산 극장 만화영화가 개봉되었던 사실을 고려할 때, 한류 팬들의 영상물 경험에서 만화와 드라마의 연관성이 훨씬 중요하다는 것을 알 수 있다. 이는 일본 드라마와 한국 드라마로의 진입에서 원작이었던 만화가 중요한 역할을 했다는 것, 다시 말해서 만화의 팬이 드라마 팬으로 진화했다는 해석을 뒷받침해주는 데이터이다.

이렇게 형성된 한국 드라마의 최초 팬 집단은 앞에 설명한 일본만화 소비자들과 유사한 사회학적 특징을 지닌 것으로 유추할 수 있다. 인터넷 참여관찰을 통해서도 프랑스 한국 드라마의 팬 집단이 만화처럼 동아시아 드라마를 취향문화로서 열렬히 수용하고 있음이 관찰된다. 이들의 대부분은 한국 드라마를 많이 시청하지만, 한국 드라마만을 선별적으로 시청하는 사람은 적고 일본 드라마와 대만 드라마의 화제작들도 동시에 시청한다. 아이돌들의 드라마 출연과 알려진 원작만화의 드라마화는 동아시아 드라마에 대한 초국적인 따라 보기의 중요한 요인이다. 혹자는 프랑스어 자막을

계약이 이루어진 최근의 인기 드라마들을 제외한 통계이다.

기다리지 못할 정도로 동아시아 드라마의 클리프 행어$^{cliff\ hanger}$에 중독적으로 반응하고, 프랑스어 자막의 수준이 낮다고 판단되면 직접 영어 자막으로 시청하는 것을 꺼리지 않는다. 드라마를 집중 시청하여 어느 정도 일어와 한국어를 이해하게 된 팬들은 번역 안 된^{raw} 에피소드를 즉시 보기도 하고, 더욱 성질이 급한 경우, 한국어를 전혀 이해하지 못하면서도 자막을 기다리는 동안 영상만으로 에피소드를 시청하기도 한다.

328명에 대한 현장조사 결과인 표 5-5에 따르면, 친구의 권유로 동아시아 드라마를 보게 되었다는 대답이 거의 50%에 달하고 있으며, 좋아하는 배우, 아이돌들을 따라서 보게 된 것도 23.5%에 달하고 있다. 전체 328명의 53.4%가 2007~2010년에 동아시아 드라마를 처음 보게 되었다고 대답한 것으로 보아, 그리고 이들의 연령 분포(표 5-2)를 참조할 때, 328인 설문 응답자의 다수는 한류 팬 그룹 다에 속한 것으로 추정된다. 인터넷 관찰에 따르면 2005~2006년에 수많은 만화·드라마 팬사이트와 블로그들이 만들어졌다가 2009~2010년에 활동이 중지되거나 침체 상태로 들어간 것이 확인되는데, 이들이 사이트 활동을 중지하는 이유의 대다수가 창설 당시엔 드라마가 잘 알려지지 않아 자신이 알고 있는 드라마의 세계를 타인에게 알리는 일이 중요했지만 이젠 드라마 팬이 확대되고 그들의 전문성이 자신의 수준을 훨씬 넘어섰기 때문에 사이트 운영의 이유가 사라졌다는 것이다. 328명에 대한 설문 조사에서 응답자의 47.6%가 친구를 통해서 동아시아 드라마를 보게 되었다고 한 것처럼, 이제 동아시아 드라마 팬 커뮤니티의 크기는 일정한 단계에 이르렀고, 따라서 대인 영향에 의한 드라마 접촉이 중요한 단계에 이르렀음을 확인해준다. 2005~2006년에 동아시아 드라마에 대한 초기 블로거들의 대다수가 20대 초반의 남성들이었다는 점도 주목할 점이다. 제8장에서 다루겠지만 한국 드라마의 핵심 팬층이 남성이 아니라 여성 팬이라는 점을 고려할 때, 드라마 수용 초기 만화 및 만화영화 매니아에서 진화하여 드라마를 수용한 남성 팬들의 중재 역할도 향후 관심의

표 5-5
동아시아 드라마를 접하게 된 경로(복수응답 가능)

구분	응답 수	백분율(%)
드라마 팬인 친구에 의해	156	47.6
인터넷 서핑을 하다가 우연히	90	27.4
선호하는 가수, 아이돌, 연기자들이 나오기 때문	77	23.5
망가나 만화 사이트에 있는 드라마 정보에 의해	48	14.6
자주 이용하는 포럼 이용자들의 추천에 의해	29	8.8
기타	28	8.5
무응답	27	8.2
합계	455	138.6

대상이 될 만하다.

4. 만화, 드라마, 케이팝: 매체와 팬덤의 특성

앞에서 한류의 팬을 영화를 중심으로 장기적으로 형성된 고급문화 취향의 가 집단, 만화/만화영화로부터 일본 드라마, 이어서 한국 드라마 팬이 된 나 집단, 디지털 네이티브 세대로서 인터넷을 통해 케이팝 팬이 된 이후 아이돌을 따라 혹은 인터넷상 이벤트가 된 만화를 원작으로 하는 동아시아의 초국적인 드라마 생산을 동반하여 생성된 다 집단으로 구분했다. 가 그룹이 대학생에서 장년층까지 광범위하게 분포되어 있다면, 드라마 1차 팬 집단인 나 그룹은 대략 25~40세, 다에 속하는 드라마의 2차 팬 집단은 12~20세에 속하는 청소년층으로 이루어져 있다고 할 수 있다.

나와 다에 속하는 서구의 수용자들은 동아시아의 대중문화를 동아시아의 모더니티가 창출한 독특한 컨버전스 문화 속에서 생산된 하나의 거대한 초텍스트로 이해한다. 어느 창구를 통해서든 일단 이 세계에 들어온 수용자들은 일정한 수준의 '중독' 단계를 거쳐 안정된 팬으로 정착되어가는 것으로 보인다. 앞에서 설명했듯이 만화가 서구 동아시아 팬덤의 기반이 되었다면 드라마는 그 팬덤을 유지, 확장, 심화시키는 역할을 한다고 생각된다. 수십 년간 형성된 드라마의 극적 기교(특히 드라마 끝의 클리프 행어)는 드라마 시청자들의 호기심을 최대한 자극하여 다음 회를 볼 욕망을 생산하는 강력한 무기이다. 이 강력한 효과를 지닌 장치는 여기에 익숙지 못한 서구의 수용자들이 쉽게 헤어 나올 수 없는 드라마 중독을 불러오는 '마약'으로 작용한다. 또한 최근 2~3년간 인기가 급상승하고 있는 케이팝의 경우 케이팝 아이돌들이 드라마에 출연하기 때문에, 그만큼 드라마 청소년 팬덤의 순간적 상승에 일조하는 것으로 관찰된다. 이 과정에서 심층 분석이 필요한 부분은 만화와 드라마의 문화 형식으로서의 차이점이 실제 텍스트 향유 과정에서 어떠한 서로 다른 문화적 메커니즘을 가동시키느냐는 점이다.

    만화는 그 자체가 서구 영상문화와 대중문화의 판타지를 적극 수용하여 형성되었고, 로컬 문화적 냄새가 최대한 제거된(Iwabuchi, 2002: 275) 상대적으로 무국적인 내용을 담고 있으며, 그림이라는 차원에서 만화의 인물들은 인종적 특수성을 소유하지 않은 유니버설한 정체성을 지닌다. 그러나 드라마는 지역 수용자만을 대상으로 일상생활 속에서 개개인이 살아가는 모습을 적나라하게 드러내는, 문화 지수$^{cultural\ indicators}$로 가득한 특수한 텍스트이다. 예를 들어 한국 드라마의 경우 동아시아의 한류 특수로 인해 수출이 갈수록 중요해지고 있지만, 여전히 드라마 제작의 국내 시청률 의존도는 높은 상태이다. 드라마의 성공과 실패가 국내 시청률 시장에 달려 있는 한국 드라마는 동시대 한국인들의 삶의 모습과 판타지를 적나라하게 담고 있는 로컬 텍스트이다. 만화 텍스트가 수년 동안 시리즈로 출판되어 등장인물들을 스타로 만드는 것이라면, 드라마는 융합된 문화산업 속에서 초텍스트적으로 존재하는 스타들을 일상생활 공간 속에서 만날 수 있게 하여 매우 친밀한 욕망의 대상으로 만든다. 프랑스의 한국 드라마 팬들은 주연급 스타들의 초텍스트적 경로를 꿰뚫이 알고 있으며, 비주연급의 배우들에게도 관심을 쏟을 정도이다. 스토리 속의 인물이 동일시의 대상이라면, 스타들은 욕망의 대상이다. 디지털화된 통합 문화산업은 수없이 반복하여 향유할 수 있고 대량으로 공유할 수 있는 고화질의 기표들을 생산하여 한없이 이 욕망을 자극하지만(이 부분은 제8장에서 '디지털 시각 쾌락'을 다루며 심층 분석할 것이다), 스타들을 직접 보거나 체험할 수 없는 서구의 팬들은 지속적으로 충족을 지연시키거나 그에 대한 수많은 영상 수집을 통해 대리만족할 수밖에 없다.

인터넷 민속지학을 통해 만나게 된 드라마 팬들은 드라마를 통해 접한 동아시아 근대성이 이해할 수 없는 일들로 가득하지만 한국과 일본을 방문하는 것을 꿈꾸고, 한국 음식을 욕망하며, 아시아 언어를 배울 것을 스스로 다짐하고, 동아시아 스타들과 닮은 동아시아의 청년들을 꿈꾼다.

표 5-6은 동아시아 드라마 팬들의 드라마 시청과 관련된 행동에 대한 328인의 복수응답 결과이다. 드라마 팬들은 드라마를 인터넷상에 올릴 뿐 아니라 드라마와 관련된 비즈니스 소식 전반과 각종 사진과 비디오를 비미주지역[5] 영어판 사이트에서 공유하기 때문에, 드라마 팬들은 드라마 팬에서 한걸음 나아가 손쉽게 그리고 자연스럽게 동아시아 문화산업 전반의 소식을 꿰뚫게 된다. 인터넷 포럼에서 어느 가수 겸 배우가 어느 광고를 하고 새 패션라인을 만들고 군대를 간다는 등등의 소식, 아이돌 그룹의 새로운 뮤직비디오와 공연 소식이 관련된 HD 사진과 팬비디오와 더불어 유통된다. 이들이 출연한 광고 비디오는 광고의 상업메시지는 완전히 배제된 채 스타군단의 성적 매력을 감상할 수 있는 텍스트로서 유통된다. 특히 표 5-6이 보여주듯이, 드라마의 OST는 드라마 시청이 끝난 이후에도 드라마의 세계를 확장하는 역할을 하고(OST를 다운로드하여 하루 종일 반복해 듣기), 드라

---

5 미주 지역은 동아시아 이민을 대상으로 한 드라마의 텔레비전 방송과 DVD 시장이 훨씬 앞서가 있어서 미주 지역 대상이 확실한 사이트들은 본 관찰에서 제외했다.

표 5-6
드라마 소비와 관련된 행동(복수 응답 가능)

구분	응답 수	백분율(%)
드라마 주제가를 다운받아서 드라마와 별개로 애청한다	185	56.4
드라마를 따로 저장하지 않고 필요에 따라 스트리밍 서비스로 시청한다	182	55.5
친구들에게 드라마를 알려주려 노력한다	174	53.0
선호하는 드라마의 원어를 공부하기 시작했다	144	43.9
드라마를 저장해서 전편이 모아지면 한번에 감상한다	116	35.4
선호하는 연기자들의 사진을 다운받는다.	108	32.9
드라마와 관계없이 아시아 물건들을 구입한 적이 있다	106	32.3
드라마 속의 소품들이나 선호하는 연기자들에 관련된 물건을 구입한다	96	29.3
자랑스러운 드라마 테크를 소장하고 있다	64	19.5
드라마와 관련된 오프라인 활동에 참여한다	63	19.2
사진을 올리거나 코멘트를 다는 등 팬포럼에 참여한다	61	18.6
팬섭 활동에 참여한다	40	12.2
드라마 속의 아시아 국가들을 방문한 적이 있다	40	12.2
드라마에 대해 얘기하는 자신의 블로그를 가지고 있다	23	7.0
무응답	34	10.4
합계	1436	437.8

마 팬들을 동아시아산 팝뮤직으로 유도하는 중요한 역할을 하고 있다. 팬들의 하드코어는 심지어 〈패밀리가 떴다〉 등 텔레비전의 버라이어티 프로그램까지 영어 자막판이나 원판으로 찾아보면서 융합된 동아시아 대중문화의 내용을 향유하고 있고, 소수의 기회일지라도 스타들을 직접 볼 수 있거나 그런 기회에 지원할 수 있는 경우 거침없이 실제 행동으로 옮기는 적극성을 보이기도 한다.

5. 미국 드라마와 동아시아 드라마: 위계에서 취향으로

1) 미국 드라마의 '양질성'에 대한 반발

　현재 전 지구적으로 대량 생산되고 초국가적으로 소비되는 지배적인 텔레비전 픽션 포맷으로는 미국 시리즈, 동아시아의 드라마, 남미의 텔레노벨라, 인도의 볼리우드 연속극을 들 수 있다. 이것은 매우 평이한 현실 관찰을 통해 바로 드러나는 사실인데도, 대부분의 텔레비전 픽션 연구에서 이러한 세계적인 픽션물의 분포에 대해 별다른 중요성을 두지 않고, 전 세계에서 시청되고 있는 미국 드라마에 집중적인 관심을 쏟는 경향이다. 세계 프로그램 시장에서 미국 시리즈물이 지배적으로 팔리고 전 세계에서 시청되고 있는 것은 사실이지만, 그것이 전 세계에서 미국 시리즈물이 헤게모니를 쥐고 있다는 말과는 아주 다른 것이다. 이 부분은 전 세계 여러 나라의 현장조사를 통해 확인해봐야 할 내용이지만 지금까지의 관찰을 통해 보면, 전 세계가 시리즈물 지배지역, 연속극 지배지역으로 양분되어 있는 듯한 착각이 들 정도로 이 두 가지 텔레비전 픽션물 형식이 소비되는 지역의 지리적 구분이 명확히 드러난다.[6] '양질'의 담론을 업고 생산되는 미국 시리즈물이 절대적 우위를 차지하는 북미 및 서유럽과, 지역성이 강한 연속극이 대량으로 생산, 소비되는 그 이외 지역으로 양분된다고 할 수 있다. 시즌별로 생산되고 동일 주인공의 서로 다른 이야기가 전개되는 에피소드로 구성된 미국 시리즈물의 정체성은, 최근에 연속극의 특성을 수용하면서

---

[6] 텔레비전의 픽션 형태는 우리가 흔히 연속극이라고 하는 에피소드 간에 이야기가 끊기지 않고 지속되는 시리얼^{Serial}과 하나의 에피소드 속에서 하나의 이야기가 끝나지만 주인공과 테마를 통해 여러 회가 계속되는 형식의 시리즈^{Series}로 구분된다. 전 세계적으로 연속극이 우세인데, 미국에서 중심적으로 발전된 시리즈물은 시즌제를 도입하여 수년째 지속되는 형식으로 자리 잡았다.

시리즈와 시리얼(즉, 연속극) 형식의 혼합 경향이 눈에 띄기는 하지만 여전히 매 에피소드의 내러티브 구조가 반복되는 시리즈로서 존재한다.

서유럽의 대부분 국가에서 미국산 시리즈물은 절대적 우위를 차지하고 있다. 영국, 프랑스, 독일, 스페인, 이탈리아 등 자국 영상산업이 강건한 나라에서조차도, 자국 픽션물 생산에 정책적 중요성을 부여하고 있는 공영방송이 간판이 되는 몇 편의 픽션을 방송할 뿐, 절대다수의 민영채널이 전적으로 미국 드라마의 수입에 의존하고 있다. 이러한 경향은 1990년대 후반 이후 미국 시리즈물이 "양질화"된 이후 더욱 비판 없이 가속화된 것으로 보인다. '미국산 저질 텔레비전 문화'라는 스테레오타입을 벗어버린 '양질'이기에, 1970~1980년대 미국 시리즈물에 가해졌던 것과 같은 반미 또는 반문화제국주의적인 비판이나 유럽 각국의 국내 차원의 비판 또한 쇠약한 상태인 것으로 보인다.

시리즈물 형식이 지배하는 서유럽과 북미를 벗어나면[7] 연속극 형식이 지배하는 대양과 같이 넓은 공간이 펼쳐진다. 남미 전역에서 경쟁적으로 생산되는 텔레노벨라는 스페인어, 포르투갈어 언어권을 따라 전파되고, 북미의 히스패닉 문화, 그리고 슬라브의 멜로드라마 감수성을 따라 스페인, 포르투갈, 동유럽, 러시아에까지 방송되어 성공하고 있다. 북미 히스패닉계의 인구학적 무게가 커지면서 텔레노벨라의 중요성도 계속 커질 것이 예상되는데, 미국과 서유럽은 콜롬비아산 텔레노벨라 〈나는 못난이 베티〉[Yo soy Betty, la fea][8]를 리메이크한 〈어글리 베티〉(미국, ABC)와 〈베를린의 사랑〉[Verliebt

---

[7] 이것은 서유럽과 북미에 연속극이 없다는 것이 아니다. 영국에는 〈코로네이션 스트리트〉나 〈이스트 엔더스〉 같은 수십 년 된 공영방송산 일일 연속극이 있고, 프랑스나 독일에도 이에 버금가는 일일 또는 주간 연속극들이 있다. 미국 방송사의 오후 시간은 수많은 소우프 오페라가 메우고 있다. 그러나 이들은 전국 시청각 서비스로서의 텔레비전의 기능에 입각한 것일 뿐 픽션물 형식으로 '양질'을 추구하는 시리즈물에 감히 도전하지 못한다.

[8] http://en.wikipedia.org/wiki/Yo_soy_Betty_la_fea

^(in Berlin))(독일, Sat1)의 경우처럼 수입보다는 리메이크를 선호하는 경향이 있다. 볼리우드가 생산하는 픽션물들은 장르상 특성으로 인해 아직까지는 인도 이민 사회에 한정되어 있는 듯 보이지만, 중국과 경쟁하는 인도 국력의 성장, 인도 매체의 국제화와 더불어 그 영향력을 확대해나갈 것으로 보인다. 이미 인도 픽션물의 뮤지컬 버전은 서구 사회에 새로운 형식의 대중적 스펙터클로 각광받고 있다.

거대한 중국 인구와 세계 속 중화문화권 디아스포라의 중요성을 생각할 때, 동아시아 드라마권역의 영토와 동아시아 드라마의 실제 소비현황은 시장조사를 통해 접근할 수 있는 한계를 훨씬 넘어선다고 보인다. 19세기부터 시작된 북·남미, 그리고 환태평양 지역으로의 중국인과 일본인의 이주는 동아시아 드라마 소비권역을 구대륙과 신대륙에 널리 퍼지게 하는 기본 네트워크로 작용할 것이 추측된다. 제4장에서 동아시아 드라마 팬들이 '환태평양 효과'라고 부르는 다언어를 사용하는 동아시아인들의 광범위한 분포가 그 결과 중 하나이다. 또한 최근 동아프리카에 점증하는 중국의 영향력은 단지 경제적인 것만 아니라 중국 이민을 통해 전파되는 문화물을 동반하는 것이리라. 그리고 이것은 유럽에 거주하는 동남아시아 이민들의 경우에도 마찬가지일 것이다. 동아시아 내부의 한류의 영향을 생각할 때, 동아시아 이민자들이 한국 드라마와 케이팝을 계속 소비하리라는 것이 쉽게 추정된다. 앞으로 구체적인 사례연구들의 축적을 통해서 검증해가야 하겠지만, 이미 그동안 축적된 이민 커뮤니티의 자국 영상물 소비를 통한 문화정체성 협상에 대한 수많은 연구들이 이러한 가정을 뒷받침해준다. 게다가 브라질 일본 이민의 혼혈(Japanese Brazilian)이나, 전 세계에 흩어진 베트남 고산족 몽족 등 격동의 20세기를 거치면서 전 세계로 이주한 동아시아인들에게 현금의 동아시아에 문화정체성 담론을 불러일으킨 한류가 얼마나 유의미한 문화 콘텐츠일지도 예측이 가능하다.[9]

이러한 4개의 텔레비전 픽션물 형식은 사실 지구상의 많은 곳에서 공존한다. 많은 국가에서 두 가지 이상, 아니 더 나아가 네 가지 텔레비전 픽션 모두가 제도권 미디어의 편성에 의해서든 인터넷을 통해서든 경쟁적으로 소비되고 있다. 동아시아 드라마의 용광로인 한국에서도 미국 드라마 고정 팬이 형성되어 있고 케이블 채널에서는 텔레노벨라를 볼 수 있다. 스페인과 미국의 식민경험이 있는 다언어국가 필리핀에서는 한국 드라마가 미국 시리즈물 및 텔레노벨라와 경쟁하고 있으며, 인터넷에서 한국 드라마에 소수 민족어인 타갈로그어 자막이 달리는 속도를 볼 때 필리핀에 상당한 한국 드라마 팬 커뮤니티가 존재함이 가정된다. 특히 인도네시아나 말레이시아와 같은 인도와 동아시아 문화가 만나는 지역의 국가에서는 저녁 프라임 타임 시간에는 미국 드라마를, 주말엔 한국 드라마를, 나머지 시간엔 텔레노벨라와 인도 드라마가 공존하는 그야말로 세계 텔레비전 픽션물의 전시장이 형성되어 있다고 한다. 이 과정에서 네 가지 형식의 픽션물들 사이의 편성상의 위계가 형성되어 있을 것을 추정할 수 있다. 이 위계가 시청자의 계급 소속성 및 취향의 위계와 연관된 것인지, 아니면 시청률에 따라 쉽게 변할 수 있는 가변적인 것인지에 대한 연구가 필요하다고 생각된다.

만화가 프랑스의 강력한 기존 그래픽 문화인 BD와 스스로를 문화적으로 차별화하여 취향 문화로서 자리 잡은 것처럼 동아시아의 드라마를 시청하는 유럽의 향유자들은 텔레비전 문화의 헤게모니를 지닌 미국 드라마 시청자와의 관계맺음을 피할 수 없다. 이것은 매우 흥미로운 문화실천의 위계화 과정을 관찰할 수 있는 계기를 제공한다. 프라임타임을 굳건히 지키고 있던 '정당화된 문화'인 영화가 수입된 미국 드라마들에게 대거 자리를 내줄 수밖에 없는 상태가 되었고, 문화활동에 대한 현장연구들을 통해 석

---

9 2010년 한 국제학회에서 만난, 프랑스에 정착한 베트남 몽족인 한 박사과정 학생은 프랑스의 몽족 청소년들 사이에 베트남 본국에서 인기가 있는 한국 드라마가 얼마나 널리 유통되고 있는지 확인해주었다.

사 이상의 대학교육자들과 남성들도 미국산 시리즈들을 열심히 시청한다는 증거가 드러난 과정에 대해서는 제1장에서 기술했다. 또한 이 장 1절에서 더 이상 문화실천 속에서 부르디외식 상징적 지배의 논리가 관철되는 것이 아니라 취향문화에 따른 좀 더 수평적인 다문화 향유자들인 '다식가'의 문화실천 논리가 작동하고 있으며, 문화의 내용 자체가 아니라 그 콘텐츠를 어떻게 향유하는가가 더 중요한 변별적 요소가 될 수 있다고 설명했다. 그뿐만 아니라 2년마다 실시되는 문화실천에 대한 광범위한 현장 조사는 디지털 혁명이 기존의 문화 위계를 구조적으로 흔들어서 세대 간 문화전수^{transmission}가 역행하는, 즉 디지털 네이티브 세대가 문화향유에서 앞서가는 문화엘리트로서 디지털 문화를 부모세대에게 '아래에서 위로 전수'해주는 역할을 하고 있는 것 또한 기존의 문화실천의 상징적 위계에 대한 부르디외식 문화사회학의 기저를 흔들고 있다고 정리했다.

　이 사고를 우리의 관심 대상인 동아시아 드라마 수용에 적용할 경우 또 다른 위계의 문제가 제기된다. '양질'이기에 프랑스 텔레비전의 프라임 타임을 점령하고도 비판의 대상이 되지 않는 미국 시리즈들과 로맨틱 코미디나 멜로드라마, 만화 및 만화를 원작으로 한 각색이 주를 이루는 동아시아 드라마 사이의 위계의 문제이다. 흥미로운 현상은 동아시아 드라마 팬들의 대화 속에서 미국산 시리즈들의 '양질'에 대한 고급문화적인 정의에 대한 반발이 강하게 드러나 있다는 점이다. 프랑스 동아시아 드라마 팬들의 대다수는 미국 시리즈를 열심히 보던 시청층이고, 일부는 여전히 미국 시리즈를 보면서 드라마로 취향을 바꾼 것으로 관찰된다. 이들이 보기에 미국산 시리즈는 '너무 완벽해' 흥미가 없다.

> 나는 분위기나 유머 등 프랑스산이나 미국산 시리즈에서 찾아볼 수 없는 내용 때문에 드라마를 본다. 사실 서구의 시리즈물은 너무 '완벽'하다. 동아시아 드라마가 현실감을 더 많이 남기고 현실의 감정을 더 쉽게 포착한다. 게다가 나는 글을 깨우친 순간부터

만화 팬인데 내가 일본과 일본의 음악, 각종 사회현상, 일본 드라마의 팬인 것은 당연한 일이다.

_'도라마 월드'의 초기 멤버인 남자

이 밖에 미국 드라마를 버리고 동아시아 드라마의 매력에 빠진 이유는 여러 가지이다. 먼저 수년간 시즌이 계속되면서 미국산 시리즈물들의 시나리오는 지나치게 의도적으로 복잡해졌고, 그러다 보니 논리적인 스토리의 결론조차 만들 수 없게 되었다는 흥미로운 지적이 많다. 1970~1980년대 세계 텔레비전 프로그램 시장의 요구에 부응하기 위해 만들어진 동일 주인공과 내러티브의 반복을 통해 장기적 정체성을 유지하는 미국산 시리즈 형식은 24회에 달하는 시즌의 끝에 다음해의 새로운 시즌을 기다려야 하는 오랜 호흡과 충성도^{fidelity}를 요구한다. 이처럼 몇 년 동안 지속되는 미국 시리즈물들을 따라 보는 것이 과연 빠른 문화 스타일의 변화와 소규모 이벤트들로 가득 찬 일상을 살아가는 디지털 네이티브 세대의 시청자들에게 적합한 시리즈 형식^{seriality}인지에 대한 의문이 생길 정도이다. 한참 동안 보지 않다가 다시 봐도 이해할 수 있는 미국의 시리즈물들은 장기간 시리즈의 정체성을 유지하는 데는 훌륭한 내러티브 전략이지만, 팬들을 열정적으로 묶어두는 데는 동아시아 미니시리즈의 강력한 시리얼 내러티브에 비해 연약하다. 미국 시리즈가 점점 더 시리얼, 즉 연속극의 스토리텔링을 빌려와 에피소드 사이를 연결하는 트랜스 에피소드 내러티브의 발전을 보이고 있기는 하지만, 이것은 시청률상의 단기적 효과가 있을지는 몰라도 몇 년 동안 이야기의 끝을 보지 못한다는 팬들의 좌절을 해소하지는 못한다.

동아시아 드라마 팬들은 미국 드라마를 버리고 동아시아 드라마를 채택한 이유로 시리즈 형식의 적합성을 지적하고 있다. 동아시아 드라마 중에서도 수십 회에 달하는 사극이나 일일연속극보다는 11회(일본 드라마)~20회(한국 드라마) 길이의 미니시리즈들이 대량 소통되고 있는 것도 이런 이유라고 생각된다. 볼리우드산 픽션물 또한 길이 때문에 일찌감치 접근 대상이 아니라고 못 박기도 한다. 또한 동아시아 드라마는 미국 드라마보다 훨씬 현실적이고 감정을 다루는 데 능숙하다. 서유럽 시청자들이 선호하는 로맨틱 코미디와 멜로드라마 장르가 전하는 '수줍은' 사랑 이야기들은 로맨티시즘이 완전히 사라진 서구의 대중문화 텍스트에 식상한 여성 시청자들에게 어필한다.

> 개인적으로 아시아인들만이 우리에게 예쁜 사랑이야기를 창작해준다고 생각해. 게다가 나는 아시아인들이 보여주는 점잖음이 좋아. 미국이나 프랑스 영화 속에서 배우들은 키스하고 함께 자느라고 바쁘니까 (남녀관계에) 신비도 강렬함도 적고. 난 많은 말을 건네는 긴 시선, 손이 서로 스치는 그 순간, 그리고 수줍음으로 가득한 그들의 키스가 좋아(때로는 수줍음이 좀 적은 것도 마찬가지로 좋지만, lol.

잘생긴 동아시아 배우들이 연기하는 현대판 로미오와 줄리엣, 억센 신데렐라 동화('엽기녀' 현상), 한국 로맨틱 코미디의 동시대적 내러티브 관습(사랑의 사각 관계) 등등……. 이것은 프랑스의 한국 드라마 팬의 견해에 따르면, 프랑스 유년문화 깊숙이 뿌리박혀 있는 용감한 왕자님과 왕자나 기사가 구해주는 공주 이야기를 통한 성역할 교육 때문에, 성인이 된 후에도 비록 두터운 문화적 필터를 통할지라도 집단적 무의식 속에서 이러한 성역할이 작용한다는 것이다. 따라서 차갑고 괴팍하지만 잘생기고 부자인 한국 로맨틱 코미디의 남자주인공들과 억세고 왈가닥이지만 숨겨진 보석인 여자주인공 사이에서 벌어지는 연애감정의 탄생을 재미 가득히 그려내는 한국 드라마는 프랑스의 성인들에게조차 원초적인 성역할을 되살리며 어필한다는 것이다. 이것은 만화의 문법이 '가득 차면서도 비어 있다'는 부이수 교수의 해석과도 맞닿는 현상이다.

이것은 시나리오와 플롯을 복잡하게 뒤얽히게 하고 수많은 비밀과 함정을 깔아놓아 수용자의 호기심을 자극하며 트랜스미디어 전략을 통해 능동적 향유를 유도하는 미국 시리즈와는 완전히 대립되는 내러티브 전략이다. 다시 말해서 '양질'이란 수식어가 붙은 미국산 시리즈물이 두뇌 플레이에 의존하는 고급문화적 기준을 그동안 하위문화로 폄하되던 텔레비전에 가져와 각광을 받게 된 것이라면, 동아시아의 드라마는 감성 플레이를 통한 수용자의 사용가치 충족을 통해, 그리고 팬들의 욕구에 기초한 수용논리에 의존해 컬트현상을 조성한다. 다시 말해 '사용가치'를 지닌 '양질'의 콘텐츠로 기능한다고 보인다. 양질의 미국산 드라마가 텍스트 전략 의존적인, 즉 생산자 주도의 트랜스미디어라면 한국의 드라마는 수많은 팬서비스 시퀀스를 포함하고 수용자가 일상생활에서 되새길 수 있는 사실적인 시퀀스들, 그리고 눈물, 웃음, 창피함, 멋쩍음 등 신체적 효과를 동반하고 감동을 주는 서비스 의존적 미디어믹스이다. 그 결과 컬트 드라마 수준에 이른 몇몇 '작품'들은 수없이 재시청되면서 서로 다른 문화권 팬들에게 끊임없는 팬담화를 생산하고 있다(〈풀하우스〉, 〈미안하다 사랑한다〉, 〈마이걸〉, 〈커피프린스 1호점〉, 〈내 이름은 김삼순〉, 〈시티홀〉, 〈궁〉 등). 동아시아의 드라마가 공식적 채널을 통해 서유럽에 방송되고 있지는 않지만, 이미 대중문화 융합현실을 적극적으로 활용하고 있는 수용자들의 문화향유 실천 속에서는 대안적인 텔레비전 픽션물 형식으로서 전 세계적으로 시청 가능한 다른 픽션물들과 경쟁하고 있는 것으로 보인다. 다시 말해서, 서유럽의 동아시아 대중문화 향유자들은 지배적 가치의 미국 시리즈, 그리고 문화적 정통성을 지니는 자국의 대중문화와의 위계 속에서 동아시아의 대중문화를 소비한다. 프랑스의 경우, 이질적인 문화 콘텐츠의 다식성 소비 경향으로 인해 취향과 문화소비를 통한 위계 간의 격차가 갈수록 줄어드는 경향을 보이고 있으며, 이것은 모든 사회 계층 속에서 발견된다. 프랑스의 동아시아 대중문화 팬들은 이러한 취향 문화위계의 변화 속에서 디지털 문화의 발전과 세대 변화를 좇아 만화와 만화영화에 대한 열정을 드라마와 나아가 팝음악으로까지 확장시켜나간 것이라고 하겠다.

2) 동아시아 드라마를 보는 이유

앞에서 정당화된 '양질'의 미국 시리즈물의 지나친 완벽성과 수년간에 걸친 길이에 식상하여 짧고 흡인력 있는 동아시아 드라마를 선호하게 된 취향의 변화에 대해 기술했다. 이러한 경로를 통해 일단 동아시아 드라마의 세계로 진입한 서유럽의 시청자들은 표 5-7에서 명백히 드러나듯이 동아시아 드라마의 여러 가지 매력에 빠져든다. 흥미로운 점은, 개인의 블로그나 팬포럼의 토론 방에서 드라마를 보는 이유와 일본 드라마와 한국 드라마 사이의 선호 문제가 중요한 토론의 화두가 되고 있다는 것이다. 표 5-7에 따르면 가장 많이 거론된 드라마의 매력은 순서대로 다음과 같다. 시나리오 〉 남자배우 〉 드라마가 보여주는 실생활 모습 〉 주제가 〉 등장인물 〉 제작 품질 〉 연기력 순이다. 인터넷 팬포럼을 통해 관찰한 내용도 이 조사의 내용과 크게 다르지 않다.

① 시나리오: 살인사건 등 거친 현실 또는 공상과학적 내용을 다루는 미국 시리즈물에 비해 동아시아의 드라마가 전개하는 일상생활 속의 로맨스와 살아가는 이야기들은 신선한 매력이다. 드라마에서 만나는 삶에 대한 교훈은 미국 시리즈에서는 절대로 얻지 못하는 것임을 팬들은 강조한다. 또한 사랑이야기가 완전히 사라져버린 미국과 서유럽 시리즈가 주지 못하는 로맨스에 대한 대리만족도 자주 지적된다. 동아시아 드라마의 유머는 다른 어떤 텔레비전 픽션형태에서도 볼 수 없는 특징적인 것으로 인지되고 있으며 동아시아 드라마의 독특한 매력의 원천이다.

② 남자배우: 동아시아 드라마 속 남자배우들이 잘생기고 연기를 잘한다는 것은 커다란 매력으로 지적된다. 어느 드라마에서 누구의 연기 때문에

표 5-7
동아시아 드라마의 매력(복수 응답 가능)

구분	응답 수	백분율(%)
시나리오	191	58.2
남자 배우	160	48.8
드라마가 보여주는 실생활 모습	147	44.8
주제가(OST)	134	40.9
등장인물	126	38.4
제작 품질(비주얼, 촬영, 편집)	122	37.2
연기자들의 연기력	103	31.4
여자 배우	64	19.5
연기자가 된 아이돌 가수들	61	18.6
기타	11	3.4
무응답	31	9.5
합계	1150	350.7

감동받았다, 울었다 등등의 표현은 드라마 팬들에게서 흔히 들을 수 있는 말이다. 혹자는 "이제 아시아 배우만 잘생겨 보인다"고 드라마 시청으로 인한 시선의 변화를 토로하기도 한다. 다음 한드 팬 C의 반응은 동아시아 남자배우들에 대한 서유럽 여성 팬들의 전형적인 태도이다. 여성 팬의 잘생긴 동아시아 배우들에 대한 팬덤은 제8장에서 상세히 다룰 것이다.

한드 팬 C 40대 중후반의 '도라마 월드'의 여자 멤버. 일본 배우 기무라 타쿠야와 한국 배우 소지섭의 팬이며 프랑스 남부 어느 도시의 시청에서 근무하는 공무원으로, 컴퓨터 배경화면과 책상을 아시아 남자배우들의 사진으로 치장해두고 있다. 타쿠야의 사진을 프로필 사진으로 쓴다. 일본 드라마도 보지만 한국 드라마의 열성팬이다.

드라마를 좋아하는 이유는 아몬드 형의 깊은 시선을 지닌 잘생긴 남자들 때문이지. 솔직히 말해서 요즘 프랑스 배우들 중에 우릴 꿈꾸게 하는 사람이 없잖아? 그리고 드라마 속에서 느낄 수 있는 그 감정들이란!!! 게다가 이국의 정취까지…… 드라마 속에서 해가 뜨는 곳에 사는 사람들에 대해 알게 되니까~

③ 드라마가 보여주는 실생활: 동아시아 드라마가 일상생활 속에서 벌어지는 사는 이야기를 다루기 때문에, 그동안 일본, 한국의 대기업 상표를 달고 수입되는 동아시아산 상품들을 통해 성장한 동아시아에 대한 호기심을 충족시킬 수 있는 계기로 작용한다. 이것은 단순히 서유럽과 다른 상품과 새로운 물건들이 빼곡히 찬 물질적 세계에 대한 호기심을 넘어서서 그 공간을 살아가는 동시대 젊은이들의 가치관과 일상성에 대한 강한 호기심의 일환이다. 그런데 드라마 속에서 보게 되는 동아시아의 삶은 서유럽 젊은이들이 감당하고 있는 삶 속의 질문들(연애, 결혼, 사랑, 우정, 부모와의 관계, 부, 사회적 위계와 가치 등)을 해결하는 방식이 독특하고, 그 삶에 질문을 제기하는 방식마저 상이하다. 결국 동일한 근대성을 공유하는 동아시아의 일상은 이해하기 힘든 질문을 가득 제기하는 신비스러운 텍스트로 작용한다. 이 부분은 다음의 제6장에서 자세히 다룰 것이다.

④ 주제가: 드라마에 삽입되는 창작곡들은 드라마를 열정적으로 소비하고, 드라마 시청이 끝난 후까지 드라마 시청 당시 느꼈던 감정을 연장시켜주는 중요한 매체로 작용한다. 특히 〈미안하다 사랑한다〉(2004, KBS2)와 같이 많은 팬들에게 한국 멜로드라마의 매력을 각인시키고 소지섭의 팬덤을 형성한 드라마의 경우, 수년이 지난 후에도 그 주제가가 언급되고, 팬들 사이에 사운드 트랙의 어느 곡을 꼭 들어보라는 충고가 오갈 정도로 드라마의 매력을 담은, 그러나 드라마와 독립적인 소비의 대상으로 유통되고 있다. 2000년대 후반에 아이돌들이 드라마에 출연하고 주제가를 부르는 경향이 증가하면서 주제가의 매력 지수는 더욱 올라간 것으로 보인다. 〈꽃보다 남자〉, 〈미남이시네요〉, 〈성균관 스캔들〉이 이런 드라마에 속하고, 이러한 경향은 〈드림하이〉와 〈닥치고 꽃미남 밴드〉 등으로 더욱 심화되었다.

⑤ 등장인물: 동아시아의 만화와 만화영화, 영화에 익숙한 팬들에게 드라마의 세계는 인물에 집착하게 만드는 새로운 형식으로 다가왔다. 드라마의 코믹 분위기가 지나쳐서 배우들의 연기가 과장으로 흐르는 것을 비판하면서도, 실제 연기가 가져오는 인물과의 감정이입 가능성은 드라마의 큰 매력으로 여겨진다.

한드 팬 D 20대 후반으로 추정되는 도라마 월드 초기의 남자 멤버. 2006년에 가입했으나 2011년 말에야 '도라마 월드'의 핵심 멤버들이 남자임을 알게 되었다. 한국 여배우 이민정을 프로필 사진으로 하고 한국 멜로드라마를 좋아하며, '도라마 월드'의 열렬한 여성 멤버들의 꽃미남에 대한 수다에도 참가하지만 한국 식당에서의 오프 모임에는 참가하지 않는 등 다소 신비로운 성향이다.

드라마에서 좋아하는 것은, 에피소드가 여럿이기 때문에 영화에 비해 등장인물을 가깝게 느낄 수 있다는 것이다. 게다가 드라마는 픽션이긴 하지만 만화영화보다 현실적이고, 진실로 좋아하는 것은 진짜 사람들이 인물 역할을 한다는 점이다.

3) 일본 드라마와 한국 드라마

서유럽의 동아시아 드라마 팬들이 만화 및 만화영화 팬덤으로부터 유입된 것이고, 일본 드라마를 먼저 접하고 한국 드라마나 대만 드라마를 보게 된 경우가 다수이기 때문에 동아시아 드라마 중 어느 것이 더 좋은가, 어느 드라마를 더 좋아하는지가 팬들 사이에 취향의 문제로 일찍이 제기되었다. 일본 드라마를 선호하는 이유는 비교적 단순하게 '45분짜리 11회의 일본 드라마 길이가 더 짧다', '좋아하는 유머', '일본어가 듣기 좋다' 정도로 요약할 수 있다. 반면 한국 드라마를 선호하는 이유는 훨씬 복잡하고 다양한 답

변을 지녔다. '일본 드라마보다 더 섬세하다', '재미있는 계약연애 시나리오', '한국 배우가 연기를 더 잘한다', '유머러스한 장면과 슬픈 장면을 섞는 재주가 뛰어나다', '시나리오가 우수하다', '대형드라마를 제작한다' 등 연기에서 제작, 시나리오에까지 다양한 이유가 있다.

> 두말할 것 없이 한국 드라마!!! 먼저 나는 한국어가 더 익숙해. 그리고 한국인들은 내가 아주 좋아하는 움직임, 표정, 우는 방식, 말하는 방식을 지녔어. 한국 드라마가 바로 내 스타일의 드라마라구.
> _〈신의〉의 이민호 모습을 프로필 사진으로 한 '도라마 월드'의 성실한 여자 멤버, 전형적인 한국 드라마의 열광적인 팬

대부분의 동아시아 드라마 팬들은 특정한 국가에서 만든 드라마만을 배타적으로 보는 경우는 아주 드물고, 제공되는 드라마의 질에 따라 더 나은 작품을 골라서 시청한다거나, 그때그때의 기분에 따라 골라서 보는 경향이다. 남성 팬들이 익숙해진 만화의 유머를 찾아 일본 드라마를 선호하는 경향이라면, 로맨스를 추구하는 여성 팬들은 한국 드라마를 선호하는 경향이 눈에 띄는데, 이것은 한국 멜로드라마를 좋아하는 남성 팬들, 일본 만화영화의 열성적 여성 팬 등과 뒤섞여 있는 취향의 일부일 뿐 전혀 배타적인 차이의 기준이 될 수는 없다고 보인다. 대다수의 동아시아 드라마 팬들은 일본 드라마와 한국 드라마의 차이를 인식하고 두 가지를 필요에 따라 소비하면서 약간의 개인적 선호도를 지니고 있다고 하는 것이 옳을 것이다. "이전엔 일드와 한드 구분을 안 하고 봤는데, 〈꽃보다 남자〉가 〈하나요리단고〉를 넘어서고는 달라졌다", "일드 70%+한드 30%를 본다" 또는 "일본 드라마가 더 현실적이고 사람을 사로잡고, 한국 드라마는 정형적으로 반복되지만 배우들로 인해 항상 보기가 즐겁다"처럼 두 나라의 드라마를 대하는 개인적 태도의 차이가 발견되는 정도일 뿐, 일본 드라마 시청과 한국 드라마 시청 사이에 어떤 문화적 위계가 형성되어 있지는 않는 것으로 관찰된다.

단, 다음과 같은 두 가지 집단적인 차이점을 지적할 수 있다.

첫째, 일본 대중문화 팬 그룹이 수적으로 우세인 반면 한국 대중문화의 팬들은 일본, 대만, 한국 콘텐츠를 모두 소비하는 경우가 대부분이기 때문에 후자가 전문성이 높은 팬 담론을 생산하는 것이 관찰된다. 즉, 다수(대중)와 소수(엘리트)라는 문화향유 실천의 보편적인 위계가 작동하고 있으나 둘 사이에 정당성의 위계가 성립되어 있지는 않다.

둘째, '도라마 월드'에 있는 각국의 개별 드라마 소개방에 들어온 멤버들이 각 파일을 본 숫자와 댓글을 단 수를 비교해보면 흥미로운 결과가 드러난다. 일본 드라마 파일을 본 사람들이 한국 드라마 파일을 읽은 사람보다 더 많지만 댓글의 수는 한국 드라마 파일에 훨씬 많이 달린다. 드라마의 내용을 공개하는 스포일성 코멘트도 일본 드라마에는 거의 없고 한국 드라마에 집중되어 있다. 한국 드라마 팬들이 더욱 열정적으로 콘텐츠를 소비하고 한국 드라마 내러티브의 특성상 이야기의 결말에 대한 팬들의 호기심을 더욱 자극하기 때문이라고 보인다.

결국 일본 대중문화 팬들과 한국 대중문화 팬들 사이에 어떤 위계의 관계, 또는 특별한 문화차별화의 논리가 발견되지 않았으며, 개인적 취향의 이유를 넘어서는 집단적인 차별성의 논리 또한 찾을 수 없었다. 이 또한 미국 드라마의 '양질'의 논리에 저항하는 동아시아 드라마 취향의 정당화에 이어 다식성 문화향유 이론의 가설을 강화해주는 관찰 결과이다.

다음에 소개하는 한드 팬 E는 다식성 동아시아 대중문화 소비의 전형적인 케이스로, 그의 광범위한 문화소비 지형 속에서 한국 드라마와 일본 드라마가 차지하는 위치를 가늠할 수 있다.

한드 팬 E '도라마 월드' 초기 여성 멤버. 30대 초반. 프랑스 남부에 살며 정보 관련 전문직에 종사한다. 동방신기의 재중이 금발을 하고 있던 시절의 얼굴을 프로필 사진으로 쓰고 있으며 만화, 만화영화, 케이팝 등 동아시아의 대중문화뿐만 아니라 소설, 만화, 만화영화, 영화, 텔레비전 시리즈물을 넘나드는 서유럽의 대중문화 컬트 작품들을 섭렵하고 있는, 다식성이면서도 열정적인 문화향유자의 전형이다. 그녀는 '도라마 월드'의 멤버들이 '성배'라고 부르며 돌려보는, 한국 드라마가 가득 들어 있는 하드디스크를 여러 개 가지고 있다. 친한 멤버들이 오프라인에서 만날 때, 이 성배에서 컬트가 된 한국 드라마를 골라 함께 본다. '도라마 월드'의 토론 섹션에서 옮겨온 다음 인용은 다식성 동아시아 문화 향유가 어떻게 이루어지는지를 생생하게 증언해준다.

(드라마 볼 내용이 떨어지는 비극적 상황을 피하기 위해) 나는 다음과 같은 '교묘한' 도돌이 회로를 운영함. 만화영화(방금 하나 끝냈음), 한국 드라마, 일본 드라마(본 지 오래됐는데 당장에 보고 싶은 것두 없네), 대만 드라마, 만화(확실한 기쁨)를 하나씩 집중적으로 보는 길고 짧은 사이클이 있음. 예를 들어 4~5월 사이에 만화영화 집중 치료를 했고(〈건담〉, 〈노에인Noein〉, 〈FMP(풀 메탈 패닉Full Metal Panic)〉를 다시 보고 요즘 나온 것들도 섭렵하고…), 지금은 최근에 나온 한국 드라마 완성편들을 다운받고 있는 중임(그럼 그럼, 나는 기다리는 거 싫어해), 너무 스트레스 쌓이거든(난 찔끔거리고 방송되는 걸 따라 보는 것이 아니라 한 이틀 동안 드라마 하나를 다 보는 과식형이 더 좋아). 지금 다운받는 한드 한 편은 6월에 볼 거고, 지금 미리 좀 준비해두는 중. 다음 주말이면 다시 '구직자'가 될 판이니 미리 (볼거리를) 준비하는 중……

6. 한국 드라마 즐기기

그렇다면 일본 드라마를 통해 또는 케이팝을 통해 한국 드라마를 접하고 열정적으로 좋아하게 된 한국 드라마의 팬들은 어떤 집단일까? 앞에서 프랑스의 만화 독자층에 대한 기존 연구들이 밝혔듯이, 프랑스의 만화팬층은 서유럽의 정당화된 문화향유를 할 수 없어 밀려난 주변부인이 아니며, 동아시아 드라마 애호가들 중 많은 사람들이 이 만화팬으로부터 진화했다. 다른 경로로 한국 드라마의 팬이 된 사람들을 포함하여, 이 집단은 적어도 영어 자막을 이해할 수 있는 학생이거나 외국어 가능자, 타국의 문화에 적극적인 관심을 가지고 열려 있는 정신을 지녔다는 점을 통해 한국 드라마 팬들의 계층소속과 취향에 대한 추정이 가능하다. 이들은 한국 드라마의 단점도 꿰뚫어 알고 있지만, 서구의 잣대로 평가할 수 있는 드라마의 텍스트상 완성도보다 '드라마의 세계' 자체를 높이 평가하고 사랑한다. 한국 드라마 팬들은 동아시아 드라마 소비자들 중에서 가장 드라마 집착도가 높고 열정적인 하드코어를 형성하고 있는 듯 보이고, 프랑스 미디어의 상업적 대응도 이 점을 놓치지 않고 있다. 2011년 1월에 한국 드라마만 보급하는 인터넷 VOD 채널 드라마빠시용이 문을 연 후 인터넷 채널 Kaza TV와 Gong TV에서 〈시티헌터〉와 〈시크릿 가든〉을 12월 11일부터 방송하고, 곧 프랑스의 다른 유료 채널에서도 〈드림하이〉, 〈소녀K〉, 〈뱀파이어 검사〉를 방송한다.[10] 다음에서는 '도라마 월드'와 다른 인터넷 한류 팬 사이트에서 관찰된 한국 드라마 팬들의 한국 드라마 소비 활동을 좀 더 깊이 분석한다.

1) 중독과 헌신의 한국 드라마 보기

난 한국 드라마에 푹 빠져 있어. 일주일에 두 편, 아니 한 편이라도 꼭 봐야지, 그렇지 않으면 정말 상태가 안 좋다니깐.

_ 도라마 월드의 남성 멤버

---

10 이것은 이 원고를 쓰고 있는 2012년 11월 30일자 카날 플뤼(Canal Plus)의 보도이고, 이 보도의 사실 여부는 확인할 수 없었다. http://www.youtube.com/watch?v=m_dgP6fkhxs &feature =g-all, 2012월 12월 3일.

아직두 이해 못 한 사람이 있을까 봐 확실히 말하지만 난 완전 중독자라고. 그것이 자랑스럽고.

_ 한드 팬 E

한국 드라마를 알고 난 이후 나의 덕후 수준이 심각하게 향상되었지. 며칠 전에 진짜루 국립도서실서 잠깐 휴식 중에 한국 드라마 볼 뻔 했다니깐.

_ 한드 팬 A, 2006년 석사과정 시절

여러 팬포럼과 한류 관련 블로그에서 고정적으로 다루어지는 토론의 주제로 '중독'이 있다. '드라마빈^{Dramabean}'이라는 한류 블로그에서는 중독스토리 콘테스트가 열릴 정도였는데,[11] 관심을 끈 이야기 중에는 배우자의 잠을 깨우지 않으려고 한밤중에 사운드 없이 영상으로만 드라마를 본 이야기, 〈커피프린스 1호점〉을 보고 속이 뒤집힐 때까지 커피를 마신 이야기, 드라마 볼 시간을 마련하기 위해 두 번째 직장을 그만 둔 사람, 가족과 친구들에게 드라마 중독을 숨기려다 벌어진 수많은 에피소드 등이 올라와 있다. 이 블로그는 북미의 한류 팬을 대상으로 하고 있지만, 이러한 중독현상은 서유럽의 한국 드라마 시청자들에게도 동일하게 드러난다. 328명에게 설문조사한 결과인 표 5-8에서 스스로 중독이라고 설문에 토로한 응답자는 22%에 불과하지만, 이것은 설문내용일 뿐 심야에 팬포럼의 분위기는 사뭇 다르다. 팬포럼에서 토로하는 개인의 중독 경험을 관찰하면 표 5-8의 경우에서 2, 4, 6번을 경험한 사람들 거의 모두가 일정한 양의 한국 드라마를 보지 않으면 금단 증상을 느끼는 중독의 단계에 있다고 할 수 있다. '중독'은 마약이나 담배, 술, 도박, 비디오게임 등과 직결되는 부정적 이미지를 지닌

---

11 http://www.dramabeans.com/2010/07/your-addiction-stories-giveaway-winner-announced, 2012년 12월 3일.

| 표 5-8
동아시아 드라마 팬들의 드라마 시청 양태(복수 응답 가능)

구분	응답 수	백분율(%)
1. 드라마를 영어 자막으로 이미 시청했거나 모국어 이외의 언어로 시청한 적이 있다.	191	58.2
2. 시간이나 수면이 부족해도 시청을 시작하면 멈추기 어렵다.	173	52.7
3. 드라마 시청 리스트를 만들어, 시간이 날 때마나 시청한다.	154	47.0
4. 자막을 기다릴 수 없어 원어로 드라마를 시청한 적이 있다.	85	25.9
5. 동아시아 드라마 사이트에 업로드되는 새로운 드라마는 항상 시청한다.	79	24.1
6. 나는 중독되었다고 느낀다(드라마를 보지 않으면 금단 현상이 느껴지는 경우)	75	22.9
7. 토론방에서 논의되는 경우 가끔 시청한다.	71	21.6
8. 시청 중인 다른 드라마가 없을 경우 동아시아 드라마를 본다.	53	16.2
기타	7	2.1
무응답	30	9.1
합계	918	279.8

신체적·정신적 자율성 상실의 상태이기에, 이 용어가 동원되는 모든 문화 실천에서 긴장이 감돌 수밖에 없다.

그런데 팬들이 스스로의 중독 상태를 포럼에서 인정하는 것은 오히려 긍정적인 팬 커뮤니티의 집단적 문화형성 과정으로 보인다. 팬들은 자기뿐만 아니라 다른 포럼의 멤버들도 모두 어려운 중독의 단계를 겪었다는 사실에 강한 동료의식을 느끼고 죄책감에서 벗어나는 것으로 보인다. 중고등학교, 또는 대학 초년 어린 나이의 중독자가 포럼에서 중독을 호소하는 경우, 친절하게 중독에서 벗어나거나 대처할 방법에 대해 정보를 교환하고 아무리 매혹적이더라도 드라마의 세계가 환상임을, 현실의 의무와 인간관계에 충실할 것을 충고한다. 중독에서 벗어났다기보다 이제 '컨트롤'하는 단계에 들어선 노련한 팬들은 자신이 겪었던 중독의 경험을 분석해보이기도 한다. 여러 차례 한국 드라마를 '끊으려' 노력했다가 결국엔 다시 '빠졌다'고 토로하는 한드 팬 A는 이젠 끊으려 노력하는 일을 그만두었다고 토로한다. 한때 친구를 만나러 외출하는 것도 마다하고 드라마를 보기도 했던 그녀는 이제 한국 드라마 한 편에 해당하는 전체 에피소드를 주말 이틀에 몰아서 보거나, 매년 하나의 의식처럼 〈풀하우스〉와 같은 고전을 재시청하는 방식으로 중독의 열정을 다스릴 수 있게 되었다. 그럼에도 불구하고 드라마 시청을 시작하면 이야기의 끝이 너무도 궁금해 꼭 마지막회를 먼저 커닝하게 되는 '범죄'의 욕망은 아직까지 제어하지 못한다.[12] 이 때문에 한국에서 방송 중인 드라마를 따라서 보는 경우, 자막이 나오는 것을 기다리지 못하고 스트리밍으로 영상만 시청하고 에피소드의 대화를 이해하지 못해서 '머리를 쥐어뜯는' 일도 종종 있다.

한국 드라마에 대한 중독적 시청은 그만큼 한국 드라마에 대한 열정이 크다는 점을 말해준다. 이러한 팬으로서의 열정이 가장 긍정적으로 표현되는 것이 바로 블로그나 팬섭 등을 통해 팬 커뮤니티 구축과 유지에 참여하는 일이다. 표 5-9에서 1~5의 활동은 일반적인 콘텐츠 소비자로서의 활동, 6~10은 커뮤니티 구축과 유지를 위한 활동, 12~14는 팬 활동이 문화산업경제와 연결되는 항목이다. 한국 드라마 팬 포럼을 통해서 관찰할 수 있었던 것도 이 표의 내용과 유사하다. '도라마 월드'의 멤버들은 한국과 일본을 여

---

12 여기서 범죄는 드라마의 후속 에피소드의 내용 정보를 흘리는 스포일링을 말한다. 연속극 형태의 동아시아 드라마의 흥미와 긴장을 감소시킬 수 있기에 다음 회 줄거리는 드라마 팬들 사이에 반드시 그 신성한 비밀을 지켜야 할 대상이고, 이것을 어기고 결말을 미리 알아보는 행위는 일종의 터부이다. 그리고 결말을 다른 팬들에게 노출시켜 그들의 드라마의 즐거움을 감소시키는 일은 '범죄'에 속한다. '도라마 월드'는 사이트 내에 일반 토론 섹션과 스포일 섹션을 구분하여, 멤버들의 스포일 욕구와 정상적 드라마 향유의 즐거움 추구를 동시에 보장하고 있다.

표 5-9
동아시아 드라마 팬들의 드라마 관련 팬활동 양태(복수 응답 가능)

구분	응답 수	백분율(%)
1. 저장하지 않고 필요에 따라 드라마를 스트리밍 서비스로 시청한다.	182	55.5
2. 드라마를 저장해서 전편을 후에 감상한다.	116	35.4
3. 스스로에게 뿌듯한 드라마테크가 있다.	64	19.5
4. 드라마 OST를 다운받아 드라마 시청 이외에 애청한다.	185	56.4
5. 선호하는 연기자들의 사진들을 다운받는다.	108	32.9
6. 사진이나 코멘트를 다는 등 포럼에 참여한다.	61	18.6
7. 친구들에게 드라마를 알려주려 노력한다.	174	53.0
8. 드라마에 대해 말하는 블로그를 가지고 있다.	23	7.0
9. 팬섭 활동에 참여한다.	40	12.2
10. 드라마를 위한 열정이 오프라인 활동으로 이어진다.	63	19.2
11. 선호하는 드라마의 원어를 공부하기 시작했다.	144	43.9
12. 드라마 속의 소품들이나 선호하는 연기자들에 관련된 물건을 구입한다.	96	29.3
13. 드라마와 관계없이 아시아 물건들을 구입한 적이 있다.	106	32.3
14. 드라마 속의 아시아 국가들을 방문한 적이 있다.	40	12.2
무응답	34	10.4
합계	1436	437.8

행하기를 꿈꾸고 이를 위해 저축을 한다. 한국어를 배우는 학생과 일반인이 늘어나고 있고 몇몇은 한국어를 배우는 사이트를 개설하기도 하는데, 이것은 블로그의 운영이나 팬섭 활동만큼이나 한국 드라마 팬 커뮤니티 건설과 유지, 확장에 중요한 역할을 한다고 보인다.

모든 드라마 소비 관련 활동 중 가장 신비로운 것은 '팬섭^{fansub}'이다. 팬섭은 참여하는 사람에게 시간 집중적인 노동을 요구하는 무거운 활동이고, 동시에 개인의 정체성을 드러내지 않고 팀으로 활동하는 가상의 그룹 활동이다. 팬섭 활동은 자기가 좋아하는 드라마를 서로 알지도 못하는 가상의 커뮤니티의 멤버들과 나누고 싶어서 아무런 보상이 없이 자발적으로 자신의 시간과 재능을 기부하는 일이다. 이것은 팬섭 대상인 문화 콘텐츠 저작권과 관련된 합법, 불법 담론이 끼어들기 이전에, 문화영역에서의 공공의 선을 위해 자발적으로 참여하는 문화시민성$^{Cultural\ Citizenship}$ 실천의 사례이고, 이들의 존재는 비록 제한된 조건에서일지라도 '문화 공론장$^{Cultural\ Public\ Sphere}$'을 현실화한다는 중요성을 지닌다.

'도라마 월드'의 멤버인 32세 남성 한드 팬 D는 만화와 만화영화의 팬이었다가 점차 드라마를 보기 시작했는데, 드라마를 보다가 많은 작품이 프랑스어 자막을 가질 만한 가치가 있다고 생각하여 스스로 팬섭팀을 만들었다고 밝힌다. 이러한 팬섭팀의 열정은 단순 시청자들의 팬 커뮤니티 귀속감을 형성하고 유지하는 데에도 중요한 역할을 한다. 더빙할 때 인물들의 목소리를 서로 다른 성우가 담당하듯이 팬서빙도 여러 명의 팬서버가 인물들을 분담하여 번역을 하는 경우가 많다. 예를 들어 〈경성 스캔들〉의 강지환 역은 강지환의 팬이 자막을 다는 식이다. 이 작업 과정에서 강지환의 팬은 그에 대한 절대적 애정과 경외감을 가지고 그의 대사를 번역하고, 이 과정을 지켜보는 팬 커뮤니티의 멤버들은 그 드라마를 시청하고 싶은 열정에 전염된다.

2) 한국 드라마 뜯어보기

팬섭과 블로그 등 엘리트들의 매개 활동의 결과로 드라마 팬 커뮤니티의 일반 멤버들은 한국 드라마를 문제없이 즐길 수 있게 된다. 한국 드라마 팬들은 이해하기 힘든 내용으로 가득한, 멀고 먼 동아시아의 문화콘텐츠를 컴퓨터 화면을 통해서 정좌하고 앉아 집중해서 보고 반복 시청한다. 이러한 시청양태는 가족이 거주하는 거실에서 일상의 각종 소음과 더불어 건성건성 드라마를 보는 한국인의 시청양태와 크게 다른 것이다. 이러한 집중적 시청은 촬영 시간에 쫓겨 원테이크 샷으로 이어지는 한국 드라마에서 장면마다 각종 '옥에 티'를 찾아내는 재미를 제공한다. 또한 한국의 시청자들에겐 너무나 익숙해 인식할 수도 없게 되어버린 한국 드라마의 반복적, 상습적인 장치들을 찾아내는 계기가 된다. 다음에 제시한 열 개의 내용은 '한국 드라마의 십계명' 또는 '한국 드라마의 문법'이란 제목으로 한류 정보 포털, 블로그, 팬포럼에 돌아다니는 것으로, 한국 드라마 팬들이 집단적으로 이해한 한국 드라마의 특징이다. 인터넷 속에서는 조목마다 긴 설명과 더불어 사례를 제시하고 그 내용을 심화하는 댓글 릴레이가 벌어진 내용들이지만 여기에서는 간단히 핵심만을 요약한다.

1. 사랑의 삼각관계 또는 사각관계가 필수인데, 남자들은 예외 없이 엄청 부자고 잘 생겼고 성격이 나쁘다. 여자는 예쁘고 세상 물정을 모르고 가난한 경우가 대부분이다. 주인공 여자는 두 번째 약간 미친 듯한 남자에게 희생적이고, 얄미운 경쟁녀와 싸워서 잘난 '까도남'한테 구원받는다.
2. 가족의 개입 없는 결혼은 없고, 부자 가족이 돈을 끊거나 호적을 판다고 위협하지만 결국 결혼은 성사된다.
3. 남자는 모두 엄청 큰 그룹 사장 혹은 회장의 아들이고 외국의 경영대^{MBA}를 나와 모델같이 옷을 입고 적어도 악기 하나를 다룰 줄 안다. 갖은 스포츠에 능하며 어디서 배웠는지 싸움도 잘한다.
4. 여자의 경우 반드시 그런 건 아니나 대부분 남자의 회사 또는 관련된 분야에서 일하고, 둘이 만났을 때 남자는 여자가 어디서 일하는지 모르고 여자는 신분 상승의 의지가 전혀 없다.
5. 서울은 세계에서 세 번째 인구가 많은 대도시이고 12개가 넘는 공원이 있는데, 두 남녀는 부처님 손바닥 안같이 하루에 몇 번씩 우연히 마주친다.
6. 데이트 중에는 포옹만 하고 키스는 반드시 오해나 긴장(제3의 인물 또는 미친 듯한 가족의 일 인)이 해결되었을 때 한다. 그 둘 사이에 다른 단계는 없고, 키스가

포옹 이전에 오는 경우는 절대 없다.

7. 주인공이 죽는 경우 꼭 암으로 죽고, 주변 인물은 반드시 차 사고로 죽는다. 특히 여주인공인 경우 99%는 암이다. 간단한 질병인 경우는 없고 반드시 암이 걸리는데, 암 선고가 나면 약물 요법, 방사능 치료 이런 걸 시도하지 않고 '인생이 끝났다'고 죽음을 받아들이며, 마지막엔 주로 여행을 떠난다.

8. 부자의 집은 반드시 이층집이다. 타워팰리스나 현대 아이파크 같은 호화아파트도 나오지만 개별 주택일 땐 3층이 아니라 반드시 2층집이다. 호화주택이고 배경이 한여름이라도 에어컨은 절대 눈에 안 띈다. 시청자 쪽에서 볼 때 부엌은 왼쪽, 침실은 오른쪽, 계단은 중앙, 현관문은 오른쪽이다. 부자일수록 텔레비전은 없다. 여자의 집은 주로 꼬불거리는 골목길을 따라가야 나오는 칠이 벗겨진 대문집이다.

9. 내 평생에 한국 드라마처럼 맞고 때리는 걸 많이 본 적이 없다. 무슨 경우에도 다양한 때리는 장면이 나와서 한국 문화의 뿌리에 때리는 예술이 숨어 있는지 의아하다. 어떤 복잡한 문제라도 한 번 엉겨서 싸우고 나면 풀리는데, 이게 정말 환상적이다.

10. 운전기사는 반드시 김 씨다. 김 기사. 한국에선 그 많은 성 중 김 씨들이 주로 운전기사를 하나.

인터넷 팬포럼에서 만날 수 있는 한국 드라마 팬들이 이해하고 있는 한국 드라마의 문법은 사실 이보다 훨씬 많은 조항과 섬세함을 지닌다. '로맨틱 코미디에서 여자는 반드시 남자의 등에 업힌다', '서비스업에 종사하는 여자의 대부분이 미스 리이다', '늘 뭔가를 먹는다', '한국 드라마만 할 수 있는, 〈내 이름은 김삼순〉에서 최고의 사례를 볼 수 있는 화장실 이야기' 등등. 이 문법 또는 관행들은 한국 드라마의 장르를 넘어서 반복되는 내러티브상의 관성, 이를 통해 드러나는 연애, 가족, 인간관계, 그리고 삶과 죽음에 대한 태도가 드라마 장르에 의해 매개되는 방식까지 아우른다. 또한 드라마 제작 환경, 반복되는 인물의 스테레오타입의 문제에 이르기까지 상당히 깊은 관찰을 보여준다.

'도라마 월드'에서 발견한 한국 드라마 파헤치기의 재미있는 사례를 통해 프랑스 한국 드라마 팬들의 센스에 접근해보자.

2010년 10월에 '도라마 월드'의 몇몇 핵심 여성 멤버는 그동안 잘 보지 않았던 장르인 주말 가족 연속극 〈글로리아〉(MBC, 50회, 2010년 7월~2011년 1월 방송)에 '빠졌다'. 시즌제 미국 시리즈를 혐오하는 중요한 이유였고 11회로 이야기의 엔딩을 알 수 있는 일본 드라마를 선호하는 핵심적 이유였던 드라마의 길이는 한국 드라마 향유에서도 중요한 조건이다. 동아시아 드라마 팬덤의 노장들이라 할 수 있는 '도라마 월드'의 한국 드라마 팬들도 예외는 아니어서 수십 회에 달하는 한국 사극이나 일일연속극, 주말연속극들은 시간 조건상 저어하는 대상이다. 저어한다고 해서 이들이 명작 사극이나 〈지붕 뚫고 하이킥〉과 같은 성공한 일일극을 모르는 것은 아니지만 이러한 긴 드라마를 시청하는 일은 '큰마음을 먹어야 하는' 예외에 속한다. 그런데 이 그룹이 〈글로리아〉의 매력에 단체로 빠진 것이다. 이 주말 연속극은 밤무대를 중심으로 살아가는 전형적인 서민들의 평범하고도 상처 입은 삶을 그리고 있다. 성적 매력이 강한 스타를 사용하지 않고(배두나, 서인석 주연), 부잣집의 복잡한 가족관계와 서민들의 따스한 인간관계가 대비되는 전형적인 한국 커뮤니티 드라마라고 할 수 있다. 이 드라마에 '빠진' 몇 명 '도라마 월드'의 핵심 멤버들은 퇴근 후 포럼에서 만나 그날 올라온 자막 달린 에피소드를 보고 토론하고, 심지어 보면서 동시에 채팅을 하는 '유사 실시간 시청 환경'을 만들면서 집단적으로 드라마를 따라 보았다. 드라마의 마지막에서는 끝내 자막을 기다리지 못하고 '생^{raw}' 한국어 방송을 단체로 보면서 각자가 지닌 단편적인 한국어 실력을 동원하여 대화의 내용을 집단적으로 상상하기도 했다. 이때 생산된 팬들의 대화 중 디테일에 대한 감성을 보여주는 사례를 하나 소개한다.

한드 팬 F 2005년 말에 '도라마 월드'에 등록된 40대 중후반의 고정 여성 팬. 출판계에서 일하는 그래피스트로, 많은 드라마 커버를 만들어서 공유했고 팬포럼의 오프라인 모임에도 참가한다. 일본 드라마는 거의 보지 않고 한국 드라마 전 종목을 섭렵하는 열성적인 한국 드라마 팬이다. 〈글로리아〉의 두 남녀 주인공의 얼굴 사진을 지금까지 프로필 사진으로 쓴다.

이 24회 너어어어무 좋아. 대표님은 때로는 바보 같고 …… 특히 사랑의 감정에서는 더해. 그런데 이게 바로 그의 매력이야!! 이 두 사람은 사랑에 빠진 적이 없는 걸 잊지 마시라(서른 살인데 사랑을 못 해봤다니 …… 이건 패쓰). 그러니 그에겐 사랑이 새로운 감정이고 이제야 배우기 시작하는 거지(오 마이 갓, 오늘 너무 멋있었어 *_*). 그에게 사랑이 너무 잘 어울려. 아예 광채가 나던데!!! 연출자 아니 분장사가 어떻게 이걸 만들어내는지 모르겠는데(물론 연기도 잘하지만), 매회마다 놀라게 만드네. 드라마가 고화상이라 기술적으로 시선처리를 어떻게 하는지가 다 보여. 촬영 때 하얀 반사판을 쓰고, 보통 하나면 족한데, 글쎄 이 드라마에서는 눈동자 속에 세 개의 반사판이 보이더라고. 그래서 눈 속에 천개의 별이 반짝이는 효과가 나고 여기에 조심스레 인조눈물을 더해 빛나게 하면 끝나는 거지. 내가 하는 말이 이해가 됐는지 모르겠는데 하여간 오늘 대표님의 시선에 빠져 행복했다니깐. *_*

이러한 열정적이고 디테일을 중시하는 관찰은 한국의 꽃미남 배우들과 아이돌이 출연하는 드라마인 경우 그 강도와 집중도가 더욱 집단적으로 상승한다. 이 부분은 제8장에서 심층적으로 다룰 것이다.

그런데 한국 드라마의 관행에 대한 팬들의 반응에서 흥미로운 사실은, 이 관찰 내용의 대부분이 팬들에게 '이해 가능한 것'이 아니라 '왜 그래야만 하는지'라는 의문을 제기한다는 것이다. 저렇게 잘나고 근대적 교육을 받은 서른 살의 남자가 사랑하는 여자에게 키스하는 데 걸리는 길고 긴 시간은 과연 무슨 이유일까. 끔찍한 가족들의 개입을 극복하고 어려운 결혼을 하는 사회에서 이혼율은 왜 그리 높은가. 이러한 의문은 곧 위와 같은 재현을 반복적으로 생산해내는 한국 사회에 대한 호기심이고, 드라마 시청을 통해 한국 사회에 대한 이해를 높이고 싶은 다문화적 문화 향유로 열려진 욕구이다. 평이한 주말극 〈글로리아〉의 대표님에 열광하던 '도라마 월드'의 멤버들은 이 주말연속극에서 보이는 서민과 부자의 주거지 차이, 가족 관계와 결혼풍습 등에 대해서도 수많은 질문을 퍼부었다. 이 부분은 다음 장에서 심층적으로 다룰 것이다.

3) 한국 멜로드라마에서 살아남기

한국 드라마 즐기기의 가장 역설적인 부분은 서구 시청자들에게 고통스러운 눈물을 쏟게 만드는 한국의 멜로드라마이다. 한국에서는 '최루성'이란 수식어가 붙을 때 일단 '저급한'의 동의어로 소통되지만, 서구의 멜로드라마 전통은 부르주아 계급을 위한 대중적 불르바르 연극[13]에서 시작하여 영화로 이어진 장르 관습과 관련된 것이다. 따라서 최루와 관련된 것이기보다는 시나리오에 우연적 사건의 개입, 선과 악의 극명한 대립, 범죄와 복수, 극적 결말, 관객에게 원하는 효과를 발생시키려는 표현주의적 음악을 포함한 각종 시청각 효과의 과도한 사용('멜로'를 드라마에 더한 원인) 등 관습에 의해 정의되는 장르이다. 남녀의 운명적 사랑과 비극적 결말로 인한 슬픈 감정의 멜로드라마는 더글러스 서크식의 1950년대 할리우드 영화에서 적극적으로 개발된 것으로 보인다. 〈아웃 오브 아프리카 Out of Africa〉(1985), 〈잉글리시 페이션트 English Patient〉(1996), 〈타이타닉 Titanic〉(1997), 〈매디슨 카운티의 다리 The Bridges of Madison County〉(1995) 등 1980년대 이후 멜로드라마 전통의 대작들이 제작되고 있으나, 이것은 서구 픽션물의 대세를 이루지는 못

---

13 도심의 대로(불르바르)에 즐비한 극장에서 상연되던 대중연극을 말한다.

하고 있다. 미국 텔레비전 시리즈가 멜로드라마의 전통과 화해를 하려는 시도로 보이는 〈위기의 주부들Deperate Housewives〉의 경우 시나리오의 개연성, 범죄와 복수, 선과 악의 대립 등 내러티브상 멜로드라마의 전통을 계승했을 뿐 슬픈 감정이나 눈물샘의 자극과는 거리가 멀다. 이 또한 미국 중심의 세계 영화 프로그램 시장의 사정이고, 프랑스의 경우 멜로드라마의 요소를 하나의 스타일로 발전시킨 듯한 프랑수아 오종Francois Ozon의 영화에서나 가볍게 멜로의 향기가 느껴질까, 영화와 텔레비전 픽션물 어디에서든 멜로드라마의 자취가 사라진 지 오래이다.

이것은 프랑스 시청자들이 최루성 멜로드라마에 대한 면역이 없거나 아주 약하다는 사실을 말해준다. 최루성 멜로드라마에 익숙한 한국의 시청자들이 시청 중에 눈물을 흘리게 만드는 한국 멜로드라마를 프랑스 시청자들이 보는 일은, 그들에게 잊지 못할 경험이 된다. '도라마 월드' 멤버들의 장르 선호도를 보면 남성 멤버들이 로맨틱 코미디보다 멜로드라마를 선호하는 경향이고, 여성들은 두 종류 모두를 보지만 로맨틱 코미디를 선호하는 멤버가 훨씬 많다. 여성 멤버 가운데 적지 않은 수가 좋아하는 배우가 나오는데도 멜로물이기에 보지 않는 경우도 많다. 한국 멜로드라마가 주는 격렬한 감정 상태가 견디기 너무 힘들다는 것이 그 이유이다. "드라마를 끝내고 며칠간 정상 활동이 불가능하다", "어려운 시기에 보면 더 기분이 침체되니까 절대로 개인사에 어려운 일이 있을 때 멜로드라마를 보면 안 된다"는 것이다. 멜로드라마를 좋아하는 멤버들 사이에는 멜로드라마 시청을 위한 준비에 대해 코믹한 충고도 오고간다. '반드시 화장을 지우고, 시청 후 그대로 잘 수 있도록 잠옷을 입고 가족에게 방해받지 않을 격리된 공간을 마련한다', '화장지를 두 통 정도 준비하고 탈수의 위험이 있으니 물병도 준비한다' 등등.

다음은 한국 멜로드라마 가운데 프랑스 팬들에게 가장 많이 회자되는 드라마이며 소지섭 팬덤의 시발점인 〈미안하다 사랑한다〉를 본 어느 30대 초반 여성 한류 팬의 댓글이다.

> 마지막 회만 남았다. …… 어제 저녁에 더 이상 힘이 딸려서 계속 볼 수가 없었어. 눈물이 쏟아지고 통곡으로 흐느꼈다니깐. 누가 보면 가관이었을 듯. 설상가상으로 달고 있던 마스카라가 녹아내려 눈이 따끔거려 혼났어. 다음번엔 꼭 예상해서 미리 화장을 지울 거야. 그래서 오늘 사무실에서 〈내 이름은 김삼순〉을 보기 시작했지. 이대로 자살하지 않으려면 말야.

이보다 멜로드라마 장르에 좀 더 면역력이 있는 또 다른 팬의 경험은 다음과 같다. 일본 드라마를 좋아하는 이 여성 팬은 〈천국의 계단〉을 완영한 뒤 다음과 같은 댓글을 올렸다.

> 〈가을동화〉, 〈스노우 퀸〉, 〈미안하다 사랑한다〉, 〈천국의 나무〉와 같은 드라마를 겪고 살아남았기에, 〈천국의 계단〉을 보면서 또 화장지 끼고 찔끔거리리라고는 생각을 못 했어. 이 드라마는 한마디로 굉장해. 동시에 슬프고 아름답고, 이런 류의 시나리오를 쓰다니 사람이 아니야. 처음엔 줄거리에 억지가 있는 것 같아서 안 볼려고 했는데, 그래도 한 번 보기 시작하니까 멈출 수가 없었어(이틀 만에 끝냈음). 눈물이 완전 고갈되게 울었다는 것 감추지 않겠음. 그러니 감수성이 예민한 사람들은 화장지 통 준비하고, 이 장르를 좋아하는 분들은 그냥 즐기시라.

비극적 결말과 사랑하는 주인공에게 닥치는 불행을 견디지 못해 대안적 결말, 주인공에게 행복한 결말을 만들어내는 토론도 이어진다. 한국의 멜로드라마가 프랑스 팬들의 평범한 일상 속에서 극복해야 할 치명적 아름다움의 세계라면, 팬들의 대다수가 선호하는 로맨틱 코미디의 세계는 그 속에서 나오지 말고 거주하고 싶은 행복하고 즐거운 세계이다. 그 공간은 단지 서유럽에서 찾아보기 힘든 수줍은 로맨스를 대리 경험하는 공간에 그치는 것이 아니라, 스스로의 삶에 거리를 두고 다른 문화와 사회, 동시대의 다른 곳에서 살아가는 인간의 모습을 근접관찰할 수 있는 특권적 공간이다. 다음 제6장은 한국 드라마 시청을 통해 프랑스 팬들이 품게 되는 한국 사회에 대한 각종 질문과 그러한 질문이 제기되는 이유 및 의미에 대해 팬포럼 관찰을 통해 이해할 수 있었던 내용을 정리한 것이다.

제6장

한국 드라마와 동아시아의 현대

'드라마와 질문'에는 두 가지 형태의 질문이 있을 수 있겠다. 드라마가 던지는 질문과 시청자가 받는 질문. 의미는 수용자에게서 완성되는 것이니 두 질문 가운데 어쩌면, 특히 대중적 텍스트에서는 시청자가 받는 질문이 더 중요할 것이다. 그렇다면 한류 드라마 또한 다른 문화권 시청자들에게는 많은 질문을 던지는 텍스트가 될 것이다.

_ 충남대학교 손병우 교수와의 페이스북 대화 중에서

1. 드라마와 현대 사회

1) 시리즈성^{seriality}의 문제

인터넷과 모바일 기기가 연동하는 하이퍼스피어의 시대에 텔레비전이 여전히 확고하게 장악하고 있는 역할이 그 사회의 스토리텔러로서의 역할이다. 시간매체인 텔레비전이 생산해내는 픽션의 양과 중요성은 영화가 경쟁할 수 있는 수준을 일찍이 넘어섰다. 방송경제의 특성을 내화한, 다양한 포맷의 시리즈 형식을 띤 텔레비전 픽션물들은 19세기의 대중소설, 20세기의 대중영화에 해당할 만큼 20세기 후반과 21세기를 거치며 지배적인 스토리텔링 방식이 되었다. 모든 대중적인 스토리텔링 형식은 나름의 시리즈성을 지닌다. 19세기 대중소설이 일간신문 지면에서 연속극 형태로 범죄와 환상적 사건, 변화하는 사회규범으로 가득한 장편소설을 연재했고,[1] 20세기의 영화도 초기엔 시리즈형식의 픽션물을 생산했다. 최근에 미국 영화산업이 경쟁의 심화와 제작비의 무게로 인해, 그리고 트랜스미디어 전략의 발전으로 인해 갈수록 시리즈로 영화를 생산하는 것 또한 흥미로운 현상이다.

하루에 24시간 방송을 해야 하는 양적 경제 위에 세워진 텔레비전은 일찍이 시리즈물이나 연속극에 관심을 갖게 되었다. 그것은 방송이란 시간 매체의 선배인 라디오에서 발전된 라디오극의 영향, 녹화기술이 도입되기 전에 텔레비전이 연극을 생중계하던 전통, 시리즈 형태로 존재하던 대중소설들의 번안, 그리고 엄청난 인기를 휩쓸고 있던 대중영화로부터 온 혼합적 영향력 속에서였다. 텔레비전 시리즈물의 기원과 역사에 대해서 더 깊이 들어가지 않더라도, 연속적인 이야기 형식에 대한 아라비안 나이트적인 인간의 욕망은 대중문화 탄생의 초기에서부터 일찍이 문화산업 종사자들의 관심의 초점이었다. 특히 일상생활과 가사공간에 여가를 제공한다는 차원에서 텔레비전은 시청자와 단순한 일회적인 스펙터클을 주고받는 관계가 아니라 장기적, 지속적으로 자신의 채널에 시청자를 성실하게 붙잡아둘 필요가 있었다. 이를 위해서는 채널 충성도를 높일 수 있는 요소들의 반복을 통해 시청 행위를 습관화, 의식화^{ritualize}해야 했다.

이러한 텔레비전 경제와 문화의 원리를 잘 반영하고 있는 픽션의 시리즈성은 그동안 많은 대중문화 연구자들의 연구 대상이기도 했다. 장시간 시청자의 관심을 붙들어둘 스토리텔링을 구성하는 장치에 따라, 시리즈의 범

---

1 프랑스의 경우 일간신문의 연재소설은 19세기 작가 산실에서 중요한 역할을 했다. 발자크$^{Honore\ de\ Balzac}$, 조르주 상드$^{George\ Sand}$도 신문 연재소설을 썼고, 당시 큰 성공을 거둔 외젠 슈$^{Eugène\ Sue}$(움베르토 에코가 언급한 『파리의 미스터리$^{Les\ Mystères\ de\ Paris}$』의 작가, 1842~1843), 『몽테크리스토 백작』을 쓴 알렉상드르 뒤마$^{Alexandre\ Dumas}$, 20세기 영화 시리즈의 원작이 된 『로캉볼^{Rocambol}』을 쓴 퐁송 뒤 테라유$^{Ponson\ du\ Terrail}$ 등 유명한 대중소설 작가들이 모두 신문 연재를 통해 명성을 얻었다.

주는 크게 두 가지로 구분할 수 있다. 첫째, 이야기가 한 회에 마무리되지 않고 다음 에피소드로 계속 진행되는 연속극^{serial} 형식이다. 동아시아의 미니시리즈처럼 10~24회에 끝나는 주중 드라마부터 200~300회로 끝나는 텔레노벨라, 수십 년간 계속되는 영국의 일일연속극 〈이스트엔더스^{Eastenders}〉나 〈코로네이션 스트리트$^{Coronation\ Street}$〉 같은 드라마에 이르기까지 다양한 길이와 포맷의 연속극이 존재한다. 연속극의 장르 구분은 한국의 경우처럼 일일연속극, 주중 미니시리즈, 주말연속극 등 편성환경에 따라 구분할 수도, 문학과 영화의 장르를 빌어와 로맨틱 코미디, 멜로드라마, 대하서사 등으로 구분할 수도 있다. 아니면 유럽에서 방송되는 연속극들을 등장인물들 간 인간관계의 특성과 표적 시청자와의 관계에 따라서 대가족 연속극(Dynastique 또는 Patriarcal), 공동체 연속극, 대인적^{Dyadique} 연속극 등으로 경험적으로 구분할 수도 있다. 또한 범죄수사 드라마, 병원 드라마, 가족 드라마, 학교 드라마 등 다루는 주제 또는 픽션의 장소에 따라 구분하는 경우도 있다(Liebes & Livingstone, 1998: 147~180).

어느 경우에든 중요한 것은 드라마의 정체성을 구성하는 전체 에피소드 사이를 이어주는 서스펜스 조절이다. 전편의 마지막에서 이야기가 절벽에 매달린 순간과도 같이 아슬아슬하고 다음에 올 결과를 궁금하게 만들어야 한다는 의미에서 '클리프 행어$^{cliff\ hanger}$'라고도 부르는 이 내러티브 장치는 이야기의 깊숙한 욕망을 자극하여 시청자들로 하여금 내일도(일일극의 경우), 다음 주에도(주간극인 경우) 잊지 않고 그 채널을 찾도록 만드는 기본적인 유인장치이다. 세계의 4대 텔레비전 형식 가운데 미국 시리즈물을 제외한 동아시아의 드라마, 남미의 텔레노벨라, 볼리우드 픽션이 모두 이러한 연속극 형식이다.

둘째, 에피소드의 초반에 발생한 사건 또는 상황이 그 회에 결말을 짓는 서구와 미국식 시리즈물들이 있다. 에피소드 사이를 이어주는 것은 바로 호감이 가는 주인공과 반복되는 주변 인물들, 회귀하는 사건과 주제, 상황에 대한 기대감, 연출 방법 등을 통해 형성되어 시리즈 전체를 관통하는 정체성이다. 그 대표적인 장르로 동일한 코믹 상황이 반복되는 시트콤과 사건 발생과 수사 종결이 반복되는 수사극들이 있다. 클리프 행어와 같은 강력한 이야기 장치가 시청자의 가슴을 졸이며 계속 시청하게 만드는 연속극과 달리, 시리즈는 주인공 또는 다루어지는 주제, 시리즈가 만들어내는 분위기, 즉 시리즈의 정체성에 대한 시청자의 충실성을 구축하는가에 성공 여부가 달렸다. 시리즈 형식은 국제 프로그램 시장에서 미국 시리즈가 대량 수출되는 시기에 떼어 팔기가 가능한 형식으로서, 그리고 주인공의 가시성이 높아 광고산업에 유리하다는 여러 산업적인 이유로 지속적으로 발달해온 형식이다. 1990년대 중반 이후 기존의 단순한 시리즈물의 주인공을 복수화하고 다수의 이야기가 동시에 진행되는 등 내러티브 구조를 혁신한 네오 시리즈들이 등장하고, 연속극 쪽에서도 각 에피소드에 제목을 붙이고 주제화하는 경향이 발전하면서 이 두 가지 시리즈의 형식이 혼합되는 경향도 나타난다.

한국의 텔레비전 드라마는 당연히 연속극 문화에 속한다. 한국 드라마는 수개월에 걸쳐 진행되는 아침저녁 일일연속극, 수십 회에 달하는 대하 역사드라마 또는 주말 가족극, 그리고 〈전원일기〉(MBC, 1980~2002)같이 수년 동안 지속되며 굳건하게 텔레비전 문화와 한국인의 집단적 기억 속에 자리한 드라마를 지니고 있다. 그동안 한국에서 시청률이 높았던 드라마들은 〈모래시계〉(SBS, 1995)나 〈토지〉(KBS, 1987~1989)와 같은 기념비적인 대하드라마와 김수현 등 스타 작가들의 멜로드라마와 가족극들, 그리고 최근엔 이조시대에서 삼국시대 이전의 고대로까지 역사적 상상력이 확대된 대형 사극들, 또한 현대 도시 생활 속 로맨스를 그리는 트렌디 드라마들이 있다. 동아시아 속에서 한류의 근원지가 된 드라마가 〈별은 내 가슴에〉(MBC, 1997), 〈겨울연가〉(KBS2, 2002), 〈대장금〉(MBC, 2003~2004) 등 멜로드라마와 사극이라면, 세계 속에 한류를 형성하고 있는 한국 드라마 장르의 기수는 로맨틱 코미디이다.

그런데 최근 몇 년 사이 한국 드라마에도 가시적인 여러 변화가 드러나고 있다. 첫째, 로맨틱 코미디나 멜로드라마를 기본으로 각종 판타스틱 장르를 혼합한 새로운 스토리텔링이 개발되고 있는 중이다. 같은 공간에서 인물의 시간이동이 일어나는 타임 슬립을 도입하여 서로 다른 시대의 남녀가 만나 사랑하는 이야기나[〈인현왕후의 남자〉(tvN, 2012), 〈옥탑방 왕세자〉(SBS, 2012), 〈신의〉 등(SBS, 2012)], 전설 또는 민간 신앙의 요소를 현대 사회 속에서 재생해내어[〈내 여자친구는 구미호〉(SBS, 2010), 〈49일〉(SBS, 2011), 〈나인〉(tvN, 2013) 등] 사랑의 장애물의 난이도를 높이는 전략이다. 이러한 한국 드라마의 주된 장르인 로맨틱 코미디에 판타스틱의 도입은 서구에서 시리즈물에 비밀과 신비성, 예측 불가능성을 높여 시청자의 호기심을 자극하고 충성도를 생성하는 것과 유사한 효과를 내는 내러티브 전략으로 보인다.

둘째, 앞에서 〈궁〉, 〈풀하우스〉, 〈꽃보다 남자〉와 같이 만화를 원전으로 하는 드라마 생산이 동아시아의 크로스미디어 전략의 일부라고 설명했는데(제3장), 만화와 이처럼 직접적인 크로스미디어 관계로 연결된 제작이 아니더라도 갈수록 만화의 미학을 상기시키고, 혹은 만화에서 차용된 표현적 요소들을 드라마 속에서 직접 사용하는 경향이 증가하고 있다. 〈커피프린스 1호점〉(MBC, 2007) 1회에서의 자장면 먹기 시합은 화면 위에 빈 자장면 그릇이 차례로 포개지는 그래픽으로 표현된다. 〈쾌도 홍길동〉(KBS2, 2008)의 경우, 인물들의 설정과 표현이 조선시대 어느 시기라는 사실 이외에 어떤 역사적 정합성도 없다. 조선시대 왕자가 야인처럼 머리를 길게 풀고 다닌다거나, 홍길동이 청에서 들어온 선글라스를 쓰고 다니며, 여주인공 인옥은 피리로 뱀을 춤추게 한다. 인옥의 양아버지와 홍길동의 사부인 스님의 축지법(화면을 빨리 돌려 걷는 다리를 안 보이게 처리) 대결과 떡 한 점을 앞에 둔 기싸움 등 영상 표현은 무협 만화의 과장과 유머, 시각적 요소를 그대로 답습하고 있다. 프랑스의 팬들이 동아시아 드라마의 특징으로 잘 파악하고 있는 과장된 표현과 오버액션 연기 또한 상당히 만화적인 부분이 있다. 앞에서도 언급했듯이 특히 일본 드라마를 선호하는 중요한 이유가 만화의 과장과 유머를 느낄 수 있기 때문이다. 두 사람 중 하나가 잘못했을 경우 뛰어 도망가고 쫓아가면서 때리는 장면, 거의 이모티콘처럼 정형화된 환하게 웃는 모습의 슬로우 모션과 클로즈업, 심지어 여배우들의 얼굴영상까지 동그란 눈이 돋보이도록 하는 앵글을 선택함으로써 만화적 느낌이 강조된다. 특히 앵글을 과장해서 찍기, 한 화면의 앞과 뒤에서 서로 다른 액션 진행시키기, 그리고 만화에서 사용되는 의성어를 소리로 만든 듯한 음향 효과 사용 등 만화의 그래픽 관행에서 비롯된 것으로 보이는 장면처리는 수없이 많다. 이것은 시트콤과 같은 상황유머에 기반을 두는 서구의 시리즈 장르에서 전혀 사용하지 않는 표현기법으로, 동아시아의 만화 미학에 익숙한 서구 수용자들을 드라마의 세계로 끌어들이는 중요한 요소 중 하나라고 생각된다. 많은 프랑스의 드라마 팬들이 동아시아 드라마를 보는 이유(제5장)로 미국 시리즈에 없는 유머를 들고 있음을 이미 언급한 바 있다.

셋째, 최근에 종합편성 케이블 채널들의 등장과 드라마 시장의 국제화 등 여러 영향 속에서 한국 드라마도 시즌제 도입의 시도가 가시화되고, 연속극이 아닌 시리즈의 특성을 지닌 드라마들도 등장하는 추세이다. 〈막돼먹은 영애씨〉(tvN, 2007~)가 2012년 11월 시즌11을 맞이한 것을 비롯하여 〈조선과학수사대 별순검〉(MBC드라마넷, 2007~2010), 〈신의 퀴즈〉(OCN, 2010~2012)와 〈뱀파이어 검사〉(OCN, 2011~2012) 등 그동안 한국에서의 시리즈 불가론을 깨고 저예산 케이블 드라마들이 시즌제에 도전하고 있다. 공중파에서는 MBC가 2007~2008년에 시즌 드라마 시도에 실패한 이후 KBS의 〈드림하이 2〉(KBS2, 2012)가 예외적으로 시즌제를 표방하고 있을 뿐인데, 2012년 말 현재 〈아이리스〉(KBS2, 2009)와 〈대장금〉 등 시청률에서 대성공을 거두었던 대작들에 대한 해외 시장에서의 시즌2 요구가 있어 이 드라마들에 대한 시즌제 제작이 거론되고 있다. 시즌제는 아니더라도 성공한 전작의 파생물로 이해될 수 있는 후속판(〈아이리스〉의 스핀오프로 알려진 〈아테나: 전쟁의 여신〉(SBS, 2010~2011) 등] 만들기, 리메이크[〈풀하우스 테이크 2〉(SBS플러스, 2012)] 도 꾸준히 이루어지는 경향이다. 그동안 시청률의 성공과 실패에 제작비 적응력이 높은 일회성 연속극이 주를 이루었으나, 안정된 수익이 장기적으로 보장되는 시즌제를 성공적으로 도입할 수 있는 여러 방법을 탐구 중이라고 하겠다.

드라마의 시리즈성에 대해 이런 긴 사고를 전개한 것은, 프로그램의 장르, 미국 영화의 옐로페이스 전통에서 볼 수 있는 것 같은 인종적 차원, 문화적 차이에 덧붙여서, 앞에서 정리한 시리즈의 세 가지 특성이 드라마의 수출에 중요한 요소임을 강조하기 위해서이다. 2012년 12월 현재 헝가리의 서부지역 유럽에서는 한국 드라마가 지상파에서 방송된 적이 없다. 한국 드라마를 영어와 프랑스어로 유료서비스하는 인터넷 사이트 드라마빠 사용과 Gong TV, Kaze TV 등 인터넷 채널에서 한국 드라마 서비스를 하지만 지상파나 케이블 채널에서 방송된 적은 아직 없다. 그런데 2013년에는 한국 드라마 〈소녀K〉, 〈뱀파이어 검사〉가 케이블 채널에서 방송될 예정인데, 이것은 서구 텔레비전 종사자들의 시각에서 서구의 시리즈와 같은 시즌제 드라마라는 점이 우선적으로 고려된 것으로 생각된다. 한류에 대한 인기현상을 자각한 프랑스 방송계에서 기존의 지배적인 시리즈성, 즉 미국식 시즌제에 부합하는 드라마를 수입하기로 결정한 것이라는 추론이다. 그런데 동아시아 대중문화 또는 한류의 경우, 시청자들이 좋아하는 중요한 이유는 시즌제로 늘어지지 않고 단 몇 주 몇 달 안에 십수 회 에피소드로 끝나는 연속극 형식의 트렌디 드라마라는 점이다(제5장 참조). 동아시아의 드라마를 좋아하는 서구의 시청자들은 수년 동안 지속되는 미국 시리즈가 결국 그 결말을 알 수 없다는 점에 대해 큰 불만을 표시한다. 단 몇 주간만 마음을 졸이면 그 이야기의 끝을 맛볼 수 있는 십수 회 길이의 동아시아 드라마가 더욱 스릴과 서스펜스를 준다고 생각한다. 한국 드라마의 핵심적 팬들 중에도 〈대장금〉이나 〈선덕여왕〉 같은 장편 드라마 시청을 꺼리는 이유가 사극이기에 이해가 힘들 것이라는 내용적 차원의 문제와 더불어 그것이 너무 긴 시간을 요구한다는 시간성의 문제임을 지적한 바 있다. 같은 이유로 일부 프랑스 팬들은 한국 드라마보다도 더 길게 늘어지는 경향의 대만 드라마를 저어하고 단 11회로 이야기의 끝을 알 수 있는 일본 드라마를 선호하기도 한다.

그렇다면 프랑스 텔레비전이 앞으로 수입할 만한 프로그램으로 한국의 시즌제 프로그램을 지목하는 것은 팬들의 선호와는 정반대의 선택인 셈이다. 프랑스 한국 드라마 팬들의 취향에서 검토된 로맨틱 코미디와 만화 및 만화 원작 프로그램들에 대한 선호를 완전히 무시한 선택인 것이다. 프랑스의 한국 드라마 팬들은 프랑스의 일반 시청자들도 한국의 로맨틱 코미디와 멜로드라마를 보기만 한다면 좋아할 것이라고 굳게 믿고 편성을 요구하는 서명을 벌이기도 한 바 있다. 지금 회자되는 시즌제 프로그램의 방송권 구입과 방송이 프랑스의 만화문화와 관계없는 일반 대중에게 호소하기 위한 전략이라면 이것이 옳은 선택일 수도 있다. 그러나 그렇지 않고 이미 형성되어 있는 또는 동아시아 드라마 시청자로 유입될 가능성이 많은 만화 독자들을 겨냥하는 것이라면 잘못된 선택이 될 것이다.

2) 드라마의 재현, 드라마의 공간

드라마는 앞에서 언급했듯이 현대 사회 스토리텔링의 핵심적 매체이고, 이 스토리텔링은 산업화된 방식으로 생산된다. 이러한 드라마 생산의 산업성은 드라마와 사회와의 관계에 대한 문화사회학적이고 환원주의적인 해석들, 즉 그 사회의 지배적 문화생산물 X는 그 사회 Y의 현실을 반영 또는 매개한다는 광의의 반영론들 및 구조주의적 해석에 여러 가지 제약을 가한다. 산업적 생산과정은 장르 관습, 편성과 시청률 구조와 같은 무형의 요소로서 작용하기도 하지만, 제작사와 방송사 간의 계약방식, 그 사회에 정착된 오래된 시청각물 생산방식과 전문직 문화 등 다양한 제약을 동반한다.

게다가 텔레비전 드라마는 그것을 생산하는 사회의 규범과 밀고 당기는 타협을 하고 시청률 결과를 통해 그것의 효과와 끊임없는 소통을 한다. 텔레비전이 포함된 대중매체를 이데올로기적 국가기구로 보는 마르크스주의 학자들 시각의 맹점은 이러한 대중매체의 상대적 자율성, 즉 변화의 가능성을 제대로 보지 못한다는 점이다. 드라마는 대다수의 시청자들이 수긍할 수 있는 한도의 규범을 담은 이야기를 전달하지만, 그렇다고 제자리를 답습해서는 현재와 같은 경쟁 상태에서 식상함을 면할 수 없고 급히 도태될 수밖에 없다. 이러한 드라마 속의 재현과 사회변화와의 관계를 가장 잘 포착하는 개념은 아마도 '협상'일 것이다. 시나리오 작가를 포함한 드라마의 제작진은 다루는 주제에 대해 끊임없이 현 사회의 각종 '검열'(이것은 국가기구에 의한 검열을 의미하는 것이 아니라 그 사회에서 수용 가능한 내용에 대한 집단심리적, 또는 사회·문화적 규범 등 광범위한 의미에서의 검열이다)을 감안해 '어느 수위까지 나갈 수 있을지'를 협상한다. 한국 드라마사에서 〈모래시계〉나 〈추적자〉(SBS, 2012) 같은 드라마가 정치적 검열과의 협상 결과라면, 동성애를 다룬 〈인생은 아름다워〉(SBS, 2010)나 혼전임신과 연상녀 연하남, 여성의 커리어와 결혼 및 육아 문제를 동시에 다룬 〈아이두 아이두〉(MBC, 2012)는 사회적 통념과의 협상이다.

프랑스의 미디어 사회학자 에릭 마세$^{\text{Eric Macé}}$는 현대 사회 대중매체와 그것의 재현과 관련해 섣부른 마르크스주의에 따른 계급환원론이나 반영론적 설명에서 벗어날 수 있도록 다음과 같은 이해 중심의 텔레비전 사회학을 주장한다. 텔레비전의 사회학이란 매개된 사회관계의 구성^{configuration}에 대한 사회학이다. 따라서 텔레비전의 내용은 제작 과정의 흔적과 수용의 맥락, 그리고 '협상'의 문화적 흔적이 서로 얽혀서 만들어지는 것이다. 그 결과 "텔레비전은 '현실'을 반영하지 않고, 각 **국민사회** 자아 재현의 **잠정적**

이고 역사적 정황에 따른 협상을 보여주는 것"(강조는 필자)이다(Macé, 2006). 이 인용문에서 굵게 강조한 내용은 다음과 같은 사실을 집약적으로 표현하고 있다. 세계화의 진행에도 불구하고 텔레비전은 여전히 국민국가적 차원에 소구하는 매체이며, 한 국가가 매체를 통해 스스로의 모습을 재현해나가는 방식은 그 국가가 처한 역사 속 특정 시간과 공간의 정황 속에서 수용자가 수긍할 만한 선에서 적절한 협상을 한 결과이며, 이것은 협상의 기술과 수용자의 태도에 따라 항상 변화할 수 있기에 잠정적일 뿐이라는 것이다.

이러한 텔레비전에 대한 이해는 드라마의 내용 변화와 재현의 메커니즘에 대해 균형 있는 이해를 가능케 해준다. 드라마의 내용은 현실의 왜곡도 아니고 삶에 대한 객관적인 반영은 더더욱 아니다. 텔레비전 드라마의 재현의 의미는 동시대인들이 수긍하는 스스로의 모습이고 그것은 가변적이라는 점에서 사회심리적, 그리고 사회학적 연구의 대상이 될 만한 공간이다. 텔레비전 드라마가 그 사회를 설명해주는 '문화 지수'를 많이 담고 있다는 것은, 이처럼 복잡한 생산 과정에서의 매개와 사회적 협상 과정을 고려해 이해해야 할 것이다.

뉴스가 사회 속에서 발생하는 '하드 뉴스'들에 대한 협상적 담론을 생산하는 장소라면, 드라마의 공간은 일상생활 속에서 발견되는 '소프트 뉴스'들의 스토리가 생산되고 그와 관련된 사회적 담론이 협상되는 공간이다. 1970년대 프랑스 텔레비전에서 동성애자들은 여성화된 희극적 인물로 캐리커처의 대상이었다면 1980년대와 1990년대 초반에 이르기까지는 수사극의 전개과정에서 희생자이거나 희생자와 연관된 사람으로 등장했다. 살인사건이 일어났는데 "피살자가 마지막으로 함께 있었던 친구가 알고 보니 동성애자로 마약사용자이더라" 식의 부정적 담론이 동성애자들을 재현하는 데 광범위하게 사용되었다. 1990년대를 지나며 현실 속 투쟁 끝에 1999년 「동거법」Le Pacte Civil de Solidarité: PaCS」이 통과되어 성별과 관계없이 성인 동거인들의 권리가 사회적으로 보호되자, 동성애자들에 대한 텔레비전의 재현은 사실상 가시성이 사라지게 되었다. 더 이상 특별히 다루어져야 할 주제도 아니라는 듯이 정상성 속에 편입된 것이다. 한국의 경우 동성애 관련 주제는 여전히 영화에서 직접적으로 더 많이 다루어지고 있지만, 텔레비전에서도 간접적인 방식으로, 즉 남장 여성 장치를 동원한 〈커피프린스 1호점〉나 〈미남이시네요〉 등에서, 그리고 〈개인의 취향〉(MBC, 2010)처럼 거짓말에 기초한 로맨틱 코미디의 내러티브 장치로 사용되었다. 이 자체로도 동성애 주제를 대중에게 익숙하게 만드는 소프트 뉴스로서의 기능을 다하고 있었고, 2010년엔 〈인생은 아름다워〉에서 정면으로 동성애 커플이 등장하도록 사회적 수용성이 변화되었다.

한국 텔레비전 드라마의 전천후 '소프트 뉴스'는 여전히 결혼과 연애 문제인 것으로 보인다. 1988년 작 〈모래성〉(MBC)은 결혼한 남녀가 사랑에 빠지는 것이 가정을 부수어버리는 것으로 그림으로써 바람 피우는 남편을 둔 아내의 입장에서 지배적 담론을 재생산했다(원용진, 1997: 100~133). 그런데 이 지배적 담론은 1996년에는 당사자들이 가정을 지키는 노력을 하는 가운데 아름다운 〈애인〉(MBC, 1996)의 관계로 해석될 수 있게 변화했다. 2012년의 〈아내의 자격〉(JTBC, 2012)은 행복하지 못한 결혼이지만 성실하게 가장과 아내의 역할을 하던 선량하고 올바른 사고를 지닌 두 사람이 각자 아이들 둔 가정을 떠나 재결합하는 결론을 맺는다. 그런데 〈아내의 자격〉 또한 각자의 배우자가 도덕적으로 결함이 있는 사람들인 것으로 그려져, 가정을 떠나 사랑의 감정을 좇는 두 사람을 도덕적으로 정당화하고 있다. 또한 이들의 사랑이 강남의 지나친 경쟁제일주의 및 금전 지상주의 세태에 대한 비판으로 이해되도록 드라마의 배경을 구성하여 이중으로 사랑 이외의 요소를 더해 이들의 선택을 정당화하고 있다. 이러한 사회적인 담론 협상의 또 다른 결과는 과거엔 이혼의 사유 또는 가정불화의 원인이었던 기혼자의 외도가 이젠 '바람' 정도로 당연시되거나 너무 익숙해진 주제여서 더 이상 드라마의 주제로 채택되지 못하고 이차주제로 전전하고 있는 경향이다. 예를 들어 2012년의 〈우리가 결혼할 수 있을까〉(JTBC, 2012)에서처럼 '바람'은 드라마의 조연(결혼 당사자의 언니)이 이혼을 결심하는 핵심 사유도 아니고 이혼을 위한 구실 역할을 할 뿐이다.

이처럼 결혼 문제는 이제 로맨틱한 결혼이라는 판타지가 아니라 '결혼의 현실'과 '연애의 판타지'로 이분화되어 수없이 많은 스토리를 생산 중이다. 아침드라마에서 보이는 관계의 지나친 비꼬기와 숨겨둔 혈연이 가져오는 인생의 역전, 결혼하는 과정의 복잡한 현실과 결혼에 성공했더라도 부부가 시집 및 친정과의 관계에서 경험하는 스트레스는 그저 '막장'이라거나 '비현실적'이라고 치부해 버리기에는 그것의 드라마 속 재연에 너무도 많은 에너지가 투입되고 있다. 드라마가 수없이 같은 주제의 이야기를 생산하면서도 시청자들이 식상하지 않고 재미있게 시청할 수 있다는 사실 속에서 문화산업의 능력과 사회심리적 공간이 교차한다. 다시 말해 같은 이야기를 반복하면서도 능숙하고 매력적인 변주를 통해 볼만한 거리를 만들어내는 능력이, 그 주제가 여전히 문제적인 해당 사회 속의 현실을 만나고 있는 것이다. 프레드릭 제임슨이 지적했듯이 대중문화는 현실을 감추는 것이 아니라 대중의 불안, 희망, 자기검열, 이데올로기적인 적대감과 사회 속의 억압적 관계까지 모든 내용을 가지고 재미를 생산한다. 대중문화가 이데올로기적 성격을 띠는 것은 이런 문제들에 대해 이야기 구성을 통해 상상적 해결책을 제시한다는 점이다. 다시 말해서 이리 들볶이며 살아가고, 본인의 잘못이 아님에도 뒤집힐 수 있는 인생인데, 그러한 억압적 인간관계를 생산해내는 물적 토대라든가, 인생을 뒤집을 수 있는 사회적 규범의 부적절함에 대한 비판으로 화살을 돌리지 않고 그래도 인생을 살 만하게 해주는 것이 있음을 드라마는 사람들의 살아가는 모습을 통해 지속적으로 각인시키고 있는 것이다. 이러한 대중문화의 스토리텔링은 수많은 비판의 대상이 되어왔으나, 이에 대해 규범적 태도에서 옳고 그름을 가리는 것은 그것이 작동하는 메커니즘에 대한 이해를 가져오지는 못한다. 한국 드라마의 경우 부당한 사회를 살 만한 것으로 만드는 것은 가족의 사랑, 연인의 사랑, 그리고 친구와의 우정이다.

2. 한국 드라마의 로맨틱 환상

이러한 한국 텔레비전 드라마의 세계는 서구의 팬들에게는 그야말로 서구 사회에는 존재하지 않기에 이해할 수 없는 문화적 지표로 가득한 공간이고, 끊임없는 해석의 노력을 요구하는 텍스트이다. 서구 팬들에게 의문이 되는 문화적 요소들은 가족관계와 연인관계를 포함한 전반적인 인간관계이고, 조금 더 관심이 깊어지면 한국 드라마에서 보는 장소, 관례, 언어 사용 등으로 의문이 세분화되어간다. 서울의 건물 지붕 위에 있는 옥탑방의 용도가 무엇인가? 드라마에 자주 등장하는데 한국 사회에서 특별한 의미가 있는가? 동그랗게 흙을 쌓아둔 것이 무덤인 것 같은데, 그런 모양을 만드는 이유가 무엇인가? 절은 왜 하는가? 모던하고 포스트모던하기도 한 나라의 잘난 젊은이들이 왜 선을 보는가? 여자가 애인을 왜 오빠라고 부르는가? 등등. 이러한 한국 드라마 팬포럼에서 팬들이 주고받는 질문과 일종의 브레인스토밍 및 집단지성을 통해 알아가는 의문의 리스트는 끝없이 길다.

한국 드라마가 제공하는 수많은 의문과 매력 중에 특히 프랑스의 한국 드라마 팬들을 사로잡는 것은 로맨틱 코미디가 유통시키는 "로맨틱 환상"이다. 감정표현이 절제되어 있으며 삶에 대한 사색을 유도하는 '세련된' 유럽 영화들의 대명사처럼 우리는 "프랑스 영화"를 언급하고, 그런 의미로 "프랑스 영화 같다"라는 표현을 사용하기도 한다. 이런 프랑스 영화의 본고장에서 동화같이 비현실적인 한국 텔레비전의 로맨틱 코미디를 즐기는 팬층이 있다는 사실, 그리고 그 집단이 문화적으로 주변적인 집단이 아니라 다식성의 문화 대식가들이라는 사실은 이 책 앞부분의 설명을 읽지 않은 독자에게는 좀 놀라운 사실일 수도 있다. 그러나 '도라마 월드'의 팬들이 지적하듯이, 프랑스는 디즈니가 여러 장편 애니메이션으로 가공한 원작 이야기를 만들어낸 나라이다. 잠자는 숲속의 공주, 신데렐라, 미녀와 야수 등. 왕자 또는 용감한 남성이 구해주는 아름다운 여성이란 모티프는 근대화 과정, 또는 페미니즘의 발전 정도와 상관없이 보편적인 인간의 욕구에 속한다는 것이다.

'도라마 월드'의 한국 드라마 팬들은 좋은 평을 받는 한국 드라마를 포맷에 관계없이 보는 경향이지만, 전반적으로는 로맨틱 코미디를 선호한다. 최근 로맨틱 코미디는 사극과 퓨전드라마 또는 타임 슬립을 통해 판타지를 더해가는 경향이어서 그 범위가 더욱 넓혀지는 양상이고, 프랑스 팬들의 일상적 시청도 이를 따라 다양해지고 있다. 한국 드라마 팬들에게는 〈풀하우스〉, 〈내 이름은 김삼순〉, 〈커피프린스 1호점〉가 절대적 컬트 작품인 동시에 〈홍길동〉, 〈일지매〉(SBS, 2008), 〈추노〉(KBS2, 2010) 등 퓨전 드라마들도 많은 관심을 끌었다. 프랑스 팬들이 한국의 로맨틱 드라마를 좋아하는 이유는 너무나 성관계 중심으로 발전한 프랑스식 연애에 대한 반발이 중요한 요인으로 보인다. "프랑스 픽션의 연애관계는 너무 직접적이다. 함께 잘 생각밖에 안 하는 듯. 한국 드라마는 사랑 감정의 순수한 형태를 보여준다"는 것이다.

앞에서 팬들 사이에 회자되는 한국 드라마의 문법에 대해 논의한 바 있는데, 한국 드라마 팬들은 로맨틱 코미디의 문법을 이보다도 더욱 자세히 파악하고 있다. 다음 인용문에 제시한 것은 한드 팬 E가 댓글로 올린 한국 드라마 로맨스의 내러티브 원칙이다.

> 한국 드라마를 셀 수도 없이 본 자로서, 드라마들이 거의 모두 같은 줄거리를 가지고 있다는 것과 더불어 사건들이 동일한 순서로 연결되어 있다는 것을 알게 되었다. 다시 말해서 한국 드라마에서는 동일한 사건들이 동일한 순간에 동일한 순서로 발생한다.

- 우연히 만난 두 사람은 처음 눈이 마주친 순간부터 서로 증오한다(보통 이들을 서로 증오하게 하는 사건이 발생한다).
- 둘 중 한 명이 자신의 의사와 상관없이 다른 한 명의 세계 속으로 들어오게 된다(같은 학교, 또는 같은 직장, 또는 근처에 살게 됨). 그리고 한동안 서로 부딪히게 된다.
- 두 번째 커플이 등장해 서로 교차되는 감정선을 만든다(이 커플의 남녀는 주인공 커플의 남녀에게 관심을 갖는데, 항상 남-녀의 관계이다. 언제나 동성애 관계가 등장해서 장르를 개선하려나?)
- 모든 조건이 주인공 커플을 상극이 되게 하지만, 한동안 함께 지낼 수밖에 없는 상황에 처하게 되어 결국은 서로의 장점을 알고 인정하게 된다.
- 서로의 감정을 밝힌다(이때 두 번째 커플도 고백한다. 그렇지 않으면 재미가 없지).
- 두 번째 커플이 모든 수단을 동원해 자라나는 두 사람의 연애 감정을 훼방한다.
- 두 번째 커플은 주인공 커플을 헤어지게 만들기 위해 연합을 하거나, 아니면 적어도 함께 의견을 나눈다. 보통 남자가 먼저 여자를 불쌍히 여겨 그녀가 떠나는 것을 받아들인다. 여자들은 일반적으로 끝까지 고집을 부리고 남자 쪽 가족에게 도와주기를 청한다.
- 드디어 가족이 등장한다. 이때까지 가족이 좀 뒤에 숨어 있었다면 이때부터 본색을 드러내어 주인공 커플의 관계를 밑에서부터 공략한다. 가족은 두 연인의 어떤 관계도 반대하고 수단과 방법을 가리지 않고 이들을 떼어놓으려 한다.
- 가족 중 한 명이 병원에 입원한다. 가족이란 굴레에서 도망가려던 두 연인이 대부분 어머니의 입원으로 원위치 된다. 이번엔 진정 헤어질 결심을 한다.
- 가족이 물러선다. 헤어진 두 사람이 허구한 날 울고불고 시간 보내는 것을 보다 못한 가족이 결국 항복하고 두 사람의 관계를 인정한다.

이것이 핵심적 내러티브이고 천만 다행으로 여러 가지 변주가 있다(그렇지 안다면 좀 지겹겠지…) 그러나 일반적으로 바로 이 순서로 이야기가 진행된다.

앞에서 밝힌 드라마의 문법이 한국 드라마에 자주 등장하는 관계와 요소들을 요약한 수준이라면, 이 로맨스의 내러티브는 러시아 구조주의 문학 연구가인 프로프$^{Vladimir\ Propp}$의 민담의 형태주의 기능분석과 그레마스의 행위자 모델$^{Actancial\ Model}$을 상기시키는 매우 발전된 이야기 요소의 기능에 대한 분석이다. 이야기의 변주 가능성을 염두에 두지만 각 이야기의 기능적 요소가 발생하는 순서를 이해하고 있고, 두 연인을 행위의 주인공으로 할 때 그들의 사랑을 돕는 자와 장애가 되는 자의 관계에 대해서 이해하고 있다. 프랑스 팬들이 한국 드라마를 이처럼 기능적으로 이해한다는 것은 한국 드라마가 일종의 현대 사회의 성인용 동화로 수용되고 있다는 가정을 지지해 준다. 반복되더라도 재미를 잃지 않고 계속해서 보고 듣게 만드는 어린이들의 동화가 유년의 공포와 희망, 억압과 관련되어 있는 것처럼, 현대 사회 성인들의 동화도 이러한 공포와 희망, 억압과 관련된 것임을 쉽게 추정할 수 있다. 로맨틱한 사랑을 더 이상 기대하지 않는 대다수의 프랑스 여성 팬들이 동화적 로맨스를 반복하는 한국 드라마에서 찾는 즐거움은 과연 무엇일까?

한국 드라마를 생산하는 이야기의 구조에 대한 이해가 드라마의 매력 전체를 설명하는 것은 아니다. 한드 팬 E가 밝혔듯이, 이러한 이해는 드라마의 매력에 오랫동안 빠져 있었던 경험의 결과이지 원인이 아닌 것이다. 이 구조의 이해는 다음 절에서 볼 인간관계에 대한 이해와 직접 연결되어 있는 것이기는 하지만, 한국 드라마가 지니는 결정적 매력은 이러한 기능적 요소들의 통합적^{syntagmatic} 관계를 넘어선 각 요소들의 변주인 계열적^{paradigmatic} 요소들이다. 다시 말해서 두 연인이 사랑하게 되고 어려움을 극복해가는 통합적 과정도 드라마의 긴장을 형성해 다음 회를 기다리게 만드는 요소이지만, 드라마 시청의 깊은 즐거움은 주인공을 연기하는 배우들의 아름다움(다양한 꽃미남과 아이돌 배우들), 연인 관계의 특수성(연상녀 연하남 관계), 함께 살아가는 상황의 특수성(남장 여자와의 동거)과 같은 계열적 요소들의 매력이다. 이들 때문에 앞의 인용문에서 속속 드러난 내러티브가 반복되더라도 매번 드라마를 통해 새로운 경험을 할 수 있는 것이다. 꽃미남 또는 아이돌과 연상녀 문제, 그리고 야오이 문화의 일부로 수용되는 남장 여자 모티프는 특히 성적으로 개방되어 있으나 여전히 존재하는 서구 사회의 터부, 그리고 검열과 관계되어 있는 것으로 보인다. 이에 대해서는 다음의 제7장에서 자세히 다룰 것이므로 여기에서는 세부적으로 언급하지 않는다. 프랑스의 여성 드라마 팬들은 현대 물질문명의 사회를 살아가는 잘생기고 아름다운 동시대 젊은이들의 일상의 모습이 문화산업의 치장을 거쳐 재현되는 드라마 속에서 한국 사회를 이해하는 동시에 자신이 살아가고 있는 사회에서 얻을 수 없는 즐거움을 적극적으로 추구한다. 이 과정에서 자신이 속해 있는 문화를 객관적으로 바라보고 스스로에게도 삶의 모델에 대한 질문을 던지는 모습도 눈에 띈다.

3. 동아시아적 인간관계

드라마를 통해 동아시아에 관심을 갖게 된 서유럽 수용자들의 눈에 동아시아의 정체성을 가장 담고 있다고 보이는 것은 인물과 그들의 역할 등 인간관계이다. 프랑스의 한국 드라마 팬들은 대부분 미니시리즈 형식의 로맨틱 코미디를 중점적으로 시청하고 화제가 되는 퓨전사극이나 멜로드라마도 시청한다. 한국에서 주로 소통되는 아침 드라마나 주말 가족드라마, 일일 연속극 등에서 집중적으로 가족 문제를 다루는 데 반해, 이 드라마들은 그 장르의 트렌디 성향으로 인해 가족관계가 부재하거나 또는 가장 덜 드러나 있는 편이다. 그럼에도 불구하고 서구의 수용자들은 인물들이 희화화되거나 과장되어 있는 로맨틱 코미디 속에서조차 가족관계의 상이함과 중요성에 주목한다. 로맨틱 코미디에 대한 한드 팬 E의 내러티브 분석에서 드러나듯이 가족은 항상 연애와 결혼에 장애물로 등장한다. 싫다는 선을 억지로 보게 하거나 사랑하는 연인들을 서구의 수용자들이 이해할 수 없는 이유로 갈라놓으려 갖은 수를 쓴다. 팬들은 악역의 시어머니와 주인공 남녀의 사랑을 훼방 놓는 그리고 종종 시어머니의 지원을 받는 제2의 여자 역에 대해서는 "뺨을 한 대 때려주고 싶다"는 등 직접적인 증오의 표현을 하기도 한다.

이와 동시에 로맨틱 코미디는 동아시아의 무거운 가족관계를 감동적으로 이해하는 계기도 마련해준다. 〈내 이름은 김삼순〉에서 남자 주인공 현진헌(삼식)은 어린 조카의 입학 때 손잡고 학교 가야 할 엄마 대행 숙모가 필요해 결혼을 서두른다. 이것은 그의 어머니가 하나 남은 아들에게 하는 지극히 한국적인 결혼 강요의 이유지만, 형 부부의 죽음에 죄책감을 느끼는 당사자 또한 무언으로 동조하는 이유이다. 이러한 생각과 행동유형은 서구에서는 찾아볼 수 없는 가족관계에서 나오는 것인데, 이를 비합리적이라거나 전근대적이라고 생각하기보다는 아름다운 배려로 이해한다. 자식을 위해 헌신적이다 못해 개인생활 침해를 불사하는 한국 부모들이, 일찍이 부모로부터의 독립을 교육받는 프랑스 수용자들의 눈에는 견딜 수 없는 존재인 동시에 남다른 가족관계의 끈을 느끼게 해주는 존재들인 것이다.

앞에서 한국 드라마의 매력을 통합체적 요소인 내러티브와 계열체적 요소, 즉 각 구성요소들의 변주 내용으로 구분했다. 이러한 분석은 상당히 구조적인 것이어서 마치 하나의 레시피처럼 누구든 재생할 수 있는 퍼포먼스로 오해될 수도 있다. 그러나 팬들은 이러한 드라마의 세계가 정확하게 동아시아적 터치를 지니고 있기에 매력적이라는 것을 알고 있다. 팬들은 동아시아적 인간관계와 그것을 드러내는 방식의 섬세함은 서구의 문화산업이 도저히 따라갈 수 없다고 생각한다. 할리우드가 동아시아의 여러 성공한 시나리오를 구입하고 영화로 만든 것들에 대한, 그리고 동아시아 드라마가 서유럽에서 방송되기 힘들다면 리메이크한다거나 그 형식을 수용해 직접 만들면 어떤가에 대한 토론에서 다음과 같은 의견들이 지배적이다.

> (서구에서) 리메이크하지 않는 것을 다행으로 여겨야 할 거야. 아니면 정말 실망하게 될 걸? 아시아인들은 감정을 섬세하게 다루는 그들만의 감수성이 있고, 우리 서구인들은 이 분야에서 섬세하지 못해. 감정을 표현하려면 너무 난리법석을 해야 한다고 생각하거든. 미국 사람들이 만화 『드래곤볼』을 영화로 만든 것을 보면 아시아적인 것이라곤 하나도 없어. 모두가 과잉으로 미국화되어 있지. 이건 하나의 사례에 불과하지만, 난 서구에서 이 장르에 손대지 말고 그냥 한도 끝도 없는 소우프나 계속 만들기를, 그리고 드라마의 세계는 그냥 아시아 사람들의 손에 남겨두기를 바래.
> _ '도라마 월드'의 한 드라마 팬

> 아시아인들은 기쁨에서 고통으로 빨리 옮아가는 감정을 정말로 느낄 수 있게 해주지, 그것도 신체적으로 사랑을 표현하지 않고서도 말이야! 아냐, 절대 그럴 수는 없어. 드라마는 아시아인의 손으로 그들에게 고유한 감수성과 얼굴 표정으로 만들어진 것으로 남아 있어야 해.
> _ '도라마 월드'의 한 팬, '서유럽에서 동아시아 드라마를 생산한다면' 포럼에서

연인들 사이에 많은 의미를 담고 오가는 눈길과 섬세한 터치 또한 감동을 주는 원천이다. 〈시티홀〉(SBS, 2009)에서 두 주인공이 하루 일과가 끝난 늦은 밤, 강이 보이는 언덕에 올라 한숨 돌릴 때 남자주인공이 여자의 손을 잡아주는 장면, 한국 드라마에서 흔하게 볼 수 있는 이런 장면을 팬들은 화면 캡처를 동반하여 다음과 같이 잡아낸다.

> 네가 말했던 무지 감동적인 마지막 장면이 있었지. 어떻게 손을 잡고 그리 살짝 엄지손가락으로 애무할 수 있을까?
> _ 한드 팬 F, 〈씨티홀〉의 두 주인공의 로맨틱한 장면에서

한국 로맨틱 코미디가 동질감이 없는 두 사람의 남녀가 연인으로 발전하는 과정에서 싹트는 감정을 표현하는 데 능하다는 것은 프랑스 팬들만 아니라 세계적인 드라마 포털과 블로그 등에서도 자주 회자되는 내용이다. 〈커피프린스 1호점〉에서 남장을 한 여주인공에게 남자 주인공이 끌리는 감정을 표현하는 바닷가에서의 밤 장면은 "일본 텔레비전에서 찍었다면?", "대만 텔레비전이 찍었다면?"과 더불어 한국 드라마의 각별한 "터치"에 대한 비교논평이 오가기도 했다.

한국 드라마에서 볼 수 있는 연인들의 감정 표현에 대한 논의에서 팬들이 가장 문제적이라고 지적하는 것이 바로 키스신이다. 프랑스의 여성 팬들은 서른 살 먹은 잘난 도시의 남성이 여자에게 첫 키스를 하는 데 들이는 길고 긴 시간에 대해 의아해하고, 이 남자 주인공들 중엔 마치 처음 연애를 하는 사람처럼 수줍어하는 경우도 있다는 것을 이상하게 생각한다. 제5장에서 언급한 〈글로리아〉(MBC, 2010~2011)의 매력적인 '대표님'과 같은 경우가 여기에 속한다. 로맨틱 코미디에 익숙한 팬들은 한국 드라마에서 손잡기, 포옹하기, 키스가 나오는 순서와 순간에 대해 정확하게 알고 있으며, 키스신이 등장했을 때 배우들의 퍼포먼스에 대해서도 적극적으로 의견을 제시한다. 1960~1970년대 성 해방을 겪은 서구인들이 세련된 척하면서 거의 내쳐버린 로맨티시즘, 그것의 극단적 형태를 그다음 세대에 속하는 현금의 20~30대가 한국 로맨틱 코미디에서 재발견하고 즐기는 것이다.

사랑의 감정과 로맨티시즘을 극단적으로 밀고 나간 것이 첫사랑 모티프이다. 첫사랑에 대한 집착이야말로 한국 드라마의 고유한 특성, 다른 동아시아 드라마들과 차별적인 요소라는 관찰이다. 〈겨울연가〉에 환호했던 일본의 여성 팬들이 이미 확인해준 한국 드라마의 DNA이지만, 프랑스의 팬들도 첫사랑 모티프를 한국 드라마 전체를 관통하는 주제로 인지하고 있다.

이 원칙도 본래 드라마 십계명에 있었는지 잘 모르겠는데, 늘 첫사랑이 승리한다는 것. 내가 본 모든 드라마에서 단 한 번도 처음에 커플을 이루었던 남녀가 (그때가 비록 다섯 살 같은 어린 나이일 때였더라도) 드라마의 최종 만남에서 헤어지는 걸 본 적이 없다. 두 번째 인물이 상황을 혼돈스럽게 만들지만, 첫사랑의 커플이 항상 승리한다. 이것은 '착한 연인들이 나쁜 연인을 이기고 행복한 커플로 맺어진다'라는 법칙을 어기면서라도 지켜지는 원칙이다(〈그대 웃어요〉의 경우). 내가 본 사례 중 가장 강한 것이 〈여름향기〉다. 이 드라마 안 본 사람들 때문에 줄거리를 말하진 않겠지만 본 사람들은 무슨 말인지 알거다. 난 이것이 정말 경탄할 만하다고 생각한다. 우리나라에서 첫사랑은 절대 지속되지 않는다구 하잖아. …… 그런데 아시아인은, 특히 한국인은 무지하게 첫사랑에 충실한가 보다. 어쨌든 항상 첫사랑이 승리하는 이야기가 반복되는 것이 놀랍다.

_ 현빈을 프로필로 사용하는 '도라마 월드'의 한국 드라마 팬

〈여름향기〉의 경우, 심지어 'A'의 첫사랑의 심장을 이식받은 'B'가 다른 약혼자 C가 있는데도 'A'를 보면 심장이 두근거리고 결국 사랑에 빠진다는 극단적인 줄거리의 2003년 드라마이다. 이 드라마의 포스터가 담고 있는 '내 가슴이 허락한 단 하나의 사랑'이란 글귀같이, 첫사랑 모티프는 사랑의 감정에 어떤 인생의 장애도 뛰어넘을 수 있는 최대한의 가치를 부여한 내러티브 장치이다.

한국 드라마가 보여주는 이러한 가족, 연인관계의 원형과도 같은 인간관계들이 서구의 한국 드라마 팬들의 눈길을 끄는 것은 다학문적 이해가 필요한 복합적인 원인이 있을 것이다. 가족관계가 비록 사랑의 로맨티시즘을 강화시키기 위한 장애로 등장하는 것이 대부분일지라도 그 관계의 명철함이 가족관계가 느슨해진 서구 사회의 성원들에겐 위안을 주는지도 모를 일이다. 마치 로맨티시즘이 사라진 연애관계에 식상하여 사랑의 감정이 순수하고 섬세하게 남아 있는 한국의 로맨틱 코미디를 사랑하듯이 말이다. 프랑스 드라마 팬들의 이러한 반응은 동아시아의 수용자들이 한국 드라마에

서 '정'이나 '남에 대한 배려'를 느끼고, 그 과정에서 동아시아의 문화정체성을 확인한다는 내용과 비교되는 결과이다. 동아시아의 시청자들이 한국 드라마에서 '확인'할 수 있는 동질성을 느낀다면, 프랑스의 시청자들은 이질적인 문화와 관습에도 '공감'할 수 있다는 사실 속에서 해방감과 카타르시스를 느낀다고 하겠다.

4. 동아시아, 꿈의 소비사회

동아시아의 드라마들이 갖는 또 다른 흡인력은 현대와 전근대의 공존이 주는 매력이다. 동남아시아의 시청자들이 지나치게 서구화되었다고 느끼는 일본 드라마보다 한국 드라마는 더 많이 부자와 가난한 사람들이 함께 사는 모습을 보여준다. 이것은 생산되는 양국 드라마에 대한 체계적 내용 분석과 비교를 통해 양적으로 확인해야 할 사항이지만, 적어도 일본 드라마와 한국 드라마를 수없이 시청한 '도라마 월드'의 팬들의 견해는 그러하다. 드라마는 사람들이 관계를 맺고 살아가는 동시에 물건들로 가득 채워진 생활 세계이기도 하다. 정원이 있는 커다란 양옥과 등목을 할 수 있는 수돗가가 있는 네모난 마당을 품은 나지막한 전통 가옥 또는 다세대 주택이 공존하고, 현대식 초고층 아파트에 사는 젊은이와 옥탑방에 기거하는 젊은이가 같은 이야기 속에서 관계를 맺는다. 프랑스 팬들에게 고층 아파트는 전혀 부의 상징이 아니고, 옥탑방은 나름대로 운치가 있어 보이니 더 혼돈스러울지도 모르겠다. 이러한 설정은 서울을 중심으로 한 한국 사회 대도시의 삶의 공간과 일상의 모습, 그리고 한국 사회의 서로 다른 계층을 포함하여 한국 사회에 고유한 것으로 보이는 물건과 상품들을 대량 발견할 수 있는 기회를 제공한다.

다음 팬들의 눈에 드러나는 한국의 일상생활의 모습은 인류학자들이 연구대상인 사람들이 사는 현장에서 참여관찰을 하며 기록한 내용과 사뭇 비슷하다.

> 음식과 위생: 모든 종류의 식사장면이 도처에 등장한다. 연인 단 둘의 저녁식사, 가족 식사, 파티 등. 한국 사람들은 식사 테이블에 앉기를 좋아한다고 믿게 된다. 게다가 어떤 인물들은 저항할 수 없게 좋아하는 음식이 있는 경우가 많다(〈환상의 커플〉에서 안나가 좋아하는 짜장면, 〈궁〉에서 채영이 좋아하는 김치 등등). 이런 점이 아주 흥미롭고, 덕분에 이젠 아시아 음식을 많이 알게 되었다. 한국인은 또한 이 닦는 걸 아주 중요시한다. 그래서 수많은 드라마에서 적어도 한 장면은 이 닦는 모습이 등장한다. 이 계열의 선두는 〈풀하우스〉인데, 한 회에 한 번 또는 여러 번 이 닦는 장면이 나온다. 〈상두야 학교 가자〉, 〈마지막 춤은 나와 함께〉도 마찬가지"
> _ 송혜교의 얼굴을 프로필로 사용하는 '도라마 월드' 초기 가입자(2006년 가입 당시 27세).

이러한 관찰에 대해 포럼의 토론자들은 이것이 "주인공들이 이를 닦는 것은 치약 광고 때문이고 이것은 일본 드라마에서도 마찬가지"라든가 "등장인물들이 이 닦는 장면을 보여주는 것이 현실 효과를 높인다. 시청자를 드라마의 현실에 완전히 몰입할 수 있게 해주고, 먹는 장면은 교양을 높여주니 좋다"는 현실 정보와 미학적 코멘트를 더한다. 한국 드라마에서 자주 등장하는 장소와 내러티브에 대해 다음 페이지에 제시한 한드 팬 G의 견해 또한 영상 인류학의 사례로 모자람이 없다.

한드 팬 G 2010년에 '도라마 월드'에 가입. 대만의 한 남자 가수 사진을 프로필로 사용하는 가입 당시 32세 여자. 대학에서 여행경영학을 전공했고, 현재는 초등학교 교사이다. 코르시카 섬 태생이고 계속 이 섬에서 살고 있으며, 2011년에 한국 여행을 한 후 한국 드라마에 나온 다양한 신화적 장소(〈커피프린스 1호점〉의 카페라든가 집, 홍대앞 등)에서 찍은 자신의 사진을 포럼에 올렸다.

드라마에서 중요한 장소들(예를 들어 주인공들이 문제 해결을 보는 장소)도 반복적이다. 모든 이름난 드라마들에 등장하는 세 개의 필수불가결한 장소는 다음과 같다.

1. 엘리베이터(건물들이 고층이라서 그렇겠지?): 드라마마다 샤워 장면이 나오는 것은 당연하고, 꼭 여러 번의 엘리베이터 장면이 나온다. 이 좁은 공간에서 벌어지는 일들이 참으로 많다. 일반적으로:
   - 주인공인 커플과 경쟁남 또는 경쟁녀 사이의 차가운 분위기에서의 만남이 한 번 이상 등장한다(이것의 변종인 차가운 분위기의 주인공 남녀가 함께 엘리베이터를 타는 경우).
- 커플 사이의 말싸움 또는 거친 설명 주고받기
   - 상대방을 놓치는 장소(이중의 엘리베이터 장면: 한 사람이 엘리베이터 1에 탈 때 다른 주인공은 엘리베이터 2에서 나온다)
   - 추격: 한 사람은 엘리베이터를 타고 다른 사람은 계단으로 뛰어가기(이것은 액션드라마나 로맨틱 코미디나 동일하다).
- 때로는 키스, 기절, 고장, 또는 이 세 가지가 동시에 일어나는 장소.

2. 자동차(대도시들이라 그럴 것이지만): 인물들이 자동차 안에서 보내는 시간이 엄청나다. 반복적으로 등장하는 요소들:
   - 주인공 커플이 싸운 후에 기분전환을 위해 남자주인공이 (예쁜) 여자주인공을 태우고 간다. 도중에 울기도 하고 갑자기 거칠게 유턴을 하기도 한다.
   - 커플이 자동차 안에서 거의 다투는 말투로 설명을 주고받는다(대체로 그들 관계에서 중요한 요소에 대해 이야기한다).
   - 항상 운전자가 차를 급하게 길가에 세우고 태우던 사람을 내리라고 한다(갑자기 아무 데서나 내린 사람은 택시나 버스를 타고 집에 가야 한다).

- 남자 주인공이 사랑하는 여자의 집 앞에 차를 세우고 오랫동안 생각에 잠긴다 (주로 밤에).
- 남자주인공은 기사도가 넘친다. 걸어가고 있거나 비에 젖었거나 버스를 놓쳤거나 다른 운전자가 길가에 내쳐버린 여주인공을 차에 태운다.

3. 동네 작은 식당/포장마차/또는 분식 노점
- 남/녀 주인공은 싸운 후에 실컷 울고 여기서 취하도록 술을 마신다(또는 남주인공이 차를 몰고 도시를 가로질러 와서 한밤중에 여주인공이 취해서 쓰러져 있는 것을 발견한다).
- 남/녀 주인공이 서로에 대한 진정한 감정을 드러내는 장소다(알코올의 힘을 빌어서).
- 가난한 여주인공이 잘생긴 부자 남주인공을 데려와 삶의 진정한 가치를 알게 만드는 장소다.
- 친구 그룹이 모이는 헤드쿼터이고, 또는/동시에 가난한 주인공의 부모(어머니)가 일하는 곳이다.

　　자동차에 관한 관찰은 한국인의 험한 운전버릇에 대한 토론으로 발전하고, 로맨스가 발현되고 삶의 진솔한 모습이 드러나는 장소인 한국의 포장마차는 거의 동경의 대상이 되어 한국을 여행할 때 반드시 가봐야 할 곳 리스트에 등재된다. 장소뿐만 아니라 물건과 상품들도 내러티브의 중요한 요소이다. 프랑스의 한국 드라마 팬들은 한국의 드라마가 상품을 배치광고 placement of products 하는 공간임을 잘 알고 있다. 2012년 12월 현재 방송 중인 〈드라마의 제왕〉(SBS, 2012) 1회에는 당일 최종회가 방송되는 드라마의 긴급한 녹화 상황에 갑자기 협찬을 이유로 오렌지 주스를 집어넣어야 하는 장면이 등장한다. 주인공이 복수를 하고 바닷가에서 자살한다는 극적인 마지막회 이야기 속에 오렌지 주스를 등장시키라는 제작자의 압력과 절대로

그렇게는 못한다는 시나리오 작가의 긴장은 결국 보조 작가가 동원되어 주인공이 오렌지 주스를 멋지게 마시고 죽는 장면으로 타협을 보게 된다. 픽션물의 제작 방식과 광고 관습이 다른 프랑스 팬들이, 거의 생방송 상황에 처하는 녹화 현실과 상품배치가 이처럼 드라마틱하고 폭력적으로 이루어지는지를 속속들이 알고 있는지는 모르나 한국의 연예계 소식들이 영어로 번역되어 포털에서 널리 유통되기에 아마도 한국의 드라마가 상품의 전시장이라는 사실은 널리 알려져 있다고 보인다. 그럼에도 불구하고 신상품으로 가득한 한국 드라마는 서구의 팬들에게는 아마도 알리바바의 동굴과도 같아 보이는 듯하다. 드라마마다 나오는 남자주인공의 샤워장면은 그것이 팬서비스임을 알고 기대하며 열심히 스크린 캡처를 해가면서 즐기는데, 이와 동시에 새로 등장하는 고급샤워기에 대한 관찰도 잊지 않는다(예: 〈마이 프린세스〉의 비오는 듯한 샤워기). 핸드폰으로 문자 보내기가 없으면 진행이 안 되는 로맨틱 코미디는 새로 나온 첨단 핸드폰의 전시장이고, 전화 걸기와 관련된 모든 판타지의 공간이다. 드라마 중 여러 차례 울리는 개인화된 전화벨 소리는 드라마가 끝난 후에도 시청자들의 뇌리를 떠나지 않고, 그와 같은 전화벨을 다운받아 쓰는 팬들도 있다. 전화기 화면에 적힌 전화 건 사람을 인식하는 개인적 용어들은 한국어를 아는 팬들과 뭐라고 적혔는지 궁금해하는 시청자들 사이에 적극적인 정보 공유의 계기가 되고, 일상을 유머러스하게 만드는 좋은 방식으로 이해되어 팬들에게 따라 해보자는 충동을 불러일으킨다.

  이상에서 프랑스의 한국 드라마 팬들은 드라마 속에서 반복되는 연애의 코드, 또는 인간관계의 코드, 장르의 코드를 잘 파악하고 있음을 알 수 있었다. 이들은 주인공을 연기하는 배우들의 초텍스트적 경로와, 드라마 속에서 반복적으로 등장하는 차가운 도시 남자와 가난하지만 예쁘고 굳센 여자의 로맨스의 문법을 훤히 알고 있다. 그런데 이러한 성적 매력으로 가득한 스타와 매력적인 인물들이 살아가는 동아시아의 근대성은 서구에서는 찾아볼 수 없는, 이해하기 힘든 일들로 가득하게 느껴진다. 이러한 동아시아 근대성에 대한 의문은 특히 한국 드라마에서 극대화되어 있다고 보인다. 한국의 스타들이 매력적일수록, 한국 드라마 속에서 전통의 압력과 동시대적 물질문명을 교묘하게 연합해서 살아가는 동아시아의 이해할 수 없는 근대성은 서구의 물질주의적 근대성을 넘어서는 더욱 매력적인 무엇으로 다가온다. 포럼 속에서 팬들은 드라마 속에 보이는 새로운 핸드폰, 멋진 디자인의 냉장고, 인테리어, 먹을거리, 복장이나 소품, 핸드폰 벨소리에 이르기까지 모든 갖고 싶은 것들에 대해 토론을 한다. 이렇게 포럼을 통해 관찰할 수 있는 한국의 대중문화산업에 대한 서구 수용자들의 열망은 타 문화 생활 방식에 대한 꿈을 생산하던 전성기의 할리우드와 유사하다. 따라서 한국 대중문화 팬들이 한국과 일본을 방문하는 것을 꿈꾸고, 한국 음식을 욕망하며, 일어 및 한국어 학습에 시간과 돈을 투자하고, 동아시아 스타들을 닮은 동아시아의 청년들을 연인으로 꿈꾸는 것은 어쩌면 매우 당연한 일인지도 모른다. 다음 제7장에서는 이러한 한국 드라마 팬덤에서 읽을 수 있는 세계화와 디지털 시대의 욕망의 문제를 다룬다.

韓流

제7장

아이돌, 젠더, 디지털 스코포필리어*

> 어떻게 소지섭에 대해 그런 여성적 시선을 가질 수 있어?
> _ 2006년에 '도라마 포럼'에 가입한, 이민정의 얼굴을 프로필로 한 멤버가 여자가 아니라 남자임이 4년 만에 밝혀졌을 때, 한드 팬 T의 놀라움.

1. 한류와 한류 팬덤의 여성성

한류의 세계화 과정에서 눈에 띄는 특성이 한류가 '여성적'이라는 젠더 차원을 지닌 문화 현상으로 소통되고 수용된다는 점이다. 제1부에서 논의했듯이, 아시아의 문화정체성 담론을 불러일으키는 내용이 전통적으로 전문가들이 보편적인 비평을 해왔으며 국제시장을 통해 소통되는 영화가 아니라 국민 시청자를 위해 생산되고 개인적으로 해석·수용되는 드라마라는 점을 주목할 필요가 있다. 영화는 그것을 제작하는 나라의 일상생활에 드라마보다 덜 밀착된 내용을 담고 있고 일회적 콘텐츠이기에 수출하기가 쉬우며 예술 장르로서 정당화된 내용이다. 그러나 드라마는 오직 생산되는 국민 수용자에게 사랑받기 위하여 생산된, 문화적 기원이 확실한 콘텐츠이

---

* 이 장은 2012년 2월 ≪언론학보≫에 발표된 필자의 논문 「프랑스의 한국 아이돌 문화 여성 팬덤과 성 담론에 대한 연구」를 상당 부분 참조하고 일부 수정 및 첨삭한 것이다.

고 여성 시청자가 대다수를 차지한다. 바로 이러한 이유만으로도 언론정보학 연구 결과들은 영화나 뉴스, 다큐멘터리가 남성적이고 지배적인 장르이고, 텔레비전 드라마는 정당화되지 못하고 주변적인 '여성적' 장르로 수용된다고 밝히고 있다. 아시아에 한류의 열풍을 일으킨 한국 드라마는 1960년대 초반 텔레비전의 역사와 더불어 시작되어 한국인의 집단적 기억 속에서 중요한 위치를 차지하는 핵심적 대중문화 형식 중 하나로 발전해왔다. 한국에서 텔레비전 드라마는 여러 하위 장르로 생산되어왔고 그중엔 역사대하드라마나 수사물처럼 남성 시청자도 널리 시청하는 장르도 있다. 그러나 동아시아 국가들에 수출되어 한류의 열풍을 일으킨 것은 일상생활 속의 다양한 정서적 풍경과 사랑의 감정을 그리는 미니시리즈가 대다수였다. 〈대장금〉이라는 예외가 있기는 하지만 대부분의 미니시리즈들은 세련된 도시 생활, 매력적인 음악과 대화, 스타일리시한 의상과 실내 장식 등 현대 사회의 자아 표현 방식을 담고 있었다. 이러한 현대적 도시 환경 속에서 벌어지는 사랑 이야기들은 서구의 픽션물들이 보여주는 것과는 상반되는 섬세하고도 절제된 감정 표현을 담고 있다. 이러한 특성은 트렌디 드라마의 본산지인 일본 드라마 속에서도 발견되고 한국 드라마도 그 영향 속에서 발전해왔다.

그런데 아시아 시청자들은 한국 드라마를 통해 '아시아적' 정체성으로 해석할 수 있는 공감을 느끼는데, 그것은 드라마의 주제나 내러티브 또는 인물의 역할 수준이 아니라 시청 시에 느낄 수 있는 미세한 감정과 감수성 차원임이 연구 결과를 통해 드러난 바 있다. 홍콩의 다국적 회사에 다니는 고학력 한국 드라마 팬들에 대한 수용 연구는 아시아의 시청자들이 오가는 시선, 미묘한 손길과 제스처, 한 마디 말 등 미세한 수준에서 생산되는 정서가 한국 드라마가 다른 동아시아 드라마와 구분되는 특징인 것으로 이해한다고 말해준다. 여성 시청자들은 친절하고 감정이 풍부하며 잘생긴 남자 주인공의 사랑을 받는 여성과 동일시하면서 '아시아인'임을 느낀다고 말한다(Lin, Kwan & Chung, 2004).

   한류 수용의 또 다른 여성성은 한류가 영향을 미치는 방식에서 발견된다. 드라마가 견인 역할을 한 한류의 우선적 수용자는 여성층이었고, 여성 취향의 드라마가 이끄는 한류는 수입국가에서 지배적 가치를 소통하면서 소비의 강제를 동반하는 힘으로서 '부과'된 것이 아니라 하나의 '선택'으로서 제공되었다. 여러 아시아 국가에서 한국 드라마는 기존의 드라마를 힘으로 대체하지 않고 인도산, 미국산 드라마들과 나란히 방송되었다. 한국 드라마는 드라마의 질에 대한 위계적 담론을 생산한다기보다 문화정체성과 '아시아인'이란 정서를 불러일으켰다. 한류 콘텐츠의 인기는 어떤 정치적, 경제적, 문화적인 '외침'으로서 위로부터 부과된 것이 아니라 수용자들이 밑으로부터 열광적으로 채택한 것이다. 여러 아시아 국가에서 한류는 공식적 공간에서는 국가주의적 지식인들에 의해 비판을 받았지만, 사적 영역에서 여성 수용자들은 질투심을 보이고 비판적인 남편들과 협상하면서 한류 스타들이 등장하는 드라마를 소비했다. 〈겨울연가〉가 일본과 대만에서 대성공을 거둘 때 한 대만 신문은 "남편의 허락을 얻어 배용준과 사랑에 빠지다"라는 제목의 기사를 싣기도 했다. 다시 말해, 동아시아 한국 드라마의 여성 수용자들은 권위적이고 가부장적인 가정에서의 압력과 협상하면서 한국 드라마를 시청해야 했다. 드라마 로케이션 장소로의 여행, 음식, 패션, 그리고 한국식 성형수술과 화장법 등, 드라마 한류가 촉발한 다른 소비활동들도 대부분 여성들이 주된 행위주체이다.

   제5장과 제6장에서 '도라마 월드'의 한국 드라마 팬들을 통해서 드러난 수용행태 또한 위의 두 가지 차원을 벗어나지 않는다. 프랑스의 한국 드라마 팬의 주축은 여성이고, 한국 드라마를 시청할 때 이들은 통합체적인 내러티브 차원에서가 아니라 계열체적인 디테일이 만드는 로맨틱한 감정에서 즐거움을 얻는다는 것을 알 수 있었다. 프랑스의 사례에서 흥미롭게 관찰할 부분은 프랑스 드라마 팬덤 발생과정의 특수성에 기인한 하위문화로

서의 성격이다. 제1부에서 프랑스의 드라마 팬덤이 1980년대 만화영화와 1990년대 만화팬덤을 거치면서 어떤 과정을 통해 2000년대 디지털 문화의 동력 속에서 형성되었는지를 자세히 살펴보았다. 1990년대 만화와 만화영화를 공유한 청소년 세대가, 2000년대에 이르면서 남성을 대다수로 하는 일부가 게임, 만화영화, 공상과학을 중심으로 하는 미국과 일본의 컨버전스 문화를 추구하는 긱^{geek} 문화로 발전 편입된 데 반해, 여성의 일부는 동아시아의 소녀만화(쇼조망가)와 드라마 팬문화를 중심으로 독특한 여성 문화적 특성을 지닌 오타쿠 문화로 발전했다고 보인다. 20~40세의 여성들을 핵심으로 하는 이 팬 집단은 대부분 직장여성 또는 대학생으로, 사회적으로 주변적인 집단이라기보다는 드라마 팬 활동을 통해 스스로를 주변에서 격리시킨다는 점에서 버추얼 오타쿠 문화를 구현한다고 표현할 수 있겠다. 유럽에서 동아시아의 드라마를 본다는 것은 개인 컴퓨터에 붙어 앉아 수면을 줄여가며 시청행위를 하는 것을 의미하고, 이것은 가족, 친지, 배우자와 때로는 갈등을 빚는다. 포럼 속에서 팬들은 마치 드라마의 바이러스가 있다는 듯이 친지들을 드라마로 '전염'시킨 결과를 자랑하고, 남자들에게 축구경기 시청을 보장하듯 그들의 드라마 보기를 인정받아야 한다고 주장한다. 또한 일반인들이 '중국 남자'라고 다잡아 스테레오타입으로 이해하는 동아시아 남성 스타들에 대한 팬덤을 유지하기 위해 여성 취향문화의 독립성, 여성의 감수성과 욕망에 기반을 둔 문화향유의 독립성을 주장한다. 이것은 남성적 긱 문화 속에서 여성성이 묻혀버리는 것에 반기를 드는 유의미한 문화실천이라고 생각된다. 제5장에서 설명했듯이 미국 텔레비전 시리즈가 헤게모니를 쥐고 있는 프랑스 방송문화 속에서, 인터넷을 통해 동아시아 드라마를 보는 행위는 시간 할당과 노력에서 엄청난 에너지 투자를 요구하지만, 이것은 상징적 자본으로도 사회적 자본으로도 환원되지 않는 열정이다. 그 결과 사회적으로 이해받지 못하고 우스갯거리가 될 위험조차 있는 드라마 보기를 대가없이 지속하는 것은 적어도 문화실천의 정치성에서 반문화적인 참여 행위라고 해석할 수 있을 것이다.

2. 꽃미남 담론과 여성 팬

한국의 대중문화가 양적, 질적 측면에서 급속히 발전한 2000년대 10년을 한국에서 떠나 외부인의 시각으로 거리를 두고 볼 때 이해하기 힘든 요소가 있다. 다양한 텔레비전 프로그램과 인터넷 포털 속에 가시화되어 피부로 느껴지는 성담론의 확대이다. 2011년 현재 한국의 텔레비전 문화에는 2000년대 이전엔 보기 드물었던 유형의 인간군인 아이돌과 꽃미남에 대한 담론이 일상화되어 있다. 어린 연예인들을 지나치게 성적 대상화하는 아이돌 문화와 전통적인 남성정체성을 뒤흔드는 아름다운 얼굴을 지닌 꽃미남flower boy, 나아가 아름다운 몸에 초점을 맞추는 '몸짱'에 이르기까지 다양한 성담론이 여과 없이 드라마, 연예 및 오락, 버라이어티 프로그램을 장악하고 있다. 젊은 육체와 흠잡을 데 없는 얼굴을 자랑하는 연예인의 몸과 얼굴 가꾸기는 직업 활동의 일환이라고 거리를 두고 이해되는 것이 아니라 아름다움과 섹시함의 새로운 기준으로서 대중을 성형수술과 다이어트, 근육운동의 긴장 속으로 몰아넣고 있다. 꽃미남과 아이돌 문화에 대한 수많은 연구들도 이러한 매체 속 성담론의 확대를 동반하고 있다.

1) 성담론과 정체성

푸코Michel Foucault가 『성의 역사』에서 발전시킨 견해에 따르면, 담론은 권력이 시행되는 주체 형성subjectivation의 장이고, 19세기 이후 서구의 성담론의 확장은 성을 통한 훈육, 즉 권위적 담론인 의학담론을 동원해 끊임없이 정상적 성과 비정상적 성의 경계를 가르고 이 과정 속에서 개인성을 형성해나가는 과정이었다(Foucault, 1984a). 서구에서 정상적 성관계와 성정체성에 대한 담론은 21세기가 시작된 현재까지도 전선을 바꿔가면서 지속되고 있다. 동성애를 신체적, 정신적 질병으로 취급하던 시절에서 동성 간의 결혼과 동성커플의 부모자격을 논하게 되는 진보가 이루어졌으나, 동성애의 정상화$^{homo\ normativité}$와 성전환^{transsexualité}을 둘러싼 의학적, 법학적 담론이 여전히 활발한 정상성 담론들을 생산하고 있다.

한국의 경우, 성담론의 급격한 확대가 대중문화에 의해 견인되고 있다는 점에서 마릴린 먼로와 엘비스 프레슬리가 달궈놓은 1950년대 미국의 성담론 상황을 상기시키지만, 담론의 작동방식은 판이하다. 1950년대 미국에서 마릴린의 과도한 성과 프레슬리의 '지나치게 섹스어필한' 춤동작들은 신교 가족주의자들의 눈엔 지나치게 불온하고 비교육적인 것으로 보였다. 그러나 2000년대 이후 한국의 아이돌 문화는 이러한 명백한 성도덕상의 비판 대상이라기보다는 좀 더 모순적이고 복잡한 담론들을 생산하고 있다. 텔레비전 드라마에서 아이돌과 꽃미남들이 연기하는 연인들은 여전히 신체 접촉을 아끼고 첫 키스를 하는 데 적지 않은 시간을 보내고 많이 수줍어 하지만, 텔레비전 연예 프로그램에서는 미성년 아이돌들에게 '도덕적으로 옳지 않은' 신체 노출을 요구하고 스트립 댄서를 연상시키는 무대 퍼포먼스도 용인되며, 반전드라마 등을 통해 공공연하게 동성애 관계를 연출해낸다.

이러한 한국 대중매체의 성담론 확장과 모순성은 어린 아이돌 팬에 대한 성인들의 팬덤 속에서 극대화된다. 어린 남성 아이돌에 대한 성인 여성들의 팬덤과 어린 여성 아이돌에 대한 성인 남성들의 팬덤은, 유교적 체면과 윤리상 올바른 가족담론에 기댄 여러 가지 '과시적' 담론들인 이모팬 또는 언니팬, 삼촌팬 담론을 생산해내고 있다(김수아, 2011: 5~38; 정민우·이나영, 2009: 192~281; 한유림, 2008). 그뿐만 아니라 미성년에서 20대에 걸쳐 아이돌 정체성을 지녔던 연예인들이 30세를 넘어서면 더 이상 아이돌이 아닌 그냥 연예인으로 되돌아가는 현상이 관찰된다. 아이돌이 스타로 발전하는 것이 아니라 1세대 아이돌들이 전 세대로 물러앉아 텔레비전 연예프로그램 속 자리 메우기 역할을 하고 있는 것이다. 1세대 아이돌이 '과거의 영광'을 가공해 살아가는 전 세대로 물러앉는다는 현실은, 아이돌이 연령 한계에 의해 정의되는 범주임을 명확히 드러내준다. 이 점에서 아이돌 팬덤이 직접적이든 간접적이든, 그것이 이모팬과 누나팬이란 강력한 자기 정당화의 담론으로 무장되었더라도 대중의 소년애적 욕망에 관련된 것이라고 전제할 수 있다.

한국 대중문화에서 아이돌이 기획사의 투자로 전략적으로 생산되는 연예인 집단으로서의 젊은 가수집단과 그들이 생산하는 팝문화와 긴밀히 연결되어 있다면(이동연 편, 2011), 꽃미남은 더 넓은 연예계 영역을 아우르는 담론이고, 클로즈업 매체인 텔레비전 드라마의 탤런트들에 긴밀히 연결된 담론으로 보인다. 이 개념은 일상생활 속에서도 널리 사용되어 단순히 잘생긴 젊은 남자를 가리키는 용어로도 유통되는데, 이 용어를 사용할 수 있는 연령의 한계는 아이돌보다 불명확한 것으로 보인다. '예쁜' 얼굴을 지닌 남성을 지칭하는 '꽃미남'은 전통적 의미의 '잘생긴 handsome' 남자와는 차별적인 남성성의 영역을 지칭하고 있는 것이다

이 책에서 우리가 집중적으로 관찰한 프랑스의 동아시아 드라마 팬포럼 '도라마 월드'에서 관찰되는 동아시아 대중문화 팬들의 절대 다수는 여성이고 25~45세의 대학생, 직장인 여성 팬들이 포럼의 적극적인 구성원들이다. 동아시아 드라마 전체를 토론하는 팬포럼이지만 한국 드라마에 상대적으로 많이 달린 댓글의 수와 배우들에 대한 열정, 그리고 적극적으로 활동하는 멤버들의 대부분이 한국 드라마를 선호한다는 점에서 한국 아이돌문화와 꽃미남 담론의 수용이 어떤 문화적 중재에 의해 이루어지고 있는지를 관찰하기에 적합한 장소이다. 이들이 동아시아 드라마 팬덤에 이르게 된 경로를 다시 환기하자면, 프랑스에서 1990년대를 통해 일본만화/만화영화 팬덤이 성장하면서 만화를 원작으로 하는 일본 드라마들을 인터넷을 통

해 시청하다 일본 드라마 속에 섞여 있는 한국 드라마를 보게 되었고 일본 드라마보다 이를 더 좋아하게 되었는데, 이들이 바로 1세대 팬이다. 이들의 팬으로서의 경험이나 아이돌 팬덤을 접하게 된 경로 또한, 2000년대 중반 이후 케이팝을 통해서 케이팝 아이돌들의 드라마 출연을 계기로 한국 드라마를 보기 시작한 청소년과 20대 초반 연령에 분포된 2세대 팬들의 그것과 구분된다. '도라마 월드'의 멤버 중엔 아시아 이민 2세대들도 있지만 이들은 소수이고, 적극적 활동을 하는 팬들은 대부분 프랑스 외부와의 가족관계가 있더라도 유럽인 내부에서 이민이나 입양·결혼관계와 관련된 유럽인의 정체성을 지닌 프랑스인들이다. 이들 대부분은 대학 졸업 또는 그 이상의 학위를 지녔고, 독서와 공연 등 문화활동을 열심히 하는 동시에 사회관계에서도 주변인에 속하지 않는, 인터넷 문화 속 긱, 너즈[Nerds], 또는 오타쿠의 스테레오타입에 걸맞은 집단은 아니다. 이들은 현재 지배적 텔레비전 문화인 미국의 드라마 시리즈들과 프랑스 텔레비전 픽션물에 식상한 경우가 많고, 소수는 미국 드라마의 팬인 동시에 동아시아의 드라마도 열심히 시청하는 드라마의 다식가들이다(제5장 참조). 이들은 동아시아의 드라마만 시청하는 것이 아니라 동아시아 문화산업에 특징적인 아이돌 경제에서 드러나는 것과 같이 동아시아에 특수한 연예인문화, 초국가적으로 각색, 제작되는 각종 문화 산물, 드라마뿐만 아니라 대중음악, 영화, 텔레비전의 연예프로그램에까지 확장된 광범위한 동아시아 대중문화 소비자이다.

2) 아이돌, 꽃미남, '보고스[bogosse]'

이들이 선호하는 한국 드라마 수용 과정에서 드러나는 성담론은 '잘생긴 정도[bogossité]'라는 신조어 주변에서 관찰된다. 프랑스어엔 '잘생긴', '아름다운'이란 의미의 'Beau-'와 '아이/놈'이란 의미의 'gosse'를 결합하여 '보고스[bogosse]'란 단어가 일상 언어로 쓰이는데, 이 용어 자체 속엔 한국 대중문화 속 '꽃미남'이란 용어 또는 일본문화의 '미소년bishonen'이 성담론 속에서 생산한 소년애적이고 동성애적인 의미가 내포되어 있지 않다. '보고스'가 성담론을 만나는 부분은 '한국 배우들의 잘생긴 정도'란 신조어로 제목이 달린 토론장에서 관찰되듯이, 한국의 꽃미남 배우들과 나이 어린 아이돌에 대한 토론 과정에서이다. 이 토론 섹션은 2008년에 처음 생겼으며 2012년 현재 댓글이 20페이지를 넘어섰는데, 프랑스에서 먼저 팬덤이 발전한 일본 배우들에 대한 페이지는 한국 배우 섹션의 역동성에 자극받은 일본 드라마 팬들에 의해 2010년에 들어서야 만들어졌고, 댓글의 양도 6페이지에 불과하다.

프랑스의 한국 드라마 여성 팬들은 한국 드라마와 팝문화 속에서 만나게 되는 대부분의 아이돌, 꽃미남들보다 연상이다. 성적으로 무척 개방되어 있는 듯이 보이는 서유럽에서도 성담론은 무수한 경계 담론과 정상성 담론 속에 놓여 있다. 소년애l'amour des garçons는 푸코가 『성의 역사』 속에서 분석했듯이 그리스 시대부터 이중적 의미를 띠는 연애였다(Foucault, 1984b: 219~234). 자연이 부여한 아름다움을 지닌 소년은 연상의 남성과 연상의 여인이 동시에 원할 수 있는 천상의 에로스의 대상으로 여겨졌다. 프랑스의 여성 드라마 팬들이 지나치게 어린, 때로는 미성년인 아이돌 스타들을 좋아하고 팬이 되는 것은 한국에서처럼 누나담론이나 이모담론에 의해 보호되지 않기 때문에, 연하의 남성과의 연애를 터부시하는 프랑스 사회에서는 일종의 문제적인 문화 행위로 간주될 수 있다.[1] 프랑스 팬들의 연하 남성과의 연애에 대한 민감성은 〈내 이름은 김삼순〉, 〈달자의 봄〉(KBS2, 2007), 〈아직도 결혼하고 싶은 여자〉(MBC, 2010) 같은 연상녀와 연하남의 연애를

---

[1] 프랑스의 한국 드라마 팬들과의 인터뷰 속에서, 한국 드라마의 반복되는 주제 중 30대 연상의 여인과 20대 연하남의 연애에 대해 많은 관심이 표출되었다. 그것이 한국 사회 속에서 증가하는 경향이라는 사실과 한국 사회의 유교적 성격이 어떻게 연결되는지, 연하남과의 연애와 결혼이 사회적으로 널리 인정되는지에 대한 질문이 쇄도했다.

다룬 드라마들에 대한 열광을 통해 감지할 수 있다.

연하 남성과의 연애 감정과 직결되는, 동아시아 드라마에 등장하는 꽃미남과 아이돌에 열광하는 것은 프랑스 사회의 잣대로 볼 때 '불온한' 것일 수 있지만, 그것은 절대로 현실 속 관계로 실현될 수 없다는 이국성에 의해 심리적으로는 일단 안심하고 즐길 수 있는 열정이다. 이것은 마치 일본의 초기 소년애 만화들이 19세기 말 독일이나 남프랑스의 고등학교라는 시공간적으로 먼 장소를 이야기가 전개되는 콘텍스트로 삼음으로써, 1970년대 당시 일본 사회 속에서 소통되기 어려웠던 동성애 주제를 이국성 포장을 통해 유통가능하게 만들었던 것과 비교되는 반응이라고 보인다.[2]

이러한 맥락에서 드라마 〈꽃보다 남자〉는 한국 대중문화 속에서 꽃미남 담론을 연출하는 푸코적 의미의 대표적 사건으로 해석할 수 있을 것이다.[3] 이 드라마는 1992~2003년에 37권으로 출판된 일본 쇼조망가 『하나요리단고』를 원작으로 해 대만판, 일본판에 이어 세 번째로 한국에서 드라마로 각색된 것이다. 이 제목 속에서 '꽃'과 '남자'라는 상반된 두 단어를 어떤 관계에서 해석해야 할지가 상당히 미묘하기 때문에 영어로는 'Boys over flowers'(KBS가 선택한 영어 제목) 또는 'Boys before flowers'(드라마위키 등 인터넷에서 유통될 때 영어 제목)로 번역되는데, 한국어 제목은 일본어 제목의 원뜻을 충실히 번안한 것으로 보인다. 그러나 '꽃보다 남자'라는 '외모보다는 인간적 남성에 가치를 둔다'고 읽을 수도 있는 제목의 상징적 표현은 한국판 드

---

[2] Pagliassotti(2008a), http://www.participations.org/Volume%205/Issue%202/502pagliassotti.htm

[3] 푸코는 『지식의 고고학』에서 지식은 언술형태^{énoncé}로 존재하는데, 이것이 고고학자가 하나의 발견을 '사건^{événement}'으로서 다루듯이, 즉 그것이 존재할 수 있는 정황성을 재구성해내는 작업을 해야 하듯이, 모든 광범위한 앎에 대한 언술을 그것의 언술상황^{énonciation}과의 관계에서 고려해야 한다고 가르친다(Foucault, 1969). 이러한 담론 분석 방법은 『성의 역사』 3부작에서 그리스시대의 문학 텍스트 속에서 성담론을 분석해낼 때에도 적용된다(Foucault, 1976, 1984a, 1984b).

라마 속에 꽃미남 카테고리의 잘생긴 신인배우와 아이돌들을 전격 기용함으로써 극의 내러티브 전개보다 꽃미남 담론을 두드러지게 하는 이벤트 효과를 가져왔다. 남성성에서 꽃에 비유되는 아름다움을 강조하겠다는 드라마의 미학적 선언과도 같은 이런 캐스팅은 2009년 당시 인터넷을 통해 〈하나요리단고〉의 여러 버전을 따라 시청했던 서구의 팬들에게도 큰 화제를 불러일으켰다. 이 드라마는 동아시아 드라마의 수많은 유럽 인터넷 시청자들이 한국 드라마의 세계로 들어오는 계기가 되었다.[4]

이 드라마가 내러티브 수준에서 재현하는 예쁜 남자의 모습은 사실 한국 드라마가 전통적으로 발전시켜온 '잘생긴 외모에 차가운 성격이지만 사랑에 의해 따뜻한 내면이 드러나는 남자'와 크게 다르지 않다. 새로운 점은 남자 주인공들을 적극적으로 미적 피사체로 대상화했다는 점인데, 주인공을 맡은 네 명의 배우가 스타덤에 오르고 그들의 수많은 디지털 영상이 인터넷에서 유통된 현실이 이러한 수용을 증거한다. 〈꽃보다 남자〉의 주인공들은 고등학교 2~3학년으로 성인이 되기 직전의 나이에서 극의 전개 도중 성인의 세계로 진입한다는 점에서, 이 드라마의 꽃미남 담론은 아이돌처럼 소년애까지 닿아 있지는 않지만 청소년과 성인의 경계에 선 네 명의 잘생긴 남성인물의 친구공동체를 그리고 있다는 점, 그들 사이의 애정에 파문을 던지는 소년 같은 소녀가 등장한다는 점에서 일본만화를 통해 동아시아에 널리 퍼져 있는 남장 여성의 주제와도 닿아 있다.[5]

---

[4] 필자의 팬 인터뷰와 인터넷 참여관찰 중, 처음 본 한국 드라마로서 〈풀하우스〉나 〈궁〉 등 2000년대 중반의 작품을 통해 한국 드라마를 보게 된 초기 팬들 이후 〈꽃보다 남자〉를 통해 한국 드라마를 시청하게 된 두 번째 그룹이 형성되었음을 관찰할 수 있었다.

[5] 이 계열의 대표적인 만화-드라마 각색 사례로는 원작이 1996~2004년에 출판되고 대만 및 일본판 드라마가 제작된 〈아름다운 그대에게〉(하나키미)를 들 수 있다. 최근작 〈성균관 스캔들〉(KBS2, 2010)은 여학생이 남자 고등학교에 남장을 하고 들어간다는 '하나키미'식 설정의 조선시대판이라고 볼 수 있는데, 현재 일본에서 비디오 대여 부문에서 큰 인기 얻고 있

한국 드라마에서 이처럼 꽃미남 담론에 의지하는 동시에 아이돌 그룹 출신을 기용해 팝음악 산업과 크로스미디어 전략을 맺고, 또한 꽃미남 공동체 속에 남장 여성 또는 남성적 여성을 등장시키는 내러티브는 여러 차례 반복되었다. 〈미남이시네요〉는 아예 남성 아이돌 그룹의 멤버들이 동거하는 생활환경에 쌍둥이 오빠를 대신하여 수녀가 되기 위해 준비 중이었던 여동생이 남장을 하고 들어와 함께 생활하는 가운데 생기는 로맨스를 다룬다. 실제 아이돌 출신이 그룹 멤버로 출연하고 주제가 작업에 참여함으로써, 아이돌 그룹 생활공간과 그들의 생활양식을 극화된 형식으로나마 '엿보고' 싶은 시청자들에게 어필했다. 〈성균관 스캔들〉은 무대를 과감하게 이조시대로 옮겨 성균관 동재, 서재에 숙식하던 고관대작의 자제들 사이에 몰락한 충신 집안의 총명한 딸이 남장하고 함께 숙식하며 살아가는 이야기로, 여전히 아이돌 출신이 남자 주인공을 연기하고 주제가 작업에 참가하는 등 크로스미디어적인 제작에 의지했다. 이 두 작품은 국내 시청률보다 해외에서의 인기, 지상파 방송시청률보다 인터넷을 통한 팬들의 열광도가 더 컸다고 평가할 수 있을 정도로 인터넷상에서 바람을 일으켰다. 그 이유는 물론 인터넷을 통한 영상물 소비에 익숙한 젊은 세대를 겨냥한 프로그램이라는 점이 중요히 작용했지만, 성정체성을 다룬다는 주제와 제작진이 의도적으로 선택한 미학적 특성이 중요한 역할을 했다. 다시 말해서 남장 여성과 남장 사실을 모르는 남자 주인공 사이의 연애 감정을 다룸으로써 동성애의 감정을 도덕적 검열의 위험 없이 다룰 수 있는 시나리오였기도 하지만, 드라마 속에서 남자 인물들 사이에 존재하는 미묘한 애정관계를 다루는 동시에 꽃미남-아이돌들을 돋보이게 하는 카메라워크로 눈을 즐겁게 하는 연출을 한 것이다. 〈미남이시네요〉는 이러한 시청자의 욕구를 더

다. 김유진, "日서 〈성균관 스캔들〉 DVD 선풍적 인기 …… '눈길'," 스타뉴스, 2011년 4월 21일. 다음 웹페이지에서도 볼 수 있다. http://news.nate.com/view/20110421n15251

욱 적극적으로 수용한다. 드라마가 다루는 아이돌 그룹 멤버들이 인터넷의 팬픽션을 읽으면서, "야 이거 봐, 이 속에서 우리가 삼각관계다, 재미있다"고 하는 부분은 시청자들이 이 드라마에 대해 야오이성 반응을 하고 있다는 것, 아니 그런 반응을 불러일으키는 남장 여성 설정을 하고 있다는 자기 반영적인 장면이다. 이 드라마들 속에서는 수많은 야오이성 팬서비스 장면이 들어 있고, 시청자들은 의도적으로 삽입되는 이러한 장면들에 매우 민감하게 반응한다. 〈성균관 스캔들〉의 남장 여성 김윤식이 혀로 입술에 묻은 검정을 핥는 장면의 클로즈업에서 이선준의 가슴이 뛰는 장면이라든가 두 남자 주인공 사이의 친밀한 장면 등등이 그러하다. 유튜브엔 수많은 남자 주인공들 사이의 야오이 장면만을 편집한 팬비디오들과 그중 특정 두 인물의 관계만을 발전시켜 편집한 슬래시 팬픽션들이 올라와 있다.[6] 이 두 드라마는 따라서 한국 텔레비전에서 남자들의 세계에 남장을 하고 들어온 남성적 여성 테마의 시조라고 볼 수 있는 〈커피프린스 1호점〉과 구분된다. 후자가 카메라 워크보다는 내러티브를 통해 사랑의 심리적 측면을 강조했던 반면, 〈미남이시네요〉와 〈성균관 스캔들〉은 드라마에서 꽃미남과 아이돌 문화를 좀 더 적극적으로 활용하여 아름다운 의상이라든가 감각적 연출에 더 심혈을 기울였다고 보인다.

이와 같이 한국의 꽃미남 담론과 아이돌 문화는 한국 대중문화 속에 널리 퍼져서 소년애, 동성애, 시각적 즐거움 등 성담론을 확장시키고 있고, 한류 콘텐츠의 일부로 초국적으로 소비되고 있는 것이 현실이다. 이 장에서는 아이돌 문화를 응결점으로 하여 드러나고 있는 한국의 현재적 성담론이 하나의 문화적 사건으로서 프랑스의 여성수용자에게 수용될 때 어떤 담

---

6 팬비디오 「Sungkyunkwan Scandal 성균관 스캔들: Kiss Kiss 잘금4인방」: http://www.youtube.com/watch?v=37Kx56lnDO8&feature=player_embedded, 2011년 10월 15일. 이 드라마는 〈꽃보다 남자〉에 뒤이은 커다란 인터넷 임팩트를 가져왔다.

론적 기제가 작동하는지 관찰하는 것을 목표로 한다. 한국에서는 이러한 나이 어린 연예인들을 성적 대상으로 갈망하는 팬덤현상을 도덕적으로 가능하게 만드는 이모팬덤, 누나팬덤, 삼촌팬덤이라는 문화적 필터가 작동한다. 그렇다면 이 담론이 서로 다른 서구의 성담론 속에 수용될 때 어떤 문화적 논리에 따라 어떤 담론을 작동시키는가?

3. 서구 드라마 팬의 아이돌 담론 수용

1) '보이즈 러브'와 '야오이' 담론 속의 아이돌 문화

프랑스에서는 1990년대를 거쳐 광범위한 만화 팬이 형성되었고(Bouissou, 2010), 2000년대 중반 이후 서유럽과 북미 전체에서 '야오이'물의 수입이 확대되었으며 야오이 문화에 직·간접적으로 연결된 팬 활동이 증가했다(Levi, McHarry & Pagliassotti, 2008). 프랑스의 1세대 여성 드라마 팬들 대부분이 만화와 만화영화 팬 활동 속에서 드라마를 발견했다는 점을 감안하면, 아이돌 문화의 동성애적 측면은 즉각적으로 '보이즈 러브' 장르에 속하는 해석을 유발하고, 굳이 동성애적 테마가 가시적이지 않더라도 아이돌이나 아이돌이 연기하는 인물들 사이에서 '보이즈 러브'를 읽어내는 '야오이' 담론 속에서 수용된다. '보이즈 러브'는 미디어에 상관없이 남자 주인공들 사이 연애의 감정을 다룬 만화, 소설, 만화영화, 영화, 드라마 전체를 일컫는데, 이것은 이성애 취향의 여성 작가에 의해 젊은 이성애 여성 수용자를 위해 창작된, 창작자, 콘텐츠, 수용자의 서클이 확실한 폐쇄적 장르이다. 이것은 일본에서 '야오이'라고 불리는 팬픽션 운동, 다시 말해 남성용 만화의 주인공들을 선택해 이들 사이에 애정관계를 부여하는 여성독자용 팬진 활동 도진시^{dojinshi}에 영향을 받아 만화산업 속에서 적극적으로 하나의 독립 장르로 정착되었다. 야오이는 이에 상응하는 서구 팬문화의 슬래시 팬픽션과 거의 동시적으로 1970년대에 가시화되었는데, 〈해리포터〉에 대한 광범위한 슬래시-도진시/팬진 현상에서 관찰되듯이 슬래시 문화와 야오이 또는 보이즈 러브란 두 문화권의 팬 하위문화가 현재 서로 영향을 미치고 있다는 주장이다(Levi, McHarry & Pagliassotti, 2008: 4). 서구 환경에서 슬래시 팬픽션이 꽃미남 담론이 배제된 내러티브 중심의 여성 팬 하위문화라면, 수입된 '보이즈 러브' 만화는 많은 남성 동성애자 팬들도 수용자층에 유인하고 있다고 보인다(Levi, McHarry & Pagliassotti, 2008: 2~3). 그 결과 일본과 한국 등 동아시아 야오이 문화 향유자들이 동성애 속에서 극단적인 이성애적 로맨스 지상주의를 구현한다면,[7] 서구의 야오이물 향유자들의 팬 활동(수입되어 출판된 보이즈 러브 만화 읽기, 온라인 커뮤니티 만들기, 야오이 출판자들에 대한 압력, 야오이물 창작)과 성적 취향은 훨씬 다양하고 동성애 문화를 지지하고 있다는 연구 결과도 있다(Pagliassotti, 2008a). 우리의 관찰 대상 포럼인 '도라마월드'의 경우도 절대다수 멤버들이 이성애 취향이지만 이들 중엔 '보이즈 러브' 소설을 써서 배포하는 동성애 성향의 남성 드라마 팬도 있다.

서구에서 '보이즈 러브' 장르의 수용효과에 대해서는 이견이 많다. 기존의 이성애적 로맨틱 판타지에 기댄 산물들과 그 내용 및 기능에 큰 차이가 없다는 주장(Pagliassotti, 2008b)과, 여성의 성정체성에 대한 지배적 담론으로부터 해방가능성을 제공한다는 주장(Stanly, 2008; Kee, 2008), 그리고 '보이

---

[7] 야오이 문화의 탄생지인 일본과 그것을 수입한 한국에서 야오이 담론은 동등한 남녀관계를 상정하는 로맨틱 판타지의 극단적 표현으로 생산·소비된다. 한국의 경우 이러한 여성 팬들의 로맨틱 판타지 성향은 드라마 제작에도 영향을 미쳐, 한국의 트렌디 드라마가 사실주의적 자의식을 포기하고 순정만화와 유사해졌으며(임희수에서 재인용, 2011: 71), 남장 여성을 등장시켜 동성애 문제를 다룬 최초의 드라마 〈커피프린스 1호점〉의 경우 드라마 속에 야오이와 팬픽의 낭만적 동성애 정서가 재현되고 있지만 결국 보수적인 사랑 지상주의의 한계를 벗어나지 못하고 있다는 연구도 발표된 바 있다(홍지아, 2005).

즈 러브' 장르와 야오이 문화가 동성애 내러티브의 생산과 수용을 복잡하게 만들고 있다는 서로 다른 연구 결과들이 있다(Isola, 2008). 결국 '보이즈 러브' 코드가 팽만한 한국의 아이돌 문화 또한 그 수용 효과를 가늠하기 힘든, 이처럼 다층적인 서구의 성담론 속으로 편입된다고 가정된다. 혈기왕성한 청소년들이 합숙하면서 생활한다는 아이돌 문화는 동성애 내러티브로 가득하며, 방송사와 기획사가 의도적으로 연출한 직·간접적 동성애적 표현들로 꽉 차 있다. 이것은 굳이 '보이즈 러브' 장르의 팬들이 아니더라도 소녀만화를 통해 널리 퍼진 미소년/꽃미남들과 남장 여성을 통한 가벼운 '보이즈 러브' 테마에 익숙한 프랑스 여성 팬들을 열광시키는 중요한 요소이다. 프랑스 드라마 여성 팬들은 드라마 속에 삽입되는 꽃미남이나 몸짱의 노출 장면이나 아름다운 자태를 돋보이게 하는 연출에 매우 민감하며, 이 장면들만을 편집하거나 반복해서 감상한다. 팬들의 일부는 드라마나 뮤직비디오를 넘어 팬들이 찍은 사진이나 유튜브에서 발견되는 범상한 아이돌들의 일상 속에서도 동성애적 표현을 적극적으로 읽어내기도 한다.[8]

2) '소녀팬질'

이와 같이 꽃미남 아이돌들에 대한 열광은 팬들이 스스로 '소녀팬질fan-girlisme'이라고 부르는, 성인 나이에 걸맞지 않다고 생각하면서도 즐겁게 받아들이는 일종의 퇴행성 팬 활동이다. 만화문화의 의례화된 각종 팬 활동들(각종 만화 코믹콘에 참가하기, 코스플레이, 팬픽션 쓰기 등)은 참여적이고 능동

---

[8] 예를 들어 빅뱅의 「집에 가지 마」의 텔레비전 프로그램 퍼포먼스 비디오에 대해서 노래의 내용인 여자친구와의 연애라기보다는 지드래곤과 탑 사이의 사랑싸움으로 보인다는 코멘트가 달린다거나, 2011년 6월의 SM사 소속 가수들의 파리 공연 기자회견 사진 중 샤이니의 막내 태민을 둘러싼 다정한 손길들에 대한 동성애적 해석 등 많은 사례가 있다.

적인 특성으로 인해 만화 팬 하부문화 속에서 긍정적인 팬 행위로 자체 평가받는 것이지만, 소녀팬질은 어린 소녀들이 우상 앞에서 이성을 잃고 소리 지르거나 혼절하는, 전통적인 대중문화 향유의 저급성을 대변하는 행위로 구분되는 행위이다. 비록 그것이 동아시아 드라마 팬들만이 왕래하는 팬 포럼에서이지만 스스로 연하 아이돌들의 열광적 팬임을 드러내는 것, 그들의 뮤직비디오를 반복 시청하고 아이돌과 꽃미남들의 드라마 속 노출 장면이나 섹시한 장면의 영상을 화면 캡처를 통해 잡아내어 포럼에 게시하고 다른 멤버들과 함께 코멘트하며 즐기는 것은 혼자 은밀한 시각적, 정서적 즐거움을 얻는 것과는 다른 행위이다. 이것은 공동의 취미를 지닌 드라마 포럼 속일지라도 때로는 서로에게 정당화를 부여해야 하는 '유별난' 행위로 간주된다. 따라서 새로 팬으로 등록하는 멤버들이 자기를 소개할 때면, 반드시 "여기서는 걱정 말고 자신의 열정을 털어놓아도 된다. 여기에선 '보고스' 사진 앞에서 단체로 열광하는 것이 당연한 분위기다"라고 팬포럼의 분위기를 밝히고 새로운 멤버의 무장해제를 도와준다.

'도라마 월드'의 드라마 및 아이돌과 관련된 토론 섹션에서는 항상적으로 다음과 같은 격의 없는 직설적 대화가 오간다.

① 아아아이이이이이이! 드디어 그 드라마의 주인공이 누가 될지 발표됐어!

② 너는 아직 일본 드라마만 봤는데, 한국 드라마 초반 에피소드에서 볼 수 있는 경이로운 팬서비스의 세계를 발견하게 해주고 싶군(반드시 그런 건 아니지만 일반적으로 샤워 장면을 볼 수 있는데 근처에 클리넥스 통을 준비하고 봐야지 흐르는 침을 닦을 수 있어).

③ 그와 비슷한 스타일로는 레인이 프로듀서인 엠블랙의 비디오를 꼭 봐야 돼(오 예!). 거기에 터질 듯한 애들이 많은데(특히 앞에서 티셔츠 올리는 아이) 그리고 SS501도 볼

만하지. 이 애들은 모두 엄청 잘생겼는데(제일 못생긴 애두 진짜 잘생겼다니깐)…….

④ 에구, 방금 기억났는데 동방신기와 SS501의 뮤직비디오를 대형화면에 돌비 5.1시스템으로 아직 다 보질 못했네……. 내 남친을 내보내야겠어. 지후와 재중을 보고 즐기는 것은 여자들끼리 아님 혼자 할 일이지……. 미로틱(내가 이 비디오를 좀 끈질기게 물고 늘어지는 거 알아)을 대형화면에 틀고서 준수가 몸을 물결처럼 흔들고 윤호가 태연히 엉덩이를 움직이는 걸 보는 것은, 감히 말하건대 화면에 너무 가까이 있으면 화면이 축축이 젖는다니까.

이와 같은 집단적인 '소녀팬질'은 어린 아이돌에 대해서뿐만 아니라 잘생긴 한국 배우들 전체를 대상으로, 때로는 그들의 연기력과 퍼포먼스에 대한 찬양과 함께 오간다. 이러한 아이돌과 미남배우들을 포함한 동아시아 남성 이미지는 한국의 드라마와 연예 산업이 생산하는 결혼을 전제하는 이성애와 로맨틱 내러티브를 동반하는 것이지만, 프랑스의 여성 팬들은 위에 인용된 대화에서 볼 수 있듯이 내러티브가 제공하는 판타지에 동의하거나 그를 통한 현실회피로 나아가는 것이 아니라 남성 이미지를 내러티브에서 분리해내어 적극적인 시각적 즐거움의 대상으로 삼는다. 이러한 '소녀팬질'에 대해 비판적 코멘트를 하는 '도라마 월드'의 남성 멤버들과의 대화 속에서, 여성 팬들은 동아시아 남성의 아름다운 육체에 대한 찬미가 여성성을 해방시키는 데 기여한다고 주장한다.

4. 디지털 시대의 시각적 쾌락^{Digital Scopophilia}

위에서 언급했듯이 한국 드라마를 포함한 동아시아 드라마의 유통은 기존의 만화문화에 기초한 것이고, 이 글에서 다루는 아이돌 문화의 수용은 만화와 드라마가 속한 매체담론의 차별성이 핵심적 맥락으로 이해되어야 한다. 만화 텍스트가 수년 동안 시리즈로 출판되어 등장인물 캐릭터를 스타로 만들어 캐릭터 산업과 게임산업에 밀접하게 연관된다면, 드라마는 문화산업 속에서 초텍스트적으로 존재하는 스타들을 드라마가 재현하는 일상생활 공간 속에서 만날 수 있게 하여 매우 친밀한 욕망의 대상으로 만든다. 만화를 원작으로 한 드라마 제작의 증가는 두 세계의 크로스미디어적 관계를 내화한 관객의 수용 자세를 개발한다.

> 좋은 만화(특히 『풀하우스』와 같은 소녀만화)를 읽는 것은 즐거운 일이지만, (좀 우습게 들려도 별 수 없어) 페이지를 넘길 때마다 만화의 네모 칸이 움직이며 종이에 고정된 인물들이 실제 몸을 지닌 배우들로 변하는 걸 상상하게 되는군…. 그럼 당장 모든 것의 차원이 달라지지…. 마치 그 둘 사이에 정서적 끈이 연결되어 있는 것처럼 둘 사이를 단절할 수가 없죠.

만화가 손으로 그린 그림이라는 점에서 스캔레이션 등 유통 차원에서 디지털 문화의 영향을 받았다면, 드라마는 제작, 유통, 수용 과정 전체에서 디지털 문화로 인한 변화를 겪고 있다. 드라마는 디지털로 제작 송신됨으로써 인터넷을 통해 전 세계에 마음대로 유통될 수 있을 뿐만 아니라 화면 캡처 등을 통해 가공되고 마음대로 편집될 수 있는 일차 자료가 되었다. 특히 인터넷 용량과 속도가 발전하면서 드라마는 고화상으로 제작·유통되고, 고화상을 100% 즐길 수 있는 대형 텔레비전 수상기 위에서 다운로드된 드라마 화면을 시사할 수 있게 되었다. 이것은 아이돌과 꽃미남 담론이 전 세계에 유포되고 향유될 수 있게 한 필수적인 매체환경으로, 아이돌문화를 구성하는 핵심적 요소이다. 디지털 기술은 원하는 장면의 집중적이고 반복적 시청, 아이돌 영상의 한없는 증가, 확대, 공유, 유통, 편집을 가능케 했고, 원하는 시간에 원하는 장소에서의 향유를 가져왔다. 인터넷 강국인 한국의 발달한 디지털 기술과 팬문화 또한 유튜브와 페이스북 등 온라인으로 동원가능한 아이돌 영상의 일차 자료를 한없이 확대시켰다. 일본의 만화문화가 출판대국답게 팬진인 도진시를 중심으로 발달했다면, 정보기술과 인터넷 강국인 한국이 인터넷을 통해 드라마와 케이팝, 아이돌 문화를 세계 속으로 전파하는 것은 흥미로운 관찰대상이다. 이 둘 사이를 연결하여 만화 팬들을 드라마 팬으로 유도한 것이 만화를 원작으로 한 드라마라는 점 또한 매체와 대중문화 형식 사이의 밀접한 관계를 예시하는 사례이다.

아이돌 문화의 전 세계적 수용은 디지털 시대의 시각적 쾌락에 의존한다. 영화이론이 설명하는 시각적 쾌락은, 암실이라는 변별적인 특수 공간에서 고정좌석에 묶인 관객이 꿈을 꾸듯이 거대한 스크린에 투사된 영상에 지배되면서 영상 속 욕망의 대상에 대해 유아기적 퇴행을 겪는 과정에서 경험하게 된다(Metz, 1977/2002). 그런데 앞에서 예시한 아이돌 여성 팬들이 '소녀팬질'을 통해 즐기는 시각적 쾌락은 영화가 제공하는 것과는 본질적으로 다르다. 논쟁적인 멀비의 논문이 전제하고 있듯이 영화의 시각적 쾌락이 내러티브에서 벗어나기 힘들다면(Mulvy, 1975), 디지털 고화상으로 유통되는 드라마와 뮤직비디오 영상은 수용자가 마음대로 내러티브로부터 분리해내어 가공하고 특수 공간이 아닌 일상생활 속에서 다양한 형태로 시각적 쾌락을 제공할 수 있다. 또한 영화장치$^{appreil\ cinématographique}$가 카메라의 뒤에 있는 감독으로서의 남성적 시선을 투사하여 영화 스크린 속 여성 신체를 페티시로 만들어 주술적으로 무효화시킨다거나 내러티브적 복수를 가한다면, 디지털 기술을 통한 영상수용의 기제는 로맨틱 판타지를 강조하는 내러티브로부터 욕망의 대상인 피사체만을 자유로이 떼어내어 드라마의 세계와 상관없이 다양한 상태로 가공하면서 전유할 수 있게 해준다.

이러한 디지털 시대 팬들의 영상 수용 양식을 반영하기 위해, 드라마는 내러티브상 반드시 필요하지는 않지만 시각적 즐거움을 목표로 하는 팬서비스 시퀀스를 의도적으로 포함하고 있다. 주인공의 신체를 노출하는 샤워나 운동 장면, 잦은 클로즈업과 슬로모션 등[9]이 바로 그것이다. 즉각적인 신체적 효과가 있는 모든 텍스트를 일부 학자들은 '신체 장르$^{body\ genre}$'[10]라고 부르고 포르노적이라고 규정한다(Williams, 2004). 인터넷이 제공하는 온라인 포르노 서비스와 각종 소프트 포르노의 유통 및 수용에 대한 관찰에 따르면, 컴퓨터 테크놀로지가 가져오는 변화는 콘텐츠 유통차원만이 아니라 기술 자체가 주는 감성적 내용$^{affective\ charge}$도 중요하다(Pattersons, 2004). 앞에서 인용한 댓글 4가 보여주듯이, '소녀팬질' 속에서 스스로를 해방시키는 여성 아이돌 팬들은 아이돌의 영상이 투사되는 컴퓨터 화면과 거의 에로틱한 관계를 맺고 있음을 알 수 있다. 스스로 선택하고 가공하여 원하는 시간에 원하는 환경에서 대형 모니터에서 시사하는 고화상 디지털 영상은, 주어진 영화영상의 소비와는 다른 수용자의 능동성을 요구한다. 여성 신체의 대상화와 비교되는 남성 신체의 대상화가 이루어지더라도 이것은 대상이 나이 어린 아이돌, 그리고 꽃미남이라는 모호한 성정체성을 지니고 있기 때문에, '보이즈 러브' 만화에서 재현되는 아름다운 남성파트너들의 경우처럼(Wood, 2006) 수용자를 부동의 안전하고 고정된 성정체성의 위치로 소환하는 것이 아니라, 자신의 젠더 정체성 놀이를 할 수 있는 다차원적 동일시 위치를 창출하는 퀴어^{Queer} 텍스트이다.

---

9 드라마는 팬서비스 차원에서 제공되는 시각적 쾌락용 비주얼 이외에도, 내러티브상으로 수용자 개인도 일상생활에서 경험할 수 있거나 적어도 동감할 수 있는 시퀀스들을 통해 눈물, 웃음, 창피함, 멋쩍음 등 신체적 효과를 동반하고 감동을 주는 서비스 의존적 장르다.
10 이것은 오히려 시각적 특수 효과에 기인해 관객의 신체에 롤러코스트 효과를 내는 영화들에 대한 쥴리에$^{Laurent\ Jullier}$의 포스트모던 스크린 논의를 발전시켜 관객에게 직접적 신체 효과를 가져오는 극단적 장르의 효과로 논하는 것이 더 옳다고 보는데, 이 논의 자체가 또 다른 연구를 필요로 할 것이다(Jullier, 1997).

5. 새로운 아시아 남성성? 또는 네오 오리엔탈리즘?

앞에서 분석한 바와 같이 크로스미디어 전략을 구사하는 대중문화산업이 생산하고 제공하는 동아시아 아이돌과 미남 스타들에 대한 열광적 반응은 서구 미디어가 만들어 유통시킨 기존의 지배적인 아시아 남성들의 스테레오타입을 뒤엎는 것이다. 할리우드가 전 세계 속에 유통시킨 기존의 아시아 남성상이 무술엔 능하나 여성을 매혹시킬 수 없는 유아적인 존재로 그려졌다면(제2장), 프랑스의 여성 팬이 열광하는 한국의 아이돌과 미남 스타들은 잘 만들어진 근육을 과시하고 패셔너블하며 로맨틱한 이미지를 잃지 않고 춤추고 노래할 줄 아는, 과거 할리우드 스타에 버금가는 성적 매력을 지닌 존재들이다. 게다가 할리우드 스타들처럼 멀고도 '잘난' 존재들이 아니라,[11] 주간 연속극에서 먹고 자는 것을 볼 수 있고 텔레비전 오락프로그램에서 실수하고 웃음거리도 되며, 일상생활의 일거수일투족이 노출되어 있는, 스타와 미디어 셀러브러티의 중간쯤 되는 친근한 존재들이다. 텔레비전에 출연해서 친근하게 무너져주기도 하고 페이스북과 트위터를 통해 상냥하게 팬들에게 웃어주는 한국의 연예인들은, 영화나 음반이 성공하여 스타덤에 오르면 대중에게서 멀어지고 도도해지는 할리우드와 서유럽 스타들과 확연히 구분되는 새로운 대중문화의 스타로 관심을 끌고 있다. 특히 얼굴짱을 지나 몸짱으로 발전한 연예계의 섹스어필 분위기와 각종 팬 서비스들은 한류 스타들을 새로운 섹스 심벌로 만들고 있다. 이것은 심지어 비-레인이 나온 최근의 〈닌자 어쌔신〉에서까지 아시아 남성을 한 번도 섹스어필한 존재로 대접해주지 않은 할리우드의 백인우월주의에 역행하는 것으로 그 자체로 의미 있는 현상이다. 여기서 더욱 흥미로운 것은 한류 남자스타들이 서구의 대중문화에는 없는 새로운 남성상을 유통시킨다는 점

---

11 지적이고 우월한 측면이 부각되는 디카프리오나 클루니 등을 보라.

이다. 한국의 연예인들은 성형과 근육운동을 통해 메트로섹슈얼하면서도 과시할 근육이 있는 몸을 가꾸고 있지만 그것을 굳이 할리우드 스타들처럼 남성적 우월성으로 포장하는 것이 아니라 수용자들에게 즐거움을 주기 위한 무기로 사용한다. 또한 일본 야오이 문화의 확산에서 기인한 것으로 보이는 남자 주인공 사이의 연애 테마가 다양한 형태로 가공되어 드라마(예를 들어 드라마의 각종 남장 여성 테마)와 연예프로그램(아이돌의 반전 드라마 류의 팬서비스 시퀀스들) 전체에 퍼져 있는데, 해외의 여성 팬들 또한 이러한 미장센에 매우 민감하다. 여성 수용자를 겨냥하는 대중문화 산물이 부족한 서구의 매체환경에서 이와 같이 한류가 생산하는 새로운 남성상은 도덕적 평가의 대상이 아니라 성정체성 담론에 새로운 의미를 부가한다는 점에서 각 수용국가의 문화수용 속 권력관계를 맥락으로 하는 흥미로운 관찰거리를 제공한다.

개별 드라마의 내러티브와 분리되어 행해지는 아이돌 이미지에 대한 팬들의 시각적 쾌락 추구에 병행하여, 드라마가 제공하는 재현의 세계는 아시아의 근대성을 이해하고 싶은 욕망을 자극하는 초텍스트로 수용된다. 팬들은 드라마 속에서 반복되는 연애의 코드, 또는 인간관계의 코드, 장르의 코드를 잘 파악하고 있으며, 스타들의 초텍스트적 경로를 꿰듯이 알고 있다. 그러나 이러한 글래머로 가득한 스타들이 살아가는 동아시아의 근대성은 이해할 수 없는 일들로 가득하게 느껴진다(제6장 참조). 이러한 동아시아 근대성에 대한 의문은 특히 한국 드라마에서 극대화되어 있다고 보인다. 한국의 스타들이 매력적일수록, 그들이 살아가는 동아시아의 이해할 수 없는 근대성은 서구의 물질주의적 근대성을 넘어서는 더욱 매력적인 무엇이 되는 것이다.

앞에서 연하의 아이돌에 대한 '소녀팬질'이 현실 속에서 실현 불가능한 이국성 때문에 팬들이 자책 없이 즐길 수 있는 안전한 열정이라고 설명한 바 있다. 그래서 디지털 문화가 제공하는 모든 기술적 가능성을 동원하여 꽃미남 아이돌의 이미지 속에서 적극적으로 디지털 시각적 쾌락을 추구한다고 설명했다. 그런데 프랑스의 성인 여성 팬이 동아시아 아이돌과 미남 스타들에게 성적으로 이끌린다는 사실 속에는 나이 차이가 가져오는 힘의 불균형과 더불어, 백인 여성과 유색인종 남성 사이의 성적 어필에 대한 오래된 식민주의적 담론이 끼어들기 때문에 조심스러운 해석이 요구된다.[12] 식민주의의 잔재로서 그리고 글로벌 매체가 부추기는 백인 남성의 성적 우월성 담론 속에서 대부분의 백인 남성들의 눈에 아시아 남성은 여성적이거나 무성적, 또는 유아적, 때로는 게이다운 것으로 보여 전혀 그들의 여성 파트너들을 앗아갈지도 모르는 경쟁의 대상이 아니다. 그렇다면 아이돌 팬덤에서 관찰되는 백인 여성들이 지닌 아시아 남성들에 대한 열망은 이러한 서구 사회에 지배적인 남성성masculinity 담론에 역행하는 어떤 저항성이 담긴 행위일까? 아니면 적어도 열망하는 남성성의 미학적 변화를 의미하는 기표일까?

한국 아이돌과 꽃미남들에 열광하는 '도라마 월드'의 여성 멤버들에 따르면 서구엔 소녀팬질을 할 만한 '일차적 대상'이 희귀하다고 한다. 즉, 여성에게 시각적 쾌락을 줄 수 있도록 잘생기고 아름다울 뿐 아니라 성적 욕망의 대상이 되는 남성상이 서구 대중문화에 희귀하다는 것이다. 다시 말해서, 아시아 남성만을 '선호'하는 취향이라기보다 동아시아의 대중문화가 생산하는 현재적 아시아 남성상 속에서 서구 대중문화에는 희귀한 어떤 대안적 남성상을 발견하고 있는 것은 아닌가라는 가설이 가능하다. '보이즈 러브'와 야오이 팬픽션에 대한 연구들은, 이것이 동성애에 대한 가시성을

---

12 흑인 남성을 과도한 남성성을 지닌 동물적 존재로 이해하는 서구의 집단적 상상력은 현실 속 백인 여성들의 아프리카로의 섹스 관광 사례 등을 통해 강화된다. 이것은 한국에서 힘센 마당쇠에 대한 성담론과 비교될 수 있는 것인데, 여기에 인종주의적 힘의 불균형이 부가된 것이다.

높이기는 하지만 동성애의 현실과는 무관한, 평등하고 연애 지상주의적인 남녀관계에 대한 여성적 판타지를 적극적으로 충족시키는 것이라고 평가한다(Levi, McHarry & Pagliassotti, 2008). 서구의 백인 여성 팬들에게 쇼조망가의 인물이 살아 움직이는 것과 같이 느껴지는 드라마의 세계에는, '보이즈 러브' 만화에서 걸어 나온 듯한 꽃미남들이 부러움의 대상인 동아시아의 근대적 소비환경 속에서 로맨틱 코미디의 주인공으로 살아간다. 이 동양 남자들은 '보이즈 러브' 만화가 아이콘으로 생산한 국적도 성별도 희미한 '텅 빈' 아름다움을, 정체성이 확실한 살아 있는 아이돌 이미지로 채워주는 것이다.

동아시아의 한류에 대한 연구들은 동아시아 내에서 대스타가 된 한류배우들이 종종 무성적 팬 관계를 맺는다거나(양은경, 2006: 198~238), 아름다운 외모뿐만 아니라 로맨틱 내러티브 속에서 드러나는 여러 동아시아적 인간적 가치들을 구현하기 때문이라고 그들의 인기의 원인을 밝힌 바 있다. 이에 비해 유럽 여성 팬의 동아시아 아이돌에 대한 열망은 일차적으로 시각적 쾌락을 추구하는 외모 지상주의적이고 표피적인 것으로 보일 수도 있다. 그러나 어떤 인간유형이 욕구의 대상이 되는 것은 결코 가벼운 일도 정치적으로 무의미한 현상도 아니다. 할리우드 영화스타들이 백인지상주의적 미학의 헤게모니 관철을 통해 세계 속 백인우월주의에 어떻게 기여했는가를 고려한다면(Dyer, 1997), 한국의 아이돌과 미남 스타들에 대한 서구 여성 팬들의 열망이 동아시아의 현실 속 권력상승을 동반하면서 동서 간 성정체성 헤게모니 지형에 실질적인 변화를 가져오는지에 대해 질문을 제기해야 할 것이다. 할리우드라는 제도화된 상상력이, 우월한 무술로 수십 명을 대적할 수는 있어도 절대로 성적 매력은 부여하지 않았던 동양 남성들이 실제로 인터넷 공간에서는 '그들의 여인'인 백인 여성 팬들의 욕망을 사로잡고 있는 것이다.

6. 미디어와 젠더 연구의 함의

앞에서 동아시아란 특수한 환경에서 발전한 아이돌 문화가, 그것도 한국적 연예문화의 특수성을 지닌 한국 대중문화 속의 아이돌을 둘러싼 성담론이 어떻게 서유럽에 수용되고 있는지 프랑스의 팬포럼에 대한 참여관찰을 통해 연구했다. 그 결과 아이돌문화는 만화문화를 통해 서구에 수용된 '보이즈 러브' 장르와 '야오이' 문화, 그리고 서구에 자생적인 슬래시^{Slash} 팬픽션 문화를 기본으로 하는 담론 구성체 속에 수용되고 있다는 사실과, 프랑스의 여성 팬들이 구체적인 수용 과정에서 아이돌을 로맨틱 판타지에서 분리해내어 디지털 시각적 쾌락을 생산하는 방식으로 향유하고 있다고 분석했다.

이와 같은 이 장의 내용은 사실 미디어와 젠더에 관한 좀 더 심층적 논의, 추가 연구, 그리고 이론적 발전을 요하는 중요한 연구 문제들을 제기하는 것이다.

첫째, 퀴어와 정치성 문제로의 발전이 요구된다. 이 글에서 관찰한 프랑스 한국 드라마 여성 팬의 아이돌에 대한 '소녀팬질'은, 제도권 미디어들이 제공하는 지배적인 미디어 콘텐츠(이 경우엔 미국과 프랑스산 텔레비전 픽션 시리즈)와 지배적 재현(인종과 성 스테레오타입에 의존한 성정체성)을 거부하고 '밑으로부터 행해지는' 세계화이다. 그리고 한국의 아이돌과 꽃미남 배우들은 기존 할리우드 영화가 퍼뜨린 지배적인 동아시아 남성의 스테레오타입을 벗어나 동아시아의 근대성과 관련된 새로운 남성상으로 수용되고 있으며, 이것은 다문화와 혼종성에 대한 열망의 일환이라고 해석했다. 이것은 한국 내부의 아이돌 문화가 지닌 수많은 문제점을 넘어서서, 세계화의 문화적 과정에서는 매우 다른 효과를 낼 수 있다고 보인다. 모든 문화 현상은 정치적 차원을 지닌다. 이 점에서 꽃미남과 아이돌이 동반하는 문화소비 현상은 유럽의 우월성이나 인종주의적 보수경향에 반기를 드는 문화실천이라고 평가된다. 2011년 7월 노르웨이에서 벌어진 참살극의 주인공인 극우 행동주의자 브레이비크$^{\text{Anders Behring Breivik}}$가 서구 남성 정체성에서 메트로섹슈얼의 경향이 득세하는 데 대한 반감에서 근육 키우기 등 스스로의 몸을 '남성화'하려고 노력했다는 것은 성과 정치가 어떻게 한 배를 타고 있는지를 말해주는 사례이다. 그는 군사문화적이고 '사나이답다'고 생각한 한국을 이상적으로 여겼다는데, 한국 대중문화의 헤게모니를 쥔 아이돌 문화를 몰랐던 것이 틀림없다. 디지털 문화가 가능케 한 이러한 밑으로부터의 세계화는 성 수행성에 있어서 사용 가능한 자원^{registre}의 범위를 무한대로 확장하는 결과를 가져왔다. 이것은 당장에 성정체성 헤게모니에 위협이 되는 저항세력으로 응집되지 않더라도, 서구문화의 성정체성 담론구성체에 질문을 던지는 퀴어의 논리에 중요한 자원을 제공하는 현상이라고 생각된다. 동아시아 문화산업 컨버전스가 가져온 새로운 아시아 스타들에 대한 서구 및 전 지구적인 팬들의 열광이 미국과 서구 문화산업의 젠더와 인종정치학에 향후 어떤 영향을 미칠 수 있을 것인지도 주목해야 할 것이다.

둘째, 디지털 시대의 시각적 쾌락에 대한 심층적 연구가 필요하다. 이 장에서 한국의 아이돌, 꽃미남 문화 향유에 대한 서구 여성 팬들의 향유는 영화에서 발전된 남성 시선과 영화기제, 영화 내러티브론에 기초한 시각적 쾌락이론과 구분되는 여성의 시선에 의해 인터넷으로 유통, 가공, 소비되는, 내러티브로부터 분리된 시각적 쾌락에 기초한다고 주장했다. 따라서 이 글은 남성 주체의 영화 이론을 기반으로 발전된 내러티브와 꿈의 무의식적 기제인 투사에 기반을 둔 시각적 쾌락과 구분되는, 내러티브 맥락에서 이탈하여 자유로이 움직이는 대낮의 백일몽과 같은 디지털 매체가 가능케 하는 시각적 쾌락의 문제를 새로운 '쾌락^{pleasure}'의 패러다임으로 제기하는 것이다. 영화이론 속의 시각적 쾌락 논의는 남성중심적 화두라는 점에서, 이에 기초한 로라 멀비$^{\text{Laura Mulvi}}$의 초기 주장은 수많은 비판과 수정을 겪어왔다. 이 책에서 필자는 디지털 매체의 수용에 대한 관찰을 통해, 통합체적인 내러티브와 분리된 시각적 쾌락의 가능성을 제기하고 있다. 앞에서 '통합체적'인 드라마의 문법에 대한 팬들의 객관적인 접근에 대해 상세히 설명했다. 팬들이 한국 드라마와 반복적인 로맨스의 문법을 알고 있다는 것은, 드라마 보기의 기대를 더욱 '계열체적' 요소에 집중하도록 만든다. 일회적 영화와 반복적인 드라마, 영상과의 관계에서 투사라는 피동성과 스크린 캡처라는 능동성, 밤에 작동하는 억압된 욕망이 지배하는 꿈과 낮에 실천되는 욕망 드러내기 또는 백일몽이라는 상징적인 차별성 등, 이 장에서 제기한 디지털 시대의 시각적 쾌락 문제는 이 책의 주제를 넘어선 새로운 미디어 수용과 쾌락에 대한 연구 문제를 제기하고 있다. 향후 다른 지면을 통해 이론적 정교화와 구체적 관찰로써 발전시켜나갈 중요한 화두라고 생각한다.

셋째, 앞의 두 연구문제가 포르노 연구$^{Porn\ Studies}$와 팬 연구$^{Fan\ Studies}$에서 배울 점이 많다는 사실이다. 이것은 일방적인 배울 점이라기보다 미디어 문화연구와 이들과의 '대화'라고 하는 것이 옳을 것이다. 린다 윌리엄스$^{Linda\ Williams}$는 즉각적인 신체적 효과가 있는 모든 텍스트를 포르노적이라고 규정한다. 그의 정의에 따르면 '신체 장르'라고 부르는, 무서워 몸을 경직시키는 호러영화, 눈물을 흘리게 하는 멜로드라마, 성적 흥분을 유발하는 에로물들이 모두 포르노적인 것이다. 영화를 기본 매체로 한 윌리엄스와 다른 포르노 연구의 결과들은 영화가 아닌 다른 매체로 확장시킬 수 있을 것이고, 그 경우 신체 장르에 대한 사고는 이러한 호러, 멜로, 에로물을 훨씬 넘어서는 것으로 보인다. 프랑스의 영화 이론가 줄리에는 시각적 특수효과에 기인해 관객의 신체에 롤러코스트 효과를 내는 영화들을 '포스트모던 스크린'(Jullier, 1997)이란 개념으로 설명한다. 이러한 미디어 소비의 즉각적인 신체 효과에 대한 사고들은 시청자에게 눈물과 분노감, 쾌락을 주는 한국의 멜로드라마와 로맨틱 코미디, 그리고 크로스미디어로서 존재하는 아이돌 문화를 심층적으로 이해하는 데 중요한 열쇠를 준다고 생각한다.

기호학적이고 화용론적인 차원의 열려진 텍스트의 주체를 넘어서서, 수동적 텔레비전의 수용자 개념을 부수고, 능동적이고 생산적인 콘텐츠 향유자의 개념을 발전시킨 팬 연구 또한 미디어 문화연구에 많은 영감을 준다. 특히 디지털 문화는 전례 없이 풍부하고 효과적으로 수용자의 권력을 증가 empowering 시켰다. 팬들의 표현력의 공간인 동시에 국제적 공동 작업을 가능케 한 웹2.0 환경과 소셜 미디어는 인터넷상에서 소통가능한 모든 문화 콘텐츠를 집단적 문화향유의 대상으로 만들었다. 팬 현상 속에서 발견되는 개인 팬들의 역량이야말로 하버마스가 공론장의 이상형으로 삼았던 18세기의 부르주아 살롱에서 이루어졌던 문화 공론장을 닮았다. 이성적으로 비판하고 적극적으로 참여하며 팬덤의 대상의 최대한의 향유를 위해 자신의 능력과 시간이라는 자원을 기꺼이 투자하는 팬의 문화야말로 '공공의 선을 위한 이성의 사용'이라는 하버마스적 규정에 정확히 부응하는 것이다. 그런데 이러한 이해는 '이성'과 '공공의 선'의 내용에 대한 엘리트주의적 접근의 한계에서 벗어나야 가능하고, 특히 스스로 팬덤의 세계를 경험해봐야 이해가 가능한 것이다.

팬덤의 '팬fan'은 '광적인'을 의미하는 'fanatic'에서 온 단어로, 종교적인 비이성, 열광, 집단주의 등 부정적인 의미를 내포하고 있어서 팬 현상에 대한 사회과학적 접근에 장애가 되어온 것이 사실이다. 또한 팬덤에 대한 연구는 스스로 팬이 되어본 학자들이 우선적으로 이해했다는 사실에서 보이듯이, 팬덤 외부의 학자들의 눈에는 비이성적이고 자기도취적이며, 사소한 사례를 가지고 과잉 일반화하는 것으로 보이는 부분이 있다. 컨버전스 문화 연구의 선구자인 젠킨스는 팬 연구에서 연구 활동을 시작했고, 그 또한 스스로를 학자-팬aca-fan13으로 간주한다. 여성 팬 집단의 슬래시 픽션 활동

---

13 '학자-팬'으로서의 그의 정체성을 적극적으로 전개하는 그의 인터넷 사이트 또한 참조할 만하다. http://henryjenkins.org.

이나 한국 아이돌에 대한 야오이 팬픽션, 그리고 한국 아이돌에 대한 국제 팬클럽의 각종 활동은 스스로 팬이 되어보기 전에는 이해하기 힘든 부분이 많다. 2012년의 수작 〈응답하라 1997〉이 보여준 것과 같이 팬 활동은 한 시대 또는 세대의 공통 경험과 떼어놓을 수 없는 것이고, 그런 이유에서 풍요로운 사회학적 연구의 대상이다. 이 책에서 소개한 연구를 위해 필자는 거의 3년간, 프랑스 팬 집단의 일원으로 팬들과 함께 드라마를 시청하고 그들이 사용하는 한국 드라마의 세계적 포털 사이트들을 전전하면서 지역어로 생산되는 한국 드라마가 어떻게 세계 속에 유통되는지 연구했다. 이 과정에서 만나게 된 팬들의 한국 드라마 블로그 운영의 철학과 팬서빙 팀들의 활동, '도라마 월드'를 포함한 몇몇 팬포럼의 운영 방식은 이러한 팬덤 현상이 하버마스의 문화적 공론장 이론을 디지털 문화 시대에 걸맞게 발전시키는 중요한 열쇠가 될 수 있다는 생각을 하게 되었다.

한국은 고속 인터넷 보급률과 사회의 정보화율만 높은 것이 아니다. 2011년 서울시장 재보궐선거에서 나타난 것과 같이 소셜 미디어의 사회적 사용에서도 전례 없는 적극성과 창의성을 보여준 바 있다. 문화 간 커뮤니케이션의 엘리트 집단인 팬섭팀들이 보여주는 문화 공론장에의 시민 정신과 소셜 미디어의 엄청난 힘이 만나는 곳에서 세계화와 디지털 문화 시대의 사회 변동의 에너지를 발견하는 연구가 요구된다.

제8장

케이팝의 가능성과 한계

> 나의 성공은 내가 노력해서 만든 것이 아니다. 난 7월 초에 「강남스타일」의 뮤직비디오를 유튜브에 올렸을 뿐이다. 오늘의 성공은 모두 여러분들이 만든 것이다.
> _ 가수 싸이

> 싸이의 성공은 동방신기와 소녀시대 팬들에겐 비극이다.
> _ 2012년 가을 언론학회의 '한국 대중문화산업의 컨버전스에 대한 라운드테이블'에서
> 서울대 김수아 박사

1. 가설들

이 책의 제1장에서 제7장까지 주로 드라마 팬덤을 참여관찰한 내용을 세계화와 디지털 문화 환경의 새로운 문화실천으로 분석해보았다. 이 과정에서 아이돌 문화와 동아시아 문화산업의 크로스미디어 전략을 다루면서 한류의 또 다른 힘인 대중음악과 케이팝에 대해 부차적으로 언급했다. 이 장에서는 마지막으로 한류를 가시적으로 세계 속으로 이끌고 간 견인력을 지닌 케이팝 현상을 이 책에서의 접근 방식으로 분석해본다. 이것은 집중적 현장 연구를 통해 얻은 정보를 대상으로 하지 않기에 '가설들'이라고 제목을 붙였다. 드라마 팬들이 케이팝 팬들인 경우가 대부분이지만 케이팝 팬들이 꼭 드라마 팬은 아닌 두 집단의 상관관계를 고려할 때, 드라마 팬덤을 관찰하면서 얻게 된 관찰 내용이 케이팝 수용자의 현실과 일치하지 않을지라도 크게 벗어나지는 않으리라고 생각한다. 따라서 여성 팬을 주축으로

하는 동아시아 드라마의 유럽 내 수용과 이보다는 좀 더 양성적이라고 보이는, 그러나 여성 팬이 수적 강세를 보이는 대중음악의 팬들은 상동적이지는 않으나 서로 교차되는 집단이라고 할 수 있다. 드라마 팬 중 아직 동아시아 팝음악의 열기 속으로 들어가지는 않았으나 팝을 소비하는 층이 있듯이 동아시아 팝에 열광하면서 아이돌이 출연하는 드라마 정도만 따라서 시청하는 그룹도 있다. 그중 일부는 드라마, 영화, 대중음악 모두를 향유하는데, 이 가운데 핵심층이 한국 드라마와 케이팝의 팬들인 것으로 관찰되었다. 이 책에서는 유럽의 동아시아 문화향유 대중의 문화실천 속에서 동아시아 문화향유를, 나아가 한류의 수용을 어떤 사회학적 틀에서 이해해야 할 것인가에 대해 답했고, 몇 가지 열려진 질문도 제기했다. 이 장에서는 동일한 접근으로 케이팝에 대해 몇 가지 질문을 제기할 것이다.

케이팝의 유럽 등장은 이벤트성이 높아 보인다. SM사 소속 가수들의 공연이나 싸이의 성공 같은 계기를 통해 갑작스럽게 등장한 것으로 보인다는 점이다. 그 이유는 이 지역에서 한국 드라마가 텔레비전을 통해 정식으로 방송된 바가 없고, 케이팝 또한 전혀 알려지지 않았기 때문이다. 즉, 이 책이 집중적으로 기술한 서유럽의 경우, 동아시아의 경우처럼 한류 드라마에서 케이팝으로 미디어의 관심이 확장된 것이 아니라 제도권 매체들이 케이팝 때문에 한류에 관심을 갖게 되어 드라마를 포함한 한류의 다른 현상으로 거꾸로 관심을 확대하는 중이다. 드라마 팬덤이 비가시적인 인터넷의 지하통로를 통해 이루어졌고 팬서빙이라는 문화 간 커뮤니케이션 과정과 팬덤의 조직화가 요구되는 현상이라면, 그러한 문화 엘리트의 매개가 필요하지 않은 케이팝은 유튜브, 아이튠, 소셜 미디어를 통해 직접적이고 가시적으로 전 세계로 퍼져나가 드디어 제도권 매체를 움직이게 되었다.

서구 대중문화 속에서 동아시아 팝음악의 팬이 형성된 것과, 그 속에서 케이팝이 최근 2~3년 사이에 급속한 성장을 보인 것 또한 만화-만화영화-드라마로 이루어진 동아시아 컨버전스 대중문화구성체의 중요한 사건이다. 일본 대중문화의 해외 컨벤션 가운데 가장 큰 규모의 저팬엑스포^{Japan} ^{Expo}(1999~, 현재 매년 7월 파리에서 개최)를 통해서 일본의 대중음악 스타들은 이미 많은 콘서트를 가졌고, 이들 가운데 몇 명은 정기적으로 유럽 순회공연을 하는 등 유럽 전체의 일본 대중음악팬들은 꽤 두터운 층을 이루고 있다.[1] 일본 대중음악이 제이팝$^{J-pop}$, 비주얼 케이, 저팬 록, 저팬 노이즈, 스피드 메탈, 펑크록 등 세부 장르로 구분되어 나름대로 장르별로 전문화된 팬 기반을 지녔다면, 한국의 대중음악은 일반적으로 아직 케이팝$^{K-pop}$이라는 정체성 아래 하위구분이 없는 하나의 장르로 인식되고 있다. 위키피디아 사전은 케이팝 전체를 하나의 새로운 장르로 구분하여 '일렉트로닉, 힙합과 록, 팝, R&B가 믹스된 댄스 음악이 주를 이룬다'고 상세한 구분 없이 총체적으로 정의하고 있다. 그런데 2012년 7~12월에 유튜브 관람 수로 세계기록을 세운 싸이의 등장으로, 미디어 종사자들은 케이팝이 아이돌로 이루어진 그룹 현상만은 아니라는 생각을 갖게 된 듯하다. 케이팝 팬들의 경우, 엔터테인먼트 사의 차이를 레이블의 차이로 이해하여 SM 그룹의 팬과 YG 그룹의 팬들이 구분되는 경향이 관찰되는 정도이다. 긍정적인 점은 서구 한류 팬들이 단지 아이돌에만 들뜨는 소수 청소년을 제외하고는 한국에 대한 관심을 넓혀간다는 점이다. 얼마 전 최대 한국 대중문화 플랫폼인 'allkpops'에서 운영자들이 선정한 케이팝 톱 10을 보니 아이돌 음악을 훨씬 뛰어넘어 그 장르와 음악적 경향이 매우 다양했다. 이는 대형 연예기획사가 적극적으로 홍보하는 아이돌들과 음반을 넘어서서 한국의 하드록과

---

[1] 저팬 엑스포의 관람자 수는 해마다 기하학적으로 증가해, 2012년에는 18만 명이 넘은 것으로 보고되었고(이 수치는 프랑스 문화계 중요 행사 중 하나인 전통을 자랑하는 프랑스 도서전 살롱 드 리브르$^{Salon\ de\ livres}$의 방문을 능가하는 수이다), 유럽 전역에서 동아시아 대중문화의 팬들이 모이는 중요한 이벤트로 자리했다. 한국의 만화와 음악도 이 창구를 통해 조금씩 소개되었고, 2010년에 최초로 시사된 드라마도 일본 드라마가 아닌 한국 드라마였다.

인디펜던트 록, 서태지에서 소녀시대까지 한국 대중음악을 속속들이 다 찾아 듣는 팬덤이 존재한다는 증거이다. 단지 아이돌 팬들이 더 다수이고 집단적 소음을 내기 때문에 케이팝의 팬덤이 아이돌 팬덤으로 축소되어 가시화된 것이라고 할 수 있다.

저팬팝은 시간을 두고 고정 팬을 둔 언더그라운드 음악으로 자리 잡았으며, 일본 대중문화의 전반적 영향력 속에서 코스플레이^{Cosplay} 등을 통해 비주얼 케이$^{Visual\ K}$뿐만 아니라 에모^{Emo}의 형성에 영향을 미쳤다고 보인다. 이에 비해 케이팝은 빠른 시간 안에 유튜브를 통해 바이러스성으로 전파되고 있는 새로운 음악 경향이다. 그러나 음악과 더불어 그 안에서 패션을 통한 새로운 감수성으로 주목받고 있는 케이팝이 저팬팝보다 널리 유통되고 있다는 점을 감안할 때 앞으로 팬덤이 더욱 가시화될 경우 그동안 영미에서 수혈되었던 각종 음악 장르와 그를 동반했던 청소년 하위문화가 그랬던 것처럼, 또한 저팬팝의 오늘날 영향력처럼 케이팝을 프랑스 내부 청소년 하위문화와의 관계에서 고려할 가치가 있으리라고 생각된다. 프랑스뿐만 아니라 유럽의 여러 국가는 영국과 미국으로부터 하위문화를 구성하는 음악 장르들을 수입하여 각 국가의 내부적 현실 속에서 자국의 하위문화로 재구성해온 대중음악의 수입국이다.

그렇다면 케이팝에 열광하여 유럽 최초의 케이팝 파리 콘서트의 표를 15분 만에 매진시키고 2차 공연일을 따내는 플래시몹 이벤트를 유럽 여러 도시에서 조직하는 이 팬들은 어떤 하위문화적 특성을 보일까? 이제야 가시성을 드러내기 시작한 케이팝의 팬덤은 현 상태로서는 하위문화적 특성을 지닌다고 평가할 수 없고, 문화적 실천의 특성에 대한 어떤 형식의 정의도 시기상조이다. 그럼에도 불구하고 케이팝을 하위문화와의 관계에서 관찰할 수 있는 것은, 케이팝이 철저히 상업적 논리에 의해 생산되고 마케팅되는 산업적 콘텐츠라는 사실과는 관계없이, 수입국 내부에서는 수입된 콘텐츠에 대한 의미부여와 집단 정체성 게임에서의 사용/차용의 문제를 내포하

남프랑스 페르피냥에서의 박재범 구명 1인 시위

자료: 팬 제공.

고 있기 때문이다. 게다가 케이팝은 2011년 6월까지는 스타들과의 어떤 직접적 접촉도 없이 100% 디지털 미디어만을 통해 소비되었으며, 팬들 사이의 유대도 팬사이트와 소셜 네트워크 등 버추얼 커뮤니티로만 존재해왔다. 이와 같은 여러 가지 조건을 고려할 때, 다음과 같은 특성들이 앞으로 수용국 내부에서 케이팝에 대해 어떠한 결정체 또는 촉진제의 역할을 하는지, 지속적인 관찰을 통해 주목할 만하다.

첫째, 케이팝의 급속한 팬덤현상은 2000년대 초반 이후 서구의 지평에서 거의 사라져버린 보이밴드와 걸그룹의 빈자리를 케이팝의 그룹들이 메움으로써 이루어졌다는 일차적 관찰이 가능하다. 특히 스파이스걸스와 같은 그룹은 소녀를 대상으로 하는 대중문화 콘텐츠가 절대적으로 부족한 유럽 현실에서 하나의 예외로서 패션을 통한 개인정체성 게임을 하는 청소년기 초반의 소녀들에게 폭발적인 팬덤과 영향력을 지녔었다. 케이팝의 아이돌들이 이러한 서구 밴드의 빈자리를 채우는 역할을 한다면, 과거의 보이밴드와 걸그룹의 경우에서처럼 청소년 문화, 또는 하위문화 구성의 역동성 속에서 연구할 가치가 있으리라 생각된다.

둘째, 드라마 팬덤의 경우처럼 케이팝 현상 또한 프랑스 수용자들의 다문화, 혼종문화에 대한 열망과 관련된 것으로 보인다. 2011년 6월 SM의 파리 콘서트를 단기간에 이룰 수 있게 했던 플래시몹을 하던 프랑스의 청소년들은, 프랑스 사회가 다수의 이민 1세대, 2세대들이 동참하는 다문화 사회라는 사실을 시각적으로 보여주었다. 그런데 실제 이틀간의 공연장은 전 유럽에서 온 듯 다양한 국기를 내건, 거의 대부분 백인으로 이루어진 관객이었다. 그동안 팬들의 플래시몹 등을 보면서 혹시 케이팝이 주변적 대중문화로 향유되는 것은 아닌지 자문하던 한국의 미디어들도 구매력 있는 중산층 백인 소비자로 채워진 공연장을 보고 내심 흐뭇해했다. 그러나 이것은 자금 동원력에서 앞선 도시중산층 청소년들이 공연장을 우선적으로 채운 결과일 뿐, 케이팝의 실제 수용자와 문화적 의미에 대해서는 어떠한 자료도 되지 못한다.

셋째, 케이팝의 세계로의 진출은 세계화와 디지털 문화 시대의 대중문화에 대한 걸출한 사례 연구의 계기가 될 것이다. 이미 싸이의 「강남스타일」의 성공으로, 유튜브와 소셜 미디어가 연동하는 현금의 미디어정경은 언어와 문화적 지역성을 훌쩍 뛰어넘어 전 세계가 공유하는 콘텐츠를 생산할 수 있음을 보여주었다. 특히 케이팝은 비주얼을 중시하는 문화형식이다. 아이돌의 외모뿐만 아니라 뮤직비디오에 대한 투자와 패션산업 및 드라마와의 연동도 그러하다. 또한 케이팝의 수용은 한국어를 들어본 적도 없는 사람들에게 따라 부르기와 따라 춤추기를 유도한다. 이것은 또한 수많은 팬들의 노래와 연주 커버 비디오와 따라 춤추기 비디오, 더 나아가 다양한 리믹스 화면을 생산한다. 게다가 케이팝 스타들은 소셜 미디어를 이용해 세계의 팬들과 거리를 좁혀가고 있다. 다음에서는 이러한 세 가지 화두에 대해 좀 더 자세히 살펴본다.

2. 보이밴드, 아이돌, 청소년 문화

세계화와 디지털 문화 속에서 유통되는 한류는 다양한 방식으로 청소년 문화와 직결되어 있다. 제5장에서 설명했듯이 일본만화 세대가 한국 드라마로 소비영역을 넓혔고, 그들은 성인이 된 후에도 애어른 문화 속에서 드라마를 소비하고 있다. 꽃미남·꽃미녀 아이돌이 예쁘게 군무하는 케이팝 또한 청소년용이고, 특히 팬 가운데 소녀의 비중이 크다. 이처럼 케이팝은 청소년용(특히 소녀용) 미디어 콘텐츠가 부족한 유럽의 맥락에서 청소년들에게 매우 매력적일 수밖에 없다. 한편, 케이팝 아이돌들의 양성적^{androgyne} 또는 '여성화된' 이미지에도 불구하고 박력 있는 댄스문화가 남성 팬 또한 흡입하고 있는 것으로 보인다. 그런데 케이팝의 그룹들은 서구의 보이밴드, 걸그룹처럼 10대 청소년들만을 열광시키지 않고, 팬을 형성하는 연령대가 상당히 넓은 것으로 보인다. 다음 '도라마 월드'의 30대 두 멤버의 사례가 케이팝이 청소년층을 넘어서 수용되고 있음을 보여준다.

> 내가 드라마를 알게 된 것은(내 머릿속에서는 사실 모두가 뒤섞여 있지만) 다음과 같은 논리적 순서를 통해서다. 친구의 추천에 따라 제이팝을 듣기 시작했다가 야마삐^{Yamapi} 그룹에 대해 더 알고 싶었다(당연하지!!). 그러다 이들이 배우인 걸 알고 〈노부타〉를 보기로 했고…. 그러다 제이팝을 하는 보아를 알게 되었고, 이 가수가 한국인임을 알게 됐고, 이어서 동방신기를 발견하고 〈풀하우스〉를 보고… 그렇게…
>
> _ 한드 팬 G

> 나의 톱 5 한국 드라마: 1. 〈풀 하우스〉, 2. 〈미안하다 사랑한다〉 & 〈태왕사신기〉 & 〈찬란한 유산〉, 3. 〈어느 멋진 날〉, 4. 〈눈의 여왕〉 & 〈아이리스〉, 5. 〈베토벤 바이러스〉 & 〈식객〉 & 〈그 바보〉, 그리고 또 좋아하는 것은 〈X맨〉, 〈아이돌 군단이 떴다!〉, 〈우리 결혼했어요〉, 〈패밀리가 떴다〉, 원더걸스, 빅뱅, 태연(소녀시대), 2NE1,

2PM, 현아(포미닛)

_ 한드 팬 D

　2012년 현재 30대 중반의 여성인 한드 팬 G의 경우 일본 대중음악에서 드라마와 케이팝으로, 스스로 인정하듯이 정상적인 과정을 거쳐 드라마와 케이팝의 팬이 된 경우이다. 2010년에 '도라마 월드'에 가입했으니 비교적 최근에 케이팝과 한국 드라마 팬이 된 경우이고, 대만 가수의 사진을 프로필로 쓰고 있는 전형적인, 동아시아 문화 콘텐츠를 구분 없이 수용하는 프랑스 팬이다. 한드 팬 D의 경우, 프랑스 내 한국 드라마 팬덤 형성의 초기인 2006년에 '도라마 월드'에 가입한, 나이를 알 수 없는 남성 팬으로 이민정의 얼굴을 프로필 사진으로 삼고 있다. 그의 최고 드라마 리스트에서 볼 수 있듯이 〈풀하우스〉와 〈태왕사신기〉 같은 한국 드라마의 성공작뿐만 아니라 예능프로그램까지 따라서 보는 팬이기도 하고 케이팝도 당연히 좋아한다.

　이와 같은 팬들의 경로를 통해, 제3장에서 분석한 동아시아 문화산업의 크로스미디어 현상이 팬 형성에 중요한 역할을 하고 있음을 알 수 있다. 이것은 드라마 산업과의 크로스미디어적 홍보와 한국 연예산업의 미디어믹스가 만나 아이돌들이 어필하는 연령대를 넓혔기 때문이기도 하지만, 기존의 케이팝 팬 담론에서 가장 지배적인 것은 이들이 우수한 '엔터테이너'이기 때문에 사랑한다는 것이다. 과거의 보이밴드 및 걸그룹들이 음악성이 낮고 스펙터클에 약하며 결속력이 없는 청소년집단으로 제한적 팬덤과 짧은 수명을 면치 못한 반면, 한국 연예산업이 생산하는 아이돌 그룹들은 실력 있고, 팬서비스를 할 줄 알며, 어렵게 훈련받고, 일하기를 두려워하지 않고, 사생활을 잘 조절하는 프로페셔널들이라는 평이다. 영어로 된 세계적 포털에 번역되어 오르는 한국의 연예소식들을 통해서, 그리고 연예프로그램의 직접 시청을 통해서 한국 연예계 소식을 잘 알고 있는 팬들은 엔터

프랑스 대형 슈퍼 가전제품 코너 텔레비전 화면에서 나오는 2NE1 뮤직비디오

자료: 필자 촬영.

테인먼트 사의 힘든 훈육과 불공정 계약에 힘들어하면서도 카메라 앞에서 찬란한 모습을 보여주는 젊은 아이돌에게 갈채를 보낸다.

그러나 이러한 평온한 듯한 팬덤 현상 밑에는 앞에서 언급했듯이 인종적, 계급적 차원이 깔려 있다. 파리 공연 날짜를 늘려달라는 루브르 박물관 피라미드 앞에서의 플래시몹에서 보이던 팬들의 다양한 인종적 특성과는 달리, 공연장을 메운 관중들이 백인 위주였다고 은근히 흐뭇해하는 한국 미디어의 자세에서 미묘한 인종 차별적 심리마저 읽힌다. 2011년 6월의 공연은 공연 결정과 공연 실황 사이의 기간이 두 달밖에 되지 않아 유럽 대도시에 사는 중산층 이상의 청소년들만 표를 구입할 수 있었기 때문에 백인 중심적인 관중은 당연한 결과였다. 유럽의 공연문화 원칙을 벗어나 빠른 시간 내에 진행된 이 행사는 아르바이트로 용돈을 조달하는 대부분의 서민층 청소년 수용자, 다문화적이고 다인종적인 청소년들에겐 그림의 떡이었다. 인터넷 팬포럼을 관찰하면, 한류 팬 가운데 이민 2세대이거나 다문화적 가족사를 지닌 청·장년들이 많고, 더욱 중요한 것은 이러한 다문화성과 문화적 혼종성이 포럼 내에서 지배적 가치로 선망의 대상이라는 점이다. 혼종문화가 발달한 남미에서 케이팝의 인기가 거센 것도 한류의 콘텐츠가

제8장 케이팝의 가능성과 한계 333

월드뮤직의 어법을 구사하면서도 백인음악과는 다른 혼종성을 구현하고 있기 때문으로 추정된다.

다른 한편 한류 콘텐츠는 서구의 보수 중산층의 취향에 거슬릴 바가 없다. 술, 마약, 자유로운 성관계가 회자되는 서구의 그룹들은 청소년들에게 사랑받을지언정 '바람직한 사례'로 제시될 수는 없는 개인들이다. 그런데 철저히 사생활이 관리되고 경쾌하게 사랑만을 노래하는 한국의 아이돌들은 서구 중산층 청소년들의 소비심리를 자극하는 이상의 어떠한 정치적, 도덕적, 미학적 위험도 없기 때문이다. 좀 더 과격하게 요약하자면, 백인의 이상형을 동아시아적으로 구현하고 있는 한국의 아이돌들이 미국 흑인들의 음악인 R&B와 힙합, 랩을 월드음악의 문법(일렉트로닉, 가벼운 서유럽 록)으로 구현해서 서구의 백인들에게 흑인문화와 동일시하는 '노력'을 강요함 없이도 그 문화의 경쾌함을 향유할 수 있게 해준 것이라고 할 수 있지 않을까. 케이팝 형성 초기의 R&B 그룹 god의 노래 「어머님께」는 지극히 한국적인 부모의 희생정신을 담고 있어서, 동아시아의 한류를 설명하는 문화 혼종성의 사례로 인용되기도 했다.[2] 그런데 현금의 R&B는 사랑 노래로 전환했고 케이팝의 랩은 서태지의 정치성이 배제된 얌전한 퍼포먼스로 변질되었다. 게다가 가사가 전달되지 않는 상황에서 후렴부의 몇 마디 영문 가사가 노래의 커뮤니케이션[phatic] 기능을 다해주는 상냥한 내용으로 이루어져 있다. 아이돌 그룹들의 가장 전복적인 부분은 아마도 제7장에서 분석했듯이 성정체성 차원일 텐데, 그나마 이것도 동아시아의 '얌전함'으로 포장된 적나라하지 않은 스타일로서 표현될 뿐이다. 아무리 패션과 스타일에서 튄다고 해도 빅뱅과 2NE1은 마돈나, 레이디가가와 같이 드러난 정치적 불온성은 갖고 있지 않기 때문이다. 다시 말해서 케이팝은 서구의 중산층 청소

---

2 Shim, Doobo, "Hybridity and the rise of Korean popular culture in Asia," *Media, Culture & Society*, 2006, Vol. 28(1), pp. 25~24.

년들이 흑인문화 수용의 부담 없이, 그리고 성과 마약, 폭력에 대한 도덕적 부담 없이 즐길 수 있는 '양질의' 엔터테인먼트를 제공하고 있다.

그런데 케이팝은 프랑스의 노동자층이 주를 이루는 다문화 청소년들에게도 매력 있는 문화이다. R&B나 랩, 일렉트로닉이 섞인 케이팝은 흑인문화가 배제된 흑인음악을 제공하는 동시에, 백인 록/팝스타들의 허풍과 무절제가 없는, '소독된' 엔터테인먼트를 보여준다. 게다가 기존의 엘리트 미디어들의 상류문화적인 평가와 검증을 거치지 않고 국경 없는 유튜브를 통해 '정치적으로 올바른' 대중음악을 선보이는 중이다. 마약도 섹스도 정치 문제도 담고 있지 않으니 백인 중산층 청년들에게도 무리가 없는 동시에, 다문화 환경의 모든 이주자들에게도 열등감 없이 즐길 수 있는 '백인이 없는' 웰메이드 오락을 제공하기 때문이다. 게다가 적어도 지금까지 케이팝은 인터넷 접속만 가능하면 즐길 수 있는 돈이 들지 않는 문화였다.

케이팝은 또한 '도라마 월드' 멤버들의 사례에서 보듯이 청소년이 아닌 장년층에도 적지 않은 팬을 만들어가는 것으로 보인다. 한국에서 이모팬, 삼촌팬도 즐길 수 있는 내용이라면 서구에서 30~40대 부모들이 즐기기에도 윤리적으로 크게 어긋날 일이 없다. 아이돌들의 양성적 모습이나 야오이 코드가 기성세대에 어떻게 수용되고 있는지는 아직 확인된 바 없으나, 아이돌 문화가 담고 있는 성정체성과 섹스어필의 부분은 아직 중산층 부모들에게도, 또한 미디어에도 포착되지 않은 듯하다. 케이팝은 아직까지 '여자애 같은 얼굴의 어린 남자들과 인형 같은 어린 여자들이 로봇처럼 춤추는 상냥한 음악'으로 통하고 있다.

청소년 콘텐츠의 세계적인 빈곤은 아마도 케이팝과 같은 청소년층을 겨냥하고 있다고 할 수 있을 영국 그룹 '원 다이렉션'이 2012년 한 해 동안 보여준 빠른 성공에서도 읽을 수 있다. 영국의 리얼리티 프로그램을 통해 만들어진 5인조 보이밴드로 20세 미만의 청소년으로 이루어진 이 그룹은 비틀스도 올라보지 못한 미국 시장 빌보드 차트 1위를 석권하는 기세를 보이고 있다. 이들이 브릿팝이란 이름으로 출신국의 후광을 입고 있을지는 모르나 가벼운 비치팝, 슈가팝을 구사하는 '만들어진' 그룹으로서, 엔터테이너로서의 기량은 동급인 한국의 준비된 아이돌들과 비교할 바가 못 된다. 그럼에도 불구하고 서구의 청소년 음악 시장에서 '원 다이렉션'이 우세할 수 있는 것은 아마도 아시아의 아이돌들은 대중적인 로맨틱 환상의 대상이 되기에는 거리감을 주기 때문이란 설명도 가능하다. 아마도 케이팝의 아이돌들은 드러내놓지 못할 야오이적 상상의 (멀리 있기에) '안전한' 대상으로서 그리고 다문화적 개방의 매력을 동반하는 존재로서 소통되고 있으며, '원 다이렉션'은 백인 중산층에 '도덕적으로 올바른' 만족을 제공하는 안전한 음악으로서 인기를 얻고 있다고 할 수 있지 않을까.

3. 케이팝과 아이돌: 다문화와 혼종성에 대한 갈망

이 책에서 전개한 한류와 세계화에 대한 이해의 틀 속에서, 케이팝의 세계적인 유통과 인기 현상의 이유는 다음과 같이 요약할 수 있다.

첫째, 케이팝이 포함된 한류 프로그램은 콘텐츠의 바다 속에서 쉽게 발견되도록 대량 유통된다. 한국의 초고속 인터넷이 다량의 콘텐츠를 항상적으로 업로드하기에 한류 콘텐츠는 접근 가능성이 높다.

둘째, 그 내용과 메시지가 부담이 없다. 1990년대 이후 서구에는 보이밴드, 걸그룹 해체 이후 그럴듯한 청소년 문화가 없는데 한국 콘텐츠는 정치적으로 문제될 내용 없이 깨끗하고 체제 순응적이며 청소년들에게 어떠한 저항의 의지도 심지 않고, 따라서 부모들도 반대할 이유가 없다('less objectionable' & 'politically correct').

셋째, 그 형식은 누구의 입맛에도 어울릴 만한 요소가 혼합된 혼종형^{hybrid}이다. 케이팝의 음악 장르는 전 세계가 익숙한 랩, 힙합, 일렉트로닉, 댄스,

R&B의 믹싱이지 한국의 전형적인 뽕짝이 수출된 것이 아니다. 아이돌들의 외모는 서구의 체형으로 다가갈 수 있는 서구의 미의 기준을 실현하고 있으니 이 또한 서구의 수용자에게는 편안한 요소이다. 한마디로 미국 흑인 가수가 알아듣기 힘든 영어로 노래하고 춤추는 것보다는, 이목구비가 서구식인 하얀 피부의 한국 아이돌들이 따라 하기 좋은 안무와 영어 후렴구를 넣어서 부르는, 유럽 작곡가가 만든 쉬운 곡을 좋아하는 것은 어찌 보면 당연한 일인지도 모른다.

이러한 케이팝은 시각적 자극이 매우 강조된 아이돌 문화를 동반한다. 이것은 제7장에서 상세히 분석했듯이 아이돌들을 욕망의 대상, 시각적 쾌락의 대상으로 소비하는 것을 의미한다. 동아시아 남성이 성적 욕구의 대상이라는 현실이 가져올 동서 간 성정체성 헤게모니의 문제는, 제3장에서 논의했듯이 아이돌이 구현하는 미의 실천까지 논의를 확장해야 할 문제이다. 아이돌 문화는 결국 백인의 미적 기준을 동양인의 몸과 얼굴에 적용한 것이니 동서양의 성정체성 싸움에서 헤게모니에의 도전이 아니라 승복이라거나, 그것이 동아시아 속에서 독재적 미의 기준으로서 성형수술을 통해서라도 무조건 따라야 하는 굴레라는 비판도 가능할 것이다. 서구의 여성 팬들도 아이돌 문화가 가져온 동아시아 연예문화와 일상 속 외모지상주의에 대한 문제를 잘 인식하고 있다. 또한 동아시아 남성이 욕구의 대상이라는 문제는, 백인 여성들의 이국적 취향이라거나, 백인 남성의 동양 여성 판타지에 비교되는 부드럽고 정신적 카리스마를 지닌 동양 남성에 대한 백인 여성의 판타지라는 설명도 가능할 것이다. 이러한 태도는 '도라마 월드'의 각종 포럼 속에서 이미지가 서로 다른 동아시아 배우들에 대한 토론 섹션들을 통해 널리 관찰된다.

그런데 아이돌에 대한 토론이 집중적으로 이루어지는 '잘생긴 정도' 섹션이라거나 케이팝과 아이돌이 출연하는 드라마 섹션 등 직접적으로 아이돌 문화와 관련된 댓글들에서 드러나는 또 다른 강력한 담론이 혼종성에 대한 갈망이다. 포럼 속에서 서구 여성 팬들의 동아시아 남성 스타들에 대한 판타지를 자극한 최초의 작품으로, 스스로 아시아 통임을 자처하는 프랑스 감독 크리스토프 강스$^{Christophe\ Gans}$가 일본만화를 영화화한 〈크라잉 프리맨$^{Crying\ Freeman}$〉(1995)이 자주 지적된다. 이 영화로 아시아와 유럽의 피가 섞인 독특한 외모의 배우 마크 다카스코스$^{Marc\ Dacascos}$가 스타덤에 올랐다. 여성 팬들은 동아시아의 드라마와 연예산업이 팬서비스를 포함하여 대량으로 유통시키는 잘생긴 남자 배우와 아이돌들을 소비할 뿐만 아니라 좀 더 많은 문화적 '혼혈/혼종', 더 넓은 문화적 지평을 원한다. 그렇다고 한국 드라마에 출연하는 동서 혼혈배우들이 더 높은 인기를 끄는 것은 절대 아니다. 여기서 혼종은 문화적 상상력이지 외모로 드러나는 미학이 아니기 때문이다. 다니엘 헤니가 눈길을 끌지언정 서구의 여성 팬들이 매혹되는 스타는 100% 한국 남자 배우와 아이돌들이다. '도라마 월드'의 멤버들 국적 신고 섹션에는 '1/4 프랑스, 1/4 러시아, 1/4알제리, 1/4브라질' 또는 '1/2 베트남, 1/4 프랑스, 1/4튀니지' 등등 수많은 다문화 정체성이 신고되어 있다. 흥미로운 것은 이 포럼의 현재 열성 여성 멤버들과 2005년에 포럼을 만들 당시 20대 초반인 초기 남성 멤버들은 100% 프랑스인이고, 이들은 이것을 마치 '창피한' 무엇으로 표현한다는 점이다. 이 섹션엔 '난 신고할 아무것도 없는 100% 브르타뉴인' 또는 '난 창피하게 하얀 프랑스 태생' 등의 표현이 수없이 눈에 띈다. 군소 국적의 멤버가 신고할 때, 팬 공동체의 일원들은 여러 가지 질문을 통해 이 민족의 역사와 유럽 이민의 궤적을 질문하면서 다문화와 혼종문화에 대한 원초적인 열망을 표현한다. 이 열망을 이해하려면 우선 프랑스의 오랜 동화주의적^{assimilation} 공화주의 정책을 이해해야 한다. 프랑스의 공화주의는 시민은 모두 동등한 권리를 누린다는 대전제와 공화주의 이념의 국민국가의 통합성에 기초를 두어, 이민 인구의 다문화적 성향이 시민성에 드러나는 것을 억눌러 왔다. 다문화주의 국가인 미국의 신분증에 인종적·종교적 특성이 기재되는 것과는 반대로, 프랑스의 신분

증은 이러한 종교적·인종적 차이와 문화적 소속을 기록하지 않는다. 같은 이유에서 사회조사를 실시하더라도 이러한 정보에 대한 직접적인 조사는 금지되어 있을 정도이다. 이것은 인종과 종교문제로 유대인을 척살했던 제2차 세계대전의 경험에 기초한 공화주의적 안전장치이기에 역사적 이유와 정당성을 갖는 조치이다. 그렇지만 이러한 국가 이데올로기는 현실정치 속에서 문화적 동질성의 지나친 강조로 다양성의 분출을 막고 숨 막히는 분위기를 창출하며 이것으로부터 벗어나려는 반항도 동반한다. 프랑스 청소년들의 혼종성과 다문화에 대한 열망은 바로 이러한 맥락 속에서 이해되어야 한다.

프랑스 청년들의 혼종성과 다문화에 대한 열망은 케이팝 팬덤 속에서도 드러나는 것으로 보인다. 이 부분은 앞으로 심층조사를 통해 확인해야 하지만, 프랑스 다문화, 혼종문화의 창구로서 주변부 청소년들에게 특별한 의미가 있는 해변 도시 마르세유에서 최초로 일본팝과 케이팝 웹라디오가 방송되고 있는 것은 우연이 아니라고 생각된다.

이처럼 케이팝은 건전한 청소년문화, 흑인이 없는 흑인 음악, 백인이 없는 화이트페이스(제2장 4절 참조)와 양질의 엔터테인먼트, 그리고 이 모두를 감싸는 스타일리시한 혼종성을 제공하는 안전한 다문화로 소통되고 있다. 엘리트적인 지배 매체는 문화산업이 상품 찍어내듯 만들어내는 아이돌 그룹의 뮤직비디오를 현실적 인기 현상에 밀려 못 이기는 듯 보도해주고 있다. 적어도 수용하는 사회에서 학부모들이나 각종 보수적 이익집단들이 문제 삼을 만한 내용을 지니고 있지 않으니 방송할 수는 있으나 그 이상의 코멘트나 평을 통한 '개입'은 없다. 그런데 '정치적 문제없음'이 또 다른 정치적 차원을 지니는 것은 아닐까? 2011년 7월 말 노르웨이 노동당 캠프에서 집단살상극을 벌인 아네르스 베링 브레이비크^{Anders Behring Breivik}가 한국과 같은 사회를 이상화했다는 것은 그냥 흘려들을 말이 아니라고 생각된다. 군사문화를 숭상하는 사회로서의 남성적 한국을 좋아한 그가 한국에서 대중

코리언 커넥션 행사의 케이팝 댄스 경연 모습

자료: 관람자 제공.

문화의 중요성과 한류의 여성성까지는 몰랐던 것이 분명하다. 전 세계의 문화 콘텐츠가 전 세계 수용자들에게 문화적 일차 재료로서 수용 가능해진 디지털 환경 속에서, 한류가 세계의 다문화적 청소년문화와 새로운 성정체성의 논리를 고양하는 방향으로 기여할 것인지, 신자유주의적 원칙에 충실한 대중문화로서 보수 중산층 청소년의 '건전한 소일거리'로 남을 것인지는 시간을 두고 관찰해야 할 것이다. 세계 속 한국의 대중문화가 위 두 가지 방향 중 어느 쪽으로 더 많이 기여하게 될지는 수용 과정의 중요성을 감안하더라도 많은 부분 문화를 테크놀로지와 시장의 문제로 보는 한국 대중문화산업의 몫이기도 하다. 한류 콘텐츠 자체의 내용을 다양하고 문제적으로 만드는 것이 무엇보다 시급해 보인다. 너무 명쾌한 메시지는 늘 빨리 식상하게 될 위험이 있고(이런 경우 기여의 여지도 없어질 것이다), 정치적 차용도 용이하기 때문이다. 바로 이런 차원에서 2012년 후반기 케이팝 전선에서의 싸이의 활약은 남다른 의미를 지닌다.

4. 다양성의 문화로: 싸이와 「강남스타일」의 교훈

2012년 7월 초에 유튜브에 오른 싸이의 「강남스타일」은 한 달에 수없이 업로드되는 케이팝 뮤직비디오 중 하나였을 뿐 어떠한 특별한 운명을 위해 남다른 대접을 받아 생산된 콘텐츠가 아니었다. 뮤직비디오의 내용이 강남이라는 한국 자본주의 체제에서 울림이 있는 특수구역의 삶의 행태를 키치적 영상미학과 한국식 해학을 섞어서 만든 경쾌한 것이었고, 일렉트로닉 비트가 강한 리듬과 중간에 삽입되는 랩, 따라할 수 있는 춤, 그리고 또한 후렴부의 영어가사까지 케이팝의 문법을 지킨, 매우 대중적인 여느 여름용 케이팝 유행곡들과 크게 달라 보이지 않았다. 그의 뮤직비디오가 초기에 가시적이 된 것은 아마도 한국의 싸이 팬들이 열심히 보고 클릭 수를 높이고 트윗을 했기 때문일 것인데, 결정적으로 전 세계적 가시성을 지니게 된 것은 미국의 몇몇 연예인이 트윗에서 「강남스타일」을 언급하면서 전 세계에서 그들을 팔로우하는 팬들이 이 뮤직비디오를 보고 그에 대해 말하기 시작하면서이다. 그 이후 미국 텔레비전에서 싸이를 초청하기 시작하자 그의 유명세는 급격한 상승세를 타게 되었다. 싸이의 「강남스타일」은 2012년 12월 15일 현재 10억 뷰에 가까운 유튜브 시청을 기록하고 '좋아요' 수가 600만에 다가가는, 유튜브 역사상 가장 큰 히트를 기록하고 있다.

싸이의 성공은 그 스스로 전 세계를 돌며 진행했던 공연과 인터뷰에서 여러 번 밝혔듯이 그에게 속한 것이 아니라 전 세계의 시청자가 만들어준 것이다. 조직적인 팬덤의 힘으로 자신이 좋아하는 가수가 전 세계적으로 유명해지도록 노력해온 대규모 팬그룹을 가진 케이팝 스타들과 소속사, 그리고 대형 순회공연을 조직해왔던 유명 그룹들은 아마도 뒤통수를 맞은 기분이었을 것이다. 바로 "싸이의 성공은 동방신기와 소녀시대 팬들에겐 비극"[3]이었을 것이다. 싸이의 「강남스타일」은 사실 케이팝의 트레이드마크인 완벽히 통제된 미학과 패션을 선보이는 세련되고 깔끔하게 준비되고 기획된 무엇이 아니라 즐거우며 자유롭고 가볍게 만들어진 뮤직비디오이다. 싸이와 가까운 코미디언들이 우정 출연해서 불과 이틀 만에 만들었다고 알려져 있고, 의도적으로 '싸구려 티'가 나면서도 '재미있게 놀아보자'라는 신명이 느껴지는 영상이다. 「강남스타일」은 세계적으로 가시화되면서 수많은 패러디와 매시업$^{Mash\,up}$, 믹스의 대상이 되었다. 이러한 수용은 세계를 춤추게 하는 케이팝의 기존 수용 현상의 진폭이 더 커진 것이기는 하지만 여전히 그 연장선에서 이해될 수 있는 현상이다.

한국에서는 싸이의 예정되지 않은 전 세계적 성공을 바라보면서 국가이미지 향상에 기여했다고 정부가 문화훈장까지 수여했는데, 싸이의 진정한 공헌은 아마도 앞에서 설명한 것과 같은 케이팝의 지나치게 말끔하고 소독된 듯한 이미지를 '개선'한 것이 아닌가 생각된다. 기존의 케이팝 아이돌들과 상극적인 이미지를 지닌 가수 싸이, 공권력과 문제가 있었던 것처럼 정치적으로 올바르지도 않고 잘생기거나 깎은 듯한 춤을 추는 것도 아닌 그와 「강남스타일」의 자의식적인 키치성이 특별한 홍보 없이 전 세계에 통했다는 것은 사실 매우 유의미한 사건이다. 자신의 성공을 객관적으로 바라보면서 능숙한 영어로 세계의 매체에 대응한 싸이는, 갑작스러운 성공에 묻혀서 준비된 대답을 반복하는 자유롭지 못한 케이팝 아이돌들과 너무도 다른 이미지를 유통시켰다.

싸이가 높은 인기에도 불구하고 서구의 시청자들에게 부담을 주지 않는 것은 그가 백인들이 지니고 있는 아시아인에 대한 스테레오타입에 걸맞기 때문인 것도 한 가지 이유였을 것이다. 제2장에서 길게 다루었듯이, 할리우드는 아시아 남자 주인공에게 절대로 로맨틱한 매력을 부여하지 않는다. 훌륭한 무술의 소유자로 영화의 핵심적 사건을 해결하는 행위의 주체일지라도 그는 선행의 보상으로 '미인'을 얻는 자격을 부여받지 못하는 존재이

---

3 2012년 가을 언론학회 토론에서 김수아 박사의 코멘트 인용.

다. 싸이는 제2장에서 기술한 아시아 남성의 전통적인 스테레오타입 가운데 성룡과 가장 유사한 코믹성을 띤 엔터테이너의 이미지를 지녔다. 그는 서구인들이 함께 웃으며 파티를 할 수 있는 쿨한 인물이지, 여성에게 로맨틱한 환상을 주는 남성적 매력의 소유자가 아니다. 이것은 섹스어필을 중요시한 케이팝 아이돌들과 상반되는 것이고, 만약「강남스타일」이 '화이트페이스'를 지닌 케이팝 스타에 의해 불렸다면, 결단코 이러한 성공을 얻지 못했을 것이다. 싸이의 성공은 빌보드 차트의 1위를 차지하더라도 절대로 '위협'이나 '침입'으로 해석되지 않고 일화적인 성공으로 수용되었을 것이다.

오바마 대통령도 참석하는 2012 연말 콘서트에 참가를 앞두고 있던 싸이는 2004년 한국에서 반미 시위 당시 불렀던 과격한 가사의 노래로 2012년이 가기 전에 다시 한 번 미디어의 조명을 받게 되었다. 그러나 아이러니하게도 이러한 그의 정치 성향과 공권력에 대한 반항 및 문제제기는 그를 결정적으로 케이팝 아이돌들과 대조적으로 만드는 요소이다. 그리고 이 요소는 문화산업 속에서도 개인의 창작력과 체제 순응성에서 벗어난 재능을 중시하는 서구의 지배적 비평 담론에 걸맞은 것이다. 그동안 케이팝의 효율적 전진에도 불구하고 긍정적인 평가를 억제하고 있었던 서구의 미디어들도 싸이를 더 이상 의심스러운 눈으로 볼 수는 없게 되었다.「강남스타일」이 담고 있는 강남에 대한 키치적인 시각 또한 그동안 케이팝 뮤직비디오가 보여줬던 안무와 아이돌의 비주얼 중심의 현란함이 아닌 '영리하고 메시지가 있는' 것으로 보였다. 싸이는 드디어, 서구의 연예인들이 록스타 또는 팝스타라는 최고의 위치에 도달하고 예술가로 대접받기 위해 필요한 체제 비순응성과 정치의식을 지닌 사람으로 각인되었다고 하겠다.

이상에서 자세히 살펴본 싸이의「강남스타일」의 성공은 '표현'의 문화인 '유튜브'와 '나눔'의 문화인 소셜 미디어의 연동으로 촉발된 것이다. 케이팝은 '유튜브 프렌들리'한 동시에, 케이팝의 스타들은 소셜 미디어를 통해 전 세계의 팬들과 원활하게 소통하고 있다. 싸이의 성공은 케이팝이 세계화와 디지털 문화 속에서 성공할 수 있는 모든 요소를 가지고 있으면서도 지금까지 서구의 제도권 미디어로부터 그에 상응하는 대접을 받지 못했던 상황에서, 드디어 어떻게 헤쳐 나와야 할 것인지 그 방향성을 보여주는 사례이다. 그렇다고 해서 하루아침에 지금까지 '슈퍼주니어'나 '소녀시대'를 만들어내던 시스템이 13인의 싸이, 9명의 싸이걸로 구성된 삐딱한 그룹을 만들어낼 수는 없는 일이다. 단지 케이팝이 지닌 혼종성의 문제와 싸이의 성공이 보여주는 교훈을 수용하여, 좀 더 다양한 미학과 메시지를 지니는 대중음악 생산으로 방향을 전환했으면 하는 바람일 뿐이다.

참고문헌

Allard, Laurence. 2005. "Express yourself 2.0!" in Eric Maigret & Eric Mace(dir.). *Penser les médiacultures: Nouvelles pratiques et nouvelles approches de la représentation du monde*. Paris, Armand Colin.

Anderson, Bennedicte. 1983. *Imagined communities: Reflexions on the origin and spread of nationalism*. London: Verso.

Ang, Ien. 1985. *Watching Dallas*. Methuen.

Arons, Wendy. 2001. "If her stunning beauty doesn't bring you to your knees, her deadly drop kick will: Violent Women in the Hong Kong Kung Fu Film." *Reel Knockouts: Violent women in the movies*. University of Texas Press.

Augé, Marc. 1992. *Non-lieux: Introduction àuneanthropologie de la surmodernité*. Paris, Seuil.

Australian Film Commission. 1994. *South East Asian Television Study*. Sydney: AFC.

Barthes, Roland. 1970. *L'empire des signes*. Paris, Payot.

_____. 2007. *L'empire des signes*. Paris: Point.

Bhabha, Homi K. 2007. *Les Lieux de la Culture: Une Théorie Postcoloniale*. Paris, Editions Payot & Rivages.

Boatto, Sébastien. 2000. "Le film d'action Hollywoodien existe-t-il?" 보르도3대학 석사논문.

Bouissou, J.-M. 2006. "Japan's growing cultural power : the exemple of Manga in France." J. Berndt & S. Richter(eds.), *Reading Manga: Local and global Perceptions of Japanese Comics*. Leipziger Universitätverlag, Consulté sur Internet (http://www.ceri-sciencespo.com/themes/manga/documents/texte_jmbouis

sou.pdf), le30décembre2010.

_____. 2010. *Manga. Histoire et univers de la bande dessiné japonaise*. Paris(Ed.: Philippe Picquier).

Chin, Èevans P. and A. R. McConnell. 2003. "Do racial Minorities Respond in the Same Way to Mainstream Beauty Standards? Social Comparison Processes in Asian, Black, and White Women." *Self and Identity*, Vol.2, no.2, April-June.

Cunningham, Stuart & Elisabeth Jacka, 1996. "The Role of Television in Australia's 'Paradigm Shift' to Asia." *Media, Culture & Society*, Vol.18.

Darling-Wolf, Fabienne. 2004. "Sites of attractiveness: Japanese women and westernized representations of feminine beauty." *Critical Studies in Media Communication*, Vol.21, no.4, December.

Debray, Régis. 1991. *Cours de médiologie générale*. Paris: Ed.Minuit.

_____. 1992. *Vieetmort de l'image: une histoire du regard en Occident*. Paris: Gallimard.

Descombes, Vincent. 1979. *Le même et l'autre*. Paris, Edition de Minuit.

Donnat, O. 2009. *Les pratiques culturelles des français à l'ère numérique*. Enquête. Paris, La Découverte.

Eric Macé. 2006. *Les imaginaires médiatiques: Une sociologie postcritique des médias*. Ed, Amsterdam.

Foucault, M. 1969. *L'archéologie du savoir*. Paris, France: Gallimard.

_____. 1976. *Histoire de la sexualité 1: la volonté de savoir*. Paris, France: Gallimard.

_____. 1984a. *Histoire de la sexualité 2: l'usage des plaisirs*. Paris, France: Gallimard.

_____. 1984b, *Histoire de la sexualité 3: le souci de soi*. Paris, France: Gallimard.

Frith and als. 2005. "The Construction of Beauty: A Cross Cultural Analysis of Women's Magazine Advertising." *Journal of Communication*, Vol.55, Issue 1.

Hong, Seok-Kyeong. 2004. "Les femmes-flics et les relations familiales à la télévision française." dans *Les séries policières*, sous la direction de Pierre Beylotet Geneviève Sellier. INA & L'Harmattan.

Huat, Chua Beng & Koichi Iwabuchi(ed.). 2008. *East Asian Pop Culture: Analysing the Korean Wave*. Hong Kong: Hong Kong University Press.

Inthorn, Sanna. 2006. "What Does It Mean to Be en EU Citizen? How News Media Construct Civic and Cultural Concepts of Europe." *Westminster Papers in Communication and Culture*, Vol.3(3).

Isola, M. J. 2008. "Yaoi and Slash Fiction: Women Writing, Reading, and Getting Off?" in A. Levi, M. McHarry & D. Pagliassotti(eds.) *Boys' Love Manga, Essays on the Sexual Ambiguity and Cross-Cultural Fandom of the Genre*. Jefferson. North Carolina: McFarland & Company.

Ito, Mizuko. "Mobilizing the Imagination in Everyday Play: The Case of Japanese Media Mixes." http://www.itofisher.com/mito/publications/mobilizing_the.html.

Iwabuchi, Koichi. 2002. *Recentering globalization: Popular culture and Japanese transnationalism*. Durham and London: Duke University Press.

_____(ed.). 2004. *Feeling Asian Modernities: Transnational Consumption of Japanese TV dramas*. Hong Kong: Hong Kong University Press.

Jenkins, Henri. 2006. *Convergence Culture*. New York: New York University Press.

Jonathan Gray(ed.). 2007. *Fandom: Identities and communities in a mediated world*. New York: NYU Press.

Kaplan, E. Ann. 1983. *Woman and film: Both sides of the camera*. New York and London: Methuen.

Katz, Elihu, Tamar Liebes & Sumiko Iwao. 1991. "Neither Here Nor There: Why 'Dallas' failed in Japan." *Communication*, Vol.12.

Keane, M. 2006. "Once were peripheral: Creating media capacity in East Asia." *Media, Culture & Society*, Vol.28(6).

Kee, T. B. 2008. "Rewriting Gender and Sexuality in English-Language Yaoi Fanfiction." in A. Levi, M. McHarry & D. Pagliassotti(Eds.) *Boys' Love Manga: Essays on the Sexual Abiguity and Cross-Cultural Fandom of the Genre*. Jefferson, North Carolina: McFarland & Company.

Kim, Hyun Mee. 2005. "Korean TV dramas in Taiwan: With an Emphasis on the Localization Process." *Korea Journal*, winter.

Kozakaï, Toshiaki. 1991. *Les japonais sont-ils des occidentaux?* Paris: L'Harmattan.

_____. 2000. *L'étranger, L'identité: Essai sur l'intégration culturelle*. Paris: Payot.

L'Asie à Hollywood. 2001. Paris: Edition Cahiers du cinéma/Festival International du film de Locarno.

Lahire, Bernard. 2004. *La Culture des individus. Dissonances culturelles et distinction de soi.* Paris: La Déouverte.

Laurent Jullier. 1997. *L'écranmoderne: Un cinéma de l'allusionet du feud'artifice.* Paris: L'Harmattan.

Le passage par le Pacifique: l'influence esthétique des cinéastesasiatiques sur le ciné ma occidental, L'Asie à Hollywood

Liebes, Tamar & Elihu Katz. 1993. "Six interprétation de la série 'Dallas'." *Hermés*, 11~12, CNRS.

Liebes, Tamar & Sonia Livingstone. 1998. "European soap operas: the diversification of a genre." *European Journal of Communication*, 13(2).

Lin, Angel, Bekki Kwan & Ming Chung. 2004. Le dilemme des employées (modernes) dans l'Asie (post) confucianiste: la réception des dramas sud-coréens par les téléspectatrices, Program/Text. Korean Broadcasting Institute, no.11.

Maigret, E. & E. Macé(dir.). 2005. *Penser les média cultrues: Nouvelles pratiques et nouvelles approches de la repréentation du monde.* Paris: Armand Colin.

Maigret, Eric. 1999. "Culture BD et esprit manga." in *Réeaux*, no.99.

Marchetti Gina, 1993. *Romance and the 'Yellow Peril'.* California: University of California Press.

_____. 2001. "Du Péril jaune à la menace rouge." *L'Asie à Hollywood.*

Martin-Babero, Jesus. 2002. "Identities: traditions and new communites." *Media, Culture & Society.*

McCaughey, Martha & Neal King(eds.). 2001. *Reel Knockouts: Violent women in the movies.* University of Texas Press.

Metz, C. 1997/2002. *Le significant imaginaire.* Paris, France: Christian Bourgois.

Morin, Edgar. 1984. *Les stars.* Paris: Galilée.

Morley, David & Kevin Robins. 1995. *Spaces of Identity: Global Media, Electronic Landscapes and Cultural Boundaries.* London & New York: Routledge.

Mulvey, L. 1975. "Visual Pleasure and Narrative Cinema." *Screen*, 16(3).

Pagliassotti, D, 2008a. "'Reading Boys' Love in the West." (on line) Particip@tions,

5(2), Special Edition, http://www.participations.org/Volume%205/Issue%202/502pagliassotti.htm

_____. 2008b. Better "Than Romance? Japanese BL Manga and the Subgenre of Male/Male Romantic Fiction." in A. Levi, M. McHarry & D. Pagliassotti(eds.), *Boys' Love Manga, Essays on the Sexual Abiguity and Cross-Cultural Fandom of the Genre*. Jefferson, North Carolina: McFarland & Company.

Pattersons, Zabet. 2004. "Going On-line: Consuming Pornography in the Digital Era." Linda Williams(dir.), *Porn Studies*. London, Duke University Press.

Reynaud, Bérénice. 1999. *Nouvelles Chines, nouveaux cinémas*. Paris: Edition Cahiers du cinéma.

Sarup, Madan. 1996. *Identity, Culture and the Postmodern World*. Edinburgh University Press.

Schudson, Michael. 1989. "How culture works." *Theory and Society*, Vol.18, Issue 2(March).

Shim, Doobo. 2006. "Hybridity and the rise of Korean popular culture in Asia." *Media, Culture & Society*, Vol.28(1).

Stanley, M. 2008, "101 Uses for Boys: Communing with the Reader in Yaoi and Slash." in A. Levi, M. McHarry & D. Pagliassotti(eds.). *Boys' Love Manga, Essays ont the Sexual Abiguity and Cross-Cultural Fandom of the Genre*. Jefferson, North Carolina: McFarland & Company.

Tracey, Michael. 1988. *The decline and fall of public service broadcasting*. Oxford and New York, Oxford University Press.

Union Latine. 2004. La Latinité en question, Colloque internaitonal, Paris, 16-19 mars.

Waisbord, Silvio. 1998. "When the Cart of Media is Before the Horse of Identity: A Critique of Technology-Centered Views on Globalization." *Communication Research*, August, Vol.25(4).

Wallstreet Journal, October 20th(2005).

Watermann, David. 1988. "World television trade: The economic effects of privatization and new technology." *Telecommunications Policy*, Vol.12, Issue 2, June.

Williams, L.(ed.). 2004. *Porn Studies*. Durham and London, England: Duke University Press.

김수아. 2011. 「남성 아이돌 스타의 남성성 재현과 성인 여성 팬덤의 소비 방식 구성: 샤이니와 2PM을 중심으로」, ≪미디어, 젠더, 문화≫, 제19호, 5~38쪽.

김수아·강명구·우이지에·차이관. 2007. 「가족관계의 변이: 한중 텔레비전 드라마에 나타난 가족관계의 재현」. ≪방송연구≫ 2007년 겨울호(통권 제65호), 143~173쪽.

김유진. 2011. "日서 <성균관 스캔들> DVD 선풍적 인기 …… '눈길'." 스타뉴스, 2011년 4월 21일, http://news.nate.com/view/20110421n15251

아파두라이, 아르준. 2004. 『고삐 풀린 현대성』, 채호석·차원현·배개화 옮김. 현실문화연구.

양은경. 2006. 「동아시아 문화정체성의 형성과 텔레비전의 소비: 배용준의 일본 팬 커뮤니티 가족담론을 중심으로」, ≪방송학보≫, 제20권 제3호, 198~238쪽.

원용진. 1997. 「장르 변화로 읽는 사회: 인기 드라마 <모래성>과 <애인>을 중심으로」, ≪언론과 사회≫, 제16권, 100~133쪽.

유세경·이경숙. 2001. 「동북아시아 3국의 텔레비전 드라마에 나타난 문화적 근접성: '별은 내가슴에', '진정고백', '동변일출서변우' 비교분석」. ≪韓國言論學報≫ 제45권 3호, 230~267쪽.

이경숙. 2004. 「한류와 텔레비전 드라마」. ≪프로그램/텍스트≫, 2004, 11호, 41~64쪽.

이동연 편. 2001. 『아이돌』. 서울: 이매진.

임희수. 2011. 「텔레비전 장르에 나타난 변화하는 남성성 담론과 젠더 관계 연구: 이성애적 연애서사 텍스트를 중심으로」. 서울대학교 언론정보학과 석사논문.

정민우·이나영. 2009. 「스타를 관리하는 팬덤, 팬덤을 관리하는 산업」. ≪미디어, 젠더, 문화≫, 12호, 192~281쪽.

크리스텐센, 아스거 뢰즐레(북유럽아시아연구소 선임연구원), ≪신동아≫, 2011년 6월호, http://shindonga.donga.com/docs/magazine/shin/2011/05/19/201105190500013/201105190500013_1.html, 2012년 11월 10일.

팬비디오, 「Sungkyunkwan Scandal(성균관 스캔들): Kiss Kiss 잘금4인방」: http://www.youtube.com/watch?v=37Kx56lnDO8&feature=player_embedded, 2011년 10월 15일.

한유림. 2008. 「20~30대 여성의 아이돌 팬픽 문화를 통해 본 젠더 트러블」. 서울대학교 대학원 협동과정 여성학 석사논문.

홍석경. 2005. 「세계화와 문화산업의 새로운 정체성 논리: 할리우드 영화의 아시아스타 수용에 대한 분석」, ≪기호학 연구≫, 제17집(2005년 6월), 143~177쪽.

_____. 2008a. 「왜 프랑스엔 문화연구가 없었는가?: 프랑스 문화연구 수용에 대한 매개
학적 분석」. 한국방송학회 봄철정기학술대회 발표문(2008.4).
_____. 2008b. 「프랑스에서 대장금 읽기」. ≪에피스테메≫, 1호, 258~271쪽.
홍지아. 2005. 「드라마에 나타난 낭만적 동성애의 재현과 사랑 지상주의적 서사: 〈커피
프린스 1호점〉을 중심으로」. ≪한국방송학보≫, 22권 1호, 162~200쪽.

http://en.wikipedia.org/wiki/Yo_soy_Betty,_la_fea
http://henryjenkins.org
http://henryjenkins.org/2007/03/transmedia_ storytelling_101.html, 2012년 11월 10일.
http://mobiad.org/news_mobiad/6509, 2012년 9월 13일 참조.
http://portal.unesco.org/en/ev.php-URL_ID=13179&URL_DO=DO_TOPIC&URL_SEC
　　TION=201.html
http://web.mit.edu/21h.153j/www/aacinema
http://web.mit.edu/21h.153j/www/aacinema/yellowperil.html
http://www.ceri-sciencespo.com/themes/manga/index.php
http://www.dorama-world.com/forums/index.php, 2011년 10월 15일.
http://www.dramabeans.com/2010/07/your-addiction-stories-giveaway-winner-announced,
　　2012년 12월 3일.
http://www.economist.com/blogs/dailychart/2011/06/conusmer_internet_traffic,
　　2013년 1월 12일.
http://www.huffingtonpost.com/2011/09/24/fastest-internet-speed-pan-
　　do-august-2011_n_ 975491.html#s368157&title=2_Romania, 2012년 9월 13일.
http://www.iom.int/cms/fr/sites/iom/home/about-migration/facts--figures-1.html,
　　2013년 1월 12일.
http://www.jpf.or.kr/column/news/200710/ 20071025000001.html, 2012년 11월 10일.
http://www.lostuniversity.org, 2012년 11월 2일.
http://www.vie-publique.fr/actualité/dossier/citoyen-europeen
http://www.winglin.net/fanfic
http://www.youtube.com/watch?v=m_dgP6fkhxs &feature=g-all, 2012년 12월 3일.

찾아보기

BD$^{bande\ dessinée}$ 182, 228
CJ엔터테인먼트 140
H.O.T 154
K-Pop 27
OST 235
P2P 187, 194, 202, 205
SM엔터테인먼트 137, 209, 326, 327
YG엔터테인먼트 327

ㄱ
가내 공간 144, 145
각색 134, 135
「강남스타일」 29, 224, 341
걸그룹 170, 329, 332
게이 로맨스물 156
〈겨울연가〉 32, 117
계급 아비투스 214
계열체 282, 284, 297, 322
고급문화 214, 233
공감 288
공론장 323
공명성 57, 61
「국경 없는 텔레비전」 44, 59
국민문화 65
권력 증가 323
그라포스피어 124
근대성 293
근대화 112
긱^{geek} 146, 298, 302

꽃미남 182, 283, 299, 301, 305, 320
〈꽃보다 남자〉 136, 187

ㄴ
남성상 320
남성성 305, 318
남장 여성 139, 153, 283
〈내 이름은 김삼순〉 147, 155, 244
내러티브 243, 259, 289, 314, 321
너즈^{Nerds} 302
누나팬 301
능동적 수용자 151

ㄷ
다문화 320, 329, 333, 336, 338
다문화주의 58
다식가 216, 241
다식성 35, 131, 217, 225, 244, 250, 279
다양성 339, 341
다중 접속 롤플레잉 게임^{MMORPG} 132
단식가 216
단식성 217
담론 99
담론 과정 168
〈대장금〉 32
데일리 모션 205
도라마 월드 207, 209, 257, 302, 332
동방 60
동방신기 331

동성애 300, 307~310
동성애의 정상화 300
동아시아 293
동아시아 근대성 293
동인지 203
동일성 35
동작연출 88
드라마 157, 184, 204, 233, 235, 239, 240, 274, 278
드라마컬 136
디아스포라 186, 239
디지털 235
디지털 네이티브 217, 223, 233, 241
디지털 문화 176, 211
디지털 혁명 185

ㄹ

라틴성 62
라틴아메리카 62
로맨스 245, 264
로맨틱 코미디 146, 223, 243, 263, 279, 283, 287, 292, 319
로맨틱 판타지 320
리메이크 135, 239
리믹스 28, 152, 330
리믹스 문화 194
리얼리티 프로그램 163, 166, 167

ㅁ

마스크 이론 105
만화 68, 149, 233
만화문화 157, 158, 173
만화 미학 128, 149, 175, 181, 227
매개학 123
매시업$^{Mash\ up}$ 342
매체문화 67, 142, 143, 210, 214, 215
메가업로드 202
멜로드라마 118, 122, 146, 223, 238, 262, 263, 322

모바일 통신 26
문화 공론장 257, 323, 324
문화다식자 34
문화 다양성 46
문화산업 43
문화시민성 257
문화실천 214, 216, 240
문화적 동질성 339
문화적 불일치 216
문화적 예외 44
문화적 협상 110
문화정체성 53, 65, 106, 116, 124, 239, 295
문화제국주의 44
문화주의 연구 213
문화 지수 232
문화 지표 279
문화할인 32
문화향유 323
〈미남이시네요〉 147, 156
미니시리즈 269, 283, 296
미디어믹스 130, 172, 175, 332
미디어 셀러브리티 159
미디어 재현 53
미디어정경 14, 24, 25, 184, 186
미디어 존재감 168
〈미안하다 사랑한다〉 247, 263

ㅂ

방드 데씨네$^{Bande\ desssiné}$ 228
배치광고 291
버디무비 81, 89, 102
베데 228
보이밴드 170, 329, 331, 332
보이즈 러브 49, 151, 153, 202, 308, 310, 320
본드걸 94, 96
볼리우드 237, 239
부르디외$^{Pierre\ Bourdieu}$ 35, 213, 215, 218
부르디외식 상징적 지배 241

붉은 위협 97
블랙페이스^{Blackface} 105, 107
블로거 188
비-레인 102
비디오스피어 29, 124, 125
비버^{Justin Bieber} 171, 174
비장소^{non-lieux} 117

ㅅ
사용 가능성 57
사회적 자본 298
삼촌팬 335
상대적 자율성 275
상징적 자본 298
상호작용 167
생산적인 수용자 186
성담론 299, 310, 320
성룡^{成龍} 78, 80, 82
성전환 300
성정체성 88, 96, 100, 153, 227, 306, 315, 321, 334
성정체성 헤게모니 337
성형수술 116
세계화 12, 24, 124, 211, 320
셀러브리티 128, 140, 159, 162, 316
셀러브리티 문화 166
셀럽 140
소녀만화 298
소년애 301, 303, 307
소셜 네트워크 224
소셜 미디어 174, 323, 326, 330, 343
소프트 뉴스 276, 277
소프트섭 195
소프트파워 211
쇼조망가 136, 173, 203, 298
수용연구 70
스캔레이션^{Scanlation} 229, 313
스코포필리어^{Scopophilia} 7, 176, 295, 312, 314, 317~322, 337

스크린 캡처 292, 322
스타 159, 162, 174, 316
〈스타아카데미〉 164
스테레오타입 76, 96, 106, 107, 110, 260, 316, 342
스토리텔러 267
스토리텔링 267, 268, 271, 274, 278
스트리밍 201
슬래시 153, 320, 323
슬래시 팬픽션 309
시각적 즐거움 307, 312
시각적 쾌락(스코포필리어) 176, 312, 317, 318, 320, 321, 337
시리즈 269
시리즈물 237
시리즈성 267
시리즈 형식 242
시즌제 140, 237, 260, 272, 273
신체 장르 315, 322
신체적 효과 244
싸이 326, 341, 343

ㅇ
아도피법 200
아비투스 216
아시아주의 63
아이돌 7, 128, 138, 142, 147, 156, 159, 162, 170, 176, 231, 283, 295, 299, 301, 305, 308, 321, 331, 336
아이돌 문화 301
아이돌 팬덤 156
아이튠 326
아파두라이^{Arjun Appadurai} 17, 23, 186, 204
액션영화 84, 99
액션 장르 100
야오이 153, 173, 283, 307, 308, 320, 324, 335
야오이 문화 138
양성적 335

양자경楊紫瓊　77, 81, 94
양질 담론　39
〈어글리 베티Ugly Betty〉　51
얼굴　122
여성 판타지　156
연상녀　283
연속극　237, 269
영상매체　123, 124
예술영화 애호가　222
옐로페이스Yellowface　105, 107, 114
오리엔탈리즘　73, 98, 99
오리엔트　73
오타쿠　298, 302
외밀성　28, 168, 186
원 다이렉션One Direction　171, 172, 174
원소스 멀티유즈　135
웹2.0　186, 323
위계　41, 215, 237, 240, 241, 250
유로비전　60
유튜브　27, 171, 205, 224, 326, 343
〈응답하라 1997〉　147, 155, 175
이데올로기적 국가기구　275
이모팬　301, 335
이민정책　58
이상 시청자Ideal Audience　145
이소룡李小龍　78, 92
이연걸李連杰　82
이주　24
이주민　65
인간정경　24, 25, 34, 218
인종 재현　75
인종정치학　36, 321
인종주의적　320
인터넷 로맨스 소설　155
인터넷 민속지학　207, 208, 220, 235
인터넷 소설　157
일본만화　223

ㅈ
자기고양　122
자기반영적　307
자기지시성　148
자아 함양　28
자존심 강화　56
장근석　172
장소　117
쟈니즈 엔터테인먼트Jonny's Entertainment　137
저급문화　214
저팬 엑스포　35, 182, 209
저팬팝　328
전 지구적 대중문화　67
전 지구적인 동화 현상　67
전승transmission　217
정체성　31, 75, 105, 234, 328
제3의 공간　225
제이팝　331
젠더　7, 295, 320, 321
젠킨스Henry Jenkins　325
주윤발周潤發　85
주체 형성　299
중독　233, 252, 254, 255
중재 과정　212
지역문화　65
지역정체성　55, 62
지적소유권　200
집단 상상력　104, 105

ㅊ
차이　35
차이나타운　88, 90
첫사랑　286
청소년 문화　329, 331
취향　41, 237, 240, 250

ㅋ
〈커피프린스 1호점〉　155, 244
컨버전스　128, 298, 323

컨버전스 문화　47, 125, 212, 233
컬트 드라마　40, 155
케이팝　7, 138, 170, 176, 183, 184, 204, 224, 233, 239, 325, 336, 339, 343
코리언 커넥션　205, 206, 209, 210, 218, 231, 340
코리언 커넥션 2011　209
코믹스　228
코스메틱　116
〈쾌도 홍길동〉　157
쿵푸영화　85, 92
퀄리티 텔레비전quality television　37, 38, 222
퀴어　320
크로스미디어　49, 128, 130, 131, 134, 138, 140, 143, 147~149, 157, 169, 172, 174, 175, 225, 229, 271, 306, 313, 316, 322, 325, 332
크로스오버　132
크로스 인더스트리　140
클로즈업　118, 119, 301
클리프 행어cliff hanger　269, 270

ㅌ

타임 슬립　271
타자　11, 53, 60, 72, 75, 111
탈영토화　65
탤런트　128, 159, 162
텔레노벨라Telenovela　50, 237, 238, 240, 269
텔레비전 등급제　228
통합체　282, 284, 297, 321
트랜스미디어　130, 133, 187, 244, 268
트랜스미디어 스토리텔링　47, 129
트렌디 드라마　270, 273, 296

ㅍ

팝문화　301
패러디　342
팬덤　152, 156, 233, 295, 302, 323, 326, 328, 339

팬문화　140, 185, 199
팬비디오　235
팬서비스　142, 175, 292, 314, 332
팬서빙Fansubbing　190, 194, 199, 212, 257, 324, 326
팬섭Fansub　129, 148, 187, 190, 191, 193~195, 199~202, 213, 223, 236, 255, 256, 324
팬섭팀　187
팬연구Fan Studies　152, 322
팬자막　66
팬포럼　204, 301, 333
팬픽　157, 193
팬픽문화　156
팬픽션　138, 151, 152, 173, 320
페티시　98
포르노 연구　322
푸코Michel Foucault　299
풀뿌리 미디어정경　204
〈풀하우스〉　102, 197, 244, 255, 331
프랜차이즈　133
프로슈머　28, 69, 131, 194
플래시몹　330

ㅎ

〈하나요리단고〉　305
하드섭　195
하위문화　149, 150, 297, 328, 329
하이브리드　36
하이퍼스피어　28, 34, 125, 267
학자-팬aca-fan　323
한류　30, 218, 295, 325
한류 스타　101, 118, 120
한류 콘텐츠　11
한류2.0　179, 188, 218
할리우드　80, 101, 293, 342
향응resonance　66
헤게모니　43, 167, 215, 217, 237, 240, 298
헤게모니 투쟁　214
현실 효과　289

협상　65, 275, 276, 297
혼종문화　330, 338
혼종성　105, 176, 225, 320, 333, 336, 337, 339, 344
혼종적$^{hybride/metissage}$　36, 54
홍콩　75

홍콩 스타　80
화이트성　115, 121
화이트페이스^{Whiteface}　36, 111, 114
환태평양 효과　191~193, 239
황색 위험　74, 97, 111

지은이

홍석경

1963년생. 서울대학교 불문학과 졸업 후 동 대학교 신문학과에서 석사학위를, 프랑스 그르노블 대학교에서 언론정보학으로 박사학위를 받았다. 귀국해 방송위원회에서 선임연구원으로 일하다 2000년부터는 보르도 3대학 언론정보학과 부교수로 재직했고, 2013년 서울대학교 언론정보학과에 부임했다. 방송, 영상문화와 현대 사회 현실구성의 문제에 관심을 가지고 방송형식(리얼리티 프로그램과 드라마)과 재현에 대해 폭넓게 연구했으며, 2007년부터 정기적으로 세계 속의 한류에 대한 논문을 발표해왔다. 현재 이 책이 제기하는 새로운 한류 연구의 화두들 이외에, 디지털 문화가 가져온 영상표현력의 확장과 용이성에 기댄 영상방법론을 문화연구 패러다임 속에서 발전시키려는 연구를 기획 중이다.

이 책은 MBC재단 방송문화진흥회의 지원을 받아 출간되었습니다.

한울아카데미 1570
세계화와 디지털 문화 시대의 한류   풀하우스, 강남스타일, 그리고 그 이후
ⓒ 홍석경, 2013

지은이 | 홍석경
펴낸이 | 김종수
펴낸곳 | 도서출판 한울
편집책임 | 박록희

초판 1쇄 인쇄 | 2013년 6월 20일
초판 1쇄 발행 | 2013년 7월 12일

주소 | 413-756 경기도 파주시 파주출판도시 광인사길 153 시소빌딩 3층 도서출판 한울(문발동 507-14)
전화 | 031-955-0655
팩스 | 031-955-0656
홈페이지 | www.hanulbooks.co.kr
등록번호 | 제406-2003-000051호

Printed in Korea.
ISBN (양   장) 978-89-460-5570-4 93330
     (반양장) 978-89-460-4722-8 93330

* 책값은 겉표지에 표시되어 있습니다.
* 이 도서는 강의를 위한 학생판 교재를 따로 준비했습니다.
  강의 교재로 사용하실 때에는 본사로 연락해주십시오.

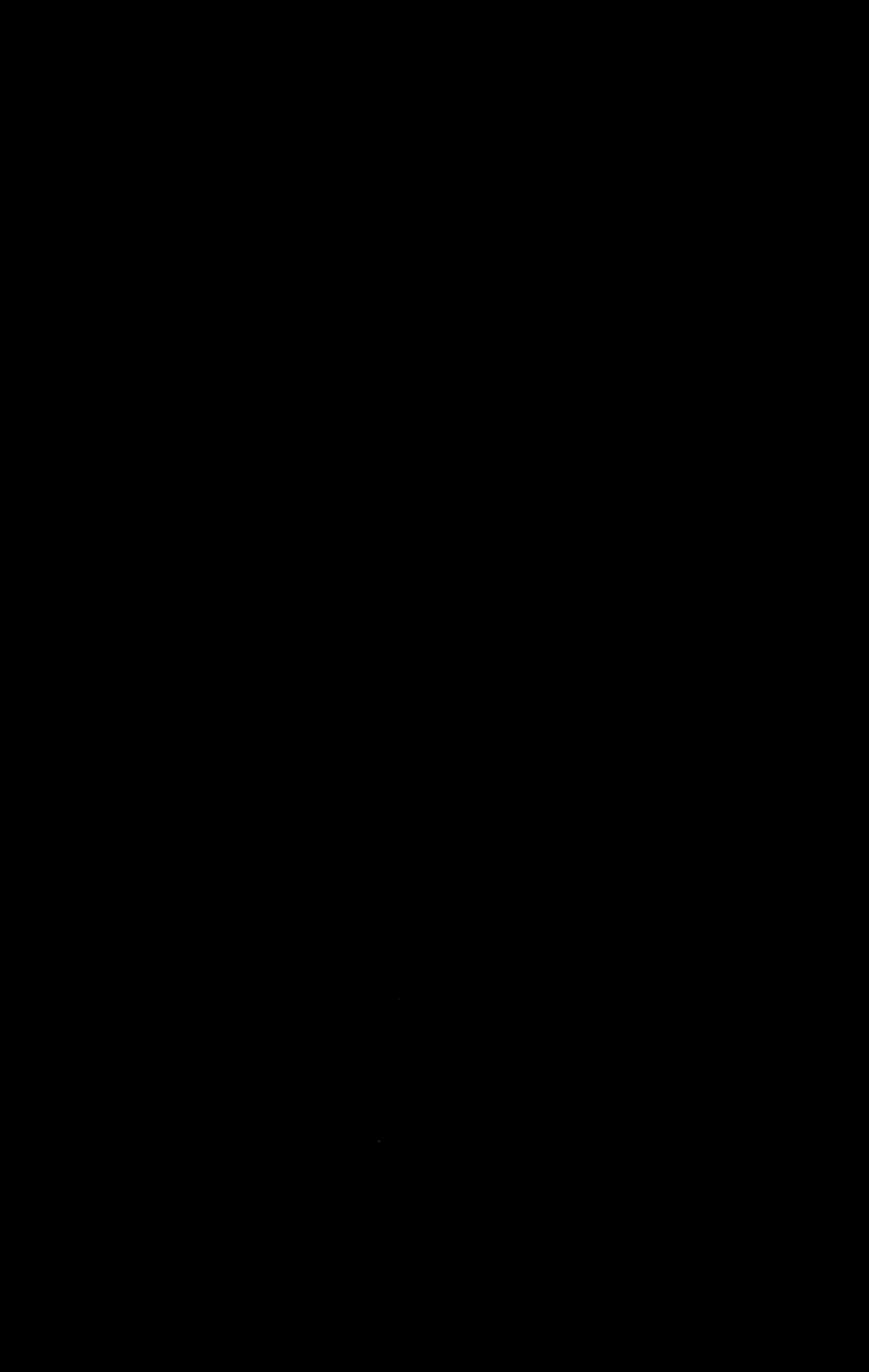

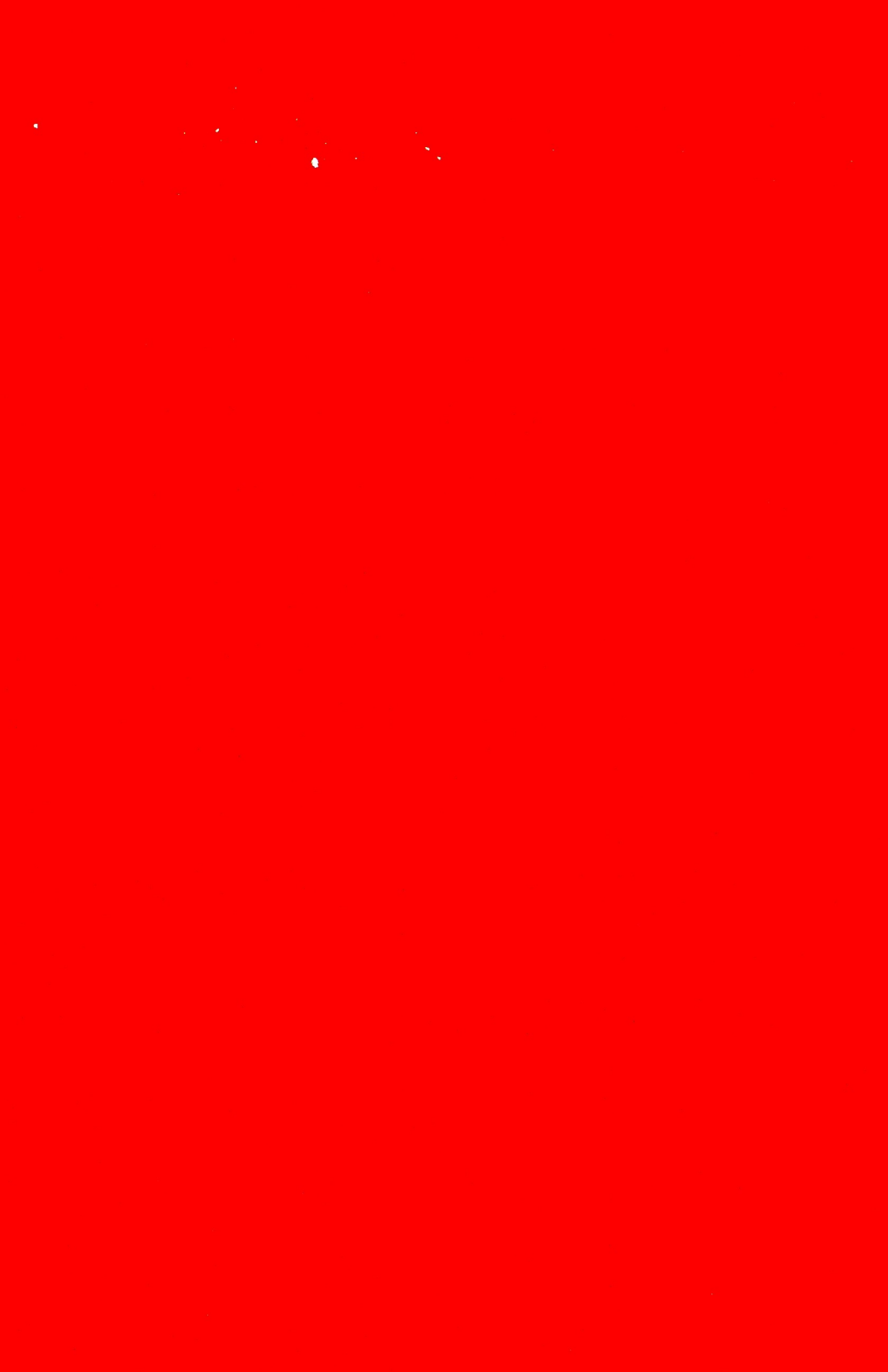

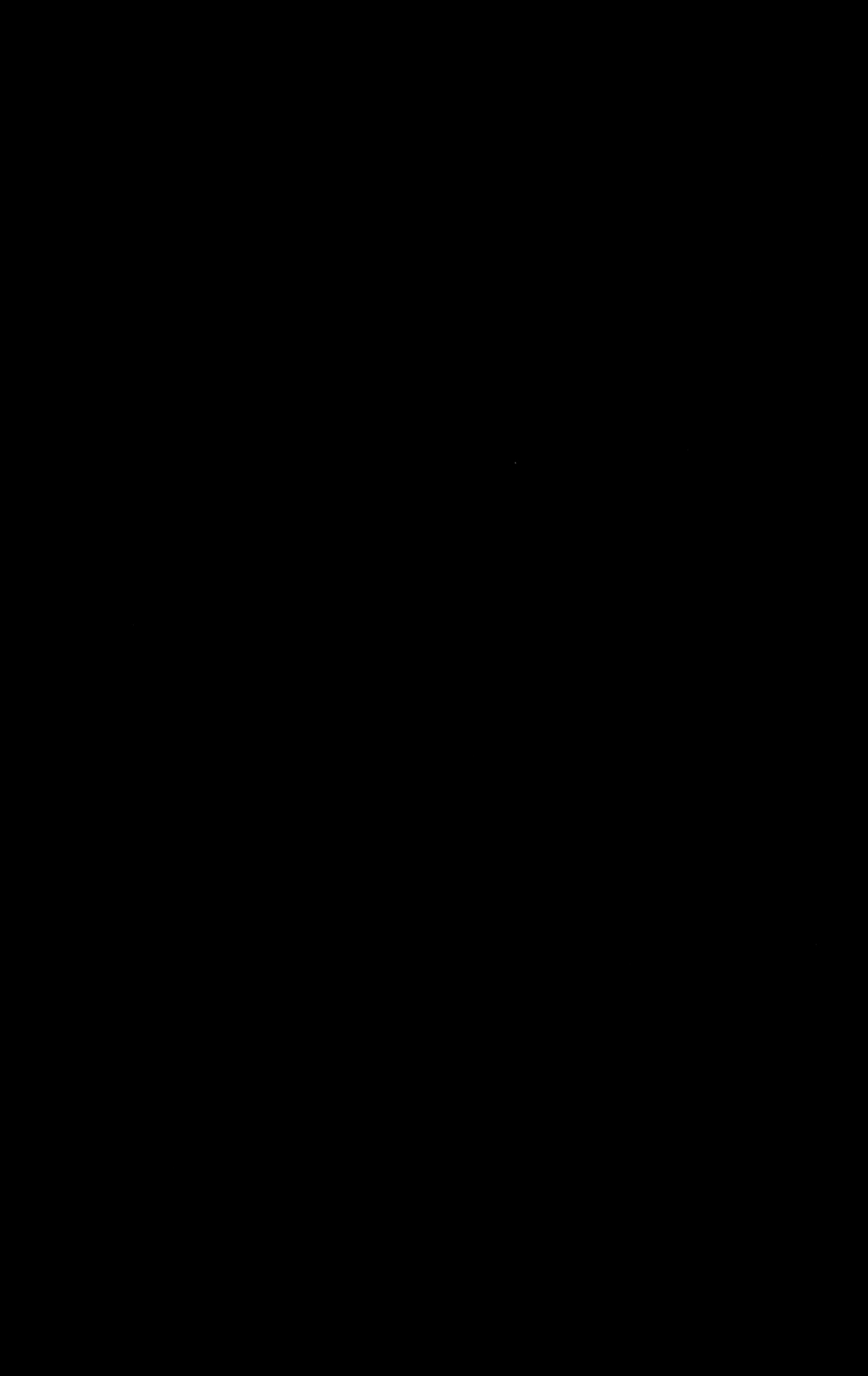